全球产业结构调整与国际分工变化

QUANQIU CHANYE JIEGOU TIAOZHENG YU
GUOJI FENGONG BIANHUA

■张毅 著

人民出版社

目　录

一、当前世界经济发展态势

（一）世界经济发展总态势

世界经济自2003年以来一直保持快速增长势头，但是从2007年第三季度、特别是2008年以来，由于受到美国次贷危机及金融动荡、世界油价及原材料价格高涨、发达国家经济下滑等因素的影响，世界经济整体下滑，发达国家经济严重衰退，新兴经济体和发展中国家经济增长放缓。

1. 世界经济发展速度放缓，2009年达到最低谷

据国际货币基金组织（IMF）2012年1月24日发布的《世界经济展望》报告显示，2008年世界经济增长率仅为2.8%，低于2006年的5.1%和2007年的5.2%，并且在2009年出现负增长（-0.7%，为第二次世界大战以来首次出现负增长），经济增长到达最低谷，如图1.1所示（其中2011—2013年的GDP增长率为预测值）。

其中，发达国家下降幅度最大，2008年的经济增长速度仅为0.2%，几乎停滞不前，并在2009年出现大幅度倒退，经济增长率为-3.7%。同时，新兴经济体和发展中国家的经济发展速度也有所减缓，从2007年的8.3%下滑到2008年的6.0%及2009年的2.8%。在世界各国中，2009年经济衰退最为严重的国家既包括发达国家中的日本（-6.3%）、意大利（-5.2%）、德国（-5.1%）、英国（-4.9%），也有新兴经济体和发展中国家的俄罗斯（-7.8%）、独联体（-6.4%）、墨西哥（-6.2%）。唯独例外的是，中国和印度在金融危机大背景下分别保持9.2%和6.8%的增长率，如表1.1所示。

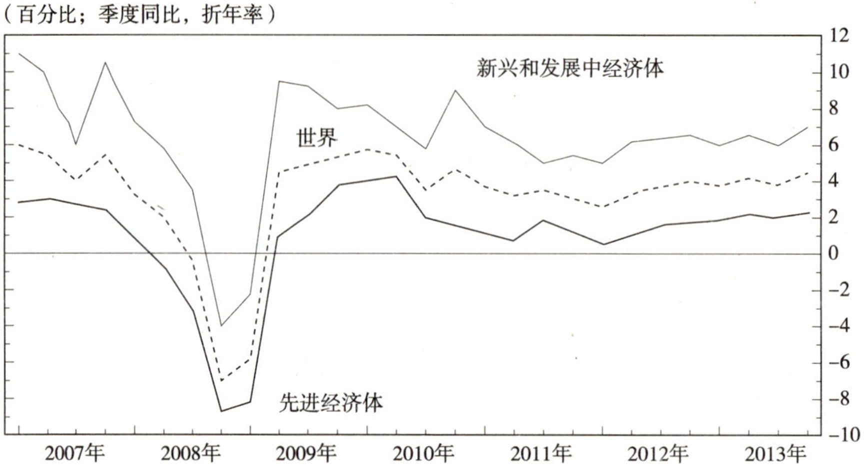

图 1.1　金融危机以来全球 GDP 增长率变化态势

资料来源:IMF 在 2012 年 1 月 24 日发布的《世界经济展望》更新报告。

表 1.1　国际货币基金组织对 2008—2013 年世界经济增长态势分析

（百分比变化,除非另有注明）

	实际值				预测值	
	2008 年	2009 年	2010 年	2011 年	2012 年	2013 年
世界产出	2.8	−0.7	5.3	3.9	3.5	4.1
先进经济体	0.2	−3.7	3.2	1.6	1.4	2.0
美国	0.0	−3.5	3.0	1.7	2.1	2.4
欧元区	0.5	−4.3	1.9	1.4	−0.3	0.9
德国	1.0	−5.1	3.6	3.1	0.6	1.5
法国	0.1	−2.6	1.4	1.7	0.5	1.0
意大利	−1.3	−5.2	1.8	0.4	−1.9	−0.3
西班牙	0.9	−3.7	−0.1	0.7	−1.8	0.1
日本	−1.2	−6.3	4.4	−0.7	2.0	1.7
英国	−0.1	−4.9	2.1	0.7	0.8	2.0
加拿大	0.5	−2.8	3.2	2.5	2.1	2.2
其他先进经济体	1.7	−1.1	5.8	3.2	2.6	3.5
亚洲新兴工业化经济体	1.8	−0.7	8.5	4.0	3.4	4.2
新兴和发展中经济体	6.0	2.8	7.5	6.2	5.7	6.0

续表

	实际值				预测值	
	2008 年	2009 年	2010 年	2011 年	2012 年	2013 年
中欧和东欧	3.0	-3.6	4.5	5.3	1.9	2.9
独联体	5.3	-6.4	4.8	4.9	4.2	4.1
俄罗斯	5.2	-7.8	4.3	4.3	4.0	3.9
不包括俄罗斯	5.4	-3.0	6.0	6.2	4.6	4.6
发展中亚洲	7.7	7.2	9.7	7.8	7.3	7.9
中国	9.6	9.2	10.4	9.2	8.2	8.8
印度	6.4	6.8	10.6	7.2	6.9	7.3
东盟五国	4.7	1.7	7.0	4.5	5.4	6.2
拉丁美洲和加勒比海	4.3	-1.7	6.2	4.5	3.7	4.1
巴西	5.1	-0.6	7.5	2.7	3.0	4.1
墨西哥	1.5	-6.2	5.5	4.0	3.6	3.7
中东和北非	5.0	2.6	4.9	3.5	4.2	3.7
撒哈拉以南非洲	5.5	2.8	5.3	5.1	5.4	5.3
南非	—	—	2.8	2.9	2.7	3.4

资料来源：根据 IMF 在 2009—2012 年发布的《世界经济展望》报告整理。

另据世界银行（WB）在 2011 年 1 月 12 日发布的《全球经济展望》报告，2008 年全球实际 GDP 增长率为 1.5%，2009 年出现负增长率，为-2.3%，如表 1.2 所示。高收入经济体 2009 年实际 GDP 增长率为-3.7%，而发展中国家实际 GDP 增长率大为减少，从 2008 年的 5.7%减少为 2009 年的 2.0%，其中，日本实际 GDP 增长率为-5.5%，欧元区为-4.2%，俄罗斯为-7.8%，墨西哥为-6.1%，而中国和印度 2009 年实际 GDP 增长率分别为 9.2%和 9.1%，为稳定全球经济作出突出贡献，这与 IMF 所描述的规律基本相同。

表 1.2 世界银行对 2008—2014 年世界经济增长态势分析

（百分比变化，扣除利率与油价影响）

实际 GDP 增长率	实际值				预测值		
	2008 年	2009 年	2010 年	2011 年	2012 年	2013 年	2014 年
世界	1.5	-2.3	4.1	2.7	2.5	3.0	3.3

续表

实际 GDP 增长率	实际值				预测值		
	2008 年	2009 年	2010 年	2011 年	2012 年	2013 年	2014 年
高收入经济体	0.2	-3.7	3.0	1.6	1.4	1.9	2.3
OECD 国家	0.1	-3.7	2.9	1.4	1.3	1.8	2.2
欧元区	0.3	-4.2	1.8	1.6	-0.3	0.7	1.4
日本	-1.2	-5.5	4.5	-0.7	2.4	1.5	1.5
美国	0.0	-3.5	3.0	1.7	2.1	2.4	2.8
非 OECD 国家	2.5	-1.5	7.4	4.8	3.6	4.3	4.1
发展中国家	5.7	2.0	7.4	6.1	5.3	5.9	6.0
东亚和太平洋地区	8.5	7.5	9.7	8.3	7.6	8.1	7.9
中国	9.6	9.2	10.4	9.2	8.2	8.6	8.4
欧洲和中亚	3.9	-6.5	5.4	5.6	3.3	4.1	4.4
俄罗斯	5.2	-7.8	4.3	4.3	3.8	4.2	4.0
拉丁美洲和加勒比海地区	4.0	-2.0	6.1	4.3	3.5	4.1	4.0
巴西	5.1	-0.2	7.5	2.7	2.9	4.2	3.9
墨西哥	1.5	-6.1	5.5	3.9	3.5	4.0	3.9
中东和北非	4.2	4.0	3.8	1.0	0.6	2.2	3.4
南亚	4.8	6.1	8.6	7.1	6.4	6.5	6.7
印度	5.1	9.1	9.6	6.9	6.6	6.9	7.1
撒哈拉以南非洲	5.2	2.0	5.0	4.7	5.0	5.3	5.2
南非	3.7	-1.8	2.9	3.1	2.7	3.4	3.5

资料来源:根据 WB 在 2009—2012 年发布的《全球经济展望》报告整理。

2. 世界经济从 2010 年起进入调整期,呈现低速增长态势

金融危机后,各国政府纷纷出台救市措施和经济刺激计划,带动产业投资的增长,对能源、资源和消费品需求的上升将带动产业和国际贸易复苏,促进世界经济的温和复苏。从 2009 年下半年开始,世界经济衰退势头减弱,经济增长将从 2010 年开始回升,其特点呈现为:

一是世界经济在今后一段时期内低位运行。IMF 在 2012 年 4 月 17 日发布《世界经济展望:消费增长,危机尚存》报告估计,2011—2013 年世界产出增长率分别为 3.9%、3.5%、4.1%(后两年数据为预测值),低于 2010 年的

5.3%。WB在2012年6月12日发布的《全球经济展望:管理不确定性世界的增长》报告也指出,2011—2014年全球实际GDP增长率分别为2.7%、2.5%、3.0%和3.3%(后三年数据为预测值),均低于2010年的4.1%。

二是世界经济需要更长时间才能恢复到金融危机前的增长水平。此次金融危机是20世纪30年代以来最严重的一次,给全球经济造成重大损失,要消除经济衰退带来的影响需要较长时间。曾经有专家预测至少需要3—5年才能恢复到金融危机前的增长水平①②,但是从当前世界经济发展态势来看,世界经济要恢复到金融危机前的水平可能还需要更长的时间。

"十二五"时期将是世界经济的重要调整期。据预测,世界经济总体将呈现前低后高走势,依据时间序列来看,可以分为2011—2012年的恢复期和2013—2015年的低速增长期,年均增速仍有可能达到3.8%左右,低于2003—2007年的年均增长率4.6%,但是要高于1991—2007年3.5%的年均增长率③,如图1.2所示。

3. 新兴经济体和发展中国家成为世界经济复苏的重要力量

据IMF在2012年4月17日发布的《世界经济展望:消费增长,危机尚存》报告,各经济体经济恢复的速度各不相同,其中新兴经济体和发展中国家成为世界经济复苏的重要力量。发达国家在2009年的经济产出急剧下滑,2011年的经济增长率仅为1.6%,预计其2012—2013年的经济增长率分别为1.4%和2.0%,因此发达国家的复苏仍然乏力。此外,高失业率、公共债务、未完全愈合的金融体系,以及一些国家不健康的住户资产负债表都将对这些经济体的复苏提出更多的挑战。与发达国家全面陷入经济衰退形成鲜明对比,以亚洲为核心的新兴经济体和发展中国家仍然保持较强的增长态势,2009年的经济增长率为2.8%,2010年和2011年的经济增长率分别为7.5%和

① 龚雄军:《对当前世界经济四个热点问题的基本判断》,《国际贸易》2009年第8期,第15—18页。

② 王海峰:《全球经济可能经历3—5年调整期》。《宏观经济管理》2009年第2期,第69—72页。

③ 毕吉耀、张一、张哲人:《"十二五"时期世界经济发展趋势及其给我国带来的机遇和挑战》,《宏观经济研究》2010年第2期,第22—29页。

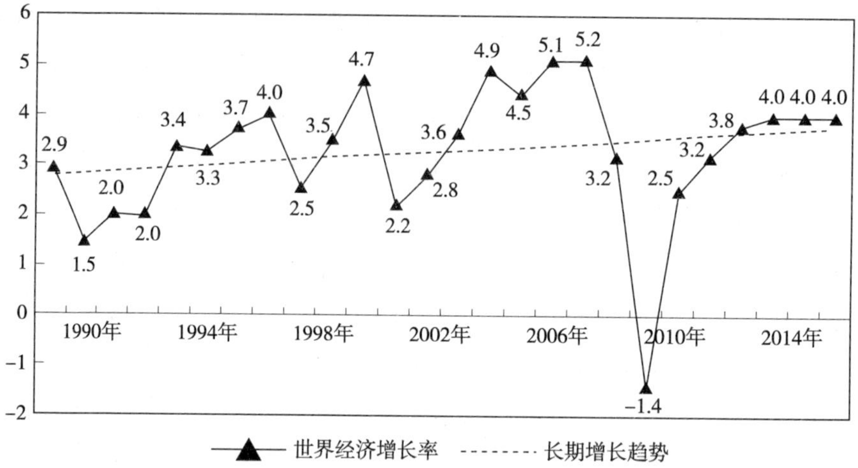

图 1.2 世界经济增长速度及预测

资料来源：毕吉耀、张一、张哲人：《"十二五"时期世界经济发展趋势及其给我国带来的机遇和挑战》，《宏观经济研究》2010 年第 2 期，第 22—29 页。

6.2%，预计其 2012 年和 2013 年的经济增长率分别为 5.7% 和 6.0%。强劲的经济政策框架和迅速的政策反应缓和了外部冲击给许多新兴经济体带来的影响，并迅速吸引国际资本重新流入这些国家。

IMF 曾经在 2010 年 6 月 15 日发布的《金融与发展》报告指出，亚洲各国经济体普遍走在复苏的前列，成为世界经济复苏的支柱。在未来 5 年内，亚洲经济将有望增长 50%，包括澳大利亚和新西兰在内的亚洲经济五年后占全球经济总量的比重将超过 1/3，到 2030 年亚洲很有可能超越七大工业国(G7)成为全球最大的经济区。世界经济增长的中心由西方向东方转移的趋势将持续至少 5 年，这将导致世界经济格局发生重大变化。

WB 在 2012 年 6 月 12 日发布的《全球经济展望：管理不确定性世界的增长》中预测，近 5 年内亚洲和太平洋地区各国经济体的实际 GDP 增长率持续保持在 8% 左右，从 2008—2011 年实际 GDP 增长率分别为 8.5%、7.5%、9.7% 和 8.3%，2012—2014 年预计分别为 7.6%、8.1% 和 7.9%，显示这一地区良好的经济发展潜力，它将引领世界经济逐步复苏和发展。

新兴经济体和发展中国家不仅将引领世界经济的复苏，而且在世界经济发展中扮演越来越重要的角色。世界经济在调整过程中，经济格局将发生变化，各国经济实力对比也将继续发生变化。据测算，到 2015 年，美欧日三大经济体在世界经济总量中的份额为37.7%，比2008年下降3.7个百分点，而新兴经济体和发展中国家在世界经济总量中的比重将达到52.2%，比2008年上升4.7个百分点①。另据预测，未来5至10年经济增长速度由高到低的排序仍然是中、印、俄、巴、美、欧、日，预计到2020年世界经济将演变成美、欧、中三足鼎立的格局，日本、印度、俄罗斯、巴西作为第二梯队。到2020年，欧元区和日本在全球GDP的份额下降，“金砖四国”占全球GDP的比重接近25%（这一比重在2007年为12.8%）中国在全球经济中的份额上升②，如表1.3所示。

表1.3　未来10年内主要国家在全球GDP中的份额预测

（单位：%）

	2015年			2020年	
	2007年	按照长周期速度预测	按照短周期速度预测	按照长周期速度预测	按照短周期速度预测
中国	5.99	10.0	10.3	13.7	14.3
巴西	2.42	2.3	2.5	2.3	2.5
印度	2.02	2.6	3.0	3.1	3.8
俄罗斯	2.37	1.9	3.1	1.7	3.6
美国	25.49	25.6	24.3	25.7	23.6
欧元区	22.39	21.2	19.8	20.4	18.3
日本	8.07	7.2	7.1	6.8	6.6

资料来源：曲凤杰：《世界经济中长期走势及其对我国的影响》，《国际贸易》2009年第6期，第45—48页。

在经济增长的贡献率方面，据高盛公司报告，2008年和2009年，“金砖四国”对世界GDP增长的贡献已经超过美国、欧盟和日本，其中中国分别为22%和约50%。2010年，尽管美、欧、日经济有所复苏，但“金砖四国”对世界经济增长的贡献仍将达50%。高盛公司曾在2003年发表的《与金砖四国一起梦想：展望2050年》报告中预测，“金砖四国”的经济规模将在2040年前后

① 毕吉耀、张一、张哲人：《“十二五”时期世界经济发展趋势》，《宏观经济管理》2009年第10期，第25页。

② 曲凤杰：《世界经济中长期走势及其对我国的影响》，《国际贸易》2009年第6期，第45—48页。

超过西方六国（美国、日本、德国、法国、英国和意大利），其中中国将在2039年超过美国，成为最大的经济体。高盛公司的最近预测显示新兴大国赶超传统大国的时间提前，如中国将在2027年超过美国，印度也力争10到20年内跻身世界经济五强①。

4. 全球"通胀"压力在一定程度上阻碍经济复苏

2008年下半年，受金融危机影响，在需求下降和投机资金撤出的影响下，原油价格跌至每桶30—50美元间，国际钢铁价格大幅下滑，农产品价格也在下滑，各国消费者物价指数（CPI）纷纷回落。为应对全球金融危机，各国对金融系统大量注资，货币流动性充裕。但是在实体经济没有复苏的情况下，资产价格、能源和原材料价格首先上涨。历史经验表明，资产价格上涨和物价下降在相当长的一段时间内可以并存，而资产价格上涨最终会导致通货膨胀。从现实情况来看，2009年10月以来，国际原油价格再次上升，2011—2012年约为100美元/桶，同时黄金、粮食和矿产品价格大幅上涨，黄金价格一度突破了1500美元/盎司，美元长期走弱，各国缺乏收回流动性的有效手段。全球范围内极度宽松的货币政策和国际大宗商品价格的快速攀升增大了全球经济、特别是发展中国家的通胀风险，为全球经济复苏带来一定风险②。

IMF在2012年4月17日发布的《世界经济展望：消费增长，危机尚存》指出，虽然全球通货膨胀压力正在减轻，但是它对新兴经济体和发展中国家的影响不可小觑。一方面，发达经济体因商品价格上涨阻止总体通货膨胀率上升，同时核心通货膨胀率维持在较低水平上。随着劳动力市场的缓慢回升，2013年美国、欧元区、日本的总体通货膨胀率预计分别回落到2%、1.5%和零，如图1.3所示。另一方面，新兴经济体和发展中国家通货膨胀有所缓和但是仍然高位运行，这是由于经济活动强劲、信贷高速增长、变化无常的资本流动、居高不下的商品价格以及能源价格带来的风险。到2013年，除中国以外的主要新兴经济体总体通货膨胀率仍然超过5%，很难快速下降，较高的通货膨胀率

① 甄炳禧：《当前世界经济新特点、新格局、新趋向》，《国际问题研究》2010年第1期，第37—45页。

② 张亚雄、程伟力：《2009年世界经济分析及2010年展望》，《发展研究》2010年第2期，第22—25页。

对在世界经济复苏中领跑的新兴经济体和发展中国家非常不利。

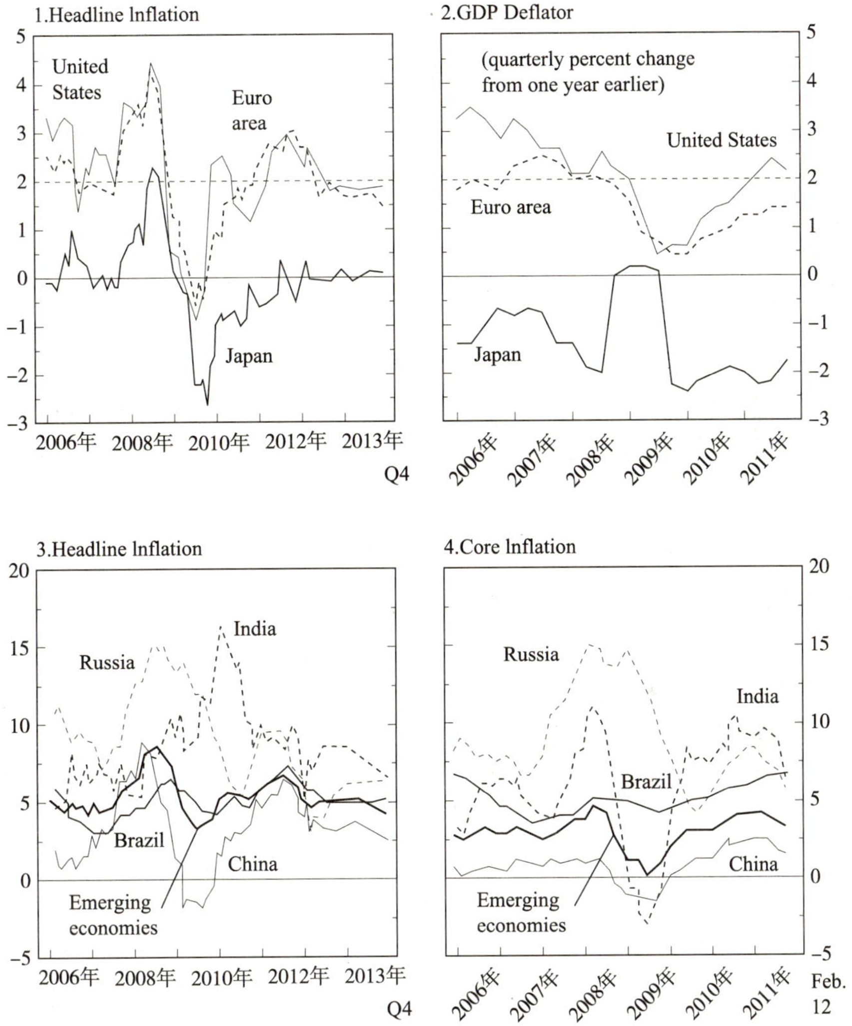

图 1.3　世界通货膨胀率变化趋势

资料来源:IMF 在 2012 年 4 月 17 日发布的《世界经济展望:消费增长,危机尚存》报告,第 12 页。

（消费者价格指数的 12 个月变化,除非另有注明）

近几年世界经济出现“滞涨”的原因如下。首先,根据历史经验,通货膨胀与经济增长呈现明显的反向变动关系,由于世界经济增速放缓,通货膨胀的可能上升;其次,世界各国以刺激需求为目的的低利率政策已经使主要经济体面临着负利率局面,美国已经陷入流动性陷阱,它为转嫁危机损失而继续滥发货币,必然导致美元泛滥和各国货币的竞争性贬值,各国都试图向外输出流动性的结果必然为通货膨胀埋下隐患;再次,引发能源和初级产品价格上涨的需求因素和金融因素仍然存在,亚洲新兴经济体加速工业化、城市化造成能源、原材料需求继续扩大,而资源产品的供给弹性小、供给体系脆弱将使国际市场价格持续在高位波动,可能产生成本推动型通货膨胀,并进一步导致世界经济增速放缓①。

5. 世界经济增长模式面临重大变革

20世纪90年代以来,在全球和信息技术的推动下,需求扩张成为这一时期世界经济增长的重要动力,世界形成了三大“经济板块”,即以欧美为主导的技术研发中心和最终产品消费市场、以亚洲新兴经济体和发展中国家为零部件供应和加工组装基地(其中主要由日本、韩国、东盟、中国台湾省为零部件供应基地,中国内地完成加工和装配环节)并向欧美发达国家出口产品;石油出口国和自然资源丰富的国家(如中东国家、俄罗斯、拉美国家)提供铁矿、石油、天然气等初级产品,这种国际分工体系实质上是一种非均衡的经济发展模式。此次金融危机的发生表明,以全球经济失衡为代价的世界经济增长模式是不可持续的,以资源消耗和需求拉动为支撑的经济增长模式面临新的调整和变革,美国等发达国家需要转变负债消费和超前消费模式,适当提高储蓄率,同时新兴经济体和发展中国家需要调整出口导向的经济增长模式,适当降低储蓄率,提高内需特别是消费需求对经济增长的拉动作用②。世界各国已经逐步认识到世界经济发展不均衡的不利影响,从金融危机中后期开始调整经济发展方式,例如发达国家以新能源、节能环保产业为契机开展“再工业化”,减少进口,而中国等新兴经济体和发展中国家凭借较雄厚的外汇储备逐步减少对出口的依赖性,转向拉动本国内需增长。

① 曲风杰:《世界经济中长期走势及其对我国的影响》,《国际贸易》2009年第6期,第45—48页。

② 毕吉耀、张一、张哲人:《“十二五”时期国际经济环境变化及我国的应对策略》,《宏观经济管理》2010年第2期,第12页。

6. 世界经济格局将发生重大变化，新兴经济体和发展中国家扩大其在世界经济中的话语权

从历史的角度来看，每次大的经济危机都会导致世界经济格局的调整和变化。20世纪经济大萧条之后，苏联迅速崛起；两次“石油危机”加快了发达国家向发展中国家的产业转移，“亚洲四小龙”由此崛起。当前，二十国集团（G20）将可能代替八国集团（G8），成为国际经济合作与协调的首要力量，这标志着世界经济格局正在逐步发生新的变化，新兴经济体和发展中国家在全球经济中将发挥越来越重要的作用，成为引领世界经济复苏的重要力量①。

总体来看，“十二五”期间世界经济的发展趋势为：从2010年开始进入低速调整期，预计需要5年乃至更长时间才能恢复到金融危机前的发展水平；发达经济体经济增长速度远低于新兴经济体和发展中国家，后者将成为推动世界经济复苏的重要力量；同时世界经济也面临经济发展模式变革的压力，世界经济格局将发生重大变化。

（二）全球贸易新变化

2008年全面爆发的国际金融危机使全球贸易发展遭受重大打击，贸易形势急转直下。在各国经济政策刺激下，世界经济从2009年下半年开始逐渐走上复苏道路，全球贸易环境总体趋于改善。下面拟从全球贸易总量变化、全球商品市场波动、新兴经济体和发展中国家的贸易复苏、服务业引领贸易复苏、贸易复苏前景等方面来描述近年全球贸易的新变化及趋势。

1. 全球贸易总量逐步回升

2008年金融危机爆发后，全球贸易遭受重大打击，贸易总量不断下降。从2009年第二季度开始，全球贸易降幅减缓，并且开始逐步复苏，但是短期内仍达不到金融危机前的水平。

第一，全球贸易量在2008年至2009年一季度期间持续下降，2009年全

① 张亚雄、程伟力：《2009年世界经济分析及2010年展望》，《发展研究》2010年第2期，第22—25页。

球贸易量下降在10%以上。金融危机之前,全球贸易持续增加,2003年全球货物贸易占GDP的份额约为42%,2007年则达到51%①,但从2008年下半年开始,全球贸易下滑趋势明显。荷兰经济政策分析局2009年4月发表的报告显示,2008年全球贸易量出现自2002年8月以来的首次下降,其中2009年1月和2月全球贸易量较上年同期分别下降17%和15%。另据世界贸易组织(WTO)统计,2008年世界贸易量仅增长2%,明显低于2007年6%的增幅②,而2009年第一季度全球贸易额下降了40%。IMF在2009—2012年发布的《世界经济展望》报告分析,2009年全球贸易量下降10.7%,如表1.4所示。WB在2012年1月10日发布的《全球经济展望》也指出,2009年的全球贸易量(包含商品和非要素服务)下降了10.6%。WTO称全球货物贸易量在2009年减少12.0%,如表1.5所示,是70年来下滑幅度最大的一次,远高于历史上的三次负增长(1975年、1982年和2001年全球贸易量年增长率分别为-7.0%、-2.0%和-0.2%)。

表1.4 国际货币基金组织对2008—2013年世界贸易量变化趋势的分析

（百分比变化,除非另有注明）

	实际值				预测值	
	2008年	2009年	2010年	2011年	2012年	2013年
世界贸易量(货物和服务)	2.9	-10.7	12.9	5.8	4.0	5.6
进口						
先进经济体	0.4	-12.4	11.5	4.3	1.8	4.1
新兴经济和发展中国家	9.0	-8.0	15.3	8.8	8.4	8.1
出口						
先进经济体	1.9	-11.9	12.2	5.3	2.3	4.7
新兴经济和发展中国家	4.6	-7.7	14.7	6.7	6.6	7.2

资料来源:根据IMF在2009—2012年发布的《世界经济展望》报告整理。

① 曲凤杰:《世界经济中长期走势及其对我国的影响》,《国际贸易》2009年第6期,第45—48页。

② 陆燕:《国际金融危机中的世界贸易》,《国际贸易》2009年第6期,第25—30页。

表 1.5 世界贸易组织对 2008—2013 年世界货物贸易量变化趋势的分析

（单位：%）

	实际值				预测值	
	2008 年	2009 年	2010 年	2011 年	2012 年	2013 年
世界货物贸易量	2.3	-12.0	13.8	5.0	3.7	5.6
出口						
发达经济体	0.9	-15.1	13.0	4.7	2.0	4.1
发展经济体和独联体	4.2	-7.5	14.9	5.4	5.6	7.2
进口						
发达经济体	-1.1	-14.4	10.9	2.8	1.9	3.9
发展经济体和独联体	8.6	-10.5	18.1	7.9	6.2	7.8

资料来源：WTO 在 2012 年 4 月 12 日发布的《贸易历经 2011 年的下滑后在 2012 年增速减缓》报告，第 12 页。

第二，全球贸易量从 2009 年二季度开始降幅减缓。由于各国大规模经济政策的刺激，2009 年第二季度全球贸易开始好转，降幅逐渐减小。研究机构 Dutch CPB 在 2009 年 7 月 23 日表示，全球贸易额仍在急剧下滑，但企稳迹象开始显现，2009 年 3—5 月，全球贸易额仅较此前三个月下滑了 3.6%。

第三，全球贸易量从 2010 年开始震荡回升。IMF 在 2012 年 4 月 17 日发布的《世界经济展望：消费增长，危机尚存》报告中，2010—2011 年全球贸易量分别增长 12.6% 和 5.8%，预计 2012 年和 2013 年将分别增长 4.0% 和 5.6%。WB 在 2012 年 6 月 12 日发布的《全球经济展望：管理不确定性世界的增长》报告指出，2010 年和 2011 年全球贸易量的增长速度分别为 13.0% 和 6.1%，预计 2012—2014 年全球贸易量增长率分别为 5.3%、7.0% 和 7.7%。目前全球贸易量随着各经济体的复苏逐步回升，不过短期内难以恢复到金融危机前的水平。

第四，2011 年全球贸易量增速明显下滑。IMF 在 2012 年 4 月 17 日发布的报告指出，2011 年全球贸易量增长 5.8%，不及 2010 年增长率 12.9% 的一半。WB 在 2012 年 6 月 12 日发布的报告中指出，2011 年全球贸易量的增长率为 6.1%，也不及 2010 年增长率 13.0% 的一半。WTO 在 2012 年 4 月 12 日发布的报告称，2011 年全球货物贸易量增长 5%，远低于 2010 年的 13.8%。

由于世界经济复苏仍然充满风险，比如欧元区经济衰退深化、主权债务危机加剧、大宗商品价格大幅波动和地缘政治危机等，WTO 预计 2012 年全球货物贸易量增长 3.7%，低于过去 20 年的平均水平 5.4%。

2. 国际商品市场震荡徘徊

国际市场商品价格反映了国际商品市场的发展状况，近几年国际市场商品价格波动较大。截至 2007 年，国际市场商品价格一直持续走高，在 2008 年的年中到达历史最高点，但是从 2008 年到 2009 年一季度期间，商品价格又持续下跌，随后从 2009 年第一季度开始，商品价格又纷纷上涨，如图 1.4 所示。

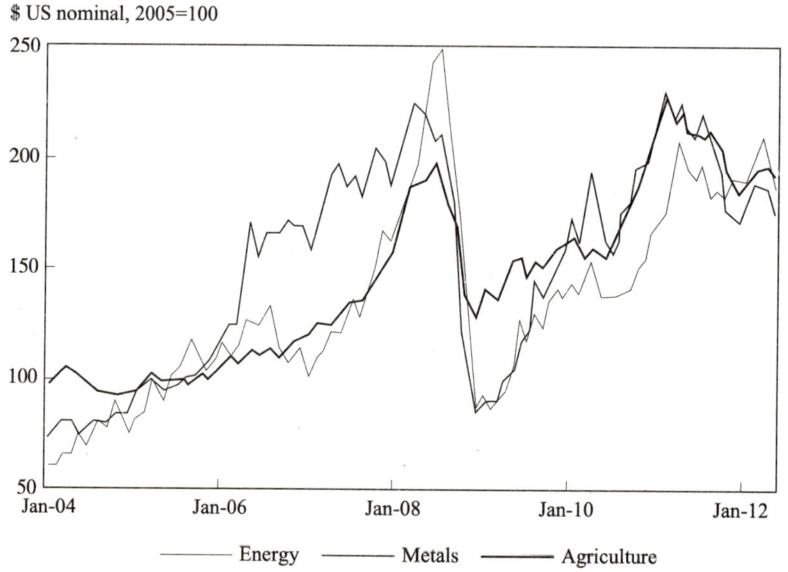

图 1.4 全球商品价格指数变化

资料来源：WB 在 2012 年 6 月 12 日发布的《全球经济展望：管理不确定性世界的增长》报告，第 67 页。

第一，2008 年国际商品价格持续下跌。2008 年，国际大宗商品价格暴涨暴跌，商品市场震荡运行。IMF 编制的以美元计价的初级商品价格指数显示，与 2008 年 7 月相比，当年 12 月该价格指数暴跌了 55.3%，其中工业原材料和能源类商品价格指数分别下跌 39.6% 和 63.1%，如图 1.5 所示。

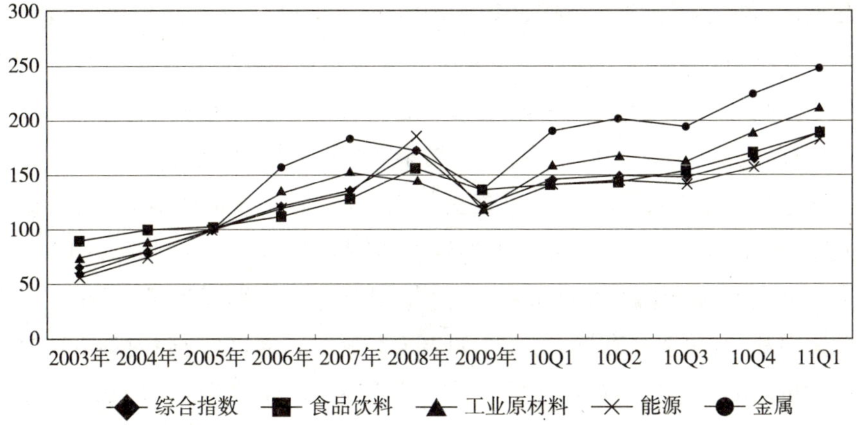

图 1.5 国际市场商品价格变化趋势

资料来源：商务部:《中国对外贸易形势报告(2011年春季)——附件三:国际商品市场走势》,2011年4月22日。

第二,2009年一季度开始,国际商品价格逐步回稳。在经历了2008年下半年的持续下跌后,2009年第一季度国际市场初级产品价格止跌回稳,与2008年12月基本持平。IMF编制的以美元计价的初级商品价格指数显示,2009年9月底的国际市场初级商品价格综合指数比上年末上涨28.0%,各大类商品价格指数均有10%以上的涨幅,其中食品饮料类上涨11.2%,工业用农业原材料上涨14.3%,金属上涨30.4%,能源上涨35.6%,但是国际商品仍然大幅低于金融危机爆发前的高位,仅有少数产品的价格接近甚至恢复到金融危机爆发前的水平,例如黄金价格突破1000美元/盎司,创历史新高①。

第三,国际商品价格在2010年继续上扬,但在2011年第三季度开始下跌。IMF公布的初级产品价格指数显示,国际商品价格在2010年仍然保持上涨趋势,2011年4月,商品产品价格指数达到顶峰,比2010年同期上涨32.8%,比2010年年底上涨20.1%,此后逐步回落。IMF在2012年4月17日发布的《世界经济展望:消费增长,危机尚存》报告显示,2010年和2011年

① 商务部:《中国对外贸易形势报告(2009年秋季)——附件三:国际商品市场走势》,2009年10月30日。

国际商品价格逐步上升,但是2012—2013年预计仍呈现下滑趋势,如表1.6所示。据分析,由于近年来自然灾害造成供应紧张的现象在不同农作物间交替出现,对农产品市场价格构成冲击,而地区局势动荡对国际石油市场的影响将长期存在。近年在能源资源产品价格不断走高的同时,低股价、低利率带来的低资金成本使能源资源产品价格更易出现波动①。WB在2012年6月12日发布的《全球经济展望:管理不确定性世界的增长》报告显示,2010年和2011年国际商品价格指数在2009年价格回升基础上继续上扬,但是上升压力较为温和,且短期会有较大波动,如表1.6所示,预计在短期内难以回复到金融危机前的水平。尽管美元贬值、规避风险、储备或投机需求增加等因素一定程度上推高国际商品价格,但是由于目前全球商品库存高于平均水平,同时钢铁、石油等资金投入大、投资周期长和追求规模效应的商品部门产能过剩,难以引发大宗商品价格快速上扬。

表1.6 国际货币基金组织对国际商品市场价格走势的分析

(年增长率:%)

	平均值		实际值					预测值	
	1994—2003年	2003—2013年	2007年	2008年	2009年	2010年	2011年	2012年	2013年
制成品	0.2	2.6	6.0	6.7	-6.6	2.4	7.2	0.2	0.2
石油	5.6	14.3	10.7	36.4	-36.3	27.9	31.6	10.3	-4.1
非燃料初级产品	-0.3	7.4	14.1	7.5	-15.7	26.3	17.8	-10.3	-2.1
食品	-0.8	6.1	15.2	23.4	-14.7	11.5	19.7	-7.5	-3.1
饮料	1.2	6.6	13.8	23.3	1.6	14.1	16.6	-22.2	1.6
农业原材料	-1.0	3.0	5.0	-0.8	-17.0	33.2	22.7	-13.2	-3.4
金属	1.4	12.9	17.4	-7.8	-19.2	48.2	13.5	-10.5	-0.7

资料来源:IMF在2012年4月17日发布的《世界经济展望:消费增长,危机尚存》报告,第205页。

① 商务部:《中国对外贸易形势报告(2012年春季)——附件三:国际商品市场走势》,2012年4月28日。

表 1.7 世界银行对 2006—2011 年全球名义商品价格指数变化趋势的分析

（实际值和预测值，2005 年=100）

	实际值						预测值	
	2006 年	2007 年	2008 年	2009 年	2010 年	2011 年	2012 年	2013 年
能源	118	130	183	115	145	188	191	185
非能源	125	151	182	142	174	210	192	188
农产品	112	135	171	149	170	209	193	184
食品	111	139	186	156	170	210	204	193
饮料	107	124	152	157	182	208	168	163
工业原材料	118	129	143	129	166	207	177	174
化肥	104	149	399	204	187	267	268	245
金属	154	186	180	120	180	205	182	189
原油	64	71	97	62	79	104	107	103
黄金	604	697	872	973	1225	1568	1675	1600

资料来源：WB 在 2012 年 6 月 12 日发布的《全球经济展望：管理不确定性世界的增长》报告，第 68 页。

3. 新兴经济体和发展中国家是全球贸易复苏的重要推动力量

新兴经济体和发展中国家在全球贸易中占据越来越重要的地位，在这次金融危机中更是走在世界贸易复苏的前面。

一方面，由于产业结构、贸易方式、国家政策等各方面与发达国家存在许多不同，新兴经济体和发展中国家的进出口在金融危机中的降幅相对发达国家要小。IMF 在 2012 年 4 月 17 日发布的《世界经济展望：消费增长，危机尚存》报告显示，2008 年和 2009 年全球贸易增长率分别为 2.9% 和-10.7%，其中发达经济体进口增长率分别为 0.4% 和-12.4%，出口增长率分别为 1.9% 和-11.9%，而同期新兴经济体和发展中国家的进口增长率分别为 9.0% 和-8.0%，出口增长率分别为 4.6% 和-7.7%，进出口的下降幅度远小于发达国家。WTO 在 2012 年 4 月 12 日发布的《贸易历经 2011 年的下滑后在 2012 年增速减缓》报告也认为，2008 年和 2009 年，发达经济体进口增长率分别为-1.1% 和-14.4%，出口增长率分别为 0.9% 和-15.1%，而发展中经济体和独联体的进口增长率分别为 8.6% 和-10.5%，出口增长率分别为 4.2% 和-7.5%。

另一方面，新兴经济体和发展中国家在全球贸易中的复苏步伐更快。

IMF在2012年4月17日的报告中预测,2012年和2013年新兴经济体和发展中国家的进口增长分别为8.4%、8.1%,出口分别增长6.6%、7.2%,而同期发达经济体的进口增长预计分别为1.8%、4.1%,出口增长分别为2.3%、4.7%,可见新兴经济体和发展中国家的进出口远高于发达经济体的增长幅度。WTO在2012年4月12日发布的报告也持相同观点,2012年和2013年,发展中经济体和独联体的进口增长率分别为6.2%和7.8%,出口增长率分别为5.6%和7.2%,而发达经济体进口增长率分别为1.9%和3.9%,出口增长率分别为2.0%和4.1%。

此外,国际市场商品价格上涨趋势也反映出市场对新兴经济体和发展中国家经济复苏及增长潜力的良好预期,这是由于新兴经济体和发展中国家对初级产品的需求增长更快。尽管这些国家(或地区)的经济规模在全球总量中尚不足1/3,但是它们对石油、金属等资源商品的需求占全球市场份额的一半以上,当前国际大宗商品价格的上涨也意味着新兴经济体和发展中国家的需求开始回暖。

新兴经济体和发展中国家受金融危机冲击影响较小的原因在于:①新兴经济体和部分发展中国家在金融危机爆发的数年前已经设法尽量避免经常账户出现庞大的赤字,甚至部分国家还实现了盈余;②这些国家主要以第一产业及第二产业为主,市场对外开放度不如发达国家,如中国、印度和印度尼西亚,所以它们相对于发达国家能够较好地抵御经济衰退。特别是亚洲新兴经济体,这些国家在吸取1998年亚洲金融危机的教训后,在金融危机前实施审慎管理的外汇政策,它们的金融政策使私营部门的负债率和银行部门的杠杆率保持在相对较低的水平上。因此,新兴经济体和发展中国家在2009年保持了远好于发达国家的GDP产出和贸易增长,已成为拉动世界经济走出急剧下滑、恢复市场景气的重要力量。

4. 服务业将引领全球贸易复苏

随着世界产业结构的调整和升级,全球贸易结构也向高度化发展,贸易活动的产业领域由初级工业向高附加值工业、由制造业向服务业转变,服务业投资成为全球贸易活动中的新热点。

在金融危机中,服务业虽然也遭受打击,但是与货物贸易相比,其抗跌性更强。WTO 在 2012 年 4 月 12 日发布的《贸易历经 2011 年的下滑后在 2012 年增速减缓》报告指出，2009 年全球货物贸易出口额下滑 22%，而服务贸易出口额下滑 11%，如表 1.8 所示，显示服务贸易比货物贸易受金融危机的影响相对要小。

表 1.8 世界贸易组织对 2009—2011 年全球商品及商业服务出口态势的分析

	出口额（10 亿美元）	年增长率（%）			
	2011 年	2009 年	2010 年	2011 年	2005—2011 年平均
货物出口	18217	-22	22	19	10
服务出口	4149	-11	10	11	9

资料来源：WTO 在 2012 年 4 月 12 日发布的《贸易历经 2011 年的下滑后在 2012 年增速减缓》报告，第 8 页。

总体来说，服务贸易更多地以个人消费而不是投资支出为目的，所以服务贸易比商品贸易的韧性更强。联合国贸易和发展会议（UNCTAD）在 2009 年发布的《世界投资报告——跨国公司、农业生产和发展》指出，尽管 2008 年国际直接投资呈现下降趋势，但是服务业跨国公司在全球 100 强中的比例在稳步上升，当年世界 100 强中有 26 家服务业企业（而 1993 年只有 14 家）。再以我国为例，我国部分高附加值行业的服务出口已经实现增长，2009 年上半年，我国保险服务出口比上年同期增长 11.4%，计算机和信息服务出口同比增长 3.9%，咨询服务出口同比增长 5.3%①。

据 UNCTAD 2009 年发布的报告，对商业周期不那么敏感，在需求稳定的市场中运营的行业（包括农工商产业和许多服务业），以及那些具有长期增长前景的行业（例如制药业）很可能成为下一轮国际直接投资增长的推动力，也是全球贸易复苏的引领行业。

5. 复苏动力不足，全球贸易前景不确定

全球贸易的发展离不开消费和投资的复苏。目前全球范围内较高的失业

① 商务部：《服务贸易：引领经济复苏的新动力——2009 商务形势系列述评之十一》，2009 年 12 月 31 日。

率和短期内暗淡的投资前景限制了私人消费和投资，再加上各国刺激政策的持续性和贸易保护主义抬头，这些都使得全球贸易复苏的动力不足，前景充满不确定性。

第一，高失业率在短期内难以改变。2009 年 7 月，经济合作与发展组织（OECD）预测，从 2007 年末到 2010 年末的 3 年间，发达国家失业人数将达到 3000 万人①。联合国的报告也预计，2009—2010 年期间，全球失业人数将达 5000 万，2010 年发达国家的失业率会高于 10%，全球经济形势最乐观的估计将在 2010 年才开始好转，大部分国家只有在 2011—2015 年间重新实现经济加速增长，才可能缓解金融危机导致的失业状况。国际劳工组织（ILO）也预计，全球就业率恢复到金融危机前的水平估计要花四至五年的时间。这就意味着世界要面临长达几年的高失业率困境，从而导致消费的增长非常缓慢，而全球贸易也会明显受到掣肘②。IMF 发布的报告认为，2009—2013 年期间发达国家失业率总体维持在 8.0% 左右，如表 1.9 所示。经济复苏不会有效降低发达国家的失业率，政府仍然需要实施刺激经济计划及其他政策，来弥补私营部门就业增长缓慢的问题③。但是从长期来看，发达经济体的失业率将回落到 6% 以内，而新兴经济体和发展中国家的失业率将回落到 5.3% 左右，如图 1.6 所示。

表 1.9 国际货币基金组织对 2008—2013 年主要发达国家失业率的分析

（单位：%）

	实际值				预测值	
	2008 年	2009 年	2010 年	2011 年	2012 年	2013 年
发达经济体	5.8	8.0	8.3	7.9	7.9	7.8
美国	5.8	9.3	9.6	9.0	8.2	7.9
欧元区	7.6	9.4	10.1	10.1	10.9	10.8
日本	4.0	5.1	5.1	4.5	4.5	4.4

① 国家发展与改革委员会：《宏观经济——2009 年第 3 季度国际经济大事记（经济预测）》，2010 年 1 月 25 日。

② 商务部：《中国对外贸易形势报告（2009 年秋季）——附件一：世界经济贸易形势》，2009 年 10 月。

③ 梁艳芬：《当前世界经济贸易形势》，http://www.caitec.org.cn/c/cn/news/2010-05/25/new_2035.html，2010 年 5 月 25 日。

续表

	实际值				预测值	
	2008 年	2009 年	2010 年	2011 年	2012 年	2013 年
英国	5.6	7.5	7.9	8.0	8.3	8.2
加拿大	6.2	8.3	8.0	7.5	7.4	7.3
其他发达经济体	—	5.0	4.9	4.5	4.5	4.5

资料来源：根据 IMF 在 2010—2012 年发布的历年《世界经济展望》报告整理。

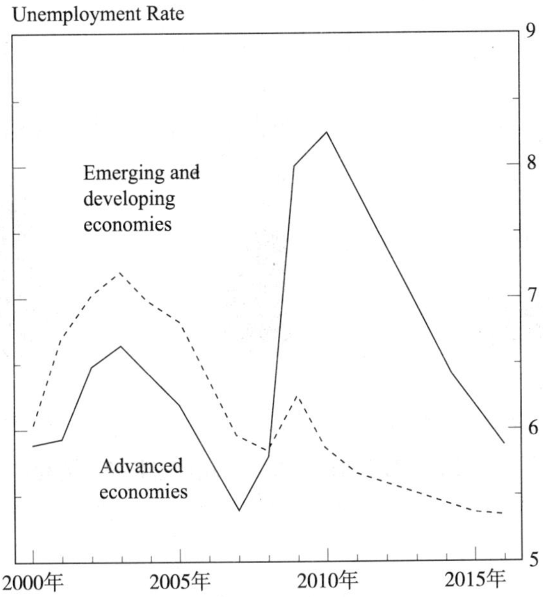

图 1.6　2010—2015 年全球失业率变化分析及预测

资料来源：IMF 在 2011 年 4 月 11 日发布的《世界经济展望：双速复苏带来的压力——失业，商品和资本流动》报告，第 3 页。

第二，国际直接投资的短期前景较为暗淡而中长期前景相对乐观。目前全球生产能力普遍过剩，在消费需求不足和长期资本筹措困难的情况下，外商直接投资（FDI）处于较低水平①，全球贸易复苏在短期内受到金融危机的影响

① 龚雄军：《对当前世界经济四个热点问题的基本判断》，《国际贸易》2009 年第 8 期，第 15—18 页。

将放缓脚步。UNCTAD 在 2012 年 7 月 5 日发布的《2012 年世界投资报告:迈向投资政策的新时代》中指出,金融危机以后全球 FDI 流入量大幅下跌,从 2008 年的 1.791 万亿美元降至 2009 年的 1.198 万亿美元,同比下降 33.1%;2010 年小幅回升至 1.309 万亿美元,仅增长 9.4%;2011 年为 1.524 万亿美元,增幅为 16.4%。据 UNCTAD 开展的《世界投资前景调查》显示,70%—90%的跨国公司对后三年(2012—2014 年)的国际直接投资前景较为乐观,如图 1.7 所示。它们预计国际直接投资将在 2011 年基础上继续攀升,2014 年可能回复到 2007 年的峰值。

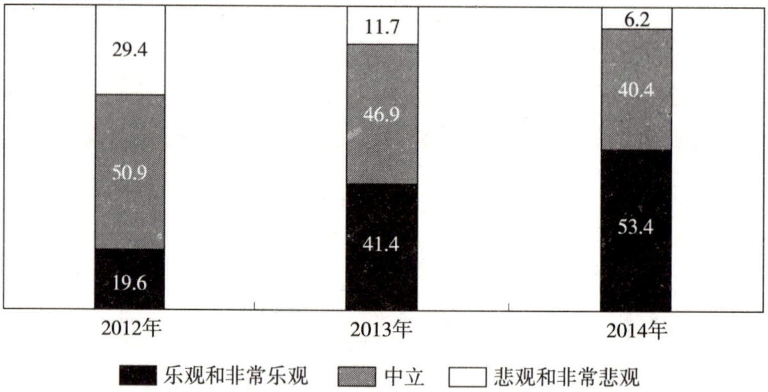

图 1.7 跨国公司对 2012—2014 年国际直接投资变化的预期

资料来源:UNCTAD 在 2012 年 7 月 5 日发布的《2012 年世界投资报告:迈向投资政策的新时代》,第 2 页。

第三,全球经济刺激政策的退出影响较大。随着全球经济自 2009 年下半年逐步复苏,各国经济刺激政策将逐渐退出市场,但是由于目前全球就业形势仍然严峻,各国产能利用率仍处于低位,经济复苏对政府经济刺激政策的依赖性较大。如果这些政策的退出不当,可能会对刚刚开始的经济复苏构成新的威胁。一方面,政策退出过早可能会导致经济复苏进程发生逆转,另一方面,政策退出过晚则会提高市场的通胀风险和加剧商品价格膨胀。因此,各国经济刺激政策退出的时机和路径将使全球贸易的前景增加更多的不确定性。

6. 全球贸易保护主义升级

WTO 于 2009 年 7 月指出,2009 年全球发起反倾销数量达到 437 起,为

2008年的2.1倍，是历史上发起反倾销数量最多的一年①。2009年1—9月，全球申请贸易保护的案例数量同比增长30%以上，其中三季度超过50%②。据WB统计，自金融危机爆发以来，20国集团中有17国推出大约78项贸易保护主义措施，其中47项已付诸实施，贸易保护主义抬头对全球贸易复苏是重大威胁，这些贸易保护措施包括提高关税、实施贸易禁令、出口补贴、滥用贸易救济措施以及多种形式的非关税贸易壁垒。英国经济政策研究中心(CEPR)数据库的资料也显示，2008年11月至2010年1月，各国出台的与贸易相关的措施713条，其中625条为限制贸易措施；2009年9—11月，全球实施105项贸易保护措施，而同期出台的贸易自由化政策仅12项③。

当前全球贸易保护主义的新特点：

(1)形式多样。除了传统的贸易保护主义，当前保护主义还表现为金融保护主义、就业保护主义、投资保护主义等，保护对象由商品扩展到资金、就业职位、技术及支柱企业。此外，当前除了提高关税、进口管制、反倾销等直接的保护，也出现了货币贬值、政府补贴等变相保护，还有以政府指令或压力形式出现的干预型保护。2010年，印度、俄罗斯、巴西和阿根廷都明显上调了部分进口产品关税，印尼对至少500项产品实施了进口管制。巴西、墨西哥、智利、乌拉圭等国分别将本币对美元贬值43%、30%、26%和22%。

(2)领域广泛。除农产品、钢铁、汽车和零部件、化工、纺织和服装等商品贸易外，保护主义正向环保等领域扩展，如欧美国家要征收“碳关税”等，投资及金融保护主义也时有发生④。

(3)全球蔓延，手段隐蔽。保护主义遍及各大洲，且在各种发展水平的国家之间都有体现。美、欧打压发展中国家竞争优势，2008年年底以来通过一系列针对中国产品的惩罚性关税，法国甚至限制本国汽车公司到欧盟成员捷

① 王海峰：《2010年世界经济走势、风险、影响和对策》，《国际贸易》2010年第1期，第41—44页。

② 国家发展与改革委员会：《宏观经济——2009年第3季度世界经济走势分析及展望》，2010年1月25日。

③ 陆燕：《当前世界贸易形势和贸易保护主义的发展与应对》，《国际贸易》2010年第4期，第36页。

④ 甄炳禧：《当前世界经济新特点、新格局、新趋向》，《国际问题研究》2010年第1期，第37—45页。

克、斯洛伐克等国设厂。亚洲国家之间的保护主义也在上升，印度2009年以来对中国发起多起反倾销和反补贴调查，马来西亚2009年遣返10万名印度尼西亚劳工①。

总体来看，"十二五"期间全球贸易的基本态势为：全球贸易量和商品价格从2010年开始止跌回稳，并从2011年震荡增长，贸易额和国际直接投资额短期内难以恢复到金融危机前的水平，但是长期效果较为乐观；新兴经济体和发展中国家将成为全球贸易复苏的主要推动力量，而贸易增长最快的产业将是服务业；全球贸易保护主义显现抬头趋势。

（三）全球资本新变化

国际资本流动自2002年开始一直保持增长态势，直到2008年金融危机爆发后，国际资本发生改变。下面以FDI为对象，从投资流入量、流向地区、流向行业和发展中国家对外直接投资四个方面分析国际资本的变化。

1. 国际资本流入量历经两年下滑后逐步回升

FDI是国际资本流动的重要形式，其投资量的变化反映了国际资本流动的变化。FDI流入量经过四年的连续增长，2007年达到1.976万亿美元，创下历史最高纪录，但是2008年世界范围内的金融危机使得FDI遭受严重影响，全球FDI连续两年下跌，2009年跌至最低点1.198万亿美元。

根据UNCTAD发布的《2012年世界投资报告：迈向投资政策的新时代》，2010年国际直接投资小幅回升至1.309万亿美元，2011年达到1.524万亿美元，首次超过危机前2005—2007年的平均值，但是较2007年的峰值仍低23%。其中流入发达经济体的FDI增长20.8%，流入发展中经济体和转型经济体的FDI增长12.3%。

UNCTAD的报告预测，2012年国际直接投资增长速度将放缓，流量在1.6万亿美元水平上下浮动。主要数据表明，全球跨境并购以及新建投资总额在

① 陈霖、龚雄军、李勇：《当前全球金融危机和贸易保护主义的影响和应对》，《国际贸易》2009年第6期，第31—37页。

2012 年头五个月有所下降，但长期展望显示国际直接投资增势稳健，若宏观经济不发生动荡，国际直接投资预计将在 2013 年达到 1.8 万亿美元，2014 年达到 1.9 万亿美元，如图 1.8 所示。未来 3 年，发达国家、发展中国家和转型经济体都将继续保持较高的投资水平。

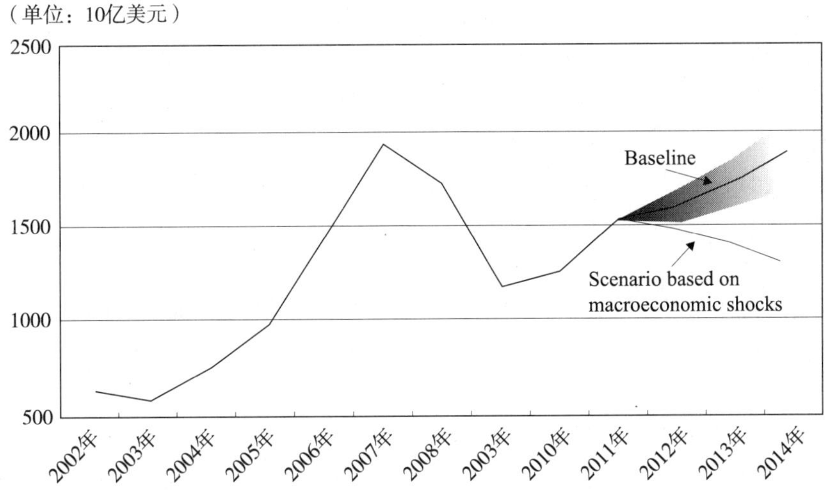

图 1.8　联合国贸易和发展会议对过去十余年来全球 FDI 变化趋势的分析

资料来源：UNCTAD 在 2012 年 7 月 5 日发布的《2012 年世界投资报告：迈向投资政策的新时代》，第 1 页。

2. 国际资本流向新兴经济体和发展中国家的趋势明显

近几年来，流入发展中经济体和转型经济体的国际直接投资明显上升。2007 年大量国际资本流入发展中经济体和转型经济体，FDI 流入量为 6560 亿美元，同比上涨 27.0%。2008 年金融危机时期，发达国家作为金融危机的源头，国际直接投资流入量下降，而发展中经济体和转型经济体的流入量则持续增长，达到 7710 亿美元。2009 年，在经历了 6 年的连续增长之后，流入发展中经济体和转型经济体的国际直接外资达到 5920 亿美元，同比下降 23.3%，但是其下降幅度低于发达国家（40.6%）。随着世界经济的回暖，证券投资流入的反弹支持新兴市场资产回升，国际资本流动将逐渐恢复。2010 年，流入发展中经济体和转型经济体的国际直接投资达到 6900 亿美元，首次达到全球 FDI 流入量的一半以上。2011 年，流入发展中经济体和转型经济体的国际直接外资达到7760亿美元,同比增长12.3%,如表1.10所示。

表1.10 2008—2011年按区域分列的FDI流量分析

	FDI流入量(10亿美元)				FDI流出量(10亿美元)			
	2008年	2009年	2010年	2011年	2008年	2009年	2010年	2011年
全球	1791	1198	1309	1524	1969	1175	1451	1694
发达经济体	1020	606	619	748	1581	858	990	1238
发展中经济体	650	519	617	684	328	269	400	384
非洲	51	53	43.1	42.7	8	3	7	4
东亚和东南亚	236	207	294	336	165	177	243	240
南亚	53	42	32	39	20	16	14	15
西亚	92	66	58	49	38	18	16	25
拉丁美洲和加勒比	210	149	187	217	97	54	120	100
东南欧和独联体	121	72	74	92	60	49	62	73
结构弱小的经济体	62.4	45.2	42.2	46.7	5.6	5.0	11.5	9.2
占全球FDI流量的比例								(单位:百分比)
全球	100	100	100	100	100	100	100	100
发达经济体	57.0	50.6	47.3	49.1	80.3	73.0	68.2	73.0
发展中经济体	36.3	43.3	47.1	44.9	16.7	22.8	27.6	22.6
非洲	2.8	4.4	3.3	2.8	0.4	0.3	0.5	0.2
东亚和东南亚	13.2	17.2	22.5	22.0	8.4	15.0	16.7	14.2
南亚	3.0	3.5	2.4	2.6	1.0	1.4	0.9	0.9
西亚	5.1	5.5	4.4	3.2	1.9	1.5	1.1	1.5
拉丁美洲和加勒比	11.7	12.5	14.3	14.2	4.9	4.6	8.3	5.9
东南欧和独联体	6.8	6.0	5.6	6.0	3.0	4.2	4.2	4.3
结构弱小的经济体	3.5	3.8	3.2	3.1	0.3	0.4	0.8	0.5

资料来源:根据UNCTAD发布的《2012年世界投资报告:迈向投资政策的新时代》,第169页整理。

流入发展中经济体和转型经济体的国际直接投资占全球总流量中的比重逐步增加。2007年,发展中经济体和转型经济体在全球FDI流量中的比例为31.2%。2008年,这一比例又快速增加至43.1%。2009年,该比例为49.3%。2010年开始,流入发展中经济体和转型经济体占全球FDI流入总量的一半以上,2010年和2011年,其比例分别为52.7%和50.9%。据UNCTAD

开展的《世界投资前景调查》，大型跨国公司认为，2012—2014 年期间，最有前景的前 10 大投资东道经济体中有 6 个发展中经济体和转型经济体，如图 1.9 所示。

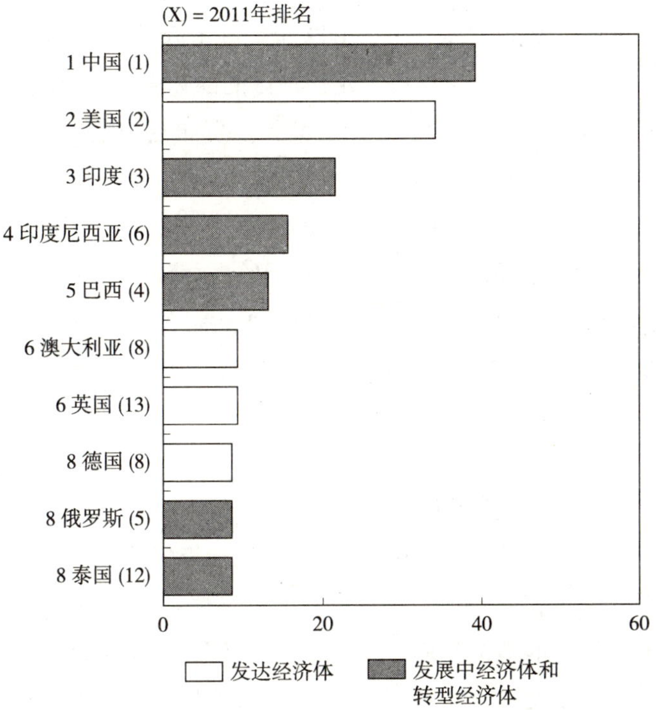

图 1.9 跨国公司对 2012—2014 年最有前景的投资东道经济体的预测

资料来源：UNCTAD 在 2012 年 7 月 5 日发布的《2012 年世界投资报告：迈向投资政策的新时代》，第 5 页。

在金融危机前后，流入东南欧和独联体的国际直接投资呈现“快增快减”态势。东南欧和独联体的 FDI 流入量经历 2006 年的高速增长（增长率达到 76.4%）以后，2007 年再次激增 68.8%，达到 910 亿美元，该地区已经历了 7 年的连续增长①。2008 年，流入该地区的 FDI 达到历史峰值，为 1210 亿美元，增长 33.0%。但是金融危机对该地区的国际直接投资流入带来非常不利的

① 联合国贸易和发展会议：《2008 年世界投资报告：跨国公司与基础设施的挑战》，2008 年，第 3 页。

影响，该地区2009年的流入量分别为720亿美元，减幅为40.5%。2010年和2011年分别为740亿美元和920亿美元，增幅分别为2.7%和24.3%。

流入东亚和东南亚的国际直接投资总体保持增长态势。2007—2011年间，该地区吸收的国际直接投资分别为2370亿美元、2360亿美元、2070亿美元、2940亿美元和3360亿美元，除2009年一度下降外，总体上平稳增长。其增长原因之一就是中国和印度在稳定该地区的国际直接投资流入中扮演重要角色。根据UNCTAD发布的《2012年世界投资报告：迈向投资政策的新时代》，2008年流入中国的FDI达到1083亿美元，增长30%①，流入印度的FDI约434亿美元，增长71%。2009年，中国成为全球第二大FDI流入国（仅次于美国），FDI流入量为950亿美元，减少12.3%，而流入印度的FDI约为356亿美元，减少18.0%。2010年，流入中国的FDI达到1147亿美元，增长20.7%，而流入印度的FDI为242亿美元，下滑32.0%。2011年，流入中国的FDI为1240亿美元，同比增长8.1%，而流入印度的FDI为316亿美元，下滑30.6%。此外，特别值得关注的是，2011年东南亚的FDI发展势头日益强劲，流入东盟国家的FDI达到1170亿美元，增长26%。

UNCTAD在2010年1月19日发布的《全球投资趋势监测报告》显示，以中国及俄罗斯为代表的“金砖四国”等新兴经济体和发展中国家在2009年全球FDI流入区域中的地位逐渐上升。其中，中国经济持续增长和政府的大规模经济刺激方案以及有力的招商引资举措，对保持FDI的稳定流入发挥了重要作用。2005—2006年，中国在全球主要FDI接受国中排名第4位，2007年排名第6位，2008年上升到全球第3位，2009—2011年连续三年居全球第2位。此外，2011年，流入拉美和加勒比海地区的FDI为2170亿美元，增长16%，其中巴西是该地区最大的FDI接受国，达到667亿美元。

另据2012年大型跨国公司对UNCTAD《世界投资前景调查》关于最具前景的10大投资东道经济体的答复显示，中国、美国、印度、印度尼西亚、巴西分列前五名②。因此，在全球FDI的地区流向上，中国及其他亚洲新兴经济体将

① 商务部发布的统计数据略有不同，2008年我国实际利用外商直接投资923.95亿美元，同比增长23.58%。

② 联合国贸易和发展会议：《2012年世界投资报告：迈向投资政策的新时代》，2012年，第12页。

依然是最有吸引力的地区之一。

3. 服务业、农业及矿产能源领域等将引领国际资本流动①

受金融危机影响，初级部门、制造业、服务业三大部门的直接投资在2009年均出现不同程度的下滑，然后从2010年开始部分反弹，2011年全面复苏，如表1.11所示。2011年，初级部门的FDI增长率为42.9%，在全球FDI中的占比由2010年的11%增长至14%。制造业的FDI增长率为6.5%，在全球FDI中的占比由2010年的50%减少至46%。服务业的FDI在2011年的增长率为16.3%，在全球FDI中的占比由2010年的39%增长至40%。无论是从增速还是所占比重来看，相对制造业而言，服务业以及初级部门的农业、采掘业将在全球直接投资复苏中扮演更重要角色。

表1.11 2005—2011年全球跨境并购FDI按部门的分布情况

时间	绝对值（10亿美元）			比重（%）		
	初级部门	制造部门	服务部门	初级部门	制造部门	服务部门
2005—2007年平均	130	670	820	8	41	50
2008年	230	980	1130	10	42	48
2009年	170	510	630	13	39	48
2010年	140	620	490	11	50	39
2011年	200	660	570	14	46	40

资料来源：联合国贸易和发展会议在2012年7月5日发布的《2012年世界投资报告：迈向投资政策的新时代》，第9页。

服务业是20世纪90年代以来国际直接投资迅猛增长的主要领域。UNCTAD发布的2004年度和2006年度《世界投资报告》显示，20世纪70年代初期，服务业投资仅占国际直接投资的1/4，这一比例在1990年占不到一

① 近几年联合国贸易和发展会议的《世界投资报告》主题一定程度上可以佐证这一趋势：2004年的主题——转向服务业，2005年的主题——跨国公司与研发活动的国际化，2007年的主题——跨国公司、采掘业与发展，2008年的主题——跨国公司与基础设施的挑战，2009年的主题——跨国公司农业生产与发展，2010年的主题——低碳经济生产，2011年的主题——全球生产体系中的非股权经营模式，这些主题表明近几年国际直接投资的关注重点及热点主要集中在服务业、矿产资源和农业等领域。

半,2002 年已上升到 60% ,2005 年就达到 2/3。

服务业引领国际直接投资流动具体表现在:①服务业领域的 FDI 在全球 FDI 中占有较大比重。尽管服务业领域的 FDI 流入量从 2009 年开始连续下滑,其中金融业 FDI 流量跌幅最大,但是 2011 年流入服务业领域的 FDI 开始回升,而且其所占比重自 2010 年以来逐步回升,如表 1. 11 所示;②发达国家之间的相互投资有一半以上投放在现代服务业及其相关产业上,主要发展中国家对外直接投资中有 30% 投放在服务业上;③发达国家的服务业向发展中国家进行转移的趋势更加明显,流入新兴经济体及发展中国家的服务业国际直接投资比例由 1990 年的 17% 增加到 2002 年的 28% ,而且流入南亚、东亚和东南亚服务部门的国际直接投资流入量仍然保持增长势头;④服务业在金融危机初期中遭受的损失相对较小。2009 年,在全球金融危机的影响下,绝大部分行业的 FDI 流入量下降,只有少数行业吸引的国际直接外资超过 2008 年,即电力、天然气和供水,以及电子设备、建筑和电信业,这些行业以服务业居多。在跨国并购方面,制造部门的国际直接投资受挫最大,该部门的跨国并购比 2008 年下降了 77% ,而初级部门和服务部门的跨界并购交易的收缩幅度稍低一些,分别为 47% 和 57% ,这使它们在全球并购中的相对比重继续扩大①;⑤虽然 2008 年以来的全球金融危机导致制造业和服务业的国际直接投资减少,但是服务业的跨国公司在世界 100 强中的比例却稳步上升,2008 年世界 100 强中有 26 家服务业企业(而 1993 年只有 14 家)②;⑥服务业将成为国际直接投资率先恢复的重要行业,据 UNCTAD 的调查表明,服务业将率先恢复,参与调查的服务业跨国公司中,27% 的公司表示在未来两年将努力增加其投资,特别是电信、运输、水电气等基础设施领域,70% 的公司表示将增加其国际直接投资支出,而制造业领域的国际直接投资则相对谨慎,仅有 17% 的公司表示将增加其对外投资,特别是对纺织和服装等中低技术领域,投资前景远低于平均水平③。

① 联合国贸易和发展会议:《2010 年世界投资报告:低碳生产投资》,2010 年,第 11 页。

② 联合国贸易和发展会议:《2009 年世界投资报告:跨国公司、农业生产和发展》,2009 年,第 11 页。

③ 孙中和、王红霞:《金融危机下国际资本流动新特点及其影响》,《对外经贸实务》2009 年第 3 期,第 9—11 页。

虽然目前国际油价及矿产品价格处于震荡状态，但回升趋势明显。而且由于金融危机使矿产能源供给收缩，随着经济的复苏特别是在新兴经济体的拉动下，全球对资源类产品的需求仍然强劲，矿产能源供需紧张。此外，新能源开发利用和节能环保在全球范围内达成一致，矿产能源将是国际资本十分看重并将长期投资的重点领域，特别在网络科技泡沫和房地产泡沫相继破裂后，矿产能源将成为国际资本的首选。从跨国并购的数据看，流入发达国家的国际直接投资在制造业和服务业的降幅更为明显，而采矿和采石行业合并，以及发展中国家（尤其是中国）大型公司增加持股等原因导致2008年初级产品部门的FDI流入量增加，例如，2008年初级商品部门的并购交易额增长了17%，而占国际直接投资存量比例最高的制造业和服务业却分别下降了10%和54%①。UNCTAD发布的《2012年度世界投资报告：迈向投资政策的新时代》显示，2011年采掘、矿石以及石油业的FDI增长了51%②。

此外，UNCTAD在2009年发表的《世界投资报告：跨国公司、农业生产和发展》中指出，农业领域的国际直接投资从1990年的8亿美元增加到2007年的32亿美元，而整个农业价值链中的国际直接投资比例更高，每年仅食品和饮料的投资流量超过400亿美元。随着生物能源的开发不断推进，越来越多的粮食用于燃料生产，国际粮价的快速上涨也将推动跨国公司将更多的投资引入农业领域。

4. 新兴经济体和发展中国家对外直接投资比重增大

随着各国经济的发展，新兴经济体和发展中国家也开始加大对外投资规模。2007年，这些国家和地区对外直接投资随着国际直接投资总量的增长也在增加，达到3690亿美元；2008年，在国际直接投资大幅度下降的背景下，这些国家和地区对外直接投资仍然保持一定增长，而且发展中国家之间的投资也逐渐增加。

据UNCTAD的《2012年世界投资报告：迈向投资政策的新时代》显示，

① 联合国贸易和发展会议：《2009年世界投资报告：跨国公司、农业生产和发展》，2009年，第9页。

② 联合国贸易和发展会议：《2012年世界投资报告：迈向投资政策的新时代》，2012年，第10页。

2008 年，国际直接投资流出量由 2007 年的 2.198 万亿美元下降至 1.969 万亿美元，下跌幅度为 10.4%，其中流出发达经济体的 FDI 为 1.581 万亿美元，下降 13.6%，但是流出新兴经济体和发展中国家的 FDI 增长至 3880 亿美元，增长 5.1%，与全球 FDI 总流出及发达经济体 FDI 流出减少的现象相逆。东亚特别是中国对外直接投资的增速最为明显，2008 年，南亚、东亚和东南亚的对外直接投资增长 7%，而中国对外直接投资增长 132%①。

2009 年，国际直接投资流出继续下跌至 1.175 万亿美元，下降 40.3%，其中流出发达经济体的 FDI 为 8580 亿美元，下降 45.8%，流出新兴经济体和发展中国家的 FDI 为 3180 亿美元，下降 22.0%，为这些经济体对外直接投资连续 5 年上升之后的首次下降。

2010 年，国际直接投资流出略有回升，流出量为 1.451 万亿美元，增长 23.5%，其中流出发达经济体的 FDI 为 9900 亿美元，增长 15.4%，流出新兴经济体和发展中国家的 FDI 为 4620 亿美元，增长 45.3%。20 大投资经济体中有 6 个是新兴经济体和发展中国家，新兴市场跨国公司的活力与发达国家跨国公司，尤其是欧洲跨国公司放缓的投资步伐形成了鲜明对照，后者的对外直接投资水平仅有 2007 年最高水平的一半左右。

2011 年，国际直接投资流出继续回升至 1.694 万亿美元，增长 16.7%，其中流出发达经济体的 FDI 为 1.238 亿美元，增长 25.2%，流出新兴经济体和发展中国家的 FDI 为 4570 亿美元，下降 1.1%。

来自新兴经济体和发展中国家的直接投资在国际直接投资中的比重在 20 世纪 80 年代中期为 6%，在 90 年代中期约占 11%，2005 年占 17%，到 2008 年则达到 19.7%，2009 年占 27.0%，2010 年达到顶峰，为 31.8%，新兴经济体和发展中国家作为国际直接投资来源的重要性不断增加。2011 年，随着发达经济体 FDI 的逐步恢复，新兴经济体和发展中国家在全球 FDI 流出中的比重略有下降，占比为 26.9%，如图 1.10 所示。

一些新兴经济体和发展中国家由于国家整体经济实力增强，实施了开放贸易和金融市场政策，它们成为其他发展中国家利用外商直接投资、银行借

① 联合国贸易和发展会议：《2009 年世界投资报告：跨国公司、农业生产和发展》，2009 年，第 18 页。

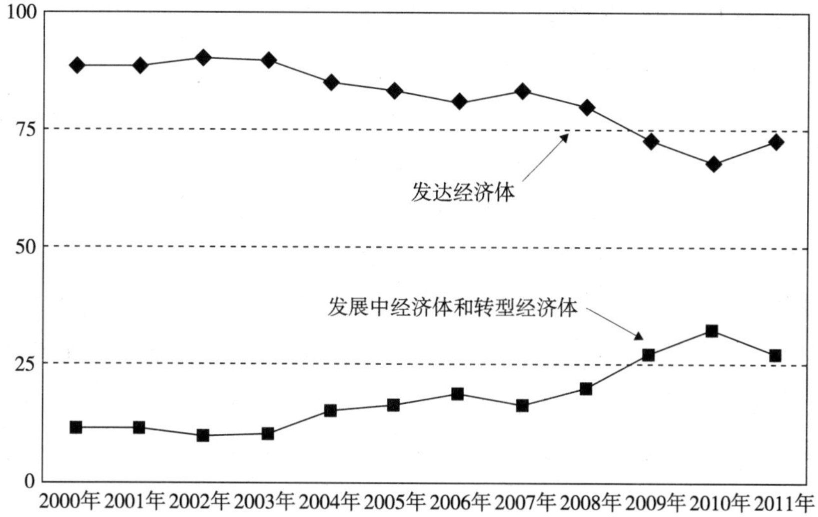

图 1.10 联合国贸易和发展会议对十余年国际直接投资流出经济体的分析

资料来源:UNCTAD 在 2012 年 7 月 5 日发布的《2012 年世界投资报告:迈向投资政策的新时代》,第 4 页。

贷,甚至官方发展援助(Official development assistance,ODA)的重要来源国。在南南合作趋势下,来自相邻发展中国家的投资成了低收入国家的主要来源,例如,2005 年在低收入国家中,其他发展中国家占有 27% 的外国银行资产和 17% 的跨国辛迪加贷款。此外,东亚、东南亚、南亚地区在 2008 年共签署 19 项双边投资条约和 13 项避免双重征税条约,例如新加坡与海湾合作理事会、中国和秘鲁缔结自由贸易协定,中国与新西兰和秘鲁达成协定等,这些都是新兴经济体和发展中国家对外投资较活跃的表现①。UNCTAD 发布的《2012 年世界投资报告:迈向投资政策的新时代》显示,2011 年,来自新兴经济体和发展中国家的 FDI 有 65% 流入其他发展中国家,只有 34% 流入发达国家。

总体来看,"十二五"期间全球资本变化的基本态势为:国际直接投资从 2010 年开始止跌回稳,预计 2014 年将达到金融危机爆发前的水平;新兴经济体和发展中国家将在国际直接投资流入和流出过程中扮演越来越重要的角

① 联合国贸易和发展会议:《2009 年世界投资报告:跨国公司、农业生产和发展》,2009 年,第 15—19 页。

色，将成为未来国际直接投资流入的重要场所；服务业、农业和矿产资源将成为国际直接投资复苏的重要领域。

（四）全球金融新变化

2007 年开始的美国次贷危机使十分活跃的全球金融市场面临极大风险，2008 年下半年金融危机的全面爆发使金融市场遭受严重打击，直到 2009 年年末各国的经济刺激政策初见成效，全球金融市场回暖迹象初步显现，2010 年上半年全球经济有所好转，但是自 2010 年下半年来，全球复苏正受到欧洲主权债务危机加剧和其他地区经济脆弱的威胁，金融状况恶化，下行风险加剧。下面拟从金融危机后全球银行发展、金融市场交易量变化、金融市场价格走势、流入新兴市场的国际资本变化和金融体系改革等方面来分析全球金融市场的变化。

1. 全球银行损失重大，面临资本压力

第一，主要银行在金融危机中股票市价跌幅过半。金融危机给全球银行业带来重大损失，以世界几大主要银行为例，在金融危机中这些银行损失总共达 2930 亿美元，平均跌幅达 55. 87% ，如表 1. 12 所示。

表 1. 12 全球主要银行因次贷危机造成的损失

机构名称	计提损失（亿美元）	股价跌幅（%）
摩根士丹利	116	34. 54
高盛	37	6. 84
贝尔斯登	31	92. 36
花旗集团	430	59. 49
梅林	440	61. 53
AIG	258	67. 44
瑞士银行	453	652. 88
汇丰银行	274	12. 84
美联银行	220	67. 56
美国银行	212	38. 56

续表

机构名称	计提损失(亿美元)	股价跌幅(%)
德国工业银行	159	83.25
苏格兰皇家银行	152	60.05
华盛顿互惠	148	88.97
合计损失及平均跌幅	2930	55.87

资料来源:刘秉鑫:《2008 全球金融市场状况及预期》,《世界经济情况》2009 年第 2 期,第 48—52 页。

第二,全球银行经营状况历经 2008 年和 2011 年的两次剧烈震荡后略有好转。作为银行调整资本结构和重建国际金融系统信心的政策措施的反映,商业银行相互收取的银行间隔夜贷款价格与中央银行隔夜利率之差(LIBOR—OIS 利差,即一种衡量银行间相互信心的通用标准)在 2008 年金融危机中迅速攀高,美元一度达到 365 个基本点,欧元相对稍低。WB 在 2010 年 6 月 10 日发布的《全球经济展望:财政逆风与复苏》报告指出,随着各国政府对银行复苏的大力支持,LIBOR—OIS 利差已从金融危机高峰时的 365 个基本点下降到 2010 年年中的 32 个基本点,也低于金融危机初期的平均水平,如图 1.11 所示,因此,银行资产平衡表快速上升。不过,从 2011 年下半年开始,美国和欧洲的金融市场再次陷入困境,银行同业拆息利差快速走高,欧洲金融市场尤为严重。欧洲央行(ECB)在 2011 年 12 月至 2012 年 2 月采取了长期再融资操作(LTRO)以后,降低了欧元银行同业拆借利率和欧元隔夜拆放平均利率之差(Euribor-Eonia 利差,是一种在无担保市场中欧洲银行同业拆借意愿的测量标准),欧洲金融市场得以缓和,同时美元银行压力测试表明,美元银行同业拆借利差也有所回落,如图 1.12 所示。

第三,银行面临资本增加和融资缺口的压力。虽然一些银行已经提高了资本,但 IMF 认为在预期实行的新巴塞尔①资本充足率标准下,可能需要进一步大幅增加资本,以支持信贷复苏并维持经济增长。银行不仅面临增加资本的任务,而且需要解决潜在融资不足的问题。IMF 在 2009 年 10 月发布的《全

① 《巴塞尔协议》是国际清算银行(BIS)的巴塞尔银行业条例和监督委员会的常设委员会——“巴塞尔委员会”于 1988 年 7 月在瑞士的巴塞尔通过的“关于统一国际银行的资本计算和资本标准的协议”的简称。委员会计划在 2001 年年底出版新巴塞尔协议的最终文本,2004 年起正式实施。

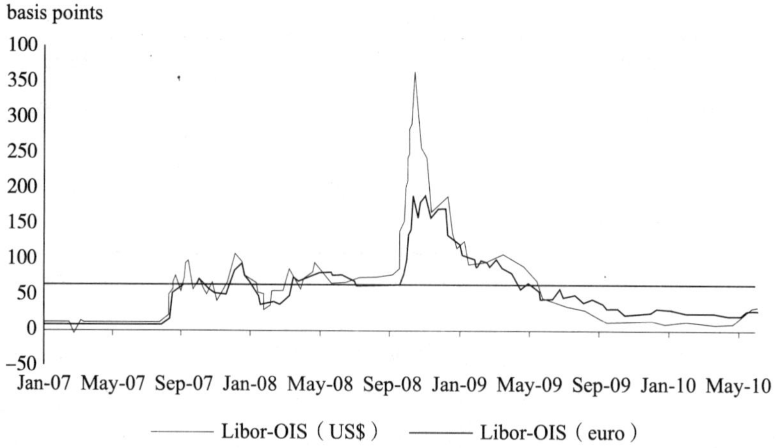

图 1.11　2007—2010 年美元和欧元银行拆借利差变化

资料来源：WB 在 2010 年 6 月 10 日发布的《全球经济展望：财政逆风与复苏》报告，第 4 页。

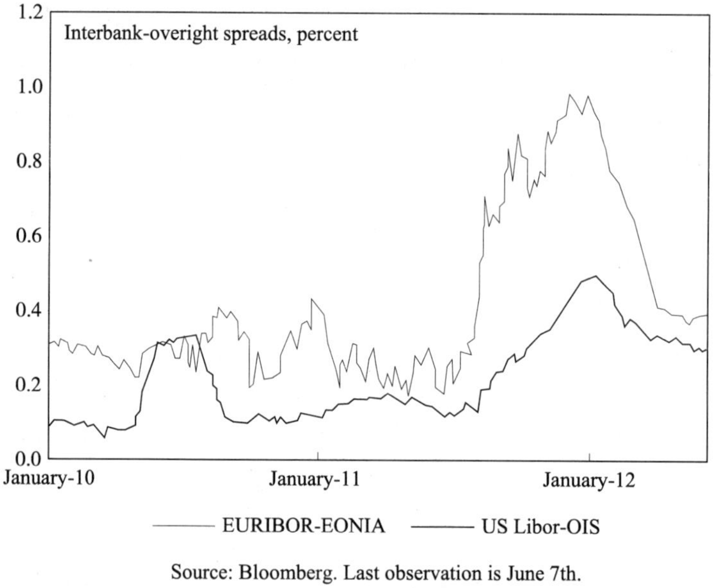

图 1.12　2010—2012 年美元和欧元银行拆借利差变化

资料来源：WB 在 2012 年 6 月 12 日发布的《全球经济展望：管理不确定性世界的增长》报告，第 43 页。

球金融稳定报告》指出，2011—2013 年即将出现大量融资到期的情况，今后金融市场的不利变动可能严重损害银行对这些债务展期的能力。再者，虽然全球货币和融资市场开始趋稳，但是随着各国政府对银行担保政策的退出，一些过分依赖政府支持的银行其处境更为艰难，除非政府在撤销融资支持的同时能够解决这些银行的薄弱之处，否则有可能再次出现银行困境和信心的总体丧失。WB 在 2012 年 6 月 12 日发布的《全球经济展望：管理不确定性世界的增长》报告中也指出，尽管美元和欧元两个金融市场历经 2011 年的困境后在 2012 年前四个月有所改善，但是当前金融市场 30 个基本点的银行业拆借利差仍然超过金融危机发生前的历史水平（当时约为 10 个基本点），揭示两大金融市场仍然面临着融资缺口①。

第四，银行贷款复苏缓慢，跨境银行贷款不足。当前成熟市场的银行信贷增长尚未恢复，尤其在欧洲存在大量不良贷款以及大规模的国内调整措施，这些地区有可能抑制国内贷款的需求和供应。IMF 在 2012 年 4 月 18 日发布的《全球金融稳定报告》显示，为了应对市场压力，欧元区银行采取的去杠杆化措施在 2011 年下半年取得一定成效，欧元区银行对非金融企业的信贷增长开始减缓，特别是高利差国家的信贷增长率与其他欧元区分化较大，如图 1. 13 所示。WB 在 2012 年 6 月 12 日发布的《全球经济展望：管理不确定性世界的增长》报告也认为欧元区的去杠杆化取得一定效果，信贷显著减少，在 2012 年 3 月底，欧元区银行对非金融企业的信贷增长率按年率化计算下降 2. 3 个百分点，如图 1. 14 所示。尽管全球银行贷款条件收紧程度已显著下降，经济前景的改善将促进信贷需求和银行贷款意愿，但是银行继续应对资本和融资款能力可能成为更具约束性的限制因素，而且对未来监管框架的不确定性也可能影响银行的贷款决定。

银行重组能确保银行有足够的利润经受未来的冲击和产生更多的资本缓冲，但是随着全球银行的继续合并和去债务化以重建其平衡表，跨境银行贷款仍然难以恢复。2009 年，涉及发展中国家的银团贷款交易为 1230 亿美元，不到 2008 年 2590 亿美元的一半②，如图 1. 15 所示。从 2009 年开始，流向发展中国家的银团贷款震荡不定，如图 1. 16 所示。尤其从 2011 年 10 月至 2012 年 3 月的半年内，欧元区银行向发展中国家提供的银团贷款（不包括银行间

① 世界银行：《全球经济展望：管理不确定性世界的增长》，2012 年 6 月 12 日，第 43 页。

② 世界银行：《全球经济展望：财政逆风与复苏》主题附录，2010 年 6 月 10 日，第 2 页。

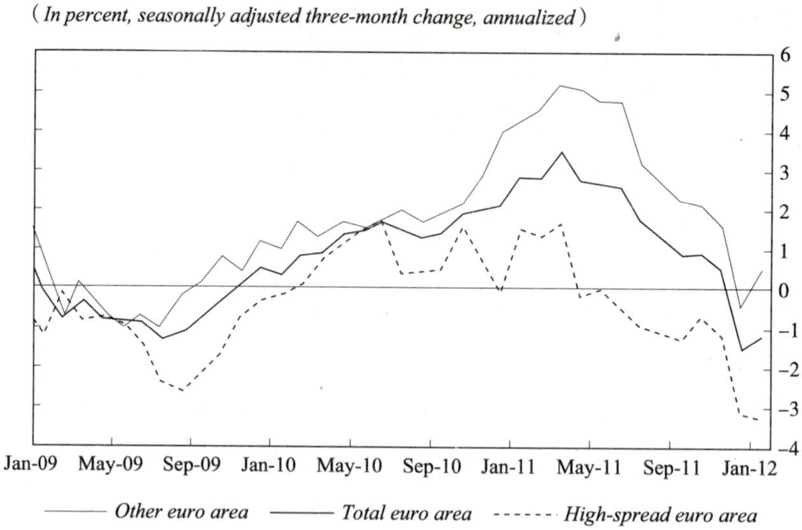

图 1.13 欧元区银行对非金融企业信贷增长的变化

资料来源:IMF 在 2012 年 4 月 18 日发布的《全球金融稳定报告》,第 30 页。

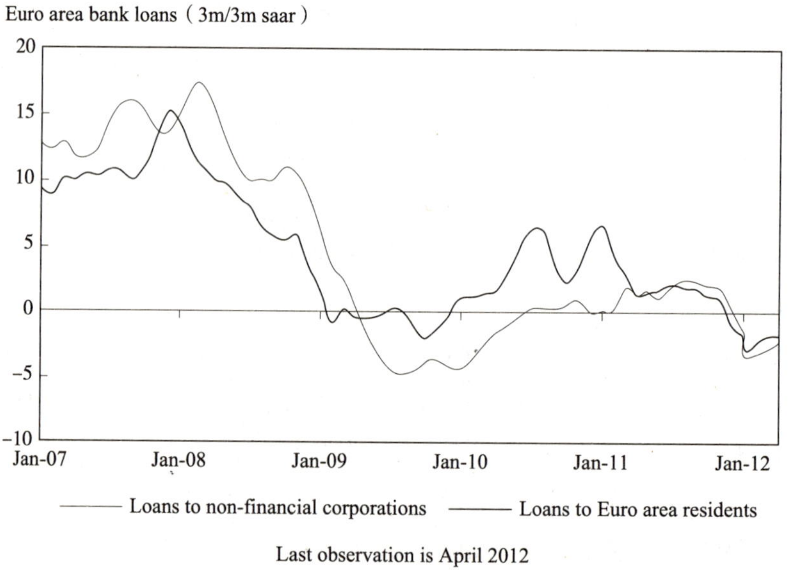

图 1.14 欧元区银行的信贷变化

资料来源:WB 在 2012 年 6 月 12 日发布的《全球经济展望:管理不确定性世界的增长》报告,第 45 页。

贷款和双边贷款)同比下降40%。几乎所有的发展中国家都受到影响,其中南亚地区因印度投资恶化下降了72%,俄罗斯和土耳其也分别下降50%和56%①。

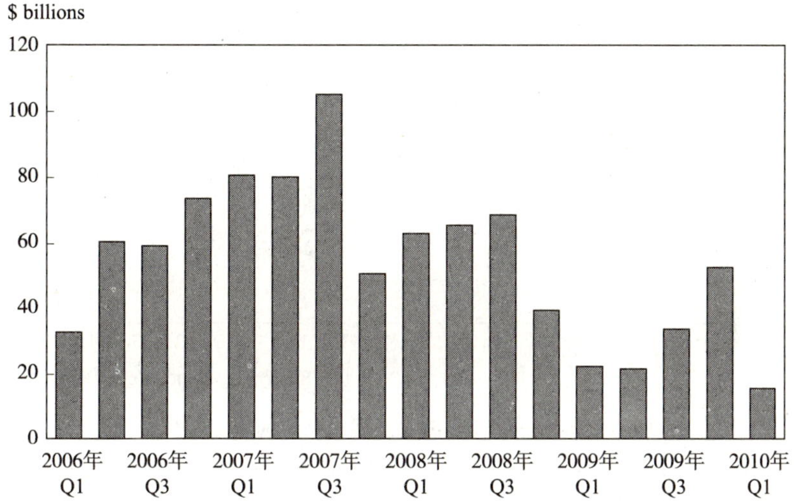

图 1.15 2008—2009 年流向发展中国家的银团贷款变化

资料来源:WB 在 2010 年 6 月 10 日发布的《全球经济展望:财政逆风与复苏》主题附录,第 2 页。

2. 金融市场交易量变化②

2008 年上半年,国际金融市场受金融危机的影响较小,金融市场交易量还在不断提高。其中,外汇市场交易规模继续扩大,国际货币市场规模继续扩张,债券市场未清偿余额持续增长。然而自 2008 年下半年开始,随着金融危机对实体经济的影响不断显现,全球金融市场出现大幅波动。2009 年,金融市场交易规模大幅下降,然后在 2010 年开始增长。2011 年,欧洲债务危机不断深化,市场避险情绪明显升温,全球金融市场交易规模增长放缓。

第一,外汇市场交易成交量在 2009 年探底后再度上扬。2008 年上半年全球外汇市场交易规模继续扩大。2008 年 4 月,伦敦外汇市场的日均成交量

---

① 世界银行:《全球经济展望:管理不确定世界的增长》,2012 年 6 月 12 日,第 12 页。

② 数据来源主要为 2008—2010 年中央人民银行上海总部发布的历年国际金融市场报告。

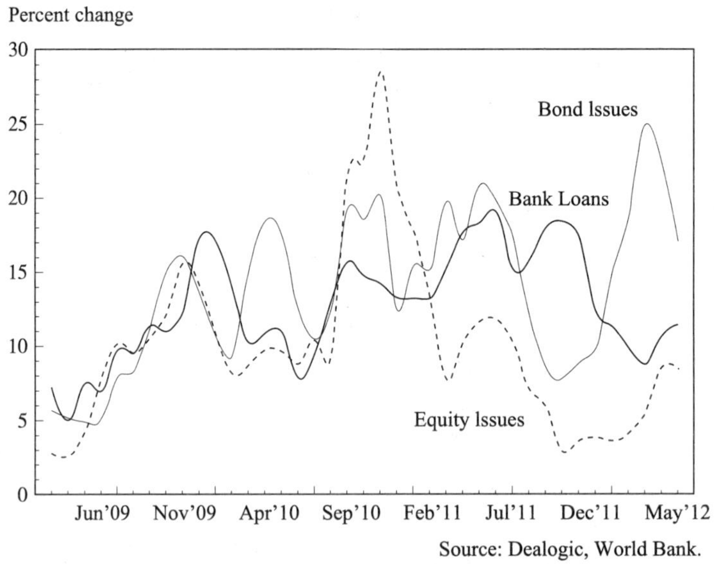

图 1.16 2009—2012 年流向发展中国家的银团贷款变化

资料来源:WB 在 2012 年 6 月 12 日发布的《全球经济展望:管理不确定性世界的增长》报告,第 5 页。

达到 1.82 万亿美元,同比增长 54%;美国外汇市场的日均成交量达到 7150 亿美元,同比增长 15.7%;东京外汇市场的日均成交量为 3025 亿美元,同比增长 26%。2009 年,受金融危机影响,全球外汇市场交易量出现近 10 年来的首次下降。据伦敦国际金融服务局(IFSL)统计,2009 年 4 月,全球外汇市场日均成交量为 3.1 万亿美元,同比下降 24%。2010 年,全球外汇市场成交量再次稳步上升,全球外汇市场日均交易量约为 4.0 万亿美元,较 2007 年增长 20%,而且外汇交易活动更加全球化,跨境外汇交易额约占全部外汇交易额的 2/3。

第二,全球场外衍生品交易市场规模经过 2009 年下滑后再次上升。2008 年上半年全球货币市场规模继续扩张,全球场外(OTC)利率衍生品市场规模继续增长。据国际清算银行(BIS)统计,截至 2008 年 6 月末,全球 OTC 衍生品市场名义余额达 458.3 万亿美元,较 2007 年末增长 16.6%。2008 年下半年有所减少,但在 2009 年又稳步回升,截至 2009 年 6 月末,全球 OTC 利率衍生品市场名义余额达 437.2 万亿美元,比 2008 年年末增长 13.3%。2010 年全球场外利率衍生品市场规模小幅增长,截至 2010 年 6 月末,全球 OTC 利率衍生品市场名义余额达451.8万亿美元，比2009年年末小幅增长0.4%。

第三，全球债券市场未清偿余额震荡不定。2008年上半年债券市场未清偿余额持续增长。据BIS的统计数据，2008年6月末，全球债券市场的债券未清偿余额为86.09万亿美元，较上年末增长7.3%。但是从2008年第3季度开始，全球债券市场的未清偿债券余额开始下降，其中国际债券未清偿余额较上季度下降至24.03万亿美元，下降约5%。2009年又稳步增长，2009年6月末，全球债券市场债券未清偿余额为87.89万亿美元，较2008年年末增长5.4%。2010年全球债券市场未清偿余额下降，2010年6月末，全球债券市场债券未清偿余额为89.28万亿美元，较2009年年末下降5.2%。

第四，全球股票市场市值大幅缩水后再度回升至金融危机前水平，股票市场融资规模甚至超过金融危机前。2008年全球股票市场市值大幅缩水，股市融资规模下降。据世界交易所联盟（WFE）的不完全统计，2008年全球主要证券交易所的股票市值约为32.58万亿美元，较上年下降46.3%；全球股票市场共融资（包括首次公开发售和再融资）7880亿美元，较上年下降10.8%。2009年，全球股票市值大幅上涨，股票市场融资规模上升。2009年全球主要证券交易所的股票市值约为46.52万亿美元，较上年同期大幅上升42.8%，但尚未回到2007年年末的水平；全球股票市场共融资（包括首次公开发售和再融资）8561亿美元，较上年上升8.7%。2010年，股票市值继续回升，股票市场融资规模上升。2010年年末全球主要证券交易所的股票市值约为54.88万亿美元，较上年同期上升18%，接近2007年年末的水平；全球股票市场共融资（包括首次公开发售和再融资）9661亿美元，较上年上升13%。

第五，全球黄金交易量大幅下降。国际上大约有3/4以上份额的黄金通过场外市场进行交易，伦敦是世界上最大的黄金场外交易中心。2008年全球黄金交易大幅增长，据伦敦贵金属协会（LBMA）的统计数据，当年黄金成交清算量为56.69亿盎司，较上年上升10.6%；黄金清算金额为4.9万亿美元，较上年上升36.2%。2009年全球黄金交易量大幅下降，当年黄金成交清算量为51.66亿盎司，较上年下降8.9%；黄金清算金额为5.0万亿美元，较上年上升1.0%。2010年全球黄金交易量继续下降，当年全球黄金成交清算量为46.29亿盎司，较上年下降10%；黄金清算金额为5.7万亿美元，较上年上升14%。

第六，全球商品期货成交量大幅增长。2008年商品期货交易量继续增长，据美国期货业协会(FIA)的统计，当年全球在交易所交易的商品期货产品共成交11.1亿手，较上年增长41.7%。2009年商品期货交易量仍然继续增长，当年全球在交易所交易的商品期货产品共成交15.04亿手，较上年增长34.7%。2010年商品期货交易量继续增长，当年全球在交易所交易的商品期货产品共成交26.97亿手，较上年增长30.3%。

3. 金融市场价格走势变化①

与金融市场交易量变化相似，2008年上半年，国际金融市场主要价格仍然延续上年末的走势，其中，美元对主要货币继续贬值，主要货币短期利率总体上升，主要国家中长期国债收益率先降后升，主要股指受通胀压力较大、部分国家经济前景黯淡等因素影响而大幅下挫，黄金价格振荡上涨，并屡创历史新高，原油、基本金属、农产品等国际大宗商品期货价格持续上涨并不断创出历史新高。

但是到2008年下半年，部分金融市场价格走势出现逆转，大宗商品价格行情逆转尤为突出。美元显著升值，特别是对新兴市场国家货币升值幅度较大。主要货币短期利率大幅下降，主要国家中长期国债收益率显著下降。主要股指加速下跌。在经济前景恶化、避险资金需求增加的双重影响下，黄金价格大幅下跌。国际大宗商品价格大幅下降，石油、铜、铝期货价格都由年中达到的历史最高点分别降至年底的近五年来低点。此后几年，国际金融市场价格起伏不定。

2009年，全球金融市场信心逐步恢复，国际金融市场回暖。美元除在年初走强外持续走弱，美元对大多数新兴市场经济体的货币贬值；主要货币短期利率显著下降；主要国家中长期国债收益率明显上升；主要股指、大宗商品期货价格和黄金价格等都创下少有的年度涨幅，黄金价格再创历史新高(每盎司1214.6美元)，但主要股指和大宗商品期货价格尚未回到危机前的历史高点。

2010年，受欧洲主权债务危机影响，美元对欧元、英镑等货币总体走强，但对日元以及新兴市场经济体货币全年贬值幅度较大。美元、欧元和英镑短

① 数据来源主要为2008—2010年中国人民银行上海总部发布的历年国际金融市场报告。

期利率上升，日元短期利率下降；主要国家中长期国债收益率探底后小幅回升；主要股指走势分化，经济持续复苏带动美国、德国、英国以及北欧国家股指上涨，而受主权债务危机影响较大的部分南欧国家股指跌幅较大，日本股市因日元升值削弱日本企业盈利能力而下跌。受流动性充裕、避险需求较旺盛、新兴市场经济体复苏强劲等因素影响，国际黄金期货价格大幅上涨，创历史新高。国际大宗商品价格大幅走高，部分品种价格创阶段或历史新高。

2011 年，欧洲债务危机不断深化，市场避险情绪明显升温，美元指数总体走高，日元上涨创历史纪录，新兴市场经济体货币大幅贬值；欧洲美元利率和欧元拆借利率走高；美国国债收益率较低，欧元区多国主权债收益率升高；全球主要股指普遍下跌，除美国股市小幅上涨外，其他主要经济体跌幅较大，而印度、俄罗斯和巴西等新兴经济体股指跌幅更大；黄金价格再创历史新高。大宗商品市场前涨后跌，部分农产品跌幅较大。大宗商品价格的回调一方面反映了全球金融市场避险情绪的升高，但另一方面也缓解了新兴经济体的通胀压力。

第一，美元汇率波动较大，不确定性较强。2008 年上半年，美元对主要货币保持上年趋势继续贬值，这是由于在市场对美国经济增长前景的担忧加深的背景下，美联储连续 4 次降息所致。纽约商业交易所（NYMEX）美元指数于 2008 年 4 月 18 日创下 71.012 的近年来低点。2008 年下半年，在避险需求的推动下，美元对其他主要货币显著升值，NYMEX 美元指数年末报收于 81.151，较上年末上升 5.8%。同时美元特别是对大多数新兴经济体货币升值幅度较大，美元对韩圆、泰铢、印尼盾、巴西雷亚尔、俄罗斯卢布、马来西亚林吉特分别升值 34.9%、16.1%、15.5%、30%、24.2% 和 4.4%，但是美元对人民币贬值 6.6%。2009 年，美元除在年初走强外持续走弱，美元对大多数新兴经济体的货币贬值。年末，NYMEX 美元指数报收于 77.86，较上年末下降 4.0%，美元对韩圆、泰铢、印尼盾、巴西雷亚尔、俄罗斯卢布、马来西亚林吉特和新加坡元分别贬值 7.8%、4.0%、13.2%、24.7%、0.7%、0.8% 和 1.8%。2010 年，受欧洲主权债务危机影响，美元对欧元、英镑等货币总体走强，但对日元以及新兴经济体货币全年贬值幅度较大。美元指数报收于 79.028，较上年末上升 1.5%，而美元对日元汇率较上年末下跌 12.7%，美元对韩圆、泰铢、印尼盾、巴西雷亚尔、马来西亚林吉特和新加坡元分别贬值 3.7%、10.0%、

4.4%、4.8%、9.9%和8.7%。2011年，欧洲债务危机不断深化，市场避险情绪明显升温，美元指数总体走高，日元上涨创历史纪录，新兴经济体货币大幅贬值，美元对日元从年初的81.41降至75.56的历史纪录，年末收于76.94，而美元对印度卢比、巴西雷亚尔和俄罗斯卢布全年则分别下跌15.8%、11%和5%。

第二，国际货币市场利率先降后升。2008年，国际货币市场利率波动较大，总体先升后降。2008年1—8月，主要货币短期利率总体上升，美联储4次降息后，连续3次做出维持指标利率不变的决定，英格兰银行2次降低指标回购利率，欧央行升息1次，日本银行维持指标利率不变。至9月中下旬，金融危机全面爆发，投资者信心遭受重大打击，市场流动性趋紧，主要货币短期利率大幅度跳升。10月起，主要经济体央行多次采取降息、注资等措施，货币市场信贷紧缩状况呈现缓和迹象，各主要货币短期利率均大幅下降。2009年，主要货币短期利率显著下降。美联储连续8次维持联邦基金目标利率于0—0.25%的区间不变，欧央行4次降低主要再融资利率共计150个基点至1%，英格兰银行3次降低基准利率共计150个基点至0.5%，日本银行连续12次维持指标利率不变。为刺激经济增长，各主要央行纷纷采取非常规的量化宽松货币政策，向市场注入大量流动性。2010年，美元、欧元和英镑短期利率上升，日元短期利率下降。美联储、欧洲央行和英格兰银行均宣布维持指标利率水平不变，日本银行10月降息至0—0.1%。2011年，欧洲美元利率和欧元拆借利率走高。欧洲美元上半年相对平稳，头3个月LIBOR稳定在0.25%—0.3%之间，但2011年8月之后大幅上升，年底升至0.58%；3个月欧元LIBOR在7月一度高达1.55%，后随着欧洲央行的两次降息回落至年末的1.29%。

第三，中长期国债收益率震荡不定。总体来看，美国、德国、日本等大多数国家的中长期国债收益率震荡下行，仅有意大利和西班牙等少数国家的中长期国债收益率震荡上扬，如图1.17所示。2008年，主要国家中长期国债收益率前期先降后升，后期大幅下降。2008年年初至3月中旬，受美国次贷危机影响、市场对美国经济将陷入衰退的担忧加深、国际股票市场大幅下挫等因素影响，主要国家中长期国债收益率下降。其后，因国际能源及食品价格大幅上涨，各国通胀压力加大，且国际股票市场回升，主要国家中长期国债收益率振

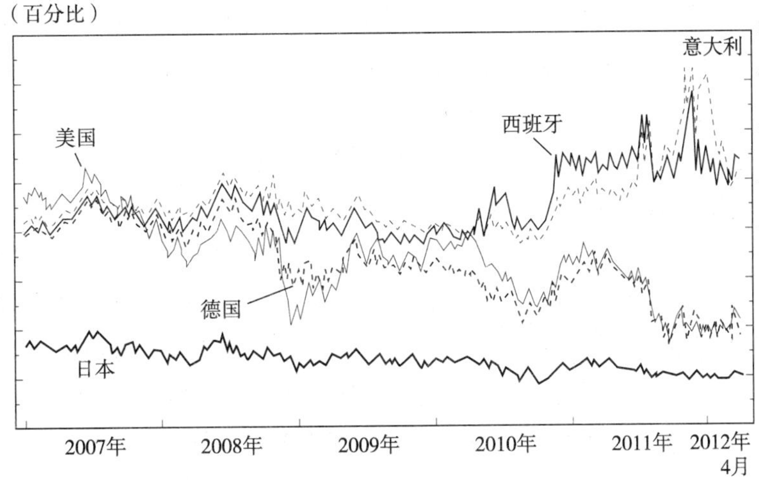

图 1.17　主要国家 10 年期国债收益率变化

资料来源:IMF 在 2012 年 4 月 17 日发布的《世界经济展望:消费增长,危机尚存》报告,第 4 页。

荡走高。6 月下旬起,在各主要经济体逐步陷入经济衰退,通货紧缩风险加大,全球央行进入降息周期,以及全球股市下跌使得大量避险资金转向低风险的国债市场等因素影响下,各主要经济体的中长期国债收益率明显下降,年末,美国 10 年期国债收益率报收于 2. 2241% ,较上年末大幅下降 180. 7 个基点;德国 10 年期国债收益率报收于 2. 944% ,较上年末大幅下降 141 个基点;英国 10 年期国债收益率报收于 3. 017% ,为 30 多年来的最低水平,较上年末大幅下降 154. 8 个基点;日本 10 年期国债收益率报收于 1. 168% ,较上年末下降 33. 4 个基点。2009 年,主要国家中长期国债收益率明显上升,年末,美国 10 年期国债收益率报收于 3. 8374% ,较上年末上升 161. 3 个基点;德国、英国 10 年期国债收益率分别报收于 3. 381% 和 4. 013% ,分别较上年末上升 43. 7 个基点和 99. 6 个基点;日本 10 年期国债收益率报收于 1. 291% ,较上年末上升 12. 3 个基点。2010 年,主要国家中长期国债收益率探底后小幅回升。年末,美国 10 年期国债收益率报收于 3. 2968% ,较上年末下降 54. 1 个基点;德国和英国 10 年期国债收益率分别收于 2. 968% 和 3. 396% ,较上年末分别下降41. 3 个和61. 7 个基点;日本 10 年期国债收益率收于 1. 116% ,较上年末下降 17. 5 个基点。2011 年,美国国债收益率较低,欧元区多国主权债收益率升高。美国10年期国债收益率从年初的最高3.5%下降到年末的2%；欧元区除德国之外的主权债收益率均出现不同程度的上升，意大利10年期国债收益率一度超过7%。

第四，全球主要股指震荡不定。总体来看，道琼斯指数、标准普尔500指数、东京股票价格指数等全球主要股指在金融危机以后呈现下跌趋势，在2009年探底后震荡上扬，但是未恢复到金融危机前的水平，如图1.18所示。2008年，主要股指受通胀压力较大、部分国家经济前景黯淡等因素影响而大幅下挫，纷纷创下历史或阶段新低。2008年11月20日，道琼斯指数报收7552点，创5年半以来最低收盘纪录；标准普尔500指数报收752点，创11年来最低纪录；纳斯达克指数报收1316点，创5年来最低纪录。年末，道指、标指和纳指分别报收于8776.4点、903.3点和1577点，较上年末分别下跌33.8%、38.5%和40.5%。在欧洲，2008年年末，德国DAX、法国CAC40股指和英国金融时报100指数分别报收于4810点、3218点和4434.2点，较上年末分别下跌40.4%、42.7%和31.3%，而亚洲地区主要股指全年跌幅均超过40%。2009年，全球主要股指大幅回升。年末，道琼斯、标准普尔、纳斯达克指数分别报收10428.1点、1115.1点和2269.2点，较上年末分别大幅回升18.8%、23.5%和43.9%，其中，道琼斯指数较年内最低点大幅上涨59.3%，但较2008年最高点13028.2点仍有2600点的差距。德国DAX、法国CAC40和英国金融时报100指数分别收于5957.4点、3936.3点和5412.9点，较上年末分别大幅上涨23.9%22.3%和22.1%。日经225股指和香港恒生股指分别收于10546.4点和21872.5点，较上年末分别大幅上升19.0%和52.0%。2010年，主要股指走势分化，经济持续复苏带动美国、德国、英国以及北欧国家股指上涨，而受主权债务危机影响较大的部分南欧国家股指跌幅较大，日本股市因日元升值削弱日本企业盈利能力而下跌。年末，道琼斯、标准普尔和纳斯达克指数分别报收11577.5点、1257.6点和2652.9点，较上年末分别大幅上涨11.0%、12.8%和16.9%；德国DAX和英国金融时报100指数分别收于6914.2点和5899.9点，较上年末分别上涨16.1%和9.0%，法国CAC40指数下跌3.3%；日经225股指在日元持续升值压力下全年下跌3.0%。2011年，市场对全球经济增长乏力的担忧拖累了全球股市。在主要经济体股市中，除美国股市小幅上涨外，其他普遍出现较大跌幅。道琼斯

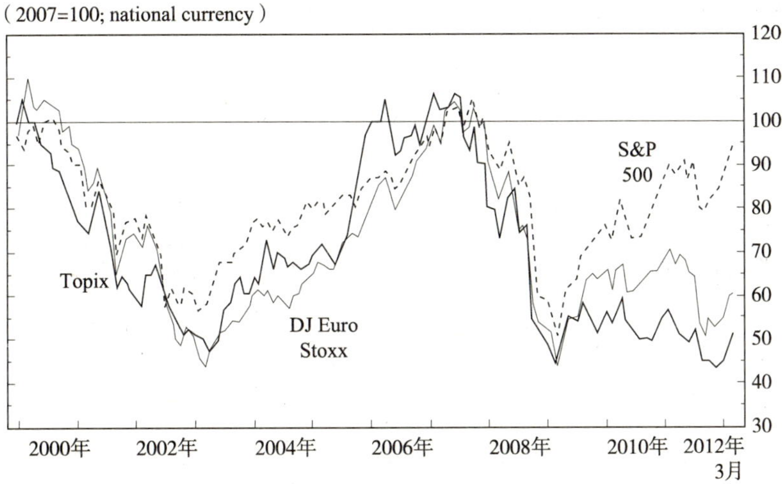

图 1.18 全球主要股指变化态势

资料来源：IMF 在 2012 年 4 月 17 日发布的《世界经济展望：消费增长，危机尚存》报告，第 4 页。

指数从年初的 11577 点运行至年末的 12217 点，上涨 5%；英国金融时报 100 指数、法国 CAC40 指数、德国 DAX30 指数和日经 225 指数全年分别下跌 5.6%、17%、14.7% 和 17.3%。新兴经济体股市跌幅普遍较大，如印度 SENSEX 指数、俄罗斯 RTS 指数和巴西 BVSP 指数分别下跌 25.7%、21.9% 和 18.1%。2012 年以来，主要股指再次震荡。发达国家的股指在 2012 年前四个月收益为 8.6 个百分点，但是从 5 月份开始下跌 6.7 个百分点，而新兴经济体的股指从 2012 年前四个月的 9.3 个百分点收益下跌 7.4 个百分点，如图 1.19 所示。

第五，国际黄金期货价格总体走高。2008 年上半年，黄金价格振荡上涨，3 月 17 日，伦敦黄金价格创下每盎司 1002.3 美元的历史新高。2008 年下半年，在经济前景恶化、避险资金需求增加的双重影响下，黄金价格大幅下跌，年末报收于 878.2 美元/盎司。2009 年，国际黄金价格大幅上涨，创历史新高。12 月 2 日，伦敦金价报收 1214.6 美元/盎司的历史最高点，年末，伦敦黄金价格收于 1095.7 美元/盎司，较上年末上升 24.8%。2010 年，国际黄金价格继续大幅上涨，再创历史新高。年末，纽约商品交易所(COMEX)黄金期货价格收于 1421.1 美元/盎司的历史新高，较上年末大幅上涨 29.8%。2011 年，黄

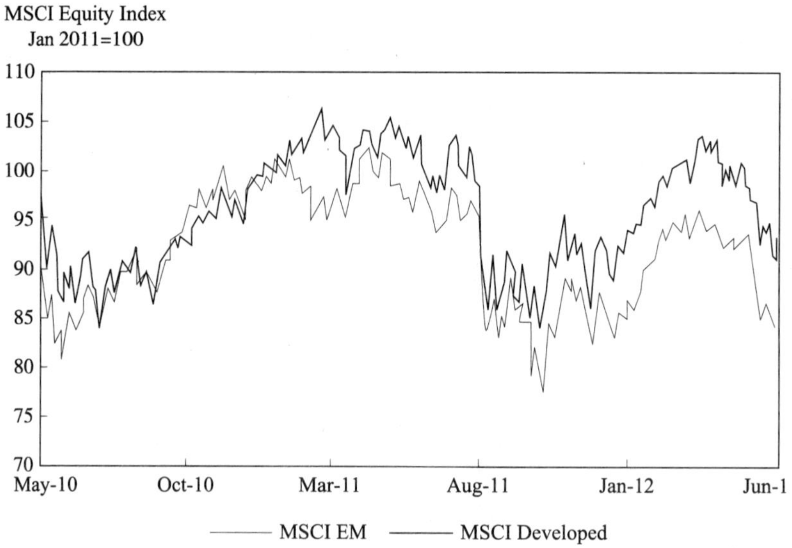

图 1.19 2011—2012 年上半年全球股指变化态势

资料来源:WB 在 2012 年 6 月 12 日发布的《全球经济展望:管理不确定性世界的增长》报告,第 43 页。

金价格再创历史新高,COMEX 黄金从年初的 1405 美元/盎司一度涨到 1923 美元/盎司,后回落至 1570 美元/盎司,全年涨 11.7%。

第六,国际大宗商品期货价格起伏不定。2008 年上半年,原油、基本金属、农产品等国际大宗商品期货价格持续上涨并不断创出历史新高。7 月 3 日,西得克萨斯原油与布伦特原油期货价格分别报收于 145.3 美元/桶和 146.1 美元/桶的历史最高点;4 月 7 日,伦敦 LME 期铜价格报收于历史最高点 8730 美元/吨;7 月 11 日,LME 期铝报收 3317 美元/吨的历史最高点。2008 年下半年,国际大宗商品价格大幅下降,石油、铜、铝期货价格都由年中达到的历史最高点分别降至年底的近五年来低点。12 月 19 日,西得克萨斯原油期货价格报收于 33.87 美元/桶,为 2004 年 2 月 10 日以来最低,12 月 24 日,布伦特原油期货价格报收于 36.61 美元/桶,为 2004 年 5 月 5 日以来最低。年末,西得克萨斯原油与布伦特原油期货价格分别收于 44.6 美元/桶和 45.6 美元/桶,较上年末分别大幅下降 53.5% 和 51.4%;伦敦期铜价格报收于 3070 美元/吨,较上年末下跌 54%;伦敦期铝价格报收于 1540 美元/吨,较上年末下跌36.1%；芝加哥期货交易所(CBOT)的大豆、玉米和小麦期货价格分别较上年末下跌19.4%、10.2%和18.3%。2009年，主要大宗商品期货价格大幅回升。年末，西得克萨斯和布伦特原油期货价格分别收于79.4美元/桶和77.9美元/桶，较上年末分别大幅上涨77.9%和70.9%，但尚未回到危机前的高点，其中西得克萨斯原油期货价格仅约为2008年最高点145.3美元/桶的一半；期铜价格收于7375美元/吨，较上年末大幅上升140.2%；期铝价格收于2230美元/吨，较上年末大幅回升44.8%；CBOT的大豆和玉米期货价格分别较上年末上涨6.3%和1.2%，小麦期货价格走势较弱，较上年末下跌10.7%。2010年，国际大宗商品价格大幅走高，部分品种价格创阶段或历史新高。年末，西得克萨斯和布伦特原油期货价格分别收于91.4美元/桶和94.8美元/桶，较上年末分别上涨15.2%和21.6%；铜、铝期货价格前期呈倒"N"形走势，后期振荡上涨，创历史最高点，年末期铜价格报收9600美元/吨的历史最高点，较上年末大幅上涨30.2%，期铝报收2470美元/吨，较上年末上涨10.8%；CBOT的大豆、玉米和小麦期货价格较上年末分别大幅上涨33.7%、47.8%和47.0%。2011年，大宗商品价格从第二季度开始大幅回落，除原油和玉米外，大宗商品全年普遍呈现下跌。布伦特原油先涨后跌，每桶从年初的92.5美元上涨到4月初最高126美元，年末又跌至106.7美元，全年上涨15.3%；期铜、期铝分别较年初下跌20.8%、18.2%；小麦和大豆全年跌幅分别为19%和11%。

4. 国际资本向新兴经济体小幅回流

当前以发达国家为主导的国际金融市场格局仍旧稳固，新兴经济体则是国际金融市场一支不断上升的力量。从2008年开始，流向新兴经济体的银行资产大幅减少，直到2009年年初才开始略有回复。尽管流入新兴经济体的银行资金尚未恢复，但证券投资流入(特别是股票)的反弹支持了新兴经济体资本回升，如图1.20所示。这一趋势在2010年得以保持，但是在2011年受到欧元区债务危机影响，信贷增长出现回落，新兴经济体的净资本流入再次下降，债券投资下降尤为明显，如图1.21所示。尽管流向新兴经济体的国际资本净流量在短期内还将不断调整，但是从更长时间发展趋势来看，国际资本净流量将不断增多，如表1.13所示。

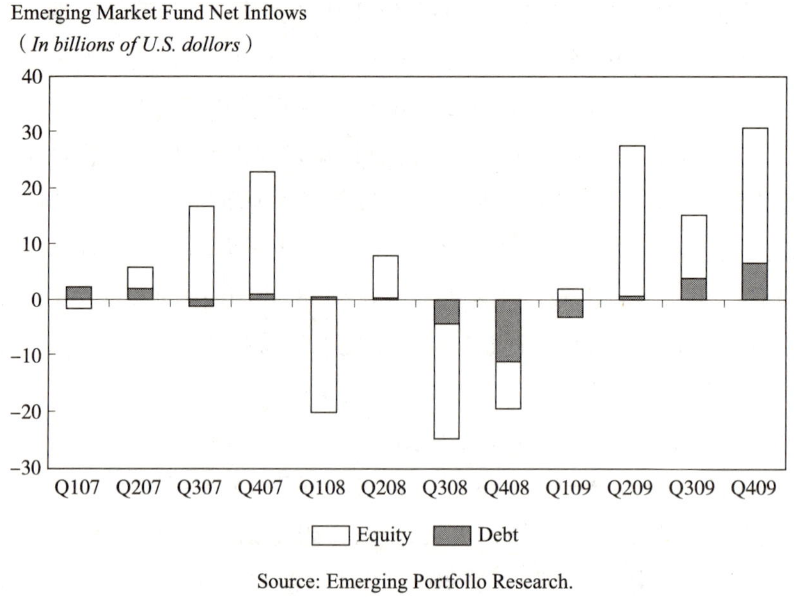

图 1.20 2007—2009 年流向新兴经济体的净资本流变化

资料来源:IMF 在 2010 年 1 月 26 日发布的《全球金融稳定报告》,第 3 页。

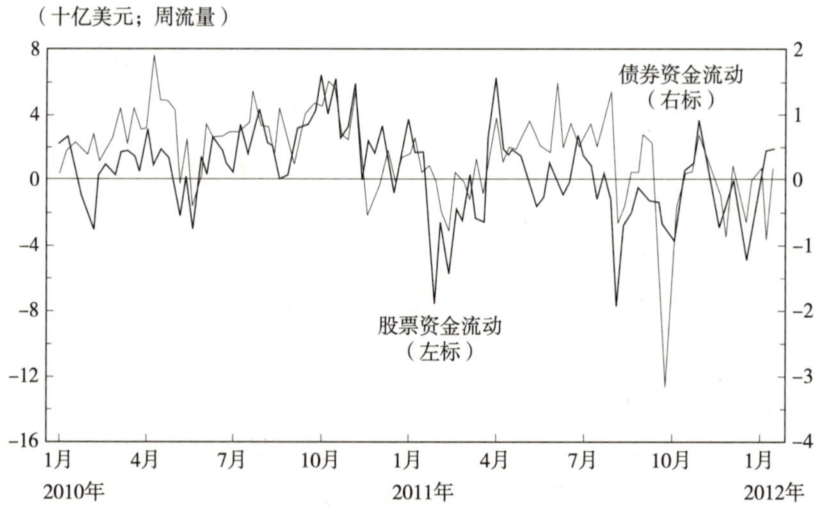

图 1.21 流向新兴经济体的净资本流变化

资料来源:IMF 在 2012 年 1 月 24 日发布的《世界经济展望》更新报告。

表 1.13 流向新兴经济体的净资本流变化

（单位:10 亿美元）

	实际值				预测值		
	2008 年	2009 年	2010 年	2011 年	2012 年	2013 年	2014 年
经常账户收支	410. 2	243. 3	185. 9	97. 8	109. 7	94. 9	63. 1
资本流入	830. 9	674. 2	1131. 2	1038. 5	818. 1	994. 8	1198. 1
资本流出	-311. 7	-168. 8	-291. 1	-369. 0	-387. 0	-372. 0	-417. 0
净资本流动	519. 2	505. 5	840. 0	669. 4	431. 1	622. 8	781. 1

资料来源:WB 在 2012 年 6 月 12 日发布的《全球经济展望:管理不确定性世界的增长》报告,第 6 页。

5. 国际金融体系着手改革

2009 年,各主要金融市场从 2008 年的重创中逐步恢复,发达国家仍然主导着国际金融市场格局,而新兴经济体在国际金融市场的重要性正日益上升。针对金融危机产生的严重后果,当前国际金融体系亟待改革,短期内着眼于如何应对当前的金融危机,中长期内应针对国际金融体系的不合理、不稳定因素进行渐进性改革,改革目标在于强化在国际金融体系中占主导地位国家的国际责任、扩大新兴经济体和发展中国家在国际金融体系中的作用、提高国际金融体系的稳定性。改革举措主要体现在改善国际货币体系、改革国际金融组织、加强国际金融监管、鼓励区域金融合作等方面,包括:①增强国际货币的竞争性,发挥新兴经济体和发展中国家的积极作用,增加对主要储备货币发行的约束和监督,提高国际货币体系的稳定性;②改革国际金融组织决策层产生机制和内部治理结构,提高新兴经济体和发展中国家在国际金融组织中的代表性和发言权,尽快建立覆盖全球特别是主要国际金融中心的早期预警系统;③鼓励各国加强区域金融合作,共同应对区域内流动性紧张、币值大幅波动等风险。

总体来看,"十二五"期间全球金融变化的基本态势为:全球银行经营状况历经 2008 年和 2011 年的两次剧烈震荡后略有好转,但是仍然面临巨大的资金压力;金融交易市场呈现复苏迹象,但市场前景仍不明朗;国际资本向经济发展前景良好、市场潜力巨大的新兴经济体和发展中国家转移趋势较为明显;国际金融体系面临改革,新兴经济体和发展中国家将在国际金融体系中扮演越来越重要的角色。

(五)全球资源新变化

目前全球资源存在矿产资源分布不均、世界能源消费呈现不同的增长模式、各国能源利用效率差异明显、国际能源消费结构趋向优质化等特点,2008年的金融危机又给全球资源市场带来变化。目前对资源的研究主要分为两个领域:矿产资源和能源资源①,因此下面拟从全球资源价格的震荡、资源消费的发展、矿业投资的增长、矿业公司的活动、能源结构的变化、能源科技的重要和低碳经济等方面来阐述全球资源的发展态势。

1. 全球资源价格在剧烈震荡后逐渐回升

2004—2008年,全球资源产品价格一路上扬,但2008年的全球金融危机使商品价格出现暴跌,一年之内资源价格出现"过山车"行情。2009年二季度以后,资源市场出现回暖,价格逐渐回升,近几年资源价格一直处于震荡回升态势,如图1.22所示。

国际原油价格从2008年的147.27美元/桶高点暴跌,于2009年2月12日达到33.98美元/桶的低点,但很快因经济企稳而强劲反弹,2009年二季度涨幅达41%,为1990年以来最大的季度涨幅②,然后一直震荡上扬,近年来一直维持在100美元/桶左右,如图1.23所示。WB对未来十年内原油价格走势略有上涨,如图1.24所示。

铁矿石与原油市场相似,在历经2008年下半年大幅回落以后,从2009年开始震荡上扬,并在2011年达到顶峰后开始下行。WB预测,铁矿石在今后几年还将继续下行,如表1.14所示。

---

① 矿产资源指经过地质成矿作用,使埋藏于地下或出露于地表、并具有开发利用价值的矿物或有用元素的含量达到具有工业利用价值的集合体。能源资源是指在目前社会经济技术条件下能够为人类提供大量能量的物质和自然过程,包括煤炭、石油、天然气、风、河流、海流、潮汐、草木燃料及太阳辐射等。

② 商务部:《中国对外贸易形势报告(2009年秋季)——附件三:国际商品市场走势》,2009年10月31日。

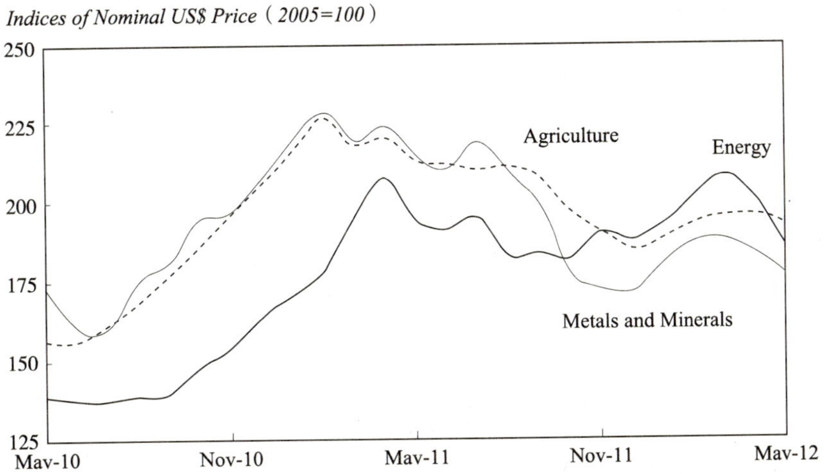

图 1.22　2010 年以来全球主要商品指数变化

资料来源：WB 在 2012 年 6 月 11 日发布的《商品市场评论》，第 1 页。

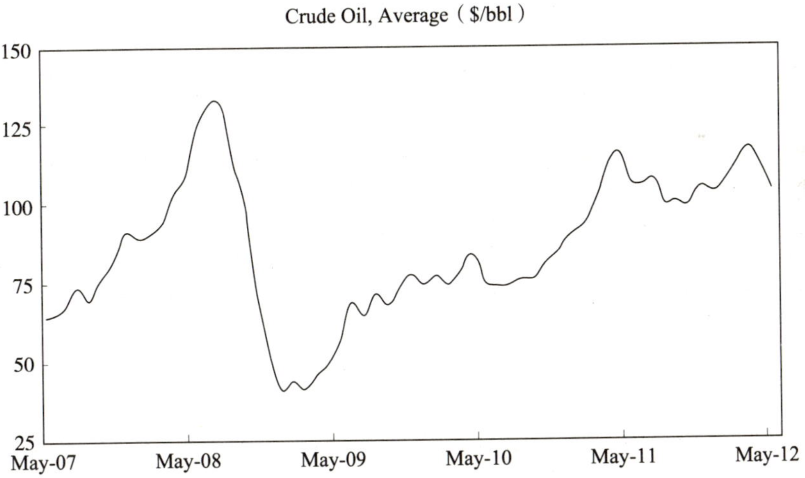

图 1.23　世界银行对近年全球原油价格走势的分析

资料来源：WB 在 2012 年 6 月 11 日发布的《商品市场评论》，第 5 页。

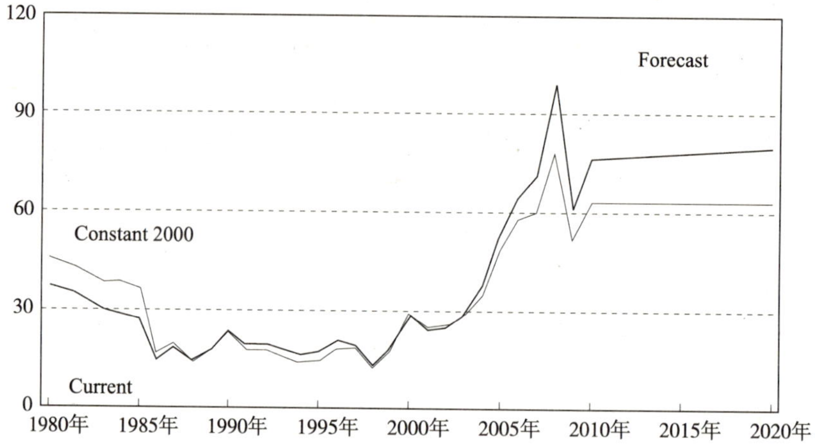

Source: World Bank.

图 1.24 世界银行对全球原油价格走势分析

资料来源:WB 在 2010 年 1 月 8 日发布的《全球商品市场》,第 19 页。

表 1.14 世界银行对铁矿石价格走势分析

(单位:美元/吨)

	实际值		预测值					
	2010 年	2011 年	2012 年	2013 年	2014 年	2015 年	2020 年	2025 年
现价	146	168	142	135	120	110	103	115
按 2005 年可比价	129	136	114	107	94	85	73	75

资料来源:根据 WB 在 2012 年 6 月 12 日发布的《商品市场价格预测》报告整理。

国际铜价自 2003 年开始持续走高,在 2008 年上半年金融危机初期仍然不断上涨,之后稍微震荡,在 2008 年下半年急剧下滑并于年底下滑到最低点。2009 年以来,受市场需求恢复的影响,铜价反弹回升迹象明显,从 2011 年下半年开始下行,如图 1.25 所示。WB 预计铜价下行一段时间后才保持平稳,如图 1.26 所示。

在国际铝价方面,国际铝价在 2008 年中期攀升了历史高位后又继续急速下滑,然后从 2009 年开始逐步上行。伦敦金属交易所(LME)铝市于 2008 年 7 月 10 日前触及历史高位 3375 美元/吨后一路下行,至 12 月 5 日跌至 1491

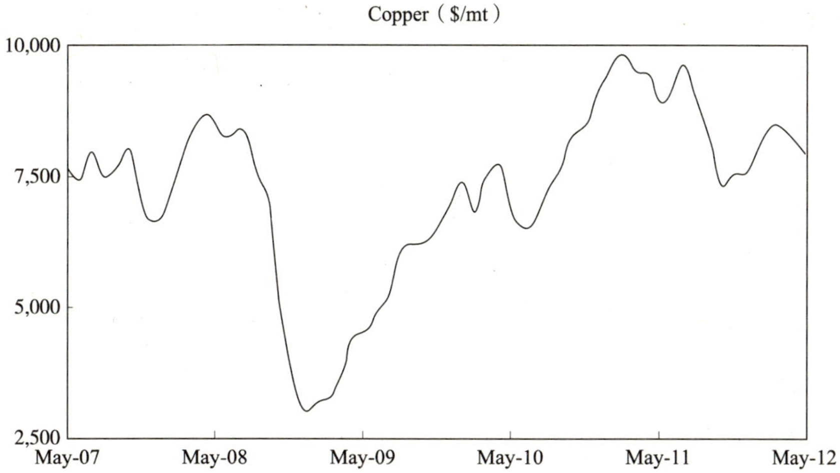

图 1.25 世界银行对对近年全球铜价价格走势的分析

资料来源:WB 在 2012 年 6 月 11 日发布的《商品市场评论》,第 5 页。

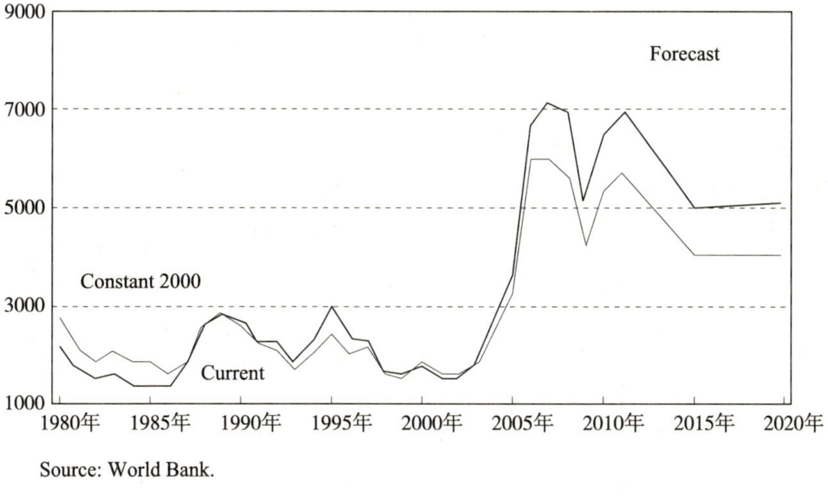

图 1.26 世界银行对全球铜价走势的分析

资料来源:WB 在 2010 年 1 月 8 日发布的《全球商品市场》,第 13 页。

美元/吨,此后铝价于 2009 年 6 月 5 日回升至 1700 美元/吨[①]。此后一路上

① 陈甲斌、王海军:《全球矿产资源形势背景下中国的全球发展战略》,《国土资源》2009 年第 7 期,第 44—47 页。

行，在 2011 年年中达到顶峰后立即下挫，如图 1.27 所示。不过，WB 估计国际铝价将在 2012 年达到最低点再次上扬，今后一段较长时期呈现连续上涨趋势，如图 1.28 所示。

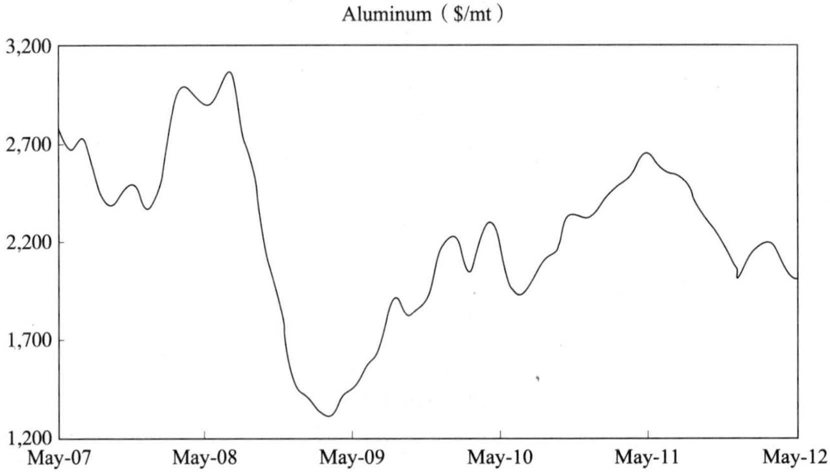

图 1.27　世界银行对近年全球铝价价格走势的分析

资料来源：WB 在 2012 年 6 月 11 日发布的《商品市场评论》，第 5 页。

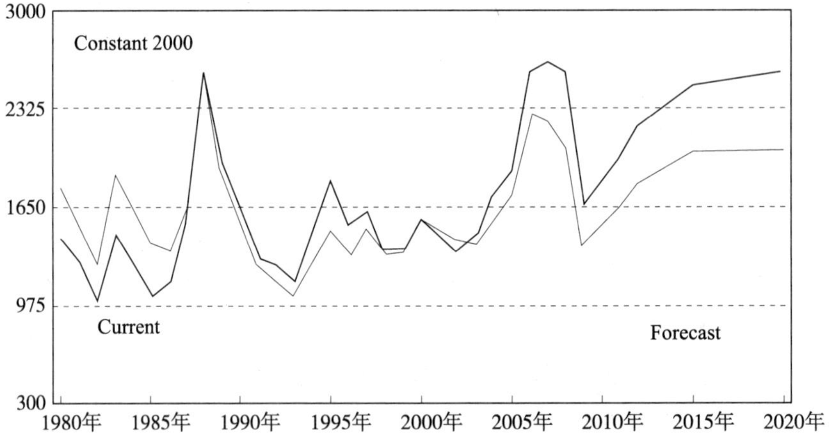

Source: World Bank.

图 1.28　世界银行对全球铝价走势的分析

资料来源：WB 在 2010 年 1 月 8 日发布的《全球商品市场》，第 13 页。

2. 新兴经济体和发展中国家的资源消费增长很快

根据美国能源部能源情报署(EIA)发布的《国际能源展望——2008》基准状态预测,全球能源消费在2005—2030年期间将增加50%,能源消费总量将从2005年的4.62×10^{17}千焦增加到2030年6.95×10^{17}千焦,年均增长率为1.6%。国际能源署(IEA)的《2008世界能源展望》也预测,从2006—2030年间,世界一次能源需求从117.3亿吨油当量增长到170.1亿吨油当量,增长45%,平均增长率同样为1.6%①。图1.29描述了1980—2030年间的世界能源消费量变化趋势。

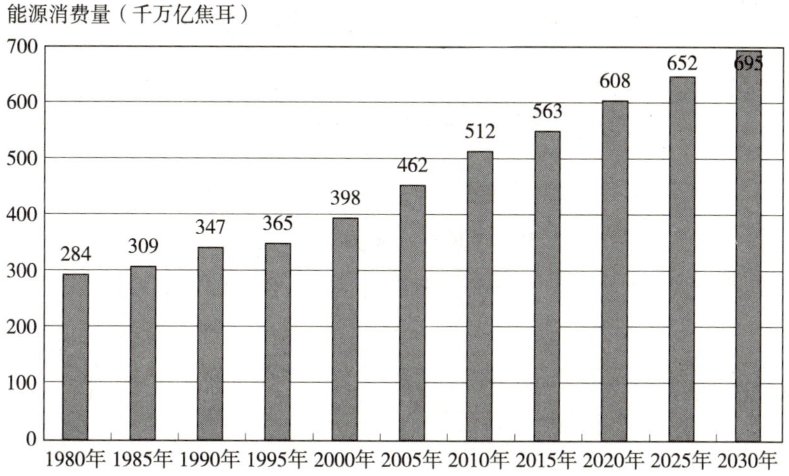

图1.29 1980—2030年世界能源消费量

资料来源:王克强、左娜、刘红梅:《国际能源发展趋势分析》,《上海财经大学学报》2009年第6期,第57—64页。

全球矿业及能源消费快速发展,新兴经济体和发展中国家发挥着重要的引擎作用。巴西、俄罗斯、印度、中国"金砖四国"经济的快速发展,拉动了对能源和矿物原材料的旺盛需求,成为世界经济发展和矿业振兴的新引擎。

WB的报告指出,OECD国家的石油需求从2005年的顶峰下降了9%,尽管非OECD的石油需求也有所下降,但是需求仍然十分强劲,其中中国等亚洲

① 王克强、左娜、刘红梅:《国际能源发展趋势分析》,《上海财经大学学报》2009年第6期,第57—64页。

国家的石油需求量非常大,如图 1.30 所示。同样,在矿产资源需求方面,中国的消费也占到全球的 43%,如图 1.31 所示。

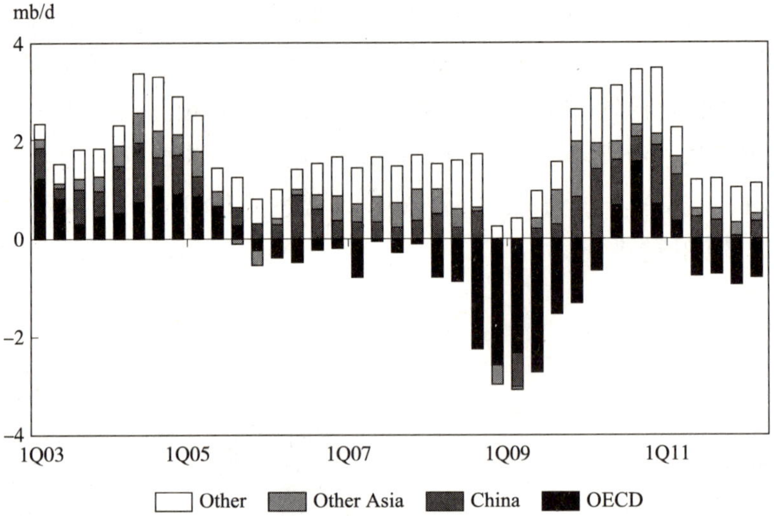

图 1.30 全球石油需求增长的变化态势

资料来源:WB 在 2012 年 6 月 12 日发布的《全球经济展望:管理不确定性世界的增长》,第 68 页。

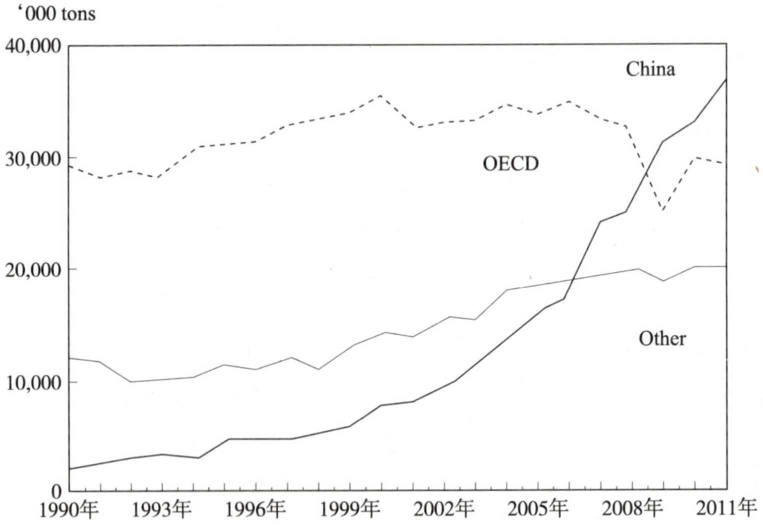

Source: World Bureau of Metal Statistics.

图 1.31 全球矿产资源消费的变化态势

资料来源:WB 在 2012 年 6 月 12 日发布的《全球经济展望:管理不确定性世界的增长》,第 71 页。

亚太地区由于经济发展的需要，能源消费量增长速度最快，其消费量超过北美地区成为世界能源消费量最多的地区，而北美洲和欧洲两大地区能源消费绝对量较大，但是其增长速度较为缓慢，其消费量占世界总消费量的比例也会逐年下降。根据 EIA 的预测，2010—2015 年期间，世界能源需求增长将主要源于非 OECD 国家，而根据 IEA 的《2008 世界能源展望》，亚洲和中东将成为能源需求增长中心。其中，中国和印度的能源消费占世界能源消费的比重显著增加，1980 年，两国能源消费不足世界能源消费总量的 8%，2005 年已经增加到 18%，目前中国所消耗的石油占到了世界总量的 9%、煤炭占 39%、钢占 33%、氧化铝占 26%、水泥占 48%①。据 EIA 预测，2030 年中国和印度达到世界总能源消费量的 25%。在石油方面，中国将占世界石油需求增量的 43%，印度占 19%；在煤炭方面，中国将占世界煤炭需求增量的 66%②。

3. 矿业领域的投资将保持增长态势

资源市场的发展和经济发展密切相关，金融危机前后，矿业领域投资也出现上涨—衰退—回升的震荡态势，总体来看，矿业领域内的投资将保持增长态势。

由于矿产品需求旺盛，矿业利润不断增加，全球矿业开发投资加大，矿业项目成为最具吸引力的项目。据瑞典原材料小组（RMG）统计，全球非燃料固体矿产矿山项目的投资不断增长，从 2002 年的 760 亿美元增长到 2006 年的 2080 亿美元 5 年，增长近 2 倍，其中铁矿开发投资增长 10 倍多。据普华永道（PWC）的调查，2006 年全球矿业总市值增长了 22%，达到 9620 亿美元③。

2008 年金融危机全面爆发后，全球能源原材料消费减少，与此直接相关的矿产品需求下降，同时许多矿业公司受融资困难，矿业投资出现变化，许多

① 刘树臣：《全球矿产资源供需形势及勘查动向》，《地质通报》2009 年第 3 期，第 160—165 页。

② 国家发展和改革委员会能源研究所课题组：《“十二五”时期能源发展问题研究》，《宏观经济研究》2010 年第 3 期，第 9 页。

③ 刘树臣：《全球矿产资源供需形势及勘查动向》，《地质通报》2009 年第 3 期，第 160—165 页。

矿业公司被迫关闭、停产或减产在建（或已投产）矿山，生产供应链大为紧缩。2008 年 9 月至 2009 年 8 月，由于需求疲弱和价格大幅下挫，欧佩克（OPEC）累计削减 280 万桶/日的原油生产配额，非 OPEC 产油国也在收缩生产。2008 年下半年的价格暴跌导致一批生产成本较高的矿山和冶炼厂关闭或停产，至 2009 年一季度，主要有色金属的产量均显著下降，铝、锌、锡的降幅均达到 10% 以上①。大部分大中型矿业公司 2009 年勘查投资也出现了大幅下降，其中初级矿业公司在整个勘查投入大幅下跌中占据了主导地位。基于对世界 2800 多家矿业勘查公司的信息搜集及对其中近 2000 家公司的勘查预算投入统计，加拿大金属经济集团公司勘查策略（CES）认为，2009 年全球固体矿产勘查投入将达到约 84 亿美元，相比 2008 年的 140 亿美元下降约 40%，这是连续六年增长后的首次负增长②。

近期矿产品价格明显上扬，矿业公司股价及融资状况好转，部分停工或关闭的产能正重新恢复，市场供应将明显回升。相比而言，矿业仍是全球更为安全的投资领域，特别是金矿、铁矿等资源的开采，吸引了很多投资者的目光，巴西、智利、秘鲁等国已制定计划，将增加矿业投资，确保矿业未来的发展。因此，2009 年第二季度以来，全球矿业市场信心逐渐恢复，更多的资本开始向矿业回流③。

4. 矿业公司并购活动非常活跃，以实现规模经营和提高效益

2008 年的金融危机并没有改变矿业公司兼并整合的行业状态。近 20 年来，国际矿业（包括矿产勘查开发）自身调整不断向纵深发展，矿业格局在悄然地发生着积极的变化，不但矿业巨头与中小公司之间出现兼并，大型矿业公司之间的兼并事件也时有发生，矿业的生产集中度越来越高。2006 年，矿业领域的并购额达到了前十年的总和，全年黄金和贱金属并购案件 66 起，并购

① 商务部：《中国对外贸易形势报告（2009 年秋季）——附件三：国际商品市场走势》，2009 年 10 月 30 日。

② 《2009 年全球矿业形势分析及对 2010 年展望》，http://www.cfi.net.cn/p20091223001329.html，2009 年 12 月 23 日。

③ 国土资源部副部长、中国地质调查局局长汪民在 2009 年中国国际矿业大会的发言：《全球矿业呈现五大特点》。

金额944.85亿美元,较2005年的428.03亿美元增长1倍多①。2008年,全球矿业交易达1600多项,总价值1500多亿美元。2009年矿业并购仍在继续,从而加剧全球范围内的铁矿石、铜矿、氧化铝及煤炭等资源的垄断。前期垄断程度较低的铅、锌、镍等行业集中度也将快速提高。特别是大型跨国公司的并购整合,对矿产品的采购渠道、价格和加工产生了巨大影响②。南亚、东亚和东南亚的公司在发达国家开展的跨国并购活动继续增多。在初级产品部门,不只是石油公司,中国和印度的大型采矿和金属公司在收购海外资产方面加快了步伐。

在金融危机背景下,大多数矿业公司存在市值严重缩水及矿业融资艰难等一系列问题,这样不仅为矿业并购创造了客观条件,并且成为催生并购的动力。

5. 能源结构短期变化不大,长期将由石化能源转向可再生能源、新能源

根据EIA的预测,到2030年,化石燃料仍然占世界一次能源构成的83%,略低于当前比例。根据IEA的《2007世界能源展望》预测,2005—2030年期间,风能、太阳能、地热能等非水电可再生能源(生物质能除外)的增速为7.2%,超过任何其他能源的全球年均增长速度。由于优质、高效、洁净的能源将长期看好,世界许多国家都制定了对于可再生能源的开发与利用以及对新能源的探索的计划。世界能源委员会(WEC)的研究报告认为,到2050年,太阳能和生物质能等可再生能源将占世界能源的30%左右,到2100年将达到50%左右③。

国际知名的能源研究机构——剑桥能源研究协会高级主任肖恩·盖勒哈表示,非常规能源将出现井喷现象④。近几年来,虽然以大量消耗粮食和油料作物为代价的生物燃料发展呈现了爆炸性增长,但是食物与生物燃料的冲突

---

① 刘树臣:《全球矿产资源供需形势及勘查动向》,《地质通报》2009年第3期,第160—165页。

② 国土资源部副部长、中国地质调查局局长汪民在2009年中国国际矿业大会的发言:《全球矿业呈现五大特点》。

③ 王克强、左娜、刘红梅:《国际能源发展趋势分析》,《上海财经大学学报》2009年第6期,第57—64页。

④ 祈班:《国际能源发展呈四大趋势》,《中国化工报》2008年10月21日。

仍将是制约生物燃料发展的重要因素。为了解决这个冲突,纤维质技术和基因技术开始进入生物燃料领域,第二代生物燃料将有巨大发展空间。

6. 能源科技发展面临良好发展机遇

虽然目前矿产资源储量比较丰富,可以满足经济增长需要,大多数矿产已证实储量可供利用20—40年,但是全球能源利用效率低下、环境破坏严重等问题要求调整能源利用结构,而能源科技的发展对调整能源结构至关重要。

按照对当前技术的认知水平,在人类社会未来20年、50年甚至100年的发展中,能源工业和能源科技进步面临的最大挑战将是如何大力开发风能、太阳能等可再生能源,如何开发更安全的核能,如何创造性地开发对环境无影响的石化能源利用方式,而清洁能源技术以及旨在提高能源安全性和减少二氧化碳排放量的存储技术对人们具有更大的吸引力。例如,美国等国家制定了洁净煤技术计划,加紧研发煤的液化和气化技术,推进以煤气化为基础的多联产系统、高效转化利用的分布式能源系统技术,同时考虑二氧化碳的埋存问题。在可再生能源方面,美国下大力气降低成本、大力推广风电和光伏电池发电,同时推进氢能和燃料电池技术,将氢能作为新的二次能源载体使用。由于氢能和电能一起被列为21世纪全球二次能源的两大支柱,美国在2009年设立了“自由汽车计划”、“氢燃料计划”、“国家氢能路线图”、“氢能经济国际伙伴计划”等计划①。此外,美国在风能发动机及其制造技术方面进行了许多努力,力争在10年内,将风能发电成本降到1998年的一半,使之能与燃煤和天然气展开有利竞争。

7. 能源消费方式发生改变,低碳经济将成为世界主流

低碳经济是以低能耗、低污染、低排放为基础的经济模式,其实质是能源高效利用、清洁能源开发、追求绿色GDP的问题,核心是能源技术和减排技术创新、产业结构和制度创新以及人类生存发展观念的根本性转变。低碳经济的理想形态是充分发展“阳光经济”、“风能经济”、“氢能经济”、“生物质能经

① 王克强、左娜、刘红梅:《国际能源发展趋势分析》,《上海财经大学学报》2009年第6期,第57—64页。

济”。与之相对应是改变能源消费方式，节约石化能源的消耗，普及新能源，将能源消费结构由高度依赖石化能源向低碳型、可再生能源转变。

“低碳经济”不仅意味着制造业要加快淘汰高能耗、高污染的落后生产能力，推进节能减排的科技创新，而且意味着引导公众反思那些习以为常的消费模式和生活方式是浪费能源、增排污染的不良嗜好，从而充分发掘服务业和消费生活领域节能减排的巨大潜力。

总体来看，“十二五”期间全球能源变化的基本态势为：全球资源价格在剧烈震荡后逐渐回升；新兴经济体和发展中国家的资源消费增长很快，增速超过发达国家；矿业领域的国际直接投资将保持增长态势，并购活动非常活跃；低碳经济即将成为世界主流，引发新一轮能源科技创新高潮。

（六）全球科技新变化①

2008 年的全球经济衰退影响到世界科技发展和创新，许多科技企业融资困难、利润大为下降，政府财政困难和企业收入的减少导致研发投入下降，重大研发和创新计划难以正常实施。在此大背景下，近年来全球的科技发展呈现出了一些新的趋势，主要体现在以下六个方面。

1. 全球创新竞争日益加剧

“一超多强”的世界科技格局隐然发生变化，尽管美国、日本和欧洲等发达国家和地区的科技实力仍居世界领先地位，但是受到俄罗斯、中国、印度、巴西（“金砖四国”）等新兴经济体和发展中国家的挑战，全球科技创新竞争日益加剧。

一是欧美等传统科技大国的科技领先实力受到一些新兴经济体和发展中国家的挑战。这从世界各国的创新绩效变化可以得出：①从科技论文的发表数量来看，1998—2010 年间，美国、德国、英国等国的科技论文产出量稳步增长，但增长速度很缓慢，而中国、印度、巴西等新兴经济体和发展中国家的科技

① 数据和部分内容来自科技部的《2009 国际科学技术发展报告》和《2012 国际科学技术发展报告》。

论文产出量迅猛增长，2010 年，中国国际论文总量（包括 SCI 论文、EI 论文和 ISTP 论文）已跃居世界第二位，印度和巴西也已跻身世界前十之列；②从科技论文的影响力来看，虽然英美等国还是占据世界的前列，科技论文的被引频次居世界前几位，但是中国、俄罗斯、印度等新兴经济体和发展中国家的科技论文质量大幅提升，论文的被引频次都已跻身世界前二十之列。在一些新兴的高技术领域，发展中国家已具有了与发达国家一争高下的实力，例如，中国在纳米技术领域论文的发表数量仅次于美国，居世界第二位；③从专利产出的变化来看，20 世纪 80 年代日本是专利增长的主要推动者，之后是 20 世纪 90 年代的美国、欧洲和韩国，近年专利增长的势头以中国为最。2010 年，中国专利申请量占全球专利申请量的 19.8%，仅次于美国，跃居世界第二位，亚洲地区的新加坡以及中国台湾省等较小的国家和地区专利活动也越来越活跃。

二是全球的研发活动逐渐由经济合作与组织（OECD）成员国向亚洲、南美洲以及其他地区的新兴经济体分散。1995—2011 年期间，OECD 国家占全球研发总额的比例从 92% 下降到 80%，阿根廷、中国、南非、俄罗斯、以色列和中国台湾省 9 个非经合组织经济体的年均研发增长率达到 15.5%，远高于 OECD 成员国研发投入的年均增长率 5.8%，此外，智利、马来西亚等科技落后的国家也都将科技创新作为国家的发展战略。

三是科技创新成为各国政府推动经济发展的重要手段。2011 年 2 月 4 日，美国推出《美国创新战略：确保经济增长与繁荣》，旨在充分发挥创新潜力，把对创新基本要素的投资作为推动经济增长和竞争力提升的重要手段；欧洲成立了创新与技术研究院（IEIT），成为提高欧洲科技竞争力的新平台；2011 年 12 月，英国商业、创新与技能部发布了《以增长为目标的创新与研究战略》。2011 年 1 月，俄罗斯经济发展部颁布了《俄罗斯联邦 2020 年创新发展战略》（草案），将提高国家创新能力确立为重要战略目标，希望实现从原料出口型向创新经济增长模式的过渡。

2. 创新研发活动日趋国际化

经济全球化逐步影响企业的研发、运营和竞争方式，开放创新和研发国际化的趋势进一步扩大。企业的活动不再只依赖自身的力量，封闭式创新的模式已被开放创新的模式取代。

开放创新的模式已经不仅仅局限于美国、欧洲、加拿大和日本等发达国家和地区，中国、印度和韩国也日益融入全球创新网络，参与全球竞争，开放创新和研发的国际化程度越来越高。但是各个产业之间的开放创新程度也存在差异，制药业的国际化程度最高，其后依次为汽车、化工和信息通信技术制造业。规模大的企业的创新比小企业更加开放。为了加强创新各方的互动，各国政府出台了很多的计划，主要表现两个重要特征：①集中于公私合作。政府鼓励公共机构与企业合建研究和商业化中心，2008 年 7 月，欧盟委员会正式确立欧洲创新与技术研究院（IEIT），同时成立 IEIT 指导委员会；英国政府与企业合建能源技术研究所（ETI），各方出资各 50%，每年的投资总额约为 1 亿英镑，同时政府还启动创新券计划和促进公私合作的专项计划；2007 年，德国政府提出新的研究补助金计划，当大学和研究机构为中小企业进行研发时，他们可从政府那里领取小笔的补助费；2008 年，美国国家科学基金会宣布开始征集“创新伙伴关系”，将支持学术界、私营部门与国家、地方、联邦政府之间建立有前途的伙伴关系。除了上述措施外，有的国家还利用税收来激励合作，如在比利时，若公司和公共研究机构合作，可以将研究人员的预征税减少 50%。②集中于创新集群。法国于 2004 年启动“竞争力极点”计划，将企业、培训中心和公立或私营研究机构以合作伙伴的关系联合起来，经过 2004 年年底的招标，法国政府授予 66 个分布在全国各地的项目“竞争力极点”的标签，2007 年，又选定了 5 个新的集群，使集群数量达到 71 个；德国联邦教研部 2008 年 3 月发起了“尖端集群”竞赛，并为集群提供 6 亿欧元的资助；韩国提出了“建设国际科学商业带”的政策，以大型科学设施为核心，形成“韩国版的硅谷”。

3. 全球科技投入持续增长

2011 年，尽管经济危机和金融危机给各国带来的阴霾还没有散去，但是全球研发投资却已经表现出相当大的复苏迹象。很多国家和企业继续保持研发主体的地位，政府对各重点领域也继续保持稳定的经费支持，下面将从全球研发投入、政府研发预算稳定增长、企业研发投资三方面加以说明。

一是全球研发投入继续保持增长态势，研发投入占各国国内生产总值的比例逐年增大。根据美国巴特勒纪念研究所和研发杂志的数据，按购买力平价计算，2011 年全球研发总支出预计达到 1.2 万亿美元，比 2010 年增长

3.6%。巴特勒纪念研究所预测,2012年全球研发总支出将继续稳定增长,预计总金额将达到1.4万亿美元,增长5.2%。OECD各国研发投资总额从1996年的4680亿美元增加到2011年的9656.29亿美元。但是目前研发的全球分布正在发生变化,非经合组织经济体占世界研发的份额有所提高。在10多年的经济快速增长期间,中国每年国内研发支出总额几乎都以大约10%的速度增长,2011年国内研发支出总额达到1541.47亿美元;俄罗斯的研发投入从1996年的90亿美元增加到2011年的333.68亿美元;印度和巴西的研发投入增速显著高于美国、日本和德国。

二是各国政府努力增加政府研发投入,研发预算保持增长的态势。2012年美国联邦研发预算总额为1479亿美元,这个数字比2010年增加了7.72亿美元,同比增长0.5%;2009年,日本政府科技相关预算总额基本与2008年持平,为35548亿日元,其中科技振兴费预算比2008年增长了1.1%,战略重点科技课题预算总额为4677亿日元,同比增长5.8%;印度政府2008—2009年度的科技预算约为2420亿卢比(约合60亿美元),同比增长16%,比2004—2005年度增长了87.5%。

三是作为研发投资主体的企业也加大研发投入力度。《2011年欧盟产业研发投资记分牌》对全球研发投资排名前1400家公司(400家公司总部位于欧盟,1000家公司为非欧盟公司)的研发数据进行了分析,分析结果表明,2010年记分牌公司的研发总投资增长了4%,达到4560亿欧元,这是继2009年下降1.9%后出现的强劲反弹。2010年,世界其他国家和地区的企业研发继续表现出很强的增长势头,特别是亚洲的一些国家和地区表现尤为突出,其中,中国企业增幅最大,增长了29.5%,其次是韩国企业,增长了20.5%,中国台湾省企业增长17.8%。在欧盟内部,企业研发投资增加最多的是德国,增长率为8.1%,远高于欧盟的平均增长率(5.7%)。英国公司的研发投资增长率为5.8%,接近于欧盟的平均值,法国公司的研发投资增长率为3.8%。

此外,各国的研发投入政策也在发生着改变。2012年,美国政府对能源、环境、气候变化等的支持力度上升,对基础科学、生命科学、纳米技术和农业科技等领域的研究保持稳定且支持重点有所调整;日本出台《宇宙基本法》,制定"宇宙开发长期计划",加速推进宇宙研究开放,还积极推进新药和医疗器械开发,加大研究资金的投入。金融危机虽然给印度带来了很大的影响,但是其科技投入不降反升，公共科技投入明显提升，在未来五年内，印度政府将提高对科技的投入，将研发投入占 GDP 的比例从现在的 1% 提高到 2%。

4. 加强研究基础设施的建设

随着科学研究不断深入，科学研究基础设施的作用愈加重要，各国近年来都非常重视研究基础设施的建设，采取了很多具体的措施，主要包括以下方面：

一是出台相关的政策法规来加强基础设施的建设。2011 年 11 月 30 日，欧盟委员会提出名为"地平线 2020"的研究创新计划，该计划是欧盟历史上第一个囊括欧盟层面重大科研项目的计划；日本政府于 2011 年 8 月公布了第四期科学技术基本计划（2011—2015 年），计划投资总额为 25 万亿日元，高于第三期科技计划的实际资金投入；2010 年，印度成立国家创新委员会，其使命是负责制定十年创新路线图，帮助建立适当的框架，以利于印度创新模式的发展。印度提出要设立约合 10 亿美元的包容性创新基金，鼓励风险资本和天使投资。

二是将大型研究基础设施的开发和建设列为国家的重点任务，提供大量的资金支持。日本自 2001 年以来，对大科学研究项目的财政投入每年在 1800 亿—2000 亿日元的水平，总体呈上升趋势；法国在过去 10 年间每年对重大科学基础设施的投入约为 13.5 亿欧元，相当于民用研发费用的 15%；英国在原有资本性预算的基础上，在 2010 年 11 月公布的《秋季声明》提出，追加 2 亿英镑的科学资本经费，用于发展科研基础设施建设。2011—2012 财年，印度基础设施建设的预算比上一年度提高了 23%，占总财政支出的 48.5%。

三是高度重视研究基础设施的共享。2008 年 7 月，欧盟委员会提出了一个法律框架，为欧盟建立研究基础平台提供法律方便，如环境科学检测站、遗传学基因数据库、最现代化的超大规模计算机等；2005 年印度政府颁布的《知情权法》将科研仪器信息共享纳入了法制化轨道。另外，科学研究的信息化也受到了各国的关注。2002 年以来，美国国家科学基金会一直把建设网络基础（CI）作为推进科研信息化的主要内容，2005 年，美国国家科学理事会发布了《长寿的数字化数据库：推动 21 世纪的研究和教育》研究报告；2007 年 3 月，美国国家科学基金会发布了 2006—2010 年科研网络基础设施的发展规划

《促进21世纪科学研究的网络基础设施构想》;2011年4月,美国发布了《网络空间可信身份国家战略》(NSTIC),计划用10年的时间构建一个网络身份生态体系;2007年3月,英国贸工部发布了《发展英国研究与创新信息化基础设施》报告;其他国家也都正在实施国际级的科研信息化建设计划,如日本的国家研究网计划、韩国的e科学计划、巴西的跨学科科学网络基础设施计划等。

5. 站在科技制高点的发达国家继续强化对技术的封锁

为争夺全球科技制高点,发达国家除了实施本国高科技发展战略,还采取种种措施,提高贸易壁垒,阻止本国科技成果流失,维持本国的科技垄断地位。他们采取了不同的措施。

欧盟严格技术出口管制。2003年,欧盟理事会完善《出口管制法》,欧盟各国也根据本国的情况,制定各自的技术出口管理制度;2005年,德国政府对AMD软件公司将生产业务转移到新加坡这一事件加以阻拦,防止该技术外漏。美国也制定了一套完整的出口管制制度体系,在制度立法、清单管理、机构设置等方面加大力度,管制趋于严厉。

美国政府对"视同出口"管制予以特别关注。它认为外籍人员在美国留学、进修或访问时,有可能将美国的尖端技术"转让"到海外,因此政府有必要采取措施对涉及敏感领域的学术活动进行严格限制。2006年年底,美国商务部专门成立了"视同出口建议委员会",在美国的推动下,"澳大利亚集团"、《瓦森那协定》等多边管制体系也开始不断提高高新技术出口和"视同出口"的门槛。2004年,美国查出了数起违反"视同出口"管制案件,并首次启用了刑事处罚措施。

发达国家加强对外资的监督和管理,尤其是对涉及关键技术的外资管理。2007年7月,布什总统签署了《2007年外国投资与国家安全法案》(FINSA),该法案是对《埃克森·弗洛里奥修正案》的修订,进一步强化了对外国公司投资美国资产的审查与限制;2008年5月,俄罗斯联邦通过了联邦法《俄罗斯战略领域外国投资管理办法》,公布涉及国计民生、国防与国家安全的关键技术清单。

近年来,中国的快速崛起引起了发达国家的警惕,发达国家频频采取措施对中国进行“封锁”。2003 年,美国加强对华高科技产品出口管制。2007 年 6 月,美国商务部宣布正式实施对华高科技出口管制;2008 年 4 月,欧洲议会再次通过了继续维持“对华敏感技术和武器禁运”的决定。目前,从汽车、飞机、轮船等运输领域的发动机技术,到 IT、家电、通信领域的芯片技术,再到化学、医药、能源,乃至钢铁领域特种钢的生产等,几乎所有领域的领先核心技术都对中国实施封锁。

6. 科技优先领域不断变化

近年来,石油价格不断上升,能源消耗大国的能源安全不断面临着巨大的威胁,并且世界各国都面临着应对气候变化的挑战,于是各国除了一如既往的重点支持基础研究、前沿技术、卫生保健外,纷纷利用科技解决能源和气候变化等问题。此外,航空、农业等领域也成为全球科技的热点。

一是纳米、生物等前沿技术及其融合技术作为各国科技的重点,受到了政府的重视和大力支持。美国 2001 年启动了国家纳米技术计划(NNI),2004 年公布了第一个国家纳米计划战略规划,2008 年,又正式出台了新的国家纳米技术战略规划;2008 年 5 月,日本综合科学技术会议出台了《创新性技术战略》,主要是关于碳纳米管技术、三维影像技术、高可信度软件技术的开发等;俄罗斯也落实了 2007 年制定的“俄罗斯 2007—2012 年科技发展优先方向研究与开发”专项计划,政府为此计划拨款 4.4 亿美元。此外,各国政府还把民生科技作为关注的重点。美国在 2009 年的国家预算中,卫生领域的研发预算高达 298 亿美元,占总研发预算的 21%;日本启动“蛋白质 3000 计划”、“基因组网络研究计划”等保障公民的健康和安全;欧盟委员会提议启动创新医药联合计划,旨在克服目前药品研发过程的研究瓶颈。

二是为避免全球气候的变化对本国经济的影响,各国都在积极探索未来的可持续发展路径,“低碳经济”应运而生。2008 年世界环境日的主题就是“转变传统观念,推行低碳经济”,它的发展充满了商机,成为很多国家的重要战略选择。欧盟是低碳经济发展的倡导者和领头羊,欧盟视低碳经济为新的工业革命。早在 2003 年,英国就发表《能源白皮书》,提出了雄心勃勃的温室气体减排目标;2008 年,德国提出了对重型车辆的尾气排放政策;法国也提出了到 2020 年将建筑耗能降低至少 38%,将交通工具的二氧化碳排放量减少

20%的目标。在亚洲，日本于2008年通过了《低碳社会行动计划》，提出了为实现低碳社会所采取的措施、行动计划和目标；中国在2007年就将低碳减排作为一项重要的战略任务；印度于2008年颁布了应对气候变化的纲领性文件——《气候变化国家行动》，满足应对气候变化的需要。低碳经济可以给社会带来巨大的经济效益，估计2009年年底，全球的可再生能源、废物处理等产业的产值达到7000亿美元，与全球航空业的产值相当。2050年，全球低碳行业的总增加值将高达每年3万亿美元。低碳经济也可以创造就业，转移剩余劳动力。据预测，2030年之前有6300亿美元的投资将在可再生能源行业，创造至少2000万个新工作岗位，其中就业人员数量在风能领域达到210万人，太阳能领域达到630万人，农业领域1200万人受雇于生物质能及相关行业①。

三是纷纷启动新能源探索计划，加大了对新能源领域研发的支持力度，新能源领域成为一个新的投资热点。2010年，全球在可持续能源领域的投资创历史新高，达到2110亿美元，达到了2004年的6倍多；从金融投资（包括资产融资、风险资本、私募股权和公开市场投资）来看，发展中国家首次超过了发达国家，这与2004年的情况形成鲜明对比，当时发展中国家的投资仅为发达国家的1/4。各种可再生能源受市场青睐的程度各不相同，太阳能最受投资者欢迎，风能次之，风电主导着可再生能源投资。新能源的开发受到了各国政府的普遍重视，很多国家加大了新能源领域研发的投资力度。2010年全球可再生能源研发投资同比增长40%，达到90亿美元。2008年10月，欧盟委员会宣布将在今后6年内投入9.4亿欧元用于氢与燃料电池项目的技术开发与示范；英国投资10亿英镑新成立了能源技术研究院，以开展离岸风能和海洋能技术研发；法国政府在2009年和2010年共拨款10亿欧元设立“可再生热能基金”，这项基金主要用于推动公共建筑、工业和第三产业供热资源的多样化。根据美国布什总统政府提出的“10年20%计划”，到2017年美国可再生产料（主要是生物燃料）的用量要达到350亿加仑（1加仑≈3.785升）；巴西政府制定“国家能源计划”，保证经济社会可持续发展，至2030年，巴西可再生能源利用率将达到47%；俄罗斯在2007—2012年科技优先领域研发专项

① 科技部：《2009国际科学技术发展报告》，科学出版社2009年版，第13页。

计划下的国家经费支持项目中，包括 74 个能源和节能项目，支持经费总额达 5700 万美元。

四是航天领域的投资依然不断增长，太空经济成为新的经济增长点。在全球航天市场中，美国、俄罗斯、中国仍高居前三甲。欧洲咨询公司（Euroconsult）的最新报告《2017 年前世界各国航天市场展望》指出，世界各国政府的空间计划支出预计将以每年 4.5% 的速度增长。美国政府的航天开支占全球航天开支总额的 81%；2007 年俄罗斯的航天支出同比增长 49%，该国 2009—2011 年航天预算将超过 2000 亿卢布；意大利的国家航天预算增幅达到 76%。航天领域除了政府投入以外，政府和企业的商业联合开发太空使得航天领域成为新的经济增长点，美国航天基金会在 2008 年 4 月发布的《2008 航天报告》显示，2007 年全球太空经济收入达到 2510 亿美元，同比增长 11%，其中 31%（约合 772.5 亿美元）来自各国政府的航天活动开支，还有 55% 来自以卫星为基础的各类商业产品和服务，仅全球卫星定位、GPS 设备和芯片等产品在 2006 年的收入达到 562 亿美元，同比增长 50%。该报告还预测，航天经济的年均增长率约为 12%—18%，预计在未来 10 年内将达到上万亿美元。

五是全球性粮食危机促使各国加大农业领域的科技投入。各国对生物能源的追求和气候变化对农业生产的影响正在引发人类社会的粮食危机，例如，国际粮食政策研究所 2006 年的研究结果表明，在维持现有粮食产量的前提下，如果美国、巴西、欧盟和印度按照预定目标生产生物燃料乙醇，2015 年世界农产品价格上升约 30%。为此，世界各国也不得不重视通过农业创新的方式实现农业的可持续发展。2004—2009 年美国农业投入约在 800 亿—1000 亿美元，其中农业科技研发、教育及推广约占 2%—4%；英国计划将农业预算从目前每年 3.86 亿英镑提高到 2010—2011 年的 4.71 亿英镑，其中 6% 用于科技创新活动；日本农业领域的科技预算在 2008 年为 1316 亿日元，约占当年全部研发费用的 3.7%；俄罗斯 2008 年农业领域的拨款为 763 亿卢布，2008—2012 年的拨款总额将达到 5513 亿卢布。

总体来看，“十二五”期间全球科技变化的基本态势为：全球科技投入持续增长，研发国际化趋势明显，并逐渐向新兴经济体和发展中国家分散；科技领域的国际竞争日益激烈，发达国家继续强化对技术的封锁以维持科技垄断地位；新能源、生物技术、航空航天、现代农业成为世界各国优先发展的科技领域。

二、全球产业结构调整的基本规律与发展趋势

(一)全球产业结构调整的基本态势

产业结构能够反映一个国家产业之间的比例关系及其变化趋势,它是在各国经济发展长期进程中形成的,并随经济发展阶段、科技进步、国际环境的变化而不断调整,是一个持续永恒的动态过程。

近代全球产业结构大致经历了三次大规模调整:①20世纪50年代的第一次全球产业结构调整。美国将钢铁、纺织等传统产业向日本、西德等国转移,自己集中力量发展半导体、通讯、电子计算机等新兴技术产业,日本和西德由此加快了工业化进程,经济实力大为增强;②20世纪60—70年代的第二次世界产业结构调整。日本、西德等国将部分劳动密集型产业向发展中国家(尤其是东亚地区)转移,本国则转向集成电器、精密机械、精细化工、家用电器、汽车等耗能、耗材少、附加值高的技术密集型产业,亚洲“四小龙”(韩国、新加坡、中国台湾省、中国香港)获得了扩大劳动密集型产品加工与出口的机会,实现了由进口替代型向出口导向型经济转换,一跃而成为新兴经济体;③20世纪80年代的第三次产业结构调整。在以信息技术为先导的新技术革命推动下,全球范围内的产业结构迅速调整。美国抓住经济全球化与信息网络化的历史机遇,全面改造传统产业,大力发展高新技术产业和现代服务业,实现了产业结构的高级化,带动了经济的持续强劲增长,成为全球产业结构调整的领头羊;日本和欧盟也开始奋起直追,日本明确提出了“信息技术立国”战略,力图以信息技术实现第二次振兴,欧盟积极发展电信业与“电子欧洲”,力争在移动通信领域赶超美国,重振欧洲产业优势;新兴经济体也紧随其后,大力发展与信息技术相关的高技术产业,加快产业结构调整步伐,促使产品由资

本密集型向技术密集型转变。

自20世纪90年代以来，全球处在第三次国际产业结构调整时期。当前全球产业结构调整的主要特征表现为：全球三次产业构成“三二一”的顺序继续得以强化、三次产业的比重趋于稳定、全球制造业重心向东半球（发展中国家）转移、产业结构内部的技术附加值显著提高。

1. 全球三次产业构成“三二一”的顺序得以强化

从20世纪60年代以来，世界三次产业构成按增加值比重由高到低排列顺序从“一二三”转变为“三二一”，如图2.1所示，而这一现象自20世纪80年代以来日渐强化，服务业比重普遍持续上升，工业比重持续下降，如表2.1所示。例如，1995年与2008年相比较，全球三次产业构成由4∶31∶65变为3∶28∶69，其中低收入和中等收入国家的三次产业构成由15∶34∶51变为10∶37∶53，高收入国家的三次产业构成由2∶30∶68变为1∶26∶73。服务业在各国经济中的地位变得更加重要，2008年，服务业平均占高收入国家GDP的73%，占中等收入国家GDP的53%，占低收入国家GDP的46%①。

2. 三次产业在全球经济总量中的比重趋于稳定

从图2.1和表2.1中可以看出，虽然服务业在全球GDP中的比重持续增加而农业和工业比重持续下降，但是从2002年开始，三次产业占全球GDP的比重趋于稳定，一、二、三次产业分别占全球GDP的3%、28%、69%，这一趋势保持到2008年金融危机爆发前。

3. 全球制造业重心逐步向新兴经济体和发展中国家转移

当前发达国家制造业比重下降，而发展中国家制造业比重上升，全球制造业比重有升有降的变动过程表明发达国家已经进入后工业化时期，发展中国家工业化进程加快，新兴经济体的地位逐步上升，全球制造业的重心正在由欧洲和北美地区的发达国家逐步向亚洲和太平洋地区的新兴经济体和发展中国家转移，如表2.2所示。其中，欧洲由1970年的47.0%下降为

① 世界银行：《2010年世界发展指标》，2010年，第232页。

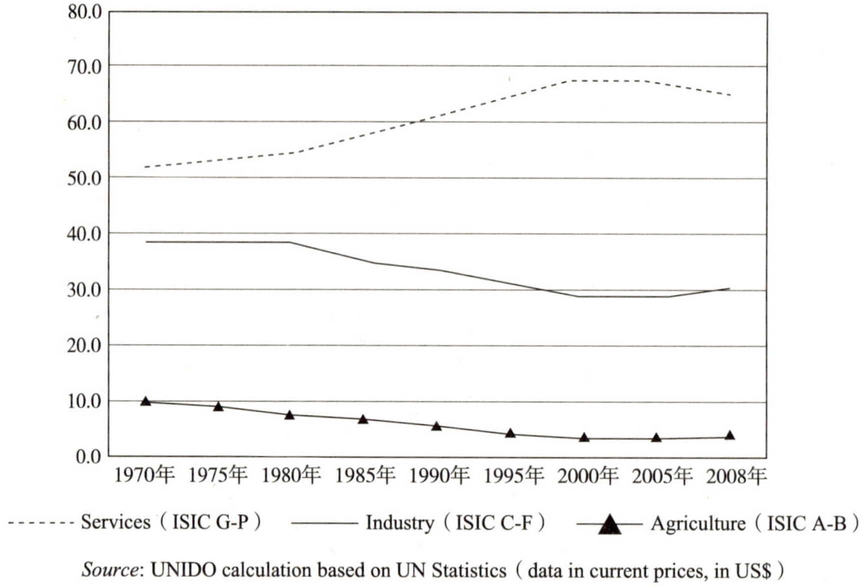

图 2.1 世界产业结构变化

资料来源：United Nations Industrial Deveopment Organization（UNIDO）. Structural Change in the World Economy: Main Features and Trends. Working Paper, 24/2009,2009 年,第 6 页。

2008 年的 31.4%，北美由 1970 年的 30.3% 下降为 2008 年的 19.4%，而亚洲则由 1970 年的 15.4% 上升为 2008 年的 39.6%，取代欧洲和北美洲成为世界制造业的重心。联合国工业发展组织（UNIDO）的统计报告显示，2009 年美国、中国、日本分别居全球制造业的第一、二、三位，它们在世界工业生产总值中的份额分别为 19%、15.6%、15.4%①。虽然新兴经济体和发展中国家的制造业占全球制造业比重较大，但是发达国家在产业价值链中拥有高附加值环节，而大部分发展中国家处于价值链中附加值较低的环节，如加工转配环节。

① 《中国取代日本成为第二大制造国，产品附加值低下》，http://news.sohu.com/20100328/n271147200.shtml，2010 年 3 月 28 日。

表 2.1 1991—2008 年世界产业结构演变

时间 \ 指标	GDP 年增长率(%)	农业增加值占国内生产总值的比例(%)	工业增加值占GDP 的比例(%)	制造业增加值占 GDP 的比例(%)	服务业增加值占 GDP 的比例(%)
1991 年	1.60	5.09	32.31	21.07	62.60
1992 年	2.14	4.84	31.56	20.59	63.60
1993 年	1.75	4.62	31.04	20.25	64.35
1994 年	3.34	4.65	30.91	20.42	64.44
1995 年	2.90	4.42	30.58	20.45	65.01
1996 年	3.38	4.43	30.29	20.47	65.28
1997 年	3.70	4.19	30.07	20.31	65.74
1998 年	2.29	4.03	29.34	20.09	66.63
1999 年	3.16	3.84	29.09	19.54	67.07
2000 年	4.12	3.59	29.20	19.33	67.21
2001 年	1.51	3.52	28.21	18.43	68.27
2002 年	1.89	3.46	27.72	18.04	68.82
2003 年	2.66	3.44	27.66	17.83	68.90
2004 年	4.10	3.38	27.65	17.84	68.96
2005 年	3.50	3.17	28.03	17.68	68.80
2006 年	4.00	2.96	28.04	17.82	69.00
2007 年	3.78	3	28	18	69
2008 年	2.01	3	28	18	69

资料来源:根据国研网统计数据库世界银行数据整理。

注:除 GDP 年增长率以外,2007 年与 2008 年的其他数据分别引自世界银行的《2009 年世界发展指标》和《2010 年世界发展指标》。

表 2.2 世界制造业的区域分布

(百分比,按现价计)

制造业	1970 年	1975 年	1980 年	1985 年	1990 年	1995 年	2000 年	2005 年	2008 年
非洲	1.4	1.9	2.2	2.0	1.6	1.3	1.2	1.4	1.5
亚洲	15.4	17.6	20.7	23.8	28.9	36.2	36.0	36.9	39.6
欧洲	47.0	48.8	46.6	36.7	37.9	31.9	26.9	30.9	31.4

续表

制造业	1970年	1975年	1980年	1985年	1990年	1995年	2000年	2005年	2008年
拉丁美洲和加勒比海	4.7	6.3	7.0	6.8	6.3	5.8	6.6	6.2	7.0
北美	30.3	24.0	22.2	29.5	24.3	23.8	28.3	23.3	19.4
大洋洲	1.2	1.4	1.2	1.1	1.0	1.1	0.9	1.2	1.2
全球	*100.0*	*100.0*	*100.0*	*100.0*	*100.0*	*100.0*	*100.0*	*100.0*	*100.0*

数据来源:UNIDO 基于联合国统计数据所得计算结果。

资料来源:United Nations Industrial Deveopment Organization (UNIDO). Structural Change in the World Economy: Main Features and Trends. Working Paper 24/2009,2009 年,第 47 页。

4. 服务业作为主导产业对发达国家中的贡献率递增

发达国家将制造业转移到新兴经济体和发展中国家以后,其经济发展的重心放在服务业上,服务业成为其经济增长的重要支柱和主导产业,对其经济增长的贡献率不断提高。一是发达国家服务业占其 GDP 的比重远高于农业和工业在 GDP 中的比重,且其比重不断上升。据世界银行的 2006—2010 年《世界发展指标》,发达国家服务业占其 GDP 的比重由 1990 年的 65% 提高到 2008 年的 73%,而其农业所占比重由 1990 年的 3% 降为 2008 年的 1%,工业所占比重由 1990 年的 33% 下降至 2008 年的 26%。二是发达国家的服务业占世界绝大部分的服务业增加值。2008 年,在批发零售、旅游和旅馆业,欧洲和北美占全球增加值的 63%;在物流运输、仓储和通讯服务业,欧洲和北美占全球增加值的 58%;在其他服务业(金融服务、个人和商业服务等),欧洲和北美占全球增加值的 68.8%,如表 2.3 所示。

表 2.3 世界服务业的区域分布

(百分比,按现价计)

	1970年	1975年	1980年	1985年	1990年	1995年	2000年	2005年	2008年
批发、零售、旅馆餐饮业									
非洲	2.6	2.9	3.2	2.7	2.2	1.7	1.8	2.0	2.3
亚洲	12.9	15.8	18.3	19.0	22.5	28.9	26.9	23.9	24.7
欧洲	31.7	35.0	37.3	28.1	33.4	30.3	27.0	32.5	34.3

续表

	1970 年	1975 年	1980 年	1985 年	1990 年	1995 年	2000 年	2005 年	2008 年
拉丁美洲和加勒比海	7.1	8.0	7.5	6.5	5.5	6.7	7.8	7.0	8.2
北美	44.4	36.6	32.4	42.4	34.8	31.0	35.2	32.8	28.7
大洋洲	1.4	1.7	1.3	1.4	1.5	1.4	1.3	1.8	1.8
全球	*100.0*	*100.0*	*100.0*	*100.0*	*100.0*	*100.0*	*100.0*	*100.0*	*100.0*
交通、仓储和通讯业									
非洲	2.6	3.0	3.5	3.0	2.2	1.8	1.9	2.3	2.5
亚洲	14.2	16.4	18.8	22.1	25.2	31.3	29.6	27.7	28.9
欧洲	37.1	40.6	39.3	29.8	37.3	32.4	26.9	33.3	34.4
拉丁美洲和加勒比海	5.3	5.7	7.4	5.4	5.1	5.8	8.2	7.5	8.5
北美	38.9	32.0	29.0	37.8	28.1	26.8	31.8	27.2	23.6
大洋洲	1.9	2.3	1.9	2.0	2.0	1.9	1.6	2.0	2.0
全球	*100.0*	*100.0*	*100.0*	*100.0*	*100.0*	*100.0*	*100.0*	*100.0*	*100.0*
其他服务业									
非洲	1.9	2.1	2.1	1.7	1.4	1.2	1.1	1.2	1.3
亚洲	11.3	13.9	17.8	19.6	21.5	27.2	25.2	22.2	22.5
欧洲	38.3	42.7	41.7	31.0	36.2	33.6	27.7	33.5	35.6
拉丁美洲和加勒比海	5.1	5.6	6.3	5.3	5.0	5.6	5.3	4.4	5.3
北美	41.9	33.6	30.4	41.0	34.2	30.8	39.3	36.8	33.2
大洋洲	1.5	2.1	1.8	1.6	1.7	1.5	1.4	1.9	2.0
全球	*100.0*	*100.0*	*100.0*	*100.0*	*100.0*	*100.0*	*100.0*	*100.0*	*100.0*

数据来源：UNIDO 基于联合国统计数据所得计算结果。

资料来源：United Nations Industrial Deveopment Organization（UNIDO）. Structural Change in the World Economy：Main Features and Trends. Working Paper 24/2009，2009 年，第 48 页。

5. 产业结构内部的技术密集度和附加值显著提高

先进制造业推动第二产业内部结构升级加快。一是制造业呈现出高技术化、高加工度化和高附加值化的趋势，传统工业改造升级加快，技术水平和生产效率明显改观；二是工业中的高新技术产业成长迅速，日益成为引导未来经济发展的主导产业。从 20 世纪 90 年代开始，高技术产品在商品出口中的比重呈现先升后降趋势，中高技术产品的比重基本持平，而低技术产品比重一直不断下降，如图 2. 2 所示。此外，由于发达国家处在工业价值链高附加值环节而发展中国家处在同一产业低附加值环节，因此先进制造业对工业增长的贡献率在发达国家持续提高。在世界制成品出口额中，发达国家高技术产品出口比重由 1990 年的 18. 2% 提高到 2002 年的 22. 7%①，也揭示出全球制造业的技术密集度不断提高。

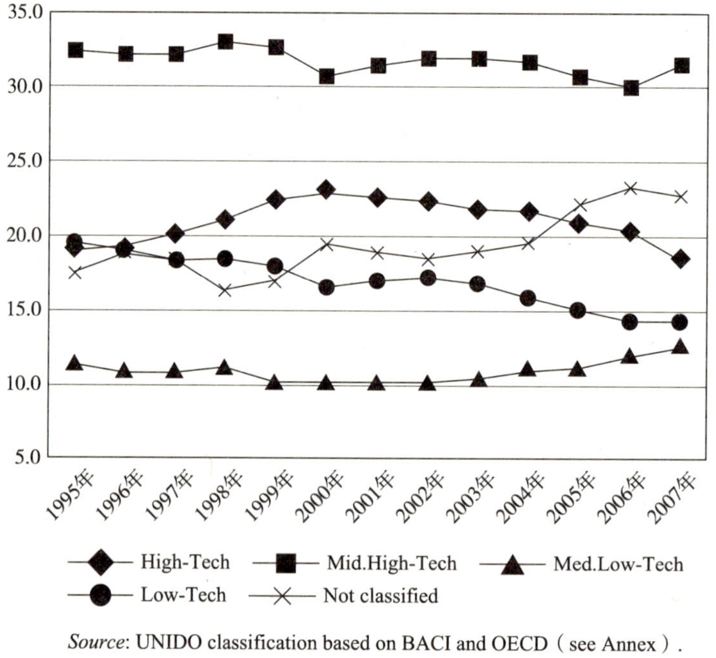

图 2. 2 世界商品出口中不同技术水平产品的比重

资料来源：United Nations Industrial Deveopment Organization (UNIDO). Industrial development and the dynamics of international Specialization patterns. Working Paper 23/2009，2009 年，第 25 页。

服务业内部结构日趋技术密集化。一是以金融、保险、房地产和服务为主的现代服务业在经济中的比重上升最快，而以物流、餐饮、旅馆等传统服务业在整个经济中的比重小幅下降。在以服务业为主导产业的发达国家，北美地

① 卢中原：《世界产业结构变动趋势和我国的战略抉择》，人民出版社 2009 年版，第 4 页。

区的批发零售、旅馆餐饮服务业增加值占其 GDP 的比重由 1970 年的 18.7%下降至 2008 年的 15.2%，物流仓储、通讯服务业所占比重由 1970 年的 7.2%下降到 2008 年的 6.0%，呈现逐步下降趋势，但是其他服务业（主要是金融服务、个人和商务服务等技术密集型服务业）所占比重由 1970 年的 37.2%提高到 2008 年的 55.2%，提高幅度非常大。同样，欧洲批发零售、旅馆餐饮服务业增加值占其 GDP 的比重由 1970 年的 11.5%提高至 2008 年的 14.7%，而物流仓储、通讯服务业所占比重由 1970 年的 5.9%提高到 2008 年的 7.2%，提高幅度均不大，但是其他服务业（主要是金融服务、个人和商务服务等技术密集型服务业）所占比重由 1970 年的 29.3%提高到 2008 年的 48.1%，提高幅度很大，如表 2.4 所示。二是全球范围内服务贸易迅速成长。服务贸易在世界 GDP 的比重从 1990 年的 7.8%上升到 2008 年的 12.3%①，其中技术密集型的商务服务业贸易增长最快，对整个服务贸易的增长起到了主要拉动作用，在服务业外商直接投资流出量中，商务服务占全部服务业的份额由 1990 年的 13%上升到 2002 年的 26%②。在服务业出口结构上，以 1991 年与 2008 年进行对比，运输服务占服务出口的比例由 28.16%下降至 24.3%，旅游服务占服务出口的比例由 32.56%下降至 26.3%，而保险和金融服务、通讯、计算机等服务占服务出口的比例由 40.2%提高到 49.5%，如表 2.5 所示；在服务业进口结构上，运输服务占服务出口的比例由 33.75%下降至 28.27%，旅游服务占商业服务出口的比例由 31.29%下降至 25.21%，而保险和金融服务占服务出口的比例由 5.60%上升到 9.97%，通讯、计算机等服务占服务出口的比例由 29.93%提高到 36.55%，如表 2.6 所示。

表 2.4 现代服务业在欧洲和北美经济增加值中的比重变化

（百分比，按现价计）

	1970	1975	1980	1985	1990	1995	2000	2005	2008
北美									
农业	3.0	3.6	2.6	2.1	2.0	1.6	1.1	1.2	1.1
工业	33.9	32.7	33.2	30.5	27.7	26.1	24.1	22.5	22.4

① 根据世界银行的《2010 世界发展指标》中的相关数据计算得到。

② 联合国贸易和发展会议：《2004 年世界投资报告：转向服务业》，2004 年，第 23 页。

续表

	1970	1975	1980	1985	1990	1995	2000	2005	2008
服务业	63.0	63.7	64.2	67.3	70.3	72.3	74.8	76.3	76.4
批发、零售、餐厅和酒店业	18.7	18.7	17.8	18.0	17.2	17.4	15.4	15.1	15.2
交通、仓储和通讯业	7.2	7.1	7.1	6.9	6.5	6.8	6.5	6.1	6.0
其他服务业	37.2	37.9	39.3	42.4	46.6	48.1	52.9	55.1	55.2
合计	*100.0*	*100.0*	*100.0*	*100.0*	*100.0*	*100.0*	*100.0*	*100.0*	*100.0*
欧洲									
农业	10.4	8.0	6.3	6.9	5.1	3.3	2.6	2.2	2.2
工业	43.0	41.0	39.4	37.3	34.1	30.1	28.5	27.2	27.9
服务业	46.7	51.1	54.3	55.9	60.8	66.6	68.9	70.6	69.9
批发、零售、餐厅和酒店业	11.5	12.2	13.2	13.5	13.5	14.6	14.9	14.6	14.7
交通、仓储和通讯业	5.9	6.1	6.2	6.1	7.0	7.0	7.0	7.2	7.2
其他服务业	29.3	32.8	34.9	36.2	40.3	45.0	47.0	48.8	48.1
合计	*100.0*	*100.0*	*100.0*	*100.0*	*100.0*	*100.0*	*100.0*	*100.0*	*100.0*

数据来源：UNIDO 基于联合国统计数据所得计算结果。

资料来源：United Nations Industrial Deveopment Organization (UNIDO). Structural Change in the World Economy: Main Features and Trends. Working Paper 24/2009，2009 年，第 45—46 页。

表 2.5 1991—2008 年世界服务业出口结构演变

指标 时间	运输服务占服务出口的比例（%）	旅游服务占服务出口的比例（%）	保险和金融服务占服务出口的比例（%）	通讯、计算机等服务占服务出口的比例（%）
1991 年	28.16	32.56	—	40.15
1992 年	27.06	32.77	—	41.10
1993 年	26.30	32.69	—	41.91
1994 年	26.91	32.09	—	42.16
1995 年	26.90	32.53	—	41.73
1996 年	25.48	32.48	—	43.07
1997 年	25.05	31.71	—	44.28
1998 年	24.90	31.21	—	44.90
1999 年	24.72	31.51	—	44.77

续表

时间 \ 指标	运输服务占服务出口的比例(%)	旅游服务占服务出口的比例(%)	保险和金融服务占服务出口的比例(%)	通讯、计算机等服务占服务出口的比例(%)
2000 年	24.75	30.95	—	45.29
2001 年	24.40	30.38	—	46.20
2002 年	24.01	29.74	—	46.94
2003 年	23.65	28.85	—	48.18
2004 年	24.3	28.5	6.7	41.7
2005 年	24.1	28.4	6.8	41.5
2006 年	23.2	27.6	7.5	41.7
2007 年	23.7	26.6	8.4	42.1
2008 年	24.3	26.3	7.8	41.7

资料来源:①1991—2003 年数据整理自国研网统计数据库世界银行数据库,该数据库未给出保险和金融服务占服务出口比例的数据;

②2004—2008 年数据分别引自世界银行 2006—2010 年度《世界发展指标》。

表 2.6 1991—2008 年世界服务业进口结构演变

时间 \ 指标	运输服务占商业服务进口的比例(%)	旅游服务占商业服务进口的比例(%)	保险和金融服务占服务进口的比例(%)	通讯、计算机等服务占服务进口的比例(%)
1991 年	33.75	31.29	5.60	29.93
1992 年	31.70	32.71	6.20	29.98
1993 年	31.09	31.77	6.32	31.41
1994 年	31.20	31.59	5.87	31.87
1995 年	31.16	30.95	6.17	32.02
1996 年	29.60	31.20	6.32	33.20
1997 年	29.00	30.77	6.47	34.07
1998 年	27.87	31.16	6.81	34.47
1999 年	27.44	31.18	6.86	34.74
2000 年	28.52	30.67	6.92	34.10
2001 年	27.64	29.95	7.68	34.95
2002 年	26.76	29.86	7.96	35.64

续表

时间 \ 指标	运输服务占商业服务进口的比例(%)	旅游服务占商业服务进口的比例(%)	保险和金融服务占服务进口的比例(%)	通讯、计算机等服务占服务进口的比例(%)
2003 年	27.38	29.12	8.31	35.42
2004 年	28.70	28.80	8.26	34.44
2005 年	29.05	28.20	8.19	34.70
2006 年	28.81	26.82	9.28	35.22
2007 年	28.45	26.13	9.69	35.86
2008 年	28.27	25.21	9.97	36.55

资料来源:根据国研网统计数据库世界银行数据库整理。

当前全球产业结构调整升级的动因包括①:一是技术进步的推动。以发达国家为中心,世界范围内正在兴起以信息技术、新材料等为主要标志的新技术革命浪潮,推动各国将发展高新技术作为产业结构升级的战略性方向;二是国际分工的深化。基于价值链的产品内分工(也被部分学者称作“要素分工”②)成为日益重要的国际分工形式,发达国家主导的国际生产网络逐渐成形,占领价值增值高端产业意味着掌握国际竞争的主动权;三是市场扩张的驱动,在经济全球化核心技术革命的推动下,原有的产业关联被打破,企业和居民的各种需求迅速增长,产业发展空间空前扩大,只有加快产业结构调整升级才能更快更好地满足多样化的市场需求;四是降低成本的压力,发达国家的工资、地价等要素成本高昂,迫使它们集中发展先进制造业和现代服务业,将成本较高的传统产业向国外转移。

6. 发达国家继续在国际产业结构调整中扮演主导角色

尽管发达国家占世界 GDP 的比例呈现不断下降趋势(如表 2.7 所示),但是它们目前仍然在国际产业结构调整中扮演主导角色,因此其产业结构变化代表了国际产业结构调整的主要趋势。在全球产业结构调整中,发达国家的

① 卢中原:《世界产业结构变动趋势和我国的战略抉择》,人民出版社 2009 年版,第 7 页。

② 中国社会科学院工业经济研究所课题组:《“十二五”时期工业结构调整和优化升级研究》,《中国工业经济》2010 年第 1 期,第 7 页。

产业发展呈现一些新特征：一是产业集群成为区域经济发展的主导和国际竞争的基础，突出表现为大量产业关联密切的企业和服务机构在一定区域内集聚发展；二是产业融合正在成为经济增长的新动力，原有产业分工逐渐模糊，出现多元化经营和新的产业形态；三是循环经济、生态经济方兴未艾，产业发展以节能降耗、减少排放、循环利用为特征，形成生态产业链和生态工业园。

表 2.7 1991—2009 年各经济体占世界 GDP 的比重（按购买力平价计算）

（单位：%）

时间	发达经济体	欧元区	欧盟	新兴经济体和发展中国家
1991 年	64.05	——	26.94	35.95
1992 年	64.36	19.91	26.71	35.65
1993 年	64.11	19.41	26.15	35.89
1994 年	64.28	19.29	26.09	35.72
1995 年	64.11	19.21	26.06	35.9
1996 年	63.68	18.83	25.64	36.32
1997 年	63.35	18.59	25.33	36.66
1998 年	63.31	18.65	25.42	36.69
1999 年	63.36	18.54	25.29	36.64
2000 年	62.97	18.39	25.09	37.03
2001 年	62.45	18.34	25.06	37.55
2002 年	61.77	18.02	24.71	38.23
2003 年	60.81	17.56	24.23	39.19
2004 年	59.71	17.05	23.66	40.29
2005 年	58.81	16.63	23.15	41.19
2006 年	57.69	16.33	22.81	42.32
2007 年	56.41	15.98	22.38	43.59
2008 年	55.13	15.64	21.96	44.88
2009 年	53.87	15.17	21.29	46.13

资料来源：国研网统计数据库国际货币基金组织数据库。

（二）全球主要国家产业结构调整分析

1. 美国产业结构变动状况

20世纪初期，美国经济已发展成为全球经济的龙头，此后一直是全球经济发展的火车头和主力军。2008年，美国GDP占世界经济总量的比重为24.10%。从20世纪90年代开始，美国抓住信息技术快速发展的历史机遇，大力发展高新技术产业和现代服务业，实现了产业结构的高级化，带动了经济的持续强劲增长。

（1）服务业在三次产业结构中长期居主导地位。

美国作为世界头号经济强国和发达国家的“领头雁”，其产业结构的“三二一”顺序不断得到强化，如表2.8所示。第三产业占GDP的比重为77%，在全世界所有国家中仅次于法国（该国这一数值为78%），在过去20年中，其第三产业占比不断提高，由1991年的71.49%上升到2008年的77%，而第一产业和第二产业的占比持续下降。第一产业占比由1991年的1.89%下降为2008年的1%，第二产业占比由1991年的26.62%下降至2008年的22%，下降约5个百分点，其中制造业下降是第二产业占比下降的决定性因素，由1991年的18.90%下降至2008年的14%，下降幅度约为5个百分点。

表2.8 1991—2008年美国产业结构演变

指标 时间	GDP年增长率（%）	农业增加值占GDP的比例（%）	工业增加值占GDP的比例（%）	制造业增加值占GDP的比例（%）①	服务业增加值占GDP的比例（%）
1991年	-0.19	1.89	26.62	18.90	71.49
1992年	3.34	1.95	25.73	18.53	72.33
1993年	2.69	1.86	25.61	18.44	72.53
1994年	4.06	1.83	26.08	18.79	72.09
1995年	2.54	1.61	26.29	18.92	72.10
1996年	3.75	1.80	25.79	18.24	72.41
1997年	4.55	1.69	25.38	17.97	72.93
1998年	4.22	1.33	24.57	17.81	74.10

续表

指标 / 时间	GDP 年增长率(%)	农业增加值占 GDP 的比例(%)	工业增加值占 GDP 的比例(%)	制造业增加值占 GDP 的比例(%)①	服务业增加值占 GDP 的比例(%)
1999 年	4.49	1.24	24.27	17.37	74.48
2000 年	3.69	1.23	24.15	16.96	74.61
2001 年	0.76	1.18	22.99	15.53	75.83
2002 年	1.61	1.02	22.37	15.18	76.60
2003 年	2.52	1.22	22.03	14.61	76.75
2004 年	3.65	1.37	22.16	14.42	76.47
2005 年	2.94	1.29	22.35	14.12	76.36
2006 年	2.78	1.05	22.66	13.92	76.29
2007 年	2.02	1.33	21.80	14②	76.86
2008 年	0.40	1②	22②	14②	77②

资料来源:根据世界银行数据库(data.worldbank.org)整理。

注:①该列数据引自国研网统计数据库世界银行数据;

②该项数据引自世界银行的《2009 年世界发展指标》和《2010 年世界发展指标》。

(2)制造业内部以技术密集型行业为主。

尽管美国制造业在其 GDP 中的比重远小于服务业所占比重,但是其制造业增加值占世界制造业增加值中的比重仍然位居全球第一,美国凭借其技术优势占据世界制造业中的高端,包括技术密集型行业和附加值高的制造环节。美国制造业内部结构近十年来不断变化,一是制造业以机械和运输设备业、其他制造业(如电力、医疗设备等)等资本密集型和技术密集型产业为主,两者在美国制造业增加值的比重约为 70%;二是资源密集型和技术密集型行业在制造业中的比重呈现上升趋势。以 1997 年与 2005 年相比,机械和运输设备占制造业增加值的比重由 33.59% 下降至 28%,下降幅度最大,纺织和服装业占制造业增加值的比重由 4.19% 下降为 2%,但是化学工业占制造业增加值的比重由 12.04% 提高到 15%,其他制造业占制造业增加值的比重由 38.11% 提高到 40%,食品、饮料和烟草占制造业增加值的比重也由 12.07% 提高到 14%,揭示出美国制造业内部结构中劳动密集型行业(如纺织)和资本密集型行业(如机械和运输设备)不断下降,而资源型行业和技术密集型行业的比重不断提高,如表2.9所示。

表2.9 1997—2008年美国制造业结构演变

指标 时间	食品、饮料和烟草占制造业增加值的比例(%)	纺织和服装业占制造业增加值的比例(%)	机械和运输设备占制造业增加值的比例(%)	化学工业占制造业增加值的比例(%)	其他制造业占制造业增加值的比例(%)
1997年	12.07	4.19	33.59	12.04	38.11
1998年	12.51	3.91	33.63	11.94	38.00
1999年	12.56	3.69	34.19	11.44	38.12
2000年	13.02	3.43	33.37	11.58	38.60
2001年	14.64	3.27	31.18	12.01	38.90
2002年	14.24	3.00	30.92	13.11	38.74
2003年	14.74	2.89	30.23	13.45	38.69
2004年	14.40	2.45	29.27	14.33	39.55
2005年①	14	2	28	15	40

资料来源:根据国研网统计数据库世界银行数据库整理。
注:①2005年数据引自世界银行的《2010年世界发展指标》。

(3)以保险和金融为代表的技术密集型服务业呈现上升趋势。

20世纪90年代以来,美国服务业在GDP中的比重一直呈现上升趋势,从1991年的71.49%上升到2008年的77%,是世界上服务业占GDP比重最高的国家之一,美国经济的稳定增长也得益于服务业的发展。其服务业的持续发展得益于银行、保险、地产和其他商业服务业增加值占GDP的比重不断提高,而运输、贸易、旅馆和饭店业等传统服务业不断下降,其变化反映在服务业内部行业占GDP的比重、服务业出口结构和进口结构变化三个方面。

第一,从服务业内部结构来看,银行、保险、地产和其他商业服务业增长最快,运输、贸易、旅馆和饭店业下降最快。银行、保险、地产和其他商业服务业增加值占GDP的比重从1991年的25.1%提高到2006年的33.1%,提高了8个百分点,而运输、贸易、旅馆和饭店业占GDP的比重从1991年的22.1%下降至2006年的18.8%,下降3个百分点,政府、医疗、教育和其他个人服务业增加值占GDP的比重仅从1991年的24.1%上升到2006年的24.6%,变化不明显,如表2.10所示。

表 2.10 1991—2006 年美国服务业结构演变

指标 时间	运输、贸易、旅馆和饭店业增加值占 GDP 总增加值百分比(%)	银行业、保险业、地产业和其他商业服务业增加值占 GDP 总增加值百分比(%)	政府、医疗、教育和其他个人服务业增加值占 GDP 总增加值百分比(%)
1991 年	22.1	25.1	24.1
1992 年	22.0	25.7	24.3
1993 年	22.0	25.9	24.2
1994 年	22.4	25.6	23.8
1995 年	22.2	26.3	23.4
1996 年	22.3	26.7	23.2
1997 年	—	—	—
1998 年	19.9	30.7	23.5
1999 年	20	31.2	23.2
2000 年	19.7	31.6	23.2
2001 年	19.7	32.2	24
2002 年	19.5	32.1	24.9
2003 年	19.3	32.2	25.3
2004 年	19.2	32.1	25.1
2005 年	18.9	32.5	24.8
2006 年	18.8	33.1	24.6

资料来源:根据国研网统计数据库经济合作与发展组织数据库整理。

第二,从服务业出口结构来看,保险和金融服务、通讯、计算机等服务业增长最快,而旅游服务业下降最快。保险和金融服务、通讯、计算机等服务占服务出口的比重从 1991 年的 35.62% 上升到 2008 年的 56.5%,增长约 21 个百分点,而旅游服务占商业服务出口的比重从 1991 年的 38.33% 下降至 2008 年的 26.0%,下降超过 12 个百分点,运输服务占商业服务出口的比重从 1991 年的 26.05% 下降至 2008 年的 17.5%,下降了 8.5 个百分点,如表 2.11 所示。

表 2.11　1991—2008 年美国服务业出口结构演变

指标 时间	运输服务占商业服务出口的比例(%)	旅游服务占商业服务出口的比例(%)	保险和金融服务占服务出口的比例(%)	通讯、计算机等服务占服务出口的比例(%)
1991 年	26.05	38.33	—	35.62
1992 年	23.97	40.18	—	35.85
1993 年	23.14	40.78	—	36.09
1994 年	22.48	38.22	—	39.29
1995 年	22.67	37.68	—	39.65
1996 年	21.47	37.75	—	40.78
1997 年	20.56	37.01	—	42.44
1998 年	19.17	35.64	—	45.2
1999 年	18.03	34.51	—	47.46
2000 年	18.16	35.22	—	46.62
2001 年	17.39	33.29	—	49.32
2002 年	16.93	31.02	—	52.05
2003 年	16.65	29.32	—	54.03
2004 年	17.3	29.2	8.7	44.8
2005 年	17.9	28.8	10.2	43.1
2006 年	17.2	26.8	11.7	44.3
2007 年	16.3	25.2	14.5	43.9
2008 年	17.5	26.0	13.7	42.8

资料来源:①1991—2003 年数据整理自国研网统计数据库世界银行数据库,该数据库未给出保险和金融服务占服务出口比例的数据;
②2004—2008 年数据分别引自世界银行 2006—2010 年度《世界发展指标》。

第三,从服务业进口结构来看,保险和金融服务业增长最快,而旅游服务业下降最快。保险和金融服务占服务进口的比重由 1991 年的 5.14% 上升到 17.36%,增长幅度最大,超过 12 个百分点,通讯、计算机等服务占服务出口的比重从 1991 年的 23.68% 上升到 2008 年的 30.68%,增长约 7 个百分点,而旅游服务占商业服务出口的比重从 1991 年的 36.15% 下降至 2008 年的 23.35%,下降幅度最大,约为 13 个百分点,运输服务占商业服务出口的比重从 1991 年的 35.02% 下降至 2008 年的 28.62%,下降 6.4 个百分点,如表 2.12 所示。

表 2.12　1991—2008 年美国服务业进口结构演变

时间＼指标	运输服务占商业服务进口的比例(%)	旅游服务占商业服务进口的比例(%)	保险和金融服务占服务进口的比例(%)	通讯、计算机等服务占服务进口的比例(%)
1991 年	35.02	36.15	5.14	23.68
1992 年	33.09	38.05	5.01	23.85
1993 年	32.72	38.04	5.26	23.98
1994 年	32.36	37.23	5.53	24.88
1995 年	32.28	35.8	5.88	26.04
1996 年	31.01	35.57	5.96	27.46
1997 年	31.00	35.32	6.08	27.59
1998 年	30.3	35.10	6.95	27.66
1999 年	30.23	33.27	6.98	29.52
2000 年	31.60	32.25	7.76	28.39
2001 年	29.99	30.72	10.37	28.93
2002 年	27.88	29.48	12.46	30.18
2003 年	29.55	27.41	13.15	29.90
2004 年	30.49	26.92	13.37	29.22
2005 年	31.45	26.18	12.54	29.83
2006 年	29.50	24.47	16.41	29.61
2007 年	27.96	23.73	18.05	30.25
2008 年	28.62	23.35	17.36	30.68

资料来源：根据国研网统计数据库世界银行数据库整理。

2. 日本产业结构变动状况

20 世纪 90 年代，随着经济泡沫的破灭，日本经济进入了漫长的调整期，GDP 增长率震荡变化，甚至还一度出现了负增长。尽管如此，日本仍然是世界上第二大经济体，2008 年，GDP 在世界经济总量中的比重为 8.11%。与美国产业结构相比，日本虽然重视服务业的发展，但是其制造业在国民经济中仍占有重要地位，而且制造业是典型的出口导向型产业。

(1)三次产业中服务业为主导产业，但是制造业仍居重要位置。

长期以来，日本 GDP 增长率基本上保持在 2% 左右，揭示日本经济处于较低增长水平。从其三次产业结构变化历程来看，日本第三产业占GDP的比重不断提高，从1991年的58.27%上升到2008年的69%，而第二产业占GDP的比重从1991年的39.32%下降至2008年29%，下降幅度最大，第一产业占GDP的比重从1991年的2.41%下降至2008年的1%，略有下降，如表2.13所示。

表2.13 1991—2008年日本产业结构演变

时间＼指标	GDP年增长率(%)	农业增加值占GDP的比例(%)	工业增加值占GDP的比例(%)	制造业增加值占GDP的比例(%)①	服务业增加值占GDP的比例(%)
1991年	3.35	2.41	39.32	—	58.27
1992年	0.97	2.31	38.15	—	59.55
1993年	0.25	2.11	36.66	—	61.24
1994年	1.10	2.18	35.19	—	62.63
1995年	1.96	1.96	34.47	—	63.57
1996年	2.75	1.93	34.32	23.29	63.75
1997年	1.57	1.78	34.07	23.11	64.15
1998年	-2.05	1.89	33.30	22.54	64.81
1999年	-0.14	1.87	32.80	22.16	65.34
2000年	2.86	1.77	32.41	22.19	65.82
2001年	0.18	1.70	31.01	20.95	67.28
2002年	0.26	1.72	30.42	20.66	67.86
2003年	1.41	1.69	30.36	21.01	67.95
2004年	2.74	1.62	30.48	21.20	67.90
2005年	1.93	1.53	30.45	21.57	68.02
2006年	2.04	1.47	30.01	21.43	68.52
2007年	2.39	1.44	29.25	21②	69.30
2008年	-0.70	1②	29②	21②	69②

资料来源：根据世界银行数据库(data.worldbank.org)整理。

注：①该列数据引自国研网统计数据库世界银行数据；

②该项数据引自世界银行的《2009年世界发展指标》和《2010年世界发展指标》。

与美、英、法等其他发达国家相比，日本制造业在GDP中长期保持较高的比重。从制造业占GDP的比重来看，1996年，美国制造业占GDP的比重为18.24%，同期日本这一比例为23.29%；2008年，美国制造业占GDP的比重为14%，同期日本这一比例为21%。从制造业变化幅度来看，1996年至2008年，美国制造业占GDP的比重下降了4.24个百分点，而同期日本仅下降2.29个百分点，也揭示出日本一直非常重视发展制造业。

（2）以机械和运输设备为主的资本密集型和技术密集型行业呈现上升趋势。

日本制造业内部结构在过去的二十多年中不断变化，如表2.14所示。一是制造业以机械和运输设备业、其他制造业（如电力、医疗设备等）等资本密集型和技术密集型产业为主，两者在日本制造业增加值的比重约为75%；二是资本密集型行业呈现上升趋势，而劳动密集型和技术密集型行业呈现下降趋势。日本机械和运输设备占制造业增加值的比重从1994年的35.58%上升到2005年的41.10%，而纺织和服装业占制造业增加值的比重从1994年的4.45%下降到2005年的2.16%，其他制造业占制造业增加值的比重从1994年的39.48%下降到2005年的35.19%。

表2.14 1994—2005年日本制造业结构演变

指标 时间	食品、饮料和烟草占制造业增加值的比例（%）	纺织和服装业占制造业增加值的比例（%）	机械和运输设备占制造业增加值的比例（%）	化学工业占制造业增加值的比例（%）	其他制造业占制造业增加值的比例（%）
1994年	10.70	4.45	35.58	9.78	39.48
1995年	10.58	4.13	36.79	9.90	38.61
1996年	10.37	3.87	37.86	9.66	38.23
1997年	10.28	3.71	38.17	9.79	38.04
1998年	11.08	3.60	37.82	9.72	37.78
1999年	11.70	3.39	37.27	10.34	37.31
2000年	11.43	3.04	38.51	10.16	36.86
2001年	12.01	2.90	37.26	10.66	37.17

续表

时间＼指标	食品、饮料和烟草占制造业增加值的比例（%）	纺织和服装业占制造业增加值的比例（%）	机械和运输设备占制造业增加值的比例（%）	化学工业占制造业增加值的比例（%）	其他制造业占制造业增加值的比例（%）
2002年	12.49	2.74	39.06	11.08	34.63
2003年	11.97	2.57	39.96	11.16	34.34
2004年	11.58	2.32	40.29	11.09	34.72
2005年	11.00	2.16	41.10	10.54	35.19

资料来源：根据国研网统计数据库世界银行数据库整理。

（3）以保险和金融为代表的技术密集型服务业上升幅度最大。

20世纪90年代以来，日本服务业在GDP中的比重一直呈现上升趋势，从1991年的58.27%上升到2008年的69%，上升幅度达10个百分点，日本服务业的发展主要归因于以保险和金融为代表的技术密集型服务业发展迅速。

第一，从服务业内部结构来看，银行、保险、地产和其他商业服务业增加值提高最快。银行、保险、地产和其他商业服务业增加值占GDP的比重从1991年的20.7%提高到2006年的26.7%，提高了6个百分点，政府、医疗、教育和其他个人服务业增加值占GDP的比重从1991年的19%提高到2006年的23.3%，提高了4.3个百分点，而运输、贸易、旅馆和饭店业增加值占GDP的比重没有明显变化，如表2.15所示。

表2.15 1991—2006年日本服务业结构演变

时间＼指标	运输、贸易、旅馆和饭店业增加值占GDP总增加值百分比（%）	银行业、保险业、地产业和其他商业服务业增加值占GDP总增加值百分比（%）	政府、医疗、教育和其他个人服务业增加值占GDP总增加值百分比（%）
1991年	19.9	20.7	19
1992年	20.2	21.4	19.4
1993年	20.3	22.3	20.1
1994年	20.8	22.8	20.3

续表

时间＼指标	运输、贸易、旅馆和饭店业增加值占 GDP 总增加值百分比(%)	银行业、保险业、地产业和其他商业服务业增加值占 GDP 总增加值百分比(%)	政府、医疗、教育和其他个人服务业增加值占 GDP 总增加值百分比(%)
1995 年	21.3	23.1	20.5
1996 年	21.2	23.2	20.8
1997 年	21.2	23.4	20.9
1998 年	20.9	23.8	21.5
1999 年	20.8	24.2	21.9
2000 年	20.2	24.9	22.1
2001 年	20.2	25.8	22.6
2002 年	19.9	26.3	23.1
2003 年	19.6	26.5	23.3
2004 年	19.7	26.2	23.2
2005 年	19.7	26.6	23.2
2006 年	19.5	26.7	23.3

资料来源：根据国研网统计数据库经济合作与发展组织数据库整理。

第二，从服务业出口结构来看，保险、金融、通讯、计算机等服务业发展较快。运输服务占商业服务出口的比例从 1991 年的 40.4% 下降为 2008 年的 32.0%，但是保险和金融服务、通讯、计算机等服务占服务出口的比重从 1991 年的 51.7% 上升到 2008 年的 60.7%，而旅游服务占商业服务出口的比重没有明显变化，如表 2.16 所示。

表 2.16　1991—2008 年日本服务业出口结构演变

时间＼指标	运输服务占商业服务出口的比例(%)	旅游服务占商业服务出口的比例(%)	保险和金融服务占服务出口的比例(%)	通讯、计算机等服务占服务出口的比例(%)
1991 年	40.4	7.9	—	51.7
1992 年	38.78	7.54	—	53.68

续表

指标 时间	运输服务占商业服务出口的比例(%)	旅游服务占商业服务出口的比例(%)	保险和金融服务占服务出口的比例(%)	通讯、计算机等服务占服务出口的比例(%)
1993 年	36.68	6.88	—	56.44
1994 年	35.78	6.13	—	58.1
1995 年	35.18	5.04	—	59.77
1996 年	32.54	6.15	—	61.31
1997 年	32.03	6.35	—	61.62
1998 年	34.42	6.06	—	59.52
1999 年	38.01	5.69	—	56.3
2000 年	37.48	4.94	—	57.58
2001 年	37.7	5.19	—	57.1
2002 年	37.01	5.39	—	57.6
2003 年	34.9	11.65	—	53.45
2004 年	33.9	11.9	5.8	48.5
2005 年	33.1	11.5	5.5	49.9
2006 年	32.7	7.4	6.7	53.2
2007 年	33.1	7.4	5.9	53.6
2008 年	32.0	7.4	4.4	56.3

资料来源:①1991—2003 年数据整理自国研网统计数据库世界银行数据库,该数据库未给出保险和金融服务占服务出口比例的数据;
②2004—2008 年数据分别引自世界银行的 2006—2010 年度《世界发展指标》。

第三,从服务业进口结构来看,银行、保险、地产和其他商业服务业发展最快。保险和金融服务占服务进口的比重由 1991 年的 1.37% 上升到 5.44%,增长超过 4 个百分点,通讯、计算机等服务占服务出口的比重从 1991 年的 40.02% 上升到 2008 年的 45.68%,增长超过 5 个百分点,运输服务占商业服务进口的比重从 1991 年的 30.75% 增长至 2008 年的 32.22%,增长约 1.5 个百分点,而旅游服务占商业服务出口的比重从 1991 年的 27.86% 下降至 2008 年的 16.66%,下降幅度最大,约为 11 个百分点,如表 2.17 所示。

表 2.17 1991—2008 年日本服务业进口结构演变

时间＼指标	运输服务占商业服务进口的比例（%）	旅游服务占商业服务进口的比例（%）	保险和金融服务占服务进口的比例（%）	通讯、计算机等服务占服务进口的比例（%）
1991 年	30.75	27.86	1.37	40.02
1992 年	29.4	29.05	2.19	39.35
1993 年	30.26	28.11	3.21	38.42
1994 年	30.07	29.12	2.97	37.85
1995 年	29.56	30.25	2.44	37.76
1996 年	26.12	28.79	3.80	41.28
1997 年	25.48	27.04	3.86	43.62
1998 年	25.64	26.02	4.08	44.26
1999 年	26.84	28.7	4.42	40.03
2000 年	30.34	27.56	3.38	38.72
2001 年	30.25	24.79	4.01	40.95
2002 年	29.57	25.00	4.56	40.87
2003 年	31.01	26.26	5.19	37.53
2004 年	31.88	28.54	4.55	35.03
2005 年	30.45	28.33	3.45	37.77
2006 年	31.99	20.07	5.65	42.29
2007 年	32.98	17.83	5.20	43.99
2008 年	32.22	16.66	5.44	45.68

资料来源：根据国研网统计数据库世界银行数据库整理。

3. 德国产业结构变动状况

德国是世界上第四大经济体，也是世界上最重要的工业大国之一，长期以来非常重视工业尤其是制造业的发展。该国在积极发展服务经济的同时，高度重视制造业的发展。

（1）三次产业中服务业为主导产业，但是制造业的比重也较高。

德国的三次产业结构与日本产业结构较接近，即第三产业和第二产业大致上各占 2/3 和 1/3，第一产业在 GDP 中的比重极低，如表 2.18 所示。德国第三产业一直呈现上升趋势，第三产业占 GDP 的比重从 1991 年的 62.00% 上升到2008年的68.97,提高约7个百分点。第二产业呈现不断下降趋势但是比重仍然较高,第二产业占GDP的比重从1991年的36.62%下降至2008年的30.16%,其中制造业占GDP的比重从1991年的27.53%下降至2008年的24%,仍然是所有发达经济体中制造业占GDP比重最高的国家。德国的农业占GDP的比重长期保持在1%左右,几乎没有明显变化。

表2.18 1991—2008年德国产业结构演变

指标 / 时间	GDP年增长率(%)	农业增加值占GDP的比例(%)	工业增加值占GDP的比例(%)	制造业增加值占GDP的比例(%)①	服务业增加值占GDP的比例(%)
1991年	5.11	1.38	36.62	27.53	62.00
1992年	2.23	1.29	35.49	25.92	63.23
1993年	-0.80	1.22	33.20	23.58	65.57
1994年	2.66	1.25	32.86	23.12	65.90
1995年	1.89	1.27	32.15	22.64	66.58
1996年	0.99	1.32	31.24	22.18	67.44
1997年	1.80	1.31	31.01	22.43	67.68
1998年	2.03	1.24	30.93	22.73	67.83
1999年	2.01	1.23	30.26	22.36	68.51
2000年	3.21	1.26	30.25	22.95	68.48
2001年	1.24	1.36	29.68	22.82	68.96
2002年	0.00	1.15	29.15	22.40	69.70
2003年	-0.22	0.98	28.86	22.37	70.16
2004年	1.21	1.10	29.26	22.55	69.64
2005年	0.77	0.85	29.17	22.46	69.98
2006年	2.96	0.85	29.58	22.65	69.57
2007年	2.46	0.92	30.36	23②	68.71
2008年	1.27	0.88	30.16	24②	68.97

资料来源:根据世界银行数据库(data.worldbank.org)整理。

注:①该列数据引自国研网统计数据库世界银行数据;

②该项数据引自世界银行的《2009年世界发展指标》和《2010年世界发展指标》。

(2)以机械和运输设备为主的资本密集型和技术密集型行业长期占有较

高比重。

德国制造业内部有两个明显特色：一是制造业以机械和运输设备业、其他制造业（如电力、医疗设备等）等资本密集型和技术密集型产业为主，机械和运输设备业和其他制造业的总和占制造业总增加值的比重约为80%，是所有发达经济体中比重最高的国家；二是德国各行业所占比重在过去十年来中基本上没有明显变化，保持相对稳定。其机械和运输设备业占制造业总增加值的比重约为42%，其他制造业占制造业总增加值的比重约为38%，化学工业占制造业总增加值的比重约为10%，纺织和服装业占制造业总增加值的比重约为8%，而食品、饮料和烟草占制造业总增加值的比重仅为2%，比重最低，如表2.19所示。

表2.19　1998—2005德国制造业结构演变

指标 时间	食品、饮料和烟草占制造业增加值的比例（%）	纺织和服装业占制造业增加值的比例（%）	机械和运输设备占制造业增加值的比例（%）	化学工业占制造业增加值的比例（%）	其他制造业占制造业增加值的比例（%）
1998年	7.65	2.51	42.68	9.82	37.34
1999年	8.78	2.36	39.14	8.67	41.05
2000年	8.15	2.28	40.52	9.46	39.60
2001年	8.40	2.17	41.02	9.53	38.87
2002年	8.61	2.11	41.29	9.88	38.11
2003年	8.58	1.95	42.37	9.72	37.39
2004年	8.55	1.86	42.18	9.67	37.74
2005年①	8	2	42	10	38

资料来源：根据国研网统计数据库世界银行数据库整理。
注：①该行数据引自世界银行的《2010年世界发展指标》。

（3）以保险和金融为代表的技术密集型服务业上升较快。

20世纪90年代以来，德国服务业在GDP中的比重一直呈现上升趋势，从1991年的62.00%上升到2008年的68.97%，提高约7个百分点，服务业的发展主要由银行和保险等技术密集型服务业推动。

第一，从服务业内部结构来看，银行、保险、地产和其他商业服务提高幅度最大。德国的银行、保险、地产和其他商业服务在GDP中的比重由1991年的

23.3%提高到2007年的29.2%，提高约为6个百分点，而运输、贸易、旅馆和饭店业占GDP的比重长期保持在17%—18%之间，政府、医疗、教育和其他个人服务业占GDP的比重长期保持在22%左右，两者比重没有明显变化，如表2.20所示。

第二，从服务业出口结构来看，保险和金融服务、通讯、计算机等服务业增长最快，其他服务业呈现下降趋势。德国的保险和金融服务、通讯、计算机等服务业占服务业出口的比重从1991年的42.42%提高到2008年的59.1%，提高幅度接近17个百分点，而旅游服务占服务出口的比重由1991年的28.36%下降至2008年的16.6%，下降约12个百分点，下降幅度最大，运输服务占服务出口的比重由1991年的29.22%下降至2008年的24.4%，下降约5个百分点，如表2.21所示。

第三，从服务业进口结构来看，保险和金融服务、通讯、计算机等服务业也是增长最快的行业。德国的保险和金融服务占服务进口的比重从1991年的1.08%提高到2008年的4.11%，提高3个百分点，通讯和计算机等服务业占服务进口的比重从1991年的31.22%提高到2008年的40.58%，提高9个百分点，运输服务占服务进口的比重从1991年的21.58%提高到2008年的22.94%，提高1个百分点，而旅游服务占商业服务进口的比重从1991年的46.12%提高到2008年的32.37%，下降14个百分点，如表2.22所示。

表2.20 1991—2007年德国服务业结构演变

指标 时间	运输、贸易、旅馆和饭店业增加值占GDP总增加值百分比(%)	银行业、保险业、地产业和其他商业服务业增加值占GDP总增加值百分比(%)	政府、医疗、教育和其他个人服务业增加值占GDP总增加值百分比(%)
1991年	17.9	23.3	20.8
1992年	17.7	24.1	21.5
1993年	17.8	25.8	22
1994年	17.9	26	22
1995年	18	26.4	22.2
1996年	17.6	27.2	22.6
1997年	17.8	27.3	22.6

续表

时间＼指标	运输、贸易、旅馆和饭店业增加值占GDP总增加值百分比(%)	银行业、保险业、地产业和其他商业服务业增加值占GDP总增加值百分比(%)	政府、医疗、教育和其他个人服务业增加值占GDP总增加值百分比(%)
1998年	18.1	27.1	22.6
1999年	17.8	28	22.7
2000年	18.2	27.5	22.8
2001年	18.2	28	22.7
2002年	18	28.6	23.1
2003年	17.8	29.3	23.2
2004年	17.7	29.1	22.9
2005年	17.7	29.4	22.9
2006年	17.9	29.4	22.2
2007年	17.6	29.2	21.9

资料来源：根据国研网统计数据库经济合作与发展组织数据库整理。

表2.21 1991—2008年德国服务业出口结构演变

时间＼指标	运输服务占商业服务出口的比例(%)	旅游服务占商业服务出口的比例(%)	保险和金融服务占服务出口的比例(%)	通讯、计算机等服务占服务出口的比例(%)
1991年	29.22	28.36	—	42.42
1992年	28.94	27.39	—	43.67
1993年	28.62	26.87	—	44.51
1994年	28.57	25.65	—	45.77
1995年	26.99	24.51	—	48.5
1996年	25.87	22.69	—	51.44
1997年	25.23	22.83	—	51.93
1998年	25.68	22.97	—	51.35
1999年	24.99	22.74	—	52.27
2000年	25.05	23.36	—	51.59
2001年	24.54	21.40	—	54.07
2002年	24.56	19.92	—	55.52
2003年	23.29	19.9	—	56.81

续表

指标 时间	运输服务占商业服务出口的比例(%)	旅游服务占商业服务出口的比例(%)	保险和金融服务占服务出口的比例(%)	通讯、计算机等服务占服务出口的比例(%)
2004年	24.8	20.6	6.8	47.8
2005年	25.6	19.6	5.6	49.2
2006年	25.0	19.7	7.0	48.3
2007年	24.4	17.1	8.3	50.1
2008年	24.4	16.6	7.3	51.8

资料来源:①1991—2003年数据整理自国研网统计数据库世界银行数据库,该数据库未给出保险和金融服务占服务出口比例的数据;
②2004—2008年数据分别引自世界银行的2006—2010年度《世界发展指标》。

表2.22 1991—2008年德国服务业进口结构演变

指标 时间	运输服务占商业服务进口的比例(%)	旅游服务占商业服务进口的比例(%)	保险和金融服务占服务进口的比例(%)	通讯、计算机等服务占服务进口的比例(%)
1991年	21.58	46.12	1.08	31.22
1992年	20.40	46.41	0.95	32.24
1993年	19.47	46.85	1.61	32.07
1994年	19.09	47.95	1.96	31.01
1995年	18.43	46.76	1.56	33.24
1996年	18.42	45.26	2.56	33.76
1997年	18.49	42.58	2.58	36.35
1998年	18.94	41.47	2.66	36.93
1999年	17.56	40.09	3.52	38.83
2000年	18.50	38.89	2.21	40.39
2001年	17.67	36.93	2.44	42.97
2002年	20.22	36.87	2.39	40.52
2003年	20.20	38.12	3.42	38.26
2004年	20.89	36.67	4.60	37.84
2005年	20.47	35.86	4.50	39.17
2006年	21.85	33.54	3.83	40.79

续表

时间 \ 指标	运输服务占商业服务进口的比例(%)	旅游服务占商业服务进口的比例(%)	保险和金融服务占服务进口的比例(%)	通讯、计算机等服务占服务进口的比例(%)
2007年	22.31	32.48	4.42	40.79
2008年	22.94	32.37	4.11	40.58

资料来源:根据国研网统计数据库世界银行数据库整理。

4. 法国产业结构变动状况

法国是世界上十大经济体之一,2008年,法国GDP占世界经济总量的4.72%。该国一直重视发展服务经济,其服务业占GDP的比重曾经一度低于美国,但是经过多年发展,其服务业占GDP的比重在2008年超过美国,达到77.55%,成为世界上服务业占GDP比重最高的国家。

(1)三次产业中服务业长期以来一直处于高度发达状态。

法国的三次产业结构与美国产业结构较接近,第三产业长期占主导地位并呈现上升态势。第三产业占GDP的比重从1991年的69.51%提高到2008年的77.55%,提高8个百分点;第二产业占GDP的比重从1991年的26.94%下降为2008年的20.45%,下降6.5个百分点,而且制造业占GDP的比重也呈逐渐下降趋势;第一产业占GDP的比重从1991年的3.55%下降为2008年的2%,下降1.5个百分点。但是与美国相比,法国第三产业的增长幅度要大于美国(该国第三产业占GDP的比重在1991—2008年期间增长约为5.5个百分点),如表2.23所示。

表2.23 1991—2008年法国产业结构演变

时间 \ 指标	GDP年增长率(%)	农业增加值占GDP的比例(%)	工业增加值占GDP的比例(%)	制造业增加值占GDP的比例(%)①	服务业增加值占GDP的比例(%)
1991年	1.02	3.55	26.94	—	69.51
1992年	1.37	3.49	26.28	—	70.24
1993年	-0.91	3.12	25.17	—	71.71
1994年	2.22	3.27	24.42	—	72.31
1995年	2.12	3.33	24.58	—	72.10

续表

时间＼指标	GDP 年增长率(%)	农业增加值占GDP 的比例(%)	工业增加值占GDP 的比例(%)	制造业增加值占GDP 的比例(%)①	服务业增加值占GDP 的比例(%)
1996 年	1.11	3.28	23.79	—	72.93
1997 年	2.24	3.20	23.51	—	73.30
1998 年	3.50	3.21	23.38	—	73.41
1999 年	3.30	3.04	23.06	16.09	73.90
2000 年	3.91	2.84	22.90	16.02	74.26
2001 年	1.85	2.85	22.43	15.41	74.72
2002 年	1.03	2.70	21.80	14.67	75.49
2003 年	1.09	2.48	21.24	14.07	76.29
2004 年	2.47	2.45	20.91	13.60	76.64
2005 年	1.90	2.28	20.68	13.24	77.03
2006 年	2.22	2.10	20.44	12.73	77.46
2007 年	2.32	2.21	20.37	12.21	77.41
2008 年	0.43	2.00	20.45	12②	77.55

资料来源：根据世界银行数据库(data.worldbank.org)整理。

注：①该列数据引自国研网统计数据库世界银行数据；

②该项数据引自世界银行的《2010 年世界发展指标》。

(2)制造业内部以技术密集型行业为主。

法国制造业内部结构与美国较为接近，但是与日本、德国相比有所不同。德、日两个国家制造业中机械和运输设备占有较大比重，但是在法国制造业结构中，其他制造业是所有制造业行业中比重最大的(2008 年约为 42%)，其次才是机械和运输设备，它们占制造业增加值的比重为 29%。法国制造业结构与美国相比也有不同之处，法国制造业内部结构长期以来一直保持相对稳定，1996—2005 年期间，其他制造业在制造业中的比重长期保持在 42%，机械和运输设备的比重保持在 29%，食品、饮料和烟草的比重保持在 13%，化学工业的比重保持在 12%，纺织和服装业的比重保持在 4%，如表 2.24 所示。而同期美国制造业中各行业的比重有升有降，机械和运输设备、纺织和服装业的比重呈现下降趋势，而食品、饮料和烟草、化学工业、其他制造业呈现上升趋势。

表 2.24 1996—2005 年法国制造业结构演变

指标 时间	食品、饮料和烟草占制造业增加值的比例(%)	纺织和服装业占制造业增加值的比例(%)	机械和运输设备占制造业增加值的比例(%)	化学工业占制造业增加值的比例(%)	其他制造业占制造业增加值的比例(%)
1996 年	13.00	5.26	28.34	11.97	41.43
1997 年	12.82	4.98	29.04	12.26	40.89
1998 年	12.30	4.88	30.07	11.92	40.85
1999 年	13.37	4.53	30.12	11.77	40.21
2000 年	12.44	4.30	30.41	11.77	41.08
2001 年	13.24	4.32	30.14	11.90	40.41
2002 年	14.15	4.24	29.63	11.69	40.29
2003 年	14.29	2.50	29.92	12.26	41.03
2004 年	14.17	3.76	28.90	11.94	41.23
2005 年①	13	4	29	12	42

资料来源：根据国研网统计数据库世界银行数据库整理。
注：①该行数据引自世界银行的《2010 年世界发展指标》。

(3)以保险和金融为代表的技术密集型服务业呈现上升趋势。

20 世纪 90 年代以来，法国服务业在 GDP 中的比重一直呈现上升趋势，从 1991 年的 69.51% 上升到 2008 年的 77.55%，是世界上服务业占 GDP 比重最高的国家，法国经济的发展也得益于服务业的快速发展。

第一，从服务业内部结构来看，银行、保险、地产和其他商业服务业增加值占 GDP 的比重增长最快。银行、保险、地产和其他商业服务业增加值占 GDP 的比重从 1991 年的 27.2% 提高到 2007 年的 33.3%，提高了 6 个百分点，政府、医疗、教育和其他个人服务业增加值占 GDP 的比重从 1991 年的 22.9% 提高到 2006 年的 25.3%，提高了 2.4 个百分点，而运输、贸易、旅馆和饭店业增加值占 GDP 的比重从 1991 年的 20.1% 下降至 18.7%，下降了 1.4 个百分点，如表 2.25 所示。

表 2.25 1991—2007 年法国服务业结构演变

时间＼指标	运输、贸易、旅馆和饭店业增加值占 GDP 总增加值百分比(%)	银行业、保险业、地产业和其他商业服务业增加值占 GDP 总增加值百分比(%)	政府、医疗、教育和其他个人服务业增加值占 GDP 总增加值百分比(%)
1991 年	20.1	27.2	22.9
1992 年	19.5	27.7	23.3
1993 年	20.0	28.1	24.7
1994 年	19.6	28.5	25.0
1995 年	19.3	28.2	25.1
1996 年	18.7	28.9	25.5
1997 年	18.9	29.0	25.3
1998 年	19.2	28.7	25.2
1999 年	19.2	29.5	25.2
2000 年	18.9	30.7	24.7
2001 年	19.3	30.6	24.8
2002 年	19.5	30.7	25.2
2003 年	19.7	31.1	25.5
2004 年	19.5	31.5	25.6
2005 年	19.3	32.2	25.6
2006 年	19	32.9	25.4
2007 年	18.7	33.3	25.3

资料来源:根据国研网统计数据库经济合作与发展组织数据库整理。

第二,从服务业出口结构来看,旅游服务和运输服务占服务出口的比重增长最快,但是保险和金融服务、通讯、计算机等服务业下降最快。旅游服务占服务出口的比重由 1991 年的 26.95% 提高到 2007 年的 34.4%,提高 7.5 个百分点,运输服务占服务出口的比重由 1991 年的 21.8% 提高到 2007 年的 25.1%,提高 3 个百分点,但是保险和金融服务、通讯、计算机等服务业占服务出口的比重由 1991 年的 51.24% 下降至 2007 年的 40.5%,与美、日、德等国保险和金融服务、通讯、计算机等服务业占比逐渐上升形成鲜明的对比,如表 2.26 所示。

第三,从服务业进口结构来看,旅游服务占服务出口的比重增长较快,但是保险和金融服务业下降最快。旅游服务占服务出口的比重从 1994 年的 24.66%提高到 2008 年的 30.17%，提高 5.5 个百分点，而保险和金融服务占服务进口的比重由 1994 年的 6.15%下降至 2008 年的 2.87%，下降 3 个百分点，运输服务占服务出口的比重由 1994 年的 32.10%下降到 2008 年的 30.13%，下降 2 个百分点，通讯、计算机等服务占服务进口的比重变化不明显，如表 2.27。

表 2.26 1991—2008 年法国服务业出口结构演变

指标 时间	运输服务占商业服务出口的比例（%）	旅游服务占商业服务出口的比例（%）	保险和金融服务占服务出口的比例（%）	通讯、计算机等服务占服务出口的比例（%）
1991 年	21.80	26.95	—	51.24
1992 年	20.21	28.19	—	51.59
1993 年	20.63	27.70	—	51.66
1994 年	23.08	33.20	—	43.73
1995 年	24.63	33.19	—	42.18
1996 年	24.41	34.33	—	41.26
1997 年	24.29	34.29	—	41.42
1998 年	24.24	35.04	—	40.72
1999 年	23.76	38.57	—	37.67
2000 年	23.11	38.35	—	38.55
2001 年	22.61	37.79	—	39.6
2002 年	21.94	38.02	—	40.05
2003 年	22.04	37.36	—	40.6
2004 年	23.4	37.2	2.7	36.8
2005 年	23.6	36.7	2.7	37.0
2006 年	22.3	39.5	1.9	36.3
2007 年	23.1	37.4	2.1	37.3
2008 年	25.1	34.4	1.6	38.9

资料来源：①1991—2003 年数据整理自国研网统计数据库世界银行数据库，该数据库未给出保险和金融服务占服务出口比例的数据；
②2004—2008 年数据分别引自世界银行的 2006—2010 年度《世界发展指标》。

表 2.27 1994—2008 年法国服务业进口结构演变

指标 时间	运输服务占商业服务进口的比例(%)	旅游服务占商业服务进口的比例(%)	保险和金融服务占服务进口的比例(%)	通讯、计算机等服务占服务进口的比例(%)
1994 年	32.10	24.66	6.15	37.10
1995 年	32.93	25.35	6.07	35.64
1996 年	31.42	27.05	5.01	36.52
1997 年	30.66	27.94	4.45	36.95
1998 年	29.97	28.33	4.48	37.22
1999 年	29.47	29.79	4.35	36.39
2000 年	29.97	29.73	1.88	38.41
2001 年	27.98	29.19	3.42	39.41
2002 年	26.18	28.63	4.56	40.64
2003 年	26.01	28.59	5.28	40.12
2004 年	30.97	29.52	4.02	35.49
2005 年	31.00	29.09	4.44	35.47
2006 年	30.48	27.74	5.39	36.39
2007 年	29.10	28.38	4.63	37.89
2008 年	30.13	30.17	2.87	36.83

资料来源:根据国研网统计数据库世界银行数据库整理。

5. 英国产业结构变动状况

英国是世界十大经济体之一,2008 年,英国 GDP 占世界经济总量的 4.42%,该国在积极发展服务经济的同时,高度重视制造业的发展。

(1)三次产业中服务业长期居主导地位且呈现不断增长趋势。

英国产业结构与美国和法国有相似之处,即第三产业高度发达,而第二产业处于相对劣势地位。第三产业占 GDP 的比重从 1991 年的 66.11% 提高到 2008 年的 75.61%,提高 9.5 个百分点,而第二产业占 GDP 的比重从 1991 年的 32.17% 下降到 2008 年的 23.72%,下降 8.5 个百分点,其中制造业占 GDP 的比重从 1991 年的 21.48% 下降到 2007 年的 14%,下降 7.5 个百分点,第一产业占 GDP 的比重也下降约 1 个百分点,如表 2.28 所示。

表 2.28 1991—2008 年英国产业结构演变

指标 时间	GDP 年增长率(%)	农业增加值占 GDP 的比例(%)	工业增加值占 GDP 的比例(%)	制造业增加值占 GDP 的比例(%)①	服务业增加值占 GDP 的比例(%)
1991 年	-1.39	1.73	32.17	21.48	66.11
1992 年	0.15	1.76	31.06	20.96	67.18
1993 年	2.22	1.81	30.36	20.77	67.83
1994 年	4.28	1.76	30.76	21.25	67.47
1995 年	3.04	1.84	31.00	21.59	67.16
1996 年	2.88	1.69	30.70	21.08	67.61
1997 年	3.31	1.35	29.91	20.79	68.74
1998 年	3.61	1.18	28.51	19.87	70.31
1999 年	3.47	1.10	27.47	18.85	71.43
2000 年	3.92	0.99	27.30	17.81	71.71
2001 年	2.46	0.92	26.28	16.85	72.80
2002 年	2.10	0.94	24.97	15.64	74.09
2003 年	2.82	0.97	23.86	14.58	75.17
2004 年	2.76	0.99	23.44	14.02	75.57
2005 年	2.06	0.67	23.40	13.50	75.93
2006 年	2.84	0.67	23.63	14②	75.70
2007 年	3.02	0.65	23.03	14②	76.32
2008 年	0.71	0.67	23.72	—	75.61

资料来源:根据世界银行数据库(data.worldbank.org)整理。

注:①该列数据引自国研网统计数据库世界银行数据;

②该项数据引自世界银行的《2008 年世界发展指标》和《2009 年世界发展指标》。

(2)制造业内部以技术密集型行业为主。

英国制造业结构也与美国和法国非常相似。一是制造业以机械和运输设备业、其他制造业(如电力、医疗设备等)等资本密集型和技术密集型产业为主,两者在英国制造业增加值的比重超过 70%,其中其他制造业占制造业总增加值的 45%,机械和运输设备业占制造业总增加值的比重为 26%;二是其他制造业占制造业总增加值的比重呈现上升趋势,由 1993 年的 40.50% 增加到 2005 年的 45%,而机械和运输设备业占制造业总增加值的比重由 1993 年的28.43%下降为2005年的26%，纺织和服装业占制造业增加值的比重也由1993年的5.90%下降至2005年的3%，下降幅度均达到2.5个百分点，如表2.29所示。

表2.29 1993—2005年英国制造业结构演变

指标 / 时间	食品、饮料和烟草占制造业增加值的比例(%)	纺织和服装业占制造业增加值的比例(%)	机械和运输设备占制造业增加值的比例(%)	化学工业占制造业增加值的比例(%)	其他制造业占制造业增加值的比例(%)
1993年	14.54	5.90	28.43	10.63	40.50
1994年	14.00	5.68	28.62	10.52	41.18
1995年	13.03	5.29	28.19	11.06	42.43
1996年	13.89	5.45	28.69	10.69	41.28
1997年	13.52	5.68	29.53	9.58	41.68
1998年	12.93	4.90	25.96	9.32	46.89
1999年	13.09	4.36	30.42	9.51	42.62
2000年	12.70	2.60	29.33	2.51	52.85
2001年	14.08	3.99	27.41	10.11	44.41
2002年	14.49	3.50	26.96	11.26	43.79
2003年	15.28	3.18	26.79	10.46	44.30
2004年	15.32	2.79	26.65	10.71	44.54
2005年①	15	3	26	11	45

资料来源：根据国研网统计数据库世界银行数据库整理。

注：①该行数据引自世界银行的《2010年世界发展指标》。

(3)以保险和金融为代表的技术密集型服务业呈现上升趋势。

英国的服务业占GDP的比重从1991年的66.11%提高到2008年的75.61%，提高9.5个百分点，其中主要取决于以保险和金融为代表的技术密集型服务业的快速发展。

第一，从服务业内部结构来看，银行、保险、地产和其他商业服务业增加值占GDP的比重增长最快。银行、保险、地产和其他商业服务业增加值占GDP的比重由1991年的22.2%提高到2007年的31.9%，上升约9个百分点，增长幅度最大，接近整个服务业占GDP的比重增长幅度；而运输、贸易、旅馆和饭店业、政府、医疗、教育和其他个人服务业占 GDP 的比重没有太大的变化，如表 2. 30 所示。

表 2. 30 1991—2007 年英国服务业结构演变

指标 时间	运输、贸易、旅馆和饭店业增加值占 GDP 总增加值百分比(%)	银行业、保险业、地产业和其他商业服务业增加值占 GDP 总增加值百分比(%)	政府、医疗、教育和其他个人服务业增加值占 GDP 总增加值百分比(%)
1991 年	22	22. 2	21. 9
1992 年	22	22. 7	22. 5
1993 年	21. 6	23. 8	22. 5
1994 年	21. 7	23. 7	22. 1
1995 年	21. 6	23. 7	21. 8
1996 年	21. 5	24. 6	21. 5
1997 年	21. 9	25. 4	21. 4
1998 年	22. 7	26. 3	21. 3
1999 年	22. 9	27	21. 5
2000 年	22. 9	27	21. 8
2001 年	22. 9	27. 8	22. 1
2002 年	22. 5	29. 1	22. 5
2003 年	22. 4	29. 9	22. 9
2004 年	22. 3	30. 1	23. 1
2005 年	21. 8	30. 4	23. 7
2006 年	21. 3	31	23. 4
2007 年	21. 2	31. 9	23. 1

资料来源：根据国研网统计数据库经济合作与发展组织数据库整理。

第二，从服务业出口结构来看，保险和金融服务、通讯、计算机等服务业增长最快，而旅游服务和运输服务业下降最快。保险和金融服务、通讯、计算机等服务占服务出口的比重从 1991 年的 49. 21% 上升到 2008 年的 73. 3%，增长约 24 个百分点，而旅游服务占商业服务出口的比重从 1991 年的 27. 17% 下降至 2008 年的 12. 8%，下降超过 14 个百分点，运输服务占商业服务出口的比重从 1991 年的 23. 62% 下降至 2008 年的 14. 0%，下降了 9. 6 个百分点，如表

2.31 所示。

表 2.31 1991—2008 年英国服务业出口结构演变

时间＼指标	运输服务占商业服务出口的比例(%)	旅游服务占商业服务出口的比例(%)	保险和金融服务占服务出口的比例(%)	通讯、计算机等服务占服务出口的比例(%)
1991 年	23.62	27.17	—	49.21
1992 年	22.97	25.57	—	51.46
1993 年	22.32	26.28	—	51.41
1994 年	21.61	24.61	—	53.78
1995 年	20.69	26.42	—	52.89
1996 年	19.23	24.14	—	56.63
1997 年	18.36	22.62	—	59.02
1998 年	17.23	21.4	—	61.37
1999 年	16.21	19.36	—	64.43
2000 年	16.15	18.36	—	65.49
2001 年	15.47	15.88	—	68.65
2002 年	14.17	15.46	—	70.37
2003 年	14.33	14.58	—	71.09
2004 年	16.7	15.7	22.5	45.1
2005 年	16.5	15.3	22.7	45.4
2006 年	13.6	15.0	26.0	45.4
2007 年	11.8	13.6	29.9	44.7
2008 年	14.0	12.8	28.8	44.5

资料来源：①1991—2003 年数据整理自国研网统计数据库世界银行数据库，该数据库未给出保险和金融服务占服务出口比例的数据；
②2004—2008 年数据分别引自世界银行的 2006—2010 年度《世界发展指标》。

第三，从服务业进口结构来看，通讯和计算机服务业增长最快，而旅游服务业下降最快。通讯、计算机等服务占服务出口的比重从 1991 年的 25.34% 上升到 2008 年的 38%，增长约 13 个百分点，增长幅度最大，保险和金融服务占服务进口的比重由 1991 年的 4.15% 上升到 8%，增长幅度约为 4 个百分点，而运输服务占商业服务出口的比重从 1991 年的 30.73% 下降至 2008 年的 18%，下降 13 个百分点，下降幅度最大，旅游服务占商业服务出口的比重从

1991 年的 39.79% 下降至 2008 年的 35%，下降约为 5 个百分点，如表 2.32 所示。

表 2.32 1991—2008 年英国服务业进口结构演变

指标 时间	运输服务占商业服务进口的比例（%）	旅游服务占商业服务进口的比例（%）	保险和金融服务占服务进口的比例（%）	通讯、计算机等服务占服务进口的比例（%）
1991 年	30.73	39.79	4.15	25.34
1992 年	30.11	40.65	3.88	25.36
1993 年	28.52	40.49	3.83	27.16
1994 年	27.91	39.86	4.31	27.93
1995 年	27.09	39.87	4.37	28.67
1996 年	26.91	37.55	4.97	30.57
1997 年	28.81	37.79	5.32	28.08
1998 年	26.63	38.99	4.92	29.46
1999 年	24.62	39.75	5.01	30.62
2000 年	24.91	39.49	5.74	29.87
2001 年	24.08	38.96	6.03	30.93
2002 年	23.72	38.95	6.03	31.3
2003 年	23.15	38.92	6.45	31.47
2004 年	23.17	38.95	6.08	31.79
2005 年	22.7	37.56	6.87	32.88
2006 年	20.53	37.1	7.38	34.99
2007 年	19.1	36.27	8.08	36.55
2008 年①	18	35	8	38

资料来源：根据国研网统计数据库世界银行数据库整理。
注：①2008 年数据引自世界银行的《2010 年世界发展指标》。

6. 俄罗斯产业结构变动状况

20 世纪 90 年代，俄罗斯经历了社会经济转轨和生产危机，其产业结构的"重农轻重"和原材料化趋势进一步发展，出现了自发性和退化性的反工业化趋势。进入 21 世纪以后，俄罗斯经济开始走出危机，逐步进入稳定发展，其经济总量开始进入世界前十强，但是其经济结构调整滞后于经济增长，经济发展中的一些深层次问题未得到有效解决。当前俄罗斯正努力探索符合自己国情的发展道路，实现由资源型经济向发展型经济的转变。

(1)三次产业结构中第三产业快速增长，第二产业和第一产业快速下降。

在过去的20年中，俄罗斯第三产业增长很快，其占GDP的比重由1991年的38.10%增长到2008年的57.75%，增长幅度接近20个百分点，而第一产业占GDP的比重由1991年的14.29%下降至2008年的5.02%，减少9个百分点，第二产业占GDP的比重由1991年的47.60%下降至2008年的37.23%，减少10个百分点，但是制造业在GDP中的比重没有显著变化，如表2.33所示。

需要注意到，俄罗斯第三产业在2002—2006年经历了一个回落期，第三产业增加值占GDP的比重由60.21%下降为56.63%，下降约4个百分点，同时第三产业增加值增加1.2倍，低于第二产业的1.8倍。在三次产业的产出结构中，第三产业相应地从49.7%下降到2005年的46.9%①，揭示出俄罗斯第三产业的发展仍然不够稳定。

表2.33　1991—2008年俄罗斯产业结构演变

指标 时间	GDP年增长率(%)	农业增加值占GDP的比例(%)	工业增加值占GDP的比例(%)	制造业增加值占GDP的比例(%)①	服务业增加值占GDP的比例(%)
1991年	-5.05	14.29	47.60	—	38.10
1992年	-14.53	7.39	43.01	—	49.60
1993年	-8.67	8.31	44.57	—	47.12
1994年	-12.57	6.63	44.72	—	48.65
1995年	-4.14	7.16	36.96	—	55.88
1996年	-3.60	7.17	38.71	—	54.12
1997年	1.40	6.44	38.06	—	55.51
1998年	-5.30	5.62	37.35	—	57.03
1999年	6.40	7.31	37.23	—	55.45

① 李新：《2000年以来俄罗斯经济结构的变化及其发展趋势》，《俄罗斯研究》2009年第2期，第22—34页。

续表

时间 \ 指标	GDP 年增长率(%)	农业增加值占GDP 的比例(%)	工业增加值占GDP 的比例(%)	制造业增加值占 GDP 的比例(%)①	服务业增加值占 GDP 的比例(%)
2000 年	10.00	6.43	37.95	—	55.62
2001 年	5.09	6.59	35.70	—	57.71
2002 年	4.74	5.73	34.06	17.65	60.21
2003 年	7.35	5.37	33.97	16.96	60.66
2004 年	7.14	5.04	35.17	18.16	59.79
2005 年	6.40	5.55	39.12	19.00	55.33
2006 年	7.70	5.10	38.27	18.24	56.63
2007 年	8.10	4.99	37.71	19.02	57.30
2008 年	5.60	5.02	37.23	18②	57.75

资料来源:根据世界银行数据库(data.worldbank.org)整理。

注:①该列数据引自国研网统计数据库世界银行数据;

②该项数据引自世界银行的《2010 年世界发展指标》。

(2)制造业发展严重依赖资源型初级产品加工业。

从制造业内部结构来看,俄罗斯制造业的发展完全取决于其他制造业的发展,其占制造业的比重呈现快速上升趋势,由 2001 年的 55.56% 提高到 67.09%,上升 11.5 个百分点,而食品、饮料和烟草、机械和运输设备等行业不断下降,食品、饮料和烟草占制造业的比重由 2001 年的 19.37% 下降至 2005 年的 14.78%,五年内就下降了 4.6 个百分点,机械和运输设备占制造业的比重也由 2001 年的 14.45% 下降至 2005 年的 7.95%,下降 6.5 个百分点,如表 2.34 所示。根据世界银行《世界发展指标》的统计说明,其他制造业主要为一些资源型行业和少数技术密集型行业,俄罗斯的其他制造业占制造业增加值的比重较高,主要原因在于其石油开采、机器制造和冶金占有较高比重。从表 2.35 中可以看出,俄罗斯工业部门内部结构中机械制造和金属加工、能源工业(主要是石油开采)、有色金属冶金和食品工业占有较高比重,合计超过 65%,以 2004 年为例,机械制造和金属加工在工业中的比重为 22.2%,能源工业在工业中的比重为 17.1%,食品工业在工业中的比重为 15.4%,而化工和石油化工在工业中的比重为 7.2%。

表 2. 34　2001—2005 俄罗斯制造业结构演变

指标 时间	食品、饮料和烟草占制造业增加值的比例(%)	纺织和服装业占制造业增加值的比例(%)	机械和运输设备占制造业增加值的比例(%)	化学工业占制造业增加值的比例(%)	其他制造业占制造业增加值的比例(%)
2001 年	19. 37	2. 26	14. 45	8. 36	55. 56
2002 年	20. 85	2. 36	14. 43	8. 57	53. 80
2003 年	17. 22	2. 16	9. 46	10. 56	60. 60
2004 年	15. 44	2. 38	8. 88	8. 95	64. 35
2005 年	14. 78	1. 73	7. 95	8. 46	67. 09

资料来源:根据国研网统计数据库世界银行数据库整理。

表 2. 35　俄罗斯工业部门结构①

(单位:%)

工业部门	1992 年	1995 年	2000 年	2001 年	2002 年	2003 年	2004 年
电力	8. 1	10. 5	9. 2	8. 8	8. 5	8. 1	7. 6
能源	14. 0	16. 9	15. 8	15. 9	16. 4	16. 9	17. 1
黑色冶金	6. 7	7. 7	8. 6	8. 1	8. 1	8. 3	8. 2
有色冶金	7. 3	9. 0	10. 3	10. 3	10. 5	10. 5	10. 3
化工和石油化工	6. 4	6. 3	7. 5	7. 7	7. 3	7. 1	7. 2
机械制造和金属加工	23. 8	19. 2	20. 5	20. 8	20. 5	21. 1	22. 2
森林、木材和造纸	5. 9	5. 1	4. 8	4. 7	4. 7	4. 5	4. 3
建筑材料	4. 4	3. 7	2. 9	2. 9	2. 9	2. 9	2. 9
轻工业	5. 2	2. 3	1. 8	1. 8	1. 7	1. 5	1. 4
食品工业	14. 5	15. 3	14. 9	15. 3	15. 8	15. 6	15. 4
其他工业	2. 1	2. 0	1. 6	1. 6	1. 4	1. 3	1. 2
合计	100	100	100	100	100	100	100

资料来源:俄罗斯联邦统计署:《2005 年俄罗斯数字》,俄罗斯统计出版社 2005 年版,第 477 页。

① 卢中原:《世界产业结构变动趋势和我国的战略抉择》,人民出版社 2009 年版,第 512 页。

(3)运输、贸易、旅馆和饭店业等劳动密集型行业比重较高,但是银行、保险、房地产和其他商业服务业增长较快。

虽然俄罗斯第三产业增长很快,第三产业占GDP的比重由1991年的38.10%增长到2008年的57.75%,接近部分发达国家服务业占GDP的比重,但是其服务业内部结构并没有像发达国家的金融和保险等技术密集型行业一样发达,俄罗斯服务业主要集中在运输、贸易、旅馆和饭店业等劳动密集型行业。

第一,从服务业内部结构来看,运输、贸易、旅馆和饭店业等服务不仅在GDP中占有较高比重,而且发展幅度较快。一是运输、贸易、旅馆和饭店业的经济规模超过银行、保险、地产和其他商业服务业以及政府、医疗、教育和其他个人服务业的总和,2007年,运输、贸易、旅馆和饭店业占GDP的比重为30.1%,而同期银行、保险、地产和其他商业服务业占GDP的比重为14.7%,政府、医疗、教育和其他个人服务业占GDP的比重为13.1%,如表2.36所示。此外,其他研究也表明,在第三产业中,比重最大的是批发和零售贸易以及汽车、摩托和个人日用品、物品的维修服务,一直保持在32%—33%,其次分别是运输和通讯以及房地产业,所占比重分别保持在19%和16%左右,但是金融业发展缓慢,2006年其在服务业产出中的比重不足6%①。二是运输、贸易、旅馆和饭店业和银行、保险、地产和其他商业服务业的增长幅度较快,银行、保险、地产和其他商业服务业占GDP的比重由1991年的2.3%增长至2007年的14.7%,增幅达到12.4个百分点,运输、贸易、旅馆和饭店业占GDP的比重由1991年的19.7%增长至2007年的30.1%,增幅为10.4个百分点,但是政府、医疗、教育和其他个人服务业增加值占GDP的比重则由1991年的16.4%下降至2007年的13.1%,减幅超过3个百分点。

① 李新:《2000年以来俄罗斯经济结构的变化及其发展趋势》,《俄罗斯研究》2009年第2期,第22—34页。

表 2.36 1991—2007 年俄罗斯服务业结构演变

时间＼指标	运输、贸易、旅馆和饭店业增加值占 GDP 总增加值百分比(%)	银行业、保险业、地产业和其他商业服务业增加值占 GDP 总增加值百分比(%)	政府、医疗、教育和其他个人服务业增加值占 GDP 总增加值百分比(%)
1991 年	19.7	2.3	16.4
1992 年	36.4	4.8	11.5
1993 年	27.7	5.5	16.3
1994 年	28.3	5.0	18.4
1995 年	33.5	3.3	18.8
1996 年	32.3	1.9	19.4
1997 年	31.2	2.7	21.3
1998 年	31.5	3.3	21.9
1999 年	32.7	4.4	18.0
2000 年	32.7	4.6	18.0
2001 年	31.4	6.5	19.6
2002 年	33.7	13.6	13.1
2003 年	33.3	14.0	13.2
2004 年	31.9	12.7	12.9
2005 年	30.3	13.7	12.4
2006 年	30.8	14.4	12.8
2007 年	30.1	14.7	13.1

资料来源:根据国研网统计数据库经济合作与发展组织数据库整理。

第二,从服务业出口结构来看,通讯、计算机等服务增长较快,而运输、贸易、旅馆和饭店业呈现不断减少趋势。通讯、计算机等服务占服务出口的比重由 1994 年的 25.52% 提高至 2008 年的 43.2%,增幅接近 18 个百分点,而运输、贸易、旅馆和饭店业占服务出口的比重由 1994 年的 45.85% 减少至 2008 年的 29.6%,下降幅度约为 16 个百分点,其保险和金融服务、旅游服务没有显著变化,如表 2.37 所示。

表 2.37 1994—2008 年俄罗斯服务业出口结构演变

时间＼指标	运输服务占商业服务出口的比例(%)	旅游服务占商业服务出口的比例(%)	保险和金融服务占服务出口的比例(%)	通讯、计算机等服务占服务出口的比例(%)
1994 年	45.85	28.63	—	25.52
1995 年	35.78	40.80	—	23.42
1996 年	27.33	53.47	—	19.19
1997 年	25.91	50.88	—	23.21
1998 年	25.63	52.60	—	21.77
1999 年	33.16	41.06	—	25.78
2000 年	37.17	35.85	—	26.98
2001 年	41.50	31.85	—	26.66
2002 年	40.48	29.22	—	30.30
2003 年	38.03	27.98	—	33.98
2004 年	38.6	25.9	2.5	32.9
2005 年	37.4	22.5	2.9	37.2
2006 年	32.8	24.9	3.1	39.2
2007 年	30.2	24.6	4.0	41.2
2008 年	29.6	23.6	3.6	43.2

资料来源:①1991—2003 年数据整理自国研网统计数据库世界银行数据库,该数据库未给出保险和金融服务占服务出口比例的数据;
②2004—2008 年数据分别引自世界银行的 2006—2010 年度《世界发展指标》。

第三,从服务业进口结构来看,通讯、计算机等服务增长较快,而旅游服务呈现不断减少趋势。通讯和计算机服务业占服务进口的比重由 1994 年的 33.61% 提高到 2008 年的 45.02%,增幅约 11.5 个百分点,金融和保险服务业占服务进口的比重由 1994 年的 0.82% 增长至 2008 年的 4.23%,增长约 3.5 个百分点,而旅游服务占商业服务进口的比重由 1994 年的 45.95% 下降至 2008 年的 33.38%,下降约 12.6 个百分点,如表 2.38 所示。

表 2.38 1994—2008 年俄罗斯服务业进口结构演变

指标 时间	运输服务占商业服务进口的比例（%）	旅游服务占商业服务进口的比例（%）	保险和金融服务占服务进口的比例（%）	通讯、计算机等服务占服务进口的比例（%）
1994 年	19. 62	45. 95	0. 82	33. 61
1995 年	16. 37	57. 41	0. 36	25. 87
1996 年	13. 88	53. 64	0. 66	31. 82
1997 年	14. 94	50. 5	1. 95	32. 61
1998 年	16. 79	52. 73	2. 44	28. 04
1999 年	16. 64	53. 16	2. 56	27. 65
2000 年	14. 36	54. 52	2. 76	28. 36
2001 年	15. 03	46. 85	3. 00	35. 12
2002 年	12. 67	46. 9	3. 61	36. 82
2003 年	11. 72	48. 63	4. 11	35. 55
2004 年	12. 06	47. 44	5. 75	34. 74
2005 年	13. 59	45. 81	4. 21	36. 39
2006 年	15. 39	41. 47	3. 71	39. 44
2007 年	16. 20	38. 37	4. 02	41. 41
2008 年	17. 37	33. 38	4. 23	45. 02

资料来源：根据国研网统计数据库世界银行数据库整理。

7. 巴西产业结构变动状况

第二次世界大战以后，巴西政府积极推进本国工业化进程，促进产业结构的调整升级，从一个落后的农业国迅速转变为先进的工业国家，是第二次世界大战以后经济发展速度最快的发展中国家之一。

（1）三次产业中以服务业为主导产业，而制造业居重要地位。

巴西是“金砖四国”之一，其经济结构更接近于发达国家。一是第三产业高度发达，第二产业占有相当比重，如表 2. 39 所示，2008 年巴西第一产业、第二产业、第三产业占 GDP 的比重分别为 6. 70%、27. 96%、65. 34%，与日本和德国等发达国家的产业结构较相似。二是第三产业占 GDP 的比重不断提高，而第二产业占 GDP 的比重呈现下降趋势，第三产业占 GDP 的比重由 1991 年的 56. 05% 提高到 2008 年的 65. 34%，增长 9. 3 个百分点，是“金砖四国”中服务业占 GDP 比重最高的国家，而第二产业占 GDP 的比重由 1991 年的 36.16%下降到 2008 年的 27.96%，下降 8.2 个百分点，第二产业下降主要是由于制造业的比重下降，同期制造业占 GDP 的比重由 25.34%下降至 16%，下降 9.3 个百分点。

表 2.39 1991—2008 年巴西产业结构演变

时间＼指标	GDP 年增长率（%）	农业增加值占 GDP 的比例（%）	工业增加值占 GDP 的比例（%）	制造业增加值占 GDP 的比例（%）①	服务业增加值占 GDP 的比例（%）
1991 年	1.51	7.79	36.16	25.34	56.05
1992 年	-0.47	7.72	38.70	24.66	53.58
1993 年	4.67	7.56	41.61	24.95	50.83
1994 年	5.33	9.85	40.00	23.66	50.15
1995 年	4.42	5.77	27.53	18.62	66.70
1996 年	2.15	5.52	25.98	16.80	68.50
1997 年	3.37	5.40	26.13	16.67	68.47
1998 年	0.04	5.52	25.66	15.72	68.82
1999 年	0.25	5.47	25.95	16.12	68.58
2000 年	4.31	5.60	27.73	17.22	66.67
2001 年	1.31	5.98	26.92	17.13	67.10
2002 年	2.66	6.62	27.05	16.85	66.33
2003 年	1.15	7.38	27.85	18.02	64.77
2004 年	5.72	6.92	30.11	19.22	62.97
2005 年	3.16	5.71	29.27	18.10	65.02
2006 年	3.97	5.47	28.78	17.40	65.75
2007 年	5.67	5.98	28.05	17.42	65.97
2008 年	5.08	6.70	27.96	16.00	65.34

资料来源：根据世界银行数据库（data.worldbank.org）整理。

注：①该列数据引自国研网统计数据库世界银行数据。

（2）制造业以资源型初级产品加工业为主。

尽管巴西三次产业结构较接近发达国家，但是在制造业内部中，巴西与发达国家有许多不同的特征。一是资源型工业所占比重较高，巴西其他制造业占制造业总增加值的比重超过40%，其他制造业主要为石油、冶炼等一些资源型加工业，而且巴西的食品、饮料和烟草业占制造业总增加值的比重也接近20%，所占比重较高，这些行业也属于资源型工业。二是技术密集型工业所占比重较小，巴西机械和运输设备业占制造业总增加值的比重约为20%，相对于资源型工业而言所占比重较小，而且呈现下降趋势，如表2.40所示。

表2.40　1996—2005年巴西制造业结构演变

指标／时间	食品、饮料和烟草占制造业增加值的比例（%）	纺织和服装业占制造业增加值的比例（%）	机械和运输设备占制造业增加值的比例（%）	化学工业占制造业增加值的比例（%）	其他制造业占制造业增加值的比例（%）
1996年	20.76	5.77	23.16	12.63	37.68
1997年	21.12	4.99	24.04	12.46	37.39
1998年	20.44	5.05	22.74	12.74	39.03
1999年	19.36	5.39	20.30	14.15	40.80
2000年	16.66	5.03	21.60	12.10	44.61
2001年	18.72	4.93	22.75	11.91	41.69
2002年	18.66	4.92	21.98	11.85	42.60
2003年	19.01	4.66	20.65	11.89	43.78
2004年	17.69	4.49	21.58	12.03	44.20
2005年①	19	6	21	11	43

资料来源：根据国研网统计数据库世界银行数据库整理。

注：①该行数据引自世界银行的《2009年世界发展指标》。

（3）服务业以银行、保险、地产和其他商业服务等技术密集型产业为主。

巴西三次产业结构较接近发达国家，而且其服务业内部结构也与发达国家趋同，即银行、保险、地产和其他商业服务等技术密集型行业所占比重较高。

第一，从服务业内部结构来看，银行、保险、地产和其他商业服务等技术密集型行业所占比重较高，而且保持相对稳定的比重。从2000—2006年，银行、保险、地产和其他商业服务占GDP的比重基本保持在25%—27%，政府、医疗、教育和其他个人服务业增加值占GDP的比重保持在22%左右，运输、贸易、旅馆和饭店业增加值占GDP的比重约为18%，如表2.41所示。

表 2.41 2000—2007 年巴西服务业结构演变

指标 时间	运输、贸易、旅馆和饭店业增加值占 GDP 总增加值百分比(%)	银行业、保险业、地产业和其他商业服务业增加值占 GDP 总增加值百分比(%)	政府、医疗、教育和其他个人服务业增加值占 GDP 总增加值百分比(%)
2000 年	17.2	26.8	22.6
2001 年	17.6	26.6	23
2002 年	16.8	26.8	22.7
2003 年	16.8	25.9	22
2004 年	17.3	24.2	21.4
2005 年	17.8	25.6	21.6
2006 年	18.1	25.4	22.2

资料来源:根据国研网统计数据库经济合作与发展组织数据库整理。

第二,从服务业出口结构来看,保险和金融服务、通讯和计算机服务业所占比重较高。保险和金融服务、通讯和计算机服务业占服务出口的比重从 1991 年的 24.76% 增加至 2008 年的 61.2%,提高 36 个百分点,运输服务占服务出口的比重由 1991 年的 44.58% 减少到 2008 年的 18.8%,下降约 26 个百分点,旅游服务占服务出口的比重由 1991 年的 30.66% 下降至 2008 年的 20.1%,下降 10 个百分点,如表 2.42 所示。

表 2.42 1991—2008 年巴西服务业出口结构演变

指标 时间	运输服务占商业服务出口的比例(%)	旅游服务占商业服务出口的比例(%)	保险和金融服务占服务出口的比例(%)	通讯、计算机等服务占服务出口的比例(%)
1991 年	44.58	30.66	—	24.76
1992 年	48.08	24.96	—	26.96
1993 年	41.88	26.62	—	31.5
1994 年	45.67	19.6	—	34.73
1995 年	43.3	16.19	—	40.52
1996 年	32.07	16.12	—	51.81
1997 年	25.6	17.8	—	56.6

续表

时间＼指标	运输服务占商业服务出口的比例(%)	旅游服务占商业服务出口的比例(%)	保险和金融服务占服务出口的比例(%)	通讯、计算机等服务占服务出口的比例(%)
1998 年	26.29	18.59	—	55.12
1999 年	16.6	23.66	—	59.74
2000 年	15.73	20.2	—	64.08
2001 年	16.31	19.85	—	63.84
2002 年	17.47	22.73	—	59.8
2003 年	19.04	25.9	—	55.06
2004 年	21.2	27.7	4.5	46.5
2005 年	21.4	25.9	4.3	48.4
2006 年	19.2	24.1	5.9	50.9
2007 年	18.0	22.0	7.2	52.8
2008 年	18.8	20.1	7.2	54.0

资料来源：①1991—2003 年数据整理自国研网统计数据库世界银行数据库，该数据库未给出保险和金融服务占服务出口比例的数据；

②2004—2008 年数据分别引自世界银行的 2006—2010 年度《世界发展指标》。

第三，从服务业进口结构来看，通讯和计算机服务业占比较高。通讯和计算机服务业占服务出口的比重从 1991 年的 29.20% 提高到 2008 年的 45.54%，增长 16 个百分点，保险和金融服务占服务进口的比重由 1991 年的 3.01% 增长至 2008 年的 6.33%，增长 3 个百分点，旅游服务占服务进口的比重由 1991 年的 19.03% 增长至 2008 年的 24.69%，增长约 6 个百分点，而运输服务占服务进口的比重由 1991 年的 48.77% 下降至 2008 年的 23.44%，下降 25 个百分点，如表 2.43 所示。

表 2.43 1991—2008 年巴西服务业进口结构演变

时间＼指标	运输服务占商业服务进口的比例(%)	旅游服务占商业服务进口的比例(%)	保险和金融服务占服务进口的比例(%)	通讯、计算机等服务占服务进口的比例(%)
1991 年	48.77	19.03	3.01	29.20

续表

指标 时间	运输服务占商业服务进口的比例（%）	旅游服务占商业服务进口的比例（%）	保险和金融服务占服务进口的比例（%）	通讯、计算机等服务占服务进口的比例（%）
1992 年	49.69	19.94	2.62	27.75
1993 年	44.29	20.12	7.47	28.12
1994 年	43.72	21.92	2.66	31.70
1995 年	44.07	25.77	9.56	20.61
1996 年	34.02	35.96	3.08	26.93
1997 年	33.74	37.51	0.35	28.41
1998 年	32.33	34.21	0.95	32.51
1999 年	31.54	23.10	6.50	38.86
2000 年	27.64	25.00	6.33	41.02
2001 年	27.73	20.21	6.82	45.24
2002 年	25.89	17.75	9.25	47.11
2003 年	23.77	15.76	9.09	51.37
2004 年	27.63	17.82	7.13	47.42
2005 年	22.71	21.06	6.42	49.81
2006 年	24.18	21.23	5.95	48.64
2007 年	24.51	23.66	6.10	45.73
2008 年	23.44	24.69	6.33	45.54

资料来源：根据国研网统计数据库世界银行数据库整理。

8. 印度产业结构变动状况

印度产业结构调整可大致分为两个时期：第一个时期主要是 20 世纪 50 年代至 80 年代中期尼赫鲁执政、实施工业化战略时期，第二个时期是 20 世纪 80 年代中期以后印度实行自由化、市场化、私有化、全球化改革开放的时期。前者是以政府直接干预为主的产业结构调整时期，第二产业获得较快发展，重工业基础得到加强，第二产业占 GDP 的比重上升到 22% 左右，上升了 9 个百分点，而第三产业发展相对缓慢，其占 GDP 的比重约为 39%；后者则是以市场机制为主、政府间接干预的产业结构调整时期，第三产业得到快速发展，其占 GDP 的比重在 2006 年约为 53%，提高 14 个百分点，而同期第二产业所占的比重约为29%，这一时期更加强调农业、轻工业、电子工业、IT产业、现代服务业的发展①。

（1）三次产业结构中服务业增长较快，但是农业比重偏高。

自从20世纪90年代实现向市场经济转型以来，印度经济实现了快速发展，GDP增长率不断提高，尤其从2003年开始，其GDP增长率长期保持在8%—9%之间，成为GDP增长率最高的国家之一。印度产业结构也在过去的近20年中得以优化调整，尤其是服务业获得快速发展。在传统服务业发展的基础上，以金融、保险、信息、商务等现代服务业为主的第三产业飞速发展。第三产业占GDP的比重由1991年的44.59%上升到2008年的53.70%，增长9个百分点，第二产业由1991年的25.76%提高到2008年的28.83%，增长3个百分点，制造业占GDP的比重没有明显变化，第一产业占GDP的比重由1991年的29.65%下降至2008年的17.47%，减少12个百分点，但是第一产业在GDP中仍然占有较高比重（高于俄罗斯和巴西的同一比重），如表2.44所示。

表2.44　1991—2008年印度产业结构演变

时间＼指标	GDP年增长率(%)	农业增加值占GDP的比例(%)	工业增加值占GDP的比例(%)	制造业增加值占GDP的比例(%)①	服务业增加值占GDP的比例(%)
1991年	1.06	29.65	25.76	15.72	44.59
1992年	5.48	28.99	26.13	15.87	44.88
1993年	4.77	28.93	25.87	15.83	45.20
1994年	6.65	28.52	26.80	16.75	44.68
1995年	7.57	26.49	27.83	17.88	45.68
1996年	7.56	27.37	27.02	17.51	45.61
1997年	4.05	26.12	26.78	16.38	47.11
1998年	6.19	26.02	26.07	15.51	47.92
1999年	7.39	24.99	25.31	14.78	49.69
2000年	4.03	23.35	26.19	15.60	50.46

① 任佳：《印度产业结构调整机制与产业结构变动》，《南亚研究》2009年第3期，第102—109页。

续表

时间＼指标	GDP 年增长率(%)	农业增加值占GDP 的比例(%)	工业增加值占GDP 的比例(%)	制造业增加值占GDP的比例(%)①	服务业增加值占GDP 的比例(%)
2001 年	5.22	23.20	25.34	15.03	51.46
2002 年	3.77	20.87	26.46	15.30	52.66
2003 年	8.37	20.97	26.24	15.31	52.79
2004 年	8.28	19.20	28.19	15.76	52.62
2005 年	9.35	19.06	28.76	15.83	52.18
2006 年	9.67	18.15	29.46	16.34	52.39
2007 年	9.06	18.11	29.51	16.32	52.38
2008 年	6.07	17.47	28.83	16.02	53.70

资料来源:根据世界银行数据库(data.worldbank.org)整理。

注:①该列数据引自国研网统计数据库世界银行数据。

(2)制造业中以资源型工业为主,技术密集型工业比重较小。

印度制造业是以资源型工业为主的结构形态。一是资源型工业比重较高。在制造业内部结构中,其他制造业占制造业增加值的比重高达46%,几乎占整个制造业增加值的一半,而这些制造部门主要为资源型工业,机械和运输设备占制造业增加值的比重约为20%,比重相对较小。二是其他制造业占制造业增加值的比重由1991年的34.12%上升到2008年的46%,增长12个百分点,而化学工业占制造业增加值的比重由1991年的21.87%减少至2008年的16%,减少约6个百分点,如表2.45所示。

表2.45 1998—2005年印度制造业结构演变

时间＼指标	食品、饮料和烟草占制造业增加值的比例(%)	纺织和服装业占制造业增加值的比例(%)	机械和运输设备占制造业增加值的比例(%)	化学工业占制造业增加值的比例(%)	其他制造业占制造业增加值的比例(%)
1998 年	12.63	11.75	19.62	21.87	34.12
1999 年	12.65	11.22	19.77	21.74	34.63
2000 年	13.17	12.55	19.12	19.81	35.34
2001 年	13.27	11.00	20.54	19.53	35.66

续表

时间＼指标	食品、饮料和烟草占制造业增加值的比例(%)	纺织和服装业占制造业增加值的比例(%)	机械和运输设备占制造业增加值的比例(%)	化学工业占制造业增加值的比例(%)	其他制造业占制造业增加值的比例(%)
2002 年	11.91	10.48	19.32	18.48	39.81
2003 年	10.23	9.52	20.26	17.33	42.66
2004 年	9.06	8.68	19.86	16.19	46.21
2005 年①	9	9	20	16	46

资料来源:根据国研网统计数据库世界银行数据库整理。

注:①该行数据引自世界银行的《2010 年世界发展指标》。

(3)服务业中以劳动密集型行业为主,技术密集型行业增长较快。

自 20 世纪 90 年代以来,印度服务业一直呈现快速增长趋势,但是服务业内部结构与发达国家相比有较大差异,运输、贸易、旅馆和饭店业等劳动密集型行业比重较高。

第一,从服务业内部结构来看,运输、贸易、旅馆和饭店业等劳动密集型行业比重较高且呈上升趋势。运输、贸易、旅馆和饭店业占 GDP 的比重由 1997 年的 21.6% 提高到 2007 年的 25.2%,增长约 4 个百分点,银行业、保险业、地产业和其他商业服务业增加值占 GDP 的比重由 1997 年的 11.9% 增长到 2007 年的 14.2%,增长约 2 个百分点,如表 2.46 所示。

表 2.46　1997—2007 年印度服务业结构演变

时间＼指标	运输、贸易、旅馆和饭店业增加值占 GDP 总增加值百分比(%)	银行业、保险业、地产业和其他商业服务业增加值占 GDP 总增加值百分比(%)	政府、医疗、教育和其他个人服务业增加值占 GDP 总增加值百分比(%)
1997 年	21.6	11.9	13
1998 年	21.5	12	14.4
1999 年	21.6	12.9	14.7
2000 年	22.1	13.1	14.9
2001 年	22.6	13.9	14.9
2002 年	23	14.5	14.8

续表

时间＼指标	运输、贸易、旅馆和饭店业增加值占 GDP 总增加值百分比(%)	银行业、保险业、地产业和其他商业服务业增加值占 GDP 总增加值百分比(%)	政府、医疗、教育和其他个人服务业增加值占 GDP 总增加值百分比(%)
2003 年	23.5	14.6	14.7
2004 年	24.4	14.2	14
2005 年	24.8	13.9	13.8
2006 年	25	13.9	13.5
2007 年	25.2	14.2	13.3

资料来源:根据国研网统计数据库经济合作与发展组织数据库整理。

第二,从服务业出口结构来看,通讯和计算机服务等技术密集型行业呈现快速上升趋势。通讯和计算机服务占服务出口的比重由 1991 年的 42.58% 迅速提高到2008 年的72.0%,增长幅度接近30 个百分点,这与印度作为全球重要的 IT 服务外包承接国际 IT 服务的现实状况是一致的,而旅游服务占服务进口的比重由 1991 年的 37.54% 下降至 2008 年的 11.5%,下降 26 个百分点,运输、贸易、旅馆和饭店业占服务出口的比重也由 1991 的 19.88% 下降至 2008 年的 11.0%,下降 9 个百分点,如表 2.47 所示。

表 2.47　1991—2008 年印度服务业出口结构演变

时间＼指标	运输服务占商业服务出口的比例(%)	旅游服务占商业服务出口的比例(%)	保险和金融服务占服务出口的比例(%)	通讯、计算机等服务占服务出口的比例(%)
1991 年	19.88	37.54	—	42.58
1992 年	21.16	46.91	—	31.94
1993 年	24.67	42.89	—	32.44
1994 年	28.42	37.67	—	33.9
1995 年	27.95	38.17	—	33.88
1996 年	27.7	39.44	—	32.86
1997 年	21.76	32.38	—	45.86
1998 年	16.02	26.64	—	57.34
1999 年	13.16	21.49	—	65.35

续表

时间＼指标	运输服务占商业服务出口的比例（%）	旅游服务占商业服务出口的比例（%）	保险和金融服务占服务出口的比例（%）	通讯、计算机等服务占服务出口的比例（%）
2000 年	12.34	21.58	—	66.07
2001 年	12.2	19.04	—	68.76
2002 年	12.93	16.22	—	70.85
2003 年	12.79	18.88	—	68.33
2004 年	13.3	16.8	3.5	66.4
2005 年	13.3	16.8	3.5	66.4
2006 年	10.2	11.9	4.2	73.7
2007 年	10.2	11.9	4.2	73.7
2008 年	11.0	11.5	5.5	72.0

资料来源：①1991—2003 年数据整理自国研网统计数据库世界银行数据库，该数据库未给出保险和金融服务占服务出口比例的数据；
②2004—2008 年数据分别引自世界银行的 2006—2010 年度《世界发展指标》。

第二，从服务业进口结构来看，通讯和计算机服务等技术密集型行业呈现快速上升趋势。通讯和计算机服务占服务出口的比重由 1991 年的 30.56% 迅速提高到 2008 年的 50%，增长约 20 个百分点，旅游服务占服务进口的比重由 1991 年的 7.48% 提高到 2008 年的 17%，增长约 10 个百分点，而运输服务占服务出口的比重由 1991 年的 55.93% 下降到 2008 年的 24%，下降约 32 个百分点，揭示出印度服务业结构呈现劳动密集型行业逐渐减少、技术密集型行业逐渐增加的变化态势，如表 2.48 所示。

表 2.48　1991—2008 年印度服务业进口结构演变

时间＼指标	运输服务占商业服务进口的比例（%）	旅游服务占商业服务进口的比例（%）	保险和金融服务占服务进口的比例（%）	通讯、计算机等服务占服务进口的比例（%）
1991 年	55.93	7.48	6.03	30.56
1992 年	60.55	7.11	6.09	26.25
1993 年	62.56	7.46	6.9	23.07
1994 年	56.83	9.57	6.12	27.47

续表

时间＼指标	运输服务占商业服务进口的比例(%)	旅游服务占商业服务进口的比例(%)	保险和金融服务占服务进口的比例(%)	通讯、计算机等服务占服务进口的比例(%)
1995 年	56. 68	9. 9	5. 55	27. 87
1996 年	58. 61	8. 3	5. 34	27. 75
1997 年	55. 5	10. 93	5. 3	28. 28
1998 年	49. 98	12. 07	4. 43	33. 52
1999 年	40. 95	11. 79	3. 6	43. 66
2000 年	46. 06	14. 24	11. 06	28. 64
2001 年	42. 93	15. 19	13. 09	28. 79
2002 年	41. 02	14. 38	11. 2	33. 4
2003 年	37. 73	14. 53	6. 69	41. 05
2004 年	37. 5	13. 65	7. 19	41. 67
2005 年	42. 36	12. 65	7. 11	37. 88
2006 年	39. 96	11. 66	6. 31	42. 07
2007 年	40. 0	11. 7	6. 3	42. 1
2008 年	24	17	8	50

资料来源：根据国研网统计数据库世界银行数据库整理，其中 2007 年和 2008 年数据分别引自世界银行的 2009 年与 2010 年度《世界发展指标》。

9. 中国产业结构变动状况

改革开放 30 多年来，我国经济快速发展引起世人瞩目，GDP 长期保持在 9% 以上，已经成为世界上第三大经济体，然而我国产业结构在长期发展过程中并没有实现优化升级，不仅与发达国家相比存在很大的距离，而且与“金砖四国”中的其他三国相比也存在许多差异。

(1)三次产业结构中制造业比重较高且长期居主导地位。

我国经济发展过程中长期依靠第二产业尤其是制造业的拉动，服务业发展程度很低，如表 2. 49 所示。一是第二产业在国民经济中所占比重很高且有上升趋势。世界主要发达国家和印度、巴西等发展中国家的第二产业通常在 20%—30% 之间，但是我国与俄罗斯两国产业结构中第二产业占有很高比重，第二产业在我国 GDP 中的比重在 40% 以上(俄罗斯的这一比重在 2008 年为 37. 23%，也远低于我国)，从 1991 年的 41. 79% 上升到 48. 62%，增长 7

个百分点；二是第三产业在国民经济中的比重较低，2008 年，服务业平均占全世界 GDP 的比重为 69%，其中高收入国家服务业占 GDP 的比重为 73%，中等收入国家为 53%，低收入国家为 47%，而我国 2008 年服务业占 GDP 的比重为 40.07%，不仅低于中等发达国家（我国按人均收入可以列入中等收入国家），而且也低于低收入国家的平均值，尽管我国服务业占 GDP 的比重从 1991 年的 33.69% 上升到 2008 年的 40.07%，上升幅度不及第二产业的增幅。

表 2.49 1991—2008 年中国产业结构演变

指标 时间	GDP 年增长率(%)	农业增加值占 GDP 的比例(%)	工业增加值占 GDP 的比例(%)	制造业增加值占 GDP 的比例(%)①	服务业增加值占 GDP 的比例(%)
1991 年	9.20	24.53	41.79	32.49	33.69
1992 年	14.20	21.79	43.45	32.74	34.76
1993 年	14.00	19.71	46.57	33.97	33.72
1994 年	13.10	19.86	46.57	33.63	33.57
1995 年	10.90	19.96	47.18	33.65	32.86
1996 年	10.00	19.69	47.54	33.51	32.77
1997 年	9.30	18.29	47.54	33.18	34.17
1998 年	7.80	17.56	46.21	31.84	36.23
1999 年	7.60	16.47	45.76	31.59	37.77
2000 年	8.40	15.06	45.92	32.12	39.02
2001 年	8.30	14.39	45.15	31.64	40.46
2002 年	9.10	13.74	44.79	31.42	41.47
2003 年	10.00	12.80	45.97	32.85	41.23
2004 年	10.10	13.39	46.23	32.37	40.38
2005 年	10.40	12.24	47.68	32.81	40.08
2006 年	11.60	11.34	48.68	33.60	39.98
2007 年	13.00	11.13	48.50	34.09	40.37
2008 年	9.00	11.31	48.62	34.38	40.07

资料来源：根据世界银行数据库（data.worldbank.org）整理。
注：①该列数据引自国研网统计数据库世界银行数据。

（2）制造业发展主要依赖劳动密集型行业和资源型加工业。

从制造业增加值来看，我国是制造业大国，但是不是制造业强国，虽然2009年我国制造业增加值位居全球第二（仅次于美国），但是其制造业完全依赖劳动密集型和资源型加工业。在制造业内部，食品、饮料和烟草占制造业增加值的比重约为4%，纺织和服装业占制造业的比重约为2%，机械和运输设备占制造业的比重约为3%，其他制造业占制造业的比重一直超过90%，而这些行业主要为一些资源型初级产品加工和劳动密集型行业，如表2.50所示。

表2.50　1997—2005年中国制造业结构演变①

指标 / 时间	食品、饮料和烟草占制造业增加值的比例（%）	纺织和服装业占制造业增加值的比例（%）	机械和运输设备占制造业增加值的比例（%）	化学工业占制造业增加值的比例（%）	其他制造业占制造业增加值的比例（%）
1997年	3.74	1.67	1.53	—	93.06
1998年	3.74	1.60	1.50	—	93.16
1999年	3.68	1.53	1.59	—	93.20
2000年	4.00	2.19	3.15	—	90.66
2001年	4.87	2.32	0.15	—	92.95
2002年	4.45	2.07	1.53	—	91.95
2003年	3.30	2.21	1.85	—	92.65
2004年	3.59	—	2.89	—	93.52
2005年	4.06	—	2.56	—	93.38

资料来源：根据国研网统计数据库世界银行数据库整理。

（3）服务业以运输、贸易、旅馆和餐饮等劳动密集型行业为主。

我国的服务业发展与发达国家和发展中国家的主要大国相比存在明显差异，不仅服务业占GDP的比重较低，而且服务业内部结构也与这些国家的差距较大，我国的服务业发展主要依靠运输、贸易、旅馆和餐饮等劳动密集型行业的发展。

第一，从服务业内部结构来看，运输、贸易、旅馆和餐饮等劳动密集型行业

① 国研网统计数据库世界银行数据库与世界银行发布的《世界发展指标》关于中国制造业结构构成存在很大的差异，为了保持数据来源的一致性，本书采用国研网统计数据库世界银行数据库关于中国制造业结构构成的相关数据。

所占比重较大,而银行和保险、房地产服务业等技术密集型行业比重较小。2008 年,交通运输、仓储、批发零售、住宿餐饮占服务业增加值的比重为 38. 44% ,比重较高,而金融、房地产服务业占服务业增加值的比重为 24. 52% ,其他服务业约占服务业增加值的比重为 37% 。此外,交通运输、仓储、批发零售、住宿餐饮占服务业增加值的比重逐年递减,而其他服务业占服务业增加值呈现上升趋势,如表 2. 51 所示。

表 2. 51　1991—2008 年中国服务业增加值构成

指标 时间	交通运输、仓储和邮政业(%)	批发和零售业(%)	住宿和餐饮业(%)	金融业(%)	房地产业(%)	其他(%)
1991 年	19. 36	25. 00	6. 03	14. 40	10. 41	24. 80
1992 年	18. 05	25. 70	6. 25	13. 96	11. 77	24. 27
1993 年	18. 24	23. 64	5. 98	14. 01	11. 58	26. 55
1994 年	17. 23	23. 32	6. 23	13. 81	11. 80	27. 60
1995 年	16. 24	23. 92	6. 01	14. 01	11. 78	28. 04
1996 年	16. 21	24. 01	5. 73	13. 77	11. 22	29. 06
1997 年	15. 37	23. 45	5. 79	13. 36	10. 82	31. 21
1998 年	15. 24	22. 61	5. 84	12. 09	11. 23	32. 99
1999 年	15. 28	22. 11	5. 73	11. 27	10. 87	34. 74
2000 年	15. 91	21. 07	5. 54	10. 56	10. 72	36. 19
2001 年	15. 49	20. 56	5. 41	9. 81	10. 63	38. 10
2002 年	15. 02	20. 03	5. 46	9. 24	10. 71	39. 53
2003 年	14. 13	19. 94	5. 58	8. 91	11. 02	40. 41
2004 年	14. 41	19. 29	5. 68	8. 35	11. 11	41. 16
2005 年	14. 76	18. 43	5. 71	8. 59	11. 23	41. 29
2006 年	14. 73	18. 26	5. 66	10. 02	11. 41	39. 92
2007 年	14. 25	18. 16	5. 34	12. 83	11. 82	37. 59
2008 年	13. 77	19. 17	5. 50	13. 96	10. 56	37. 05

资料来源:根据国家统计局的《2009 年中国统计年鉴》整理。

第二,从服务业出口结构来看,通讯和计算机服务业所占比重较大,而银行和保险行业比重较小。通讯和计算机服务占服务出口的比重呈现递增趋势,由1991年的36.52%逐步上升到2008年的44.7%,提高8个百分点,旅游服务业占服务出口的比重由1991年的34.18%下降至2008年的27.9%,减少6个百分点,运输服务占服务出口的比重由1991年的29.3%下降至2008年的26.2%,减少3个百分点,而保险和金融服务占服务出口的比重没有显著变化,如表2.52所示。

表2.52 1991—2008年中国服务业出口结构演变

指标 时间	运输服务占商业服务出口的比例(%)	旅游服务占商业服务出口的比例(%)	保险和金融服务占服务出口的比例(%)	通讯、计算机等服务占服务出口的比例(%)
1991年	29.3	34.18	—	36.52
1992年	22.83	38.76	—	38.42
1993年	17.56	42.6	—	39.84
1994年	18.83	44.78	—	36.39
1995年	18.19	47.37	—	34.44
1996年	14.93	49.59	—	35.48
1997年	12.06	49.27	—	38.67
1998年	9.63	52.77	—	37.59
1999年	9.25	53.88	—	36.87
2000年	12.18	53.84	—	33.98
2001年	14.09	54.08	—	31.83
2002年	14.53	51.76	—	33.71
2003年	17.05	37.53	—	45.42
2004年	19.5	41.5	0.8	38.3
2005年	20.9	39.6	0.9	38.6
2006年	23.0	37.1	0.8	39.1
2007年	25.7	30.6	0.9	42.7
2008年	26.2	27.9	1.2	44.7

资料来源:①1991—2003年数据整理自国研网统计数据库世界银行数据库,该数据库未给出保险和金融服务占服务出口比例的数据;
②2004—2008年数据分别引自世界银行的2006—2010年度《世界发展指标》。

第三,从服务业进口结构来看,通讯和计算机服务业所占比重增长较快,而运输服务所占比重快速减少。通讯和计算机服务占服务进口的比重呈现递增趋势，由1991年的17.88%逐步上升到2008年的36.84%，提高19个百分点，运输服务业占服务出口的比重由1991年的12.98%上升至2008年的22.88%，提高10个百分点，而运输服务占服务出口的比重由1991年的63.70%下降至2008年的31.85%，减少32个百分点，如表2.53所示。

表2.53 1991—2008年中国服务业进口结构演变

时间＼指标	运输服务占商业服务进口的比例（%）	旅游服务占商业服务进口的比例（%）	保险和金融服务占服务进口的比例（%）	通讯、计算机等服务占服务进口的比例（%）
1991年	63.70	12.98	5.44	17.88
1992年	46.98	27.28	2.98	22.77
1993年	47.38	24.19	3.130	25.30
1994年	48.29	19.24	11.91	20.56
1995年	38.67	14.97	17.35	29.01
1996年	46.10	20.00	1.04	32.86
1997年	35.87	29.32	4.94	29.86
1998年	25.55	34.78	7.26	32.41
1999年	25.51	35.08	6.74	32.67
2000年	28.99	36.57	7.16	27.27
2001年	29.01	35.63	7.14	28.21
2002年	29.54	33.42	7.24	29.81
2003年	33.24	27.69	8.74	30.33
2004年	34.28	26.74	8.75	30.23
2005年	34.20	26.16	8.85	30.79
2006年	34.26	24.24	9.69	31.81
2007年	33.48	23.04	8.68	34.80
2008年	31.85	22.88	8.42	36.84

资料来源：根据国研网统计数据库世界银行数据库整理。

总体来看，世界主要国家的产业结构存在许多差异，但是它们在某些方面又表现出一些基本规律，这些国家产业结构调整的主要特征如下。

第一，从三次产业结构来看，美国、英国、法国、巴西的产业结构较为趋同，而日本和德国的产业结构较为趋同。美、英、法三国的产业结构特征表现为服务业高度发达，在各国 GDP 中的占比高达 77% 以上，而第二产业相对处于劣势，占各国 GDP 的比重约为 20%—24%，其中制造业占各国的比重约为 12%—14%；而德国和日本的产业结构较接近，即服务业在该国 GDP 中的比重接近 70%，但是第二产业相对发达，占各国 GDP 的比重约为 30%，其中制造业占各国的比重约为 22%—24%。对“金砖四国”而言，巴西三次产业结构与发达国家（尤其是美、英、法）最为接近，但是俄罗斯、印度和中国与上述五个发达国家及巴西的产业结构趋同程度非常低，而且这三个国家之间的产业结构也完全不同，俄罗斯的资源型工业较发达，印度的农业在国民经济中所占比重较高，而中国的第二产业（尤其是制造业）比重非常高。

第二，在制造业内部，美国、英国、法国、巴西、印度等国家的制造业部门结构较为趋同，而日本和德国的制造业部门结构较为趋同。日本和德国的机械和运输设备占整个制造业的比重较高，基本上都超过 40%，而美国、英国、法国、巴西、印度等国这一比例较低，基本上不超过 30%，但是其他制造业所占比重较高（大都超过 40%）。俄罗斯的制造业以能源工业等资源型加工业为主，而中国制造业则以劳动密集型制造业为主。

第三，在服务业内部，美国、日本、德国、英国、法国和巴西都非常重视保险和金融等技术密集型产业的发展，而俄罗斯、印度和中国则是以运输、贸易、旅馆餐饮业等劳动密集型服务业为主。上述五个发达国家和巴西的保险和金融、通讯、计算机服务业在各国 GDP 中占有较高比重，这些行业呈现不断上升趋势，而俄罗斯、印度和中国的运输、贸易、旅馆餐饮业等劳动密集型服务业占 GDP 的比重非常高。

（三）金融危机对全球产业结构调整战略的影响

IMF 在 2011 年 9 月 11 日发布的《世界经济展望：增长减缓，风险上升》报告指出，受金融危机影响，2009 年发达国家出现大幅经济倒退，增长速度为-3.7%，而新兴经济体和发展中国家的经济发展速度也减缓，增长速度仅为 2.8%。世界各国中，2009 年经济衰退最为严重的国家既包括发达国家中的日本（-6.3%）、意大利（-5.2%）、德国（-5.1%）、英国（-4.9%）、美国（-3.5%）、西班牙（-3.7%），加拿大（-2.8%）、法国（-2.6%），也有新兴经济体和发展中国家的独联体(-6.4%)、俄罗斯(-7.8%)、墨西哥(-6.2%)、中东欧(-3.6%)。唯独例外的是,中国和印度在金融危机大背景下分别保持9.2%和6.8%的增长率。金融危机不仅使世界各国经济发展速度大为减缓,而且给各国产业结构调整战略带来不利影响。由于不同经济体经济规模、开放程度、产业结构的基础各不相同,金融危机对它们产业结构调整的影响程度也不一样。

1. 金融危机对发达国家产业结构调整战略的影响

金融危机促使发达国家的产业结构调整从过度依赖基于虚拟经济的服务业向面向实体经济的制造业和现代服务业并重发展,积极发展以新能源产业和战略性新兴产业为主的实体产业。

一是更加重视制造业对经济发展的拉动作用。WB 的《2010 年世界发展指标》显示,2007 年发达国家服务业在 GDP 中的比重为 73%,而同期工业所占比重仅为 26%(其中制造业为 17%),前者是后者的三倍多,例如 2008 年美国服务业和工业约占其 GDP 的比重为 77% 和 22%(其中制造业为 14%)。有研究表明,美国制造业地位的相对下降是产生这次金融危机的重要原因之一,而早在金融危机之前也有人指出,美国制造业不振将导致严重的危机①。金融危机促使美国重新认识制造业的重要作用,制造业不仅可以促进国内经济增长和增加就业,而且可以减少贸易赤字,并且还可以继续保持在制造业领域的竞争优势,该国开始以新能源产业和战略性新兴产业为新增长点,重新重视制造业的作用。

二是强化制造业对后发国家的技术优势和分工优势,巩固在高新技术产业中的领先地位,稳定高端产品的市场份额。尽管面对新兴经济体和发展中国家制造业增长较快的挑战,发达国家仍然是制造业的领先者,在重要制造业产品上仍然保持较大份额。WB 的《2010 年世界发展指标》显示,2008 年发达国家制造业增加值占世界制造业增加值的 66.70%;同样,联合国工业发展组织的《2009 年工业发展报告》显示,美国制造业增加值最高,占世界制造业增加值的比重为 25..4%,而日本和德国的比重分别为 15.9% 和 8.5%。此外,发

① 金碚、刘戒骄:《美国“再工业化”的动向》,《中国经贸导刊》2009 年第 22 期,第 8—9 页。

达国家在高新技术领域和高端制造产品中占据主要位置。例如，目前美国制造业主要集中在三个领域：①飞机、汽车、计算机、武器、成套设备等技术含量高、附加值高的制造业；②机械、电子零部件制造，其产品主要为大企业配套，但也有较高的技术含量；③附加值较低、劳动力密集型制造业中的研发、品牌和营销等生产环节（生产加工环节多已转移到国外）。发达国家认为需要发挥技术和研发优势，提升高生产率制造业，增强制造业在国际市场中的竞争力。

三是大力发展“低碳经济”，培育新的经济增长点。金融危机爆发后，为了尽快走出经济衰退的阴影，世界各国积极采取措施，培育新的经济增长点，美国、日本、欧盟等发达国家重新认识到实体经济的作用，开始采取一系列政策来促进实体经济的发展，尤其是发展以新能源为主要产业的“低碳经济”，抢占未来技术进步和产业发展的战略制高点。世界经济历经工业化、信息化之后，正在走向“低碳化”，新能源与可再生能源将成为下一个经济增长点，甚至被称为“第四次产业革命”①。2010 年全球对新能源投资将达到 4500 亿美元，比 2007 年增加 220%②，例如，美国以新能源产业为核心加强实体经济的发展，日本继续加强节能和新能源等产业的发展，欧盟以“绿色经济”和“环保型经济”促进经济复苏。

四是正确处理制造业和服务业的协调发展。金融危机前，在服务业为主导产业的发达国家中，制造业服务化成为发达国家制造业发展的重要特征。虽然发达国家服务业占 GDP 的比重接近 3/4，但是由于制造业是带动服务业增长的重要因素，而服务业几乎总是使用制造业产品并服务于制造业，依赖制造业而存在，因此它不可能完全替代制造业，例如，美国制造业每 1 美元的最终需求，用在制造业中为 0.55 美元，用在服务业中为 0.45 美元。金融危机促使发达国家对制造业和服务业的关系进行反思，更加关注基于实体经济的制造业和服务业协调发展，这一点可以从发达国家的经济刺激计划和干预经济措施延伸至制造业可以看出。

五是继续发展技术密集型的生产性服务业。尽管起源于金融行业的全球

---

① 胡鞍钢：《以创新的精神迎接绿色工业革命》，《金融时报》2010 年 1 月 11 日。

② 龚雄军：《对当前世界经济四个热点问题的基本判断》，《国际贸易》2009 年第 8 期，第 15—18 页。

金融危机不仅重创了发达国家的金融业和高端服务业,而且蔓延到实体经济领域使其实体经济遭受重大损失,但是发达国家在后危机时代仍将重点发展金融、保险、信息、技术、会计和法律服务等技术密集型生产性服务业①,其原因在于:①生产性服务作为商品或其他服务生产的中间投入,直接影响商品和其他服务的产出,是现代经济增长的重要动力来源;②发达国家在非物质生产领域特别是金融服务业有巨大的竞争优势和既得利益,不愿也不会回到纯粹物质生产的老路去。目前发达国家的消费性服务业总量基本保持不变,公共服务业总量逐渐下降,生产性服务业总量和所占比重不断增加②,因此发达国家今后将服务业重点放在技术密集型生产性服务业,更加专注于金融、保险、IT 信息服务等技术密集型、高端的生产服务性行业,而将非核心的、技术含量不高、附加值较低的其他生产性服务环节转移到新兴经济体和发展中国家,这样不仅可以支撑实体经济(尤其是制造业)的进一步发展,而且更容易控制技术密集度高、附加值高的生产服务环节。

2. 金融危机对新兴经济体和发展中国家产业结构调整战略的影响

金融危机不仅使发达国家的经济出现了倒退,而且降低了新兴经济体和发展中国家的经济发展速度,甚至使部分新兴经济体和发展中国家的经济也出现了倒退,IMF 在 2011 年 9 月 11 日发布的《世界经济展望:增长减缓,风险上升》报告显示,2009 年俄罗斯和墨西哥的经济跌幅分别为 7.8% 和 6.2%。但是历史经验表明,每一次危机都孕育着新的技术突破,催生新的经济增长点。新兴经济体和发展中国家充分认识到后危机时代全球经济再均衡所带来的历史机遇,纷纷通过本国产业结构的战略调整来推动本国复苏和发展。

一是高度重视制造业内部的结构优化,积极发展高新技术产业。俄罗斯主要是加强工业领域内部结构的调整优化,提出保障国防工业和振兴重型机械制造业等发展战略。印度则提出发展制造业并提高其在 GDP 的比重,如准

① 虽然世界各国对生产性服务业的分类标准还不统一,但普遍认为交通运输、现代物流、金融保险、技术研究与开发、信息服务、商务服务等行业构成生产性服务业的主体。我国国家统计局将生产性服务业分为交通运输、房地产服务、商务服务、金融服务、信息服务和科研等行业。

② 上海市经济和信息化委员会、上海科学技术情报研究所:《2009 世界服务业重点行业发展动态》,上海科学技术文献出版社 2009 年版,第 14 页。

备建设医疗科技园，生产医疗尖端科技产品，支持风险资本投资印度高新科技，重视生物能源发展。中国确定了新能源、节能环保、电动汽车、新材料、新医药、生物育种和信息产业七大战略性新兴产业。由此可见，新兴经济体和发展中国家在后危机时代更加重视高新技术的发展，与发达国家共同竞争高新技术领域的话语权和技术领先优势。

二是采用先进技术改造传统产业。俄罗斯在《关于俄罗斯到2020年的发展战略》提出将俄罗斯产业结构调整的重点放在工业内部，既包括发展航空航天、造船、信息、医疗等具有全球竞争力的高新技术领域，同时也包括运用高新技术推动能源动力的增长和原料开采的增加、对所有经济领域的生产进行大规模的现代化改造等。为应对金融危机，印度政府拨付140亿卢比支持纺织业技术升级基金计划，将纺织手工艺品列为特别支持项目，支持纺织业技术升级改造。而中国在2009年提出了“十大产业振兴规划”，包括9个制造业（汽车、钢铁、纺织、装备制造、船舶工业、电子信息、轻工、石化、有色金属产业）和1个服务业（物流业），其产业振兴规划的重点就是用先进技术改造传统产业，提高其技术含量。

三是大力加强基础设施建设。俄罗斯计划今后若干年内向基础设施领域投资1万亿美元，用以改造26座核反应堆、改建和新建铁路、机场等重大项目，该国将成为欧洲基础设施领域的最大市场。印度加速对基础设施建设的投入，近5年基础设施总投资有望达到3900亿美元。中国在2008年底宣布实施大规模的经济刺激措施，在2010年底以前投入总额4万亿元人民币，用于基础设施建设和增加银行信贷等，其中1.5万亿元投向基础设施建设。

四是进一步发展服务业，推动服务业内部结构优化。金融危机的发生表明，以全球经济失衡为代价的世界经济增长模式是不可持续的。要实现世界经济的平稳可持续增长，必须对以往全球经济增长模式进行调整，即美国等发达国家必须转变负债消费和超前消费模式，适当提高储蓄率；新兴市场和发展中国家需要调整出口导向的经济增长模式，适当降低储蓄率，提高内需特别是消费需求对经济增长的拉动作用①。一方面，新兴经济体和发展中国家通过

① 毕吉耀、张一、张哲人：《“十二五”时期国际经济环境变化及我国的应对策略》，《宏观经济管理》2010年第2期，第12页。

发展服务业,尤其是生产性服务业来优化产业结构。发达国家的发展历程表明,服务经济是经济结构均衡和社会高度发展的重要指标,当前服务业占全球GDP的比重为69%,高收入服务业占全球GDP的比重为72%,而新兴经济体和发展中国家所代表的中等收入国家的服务业占全球GDP的比重为53%,与高收入国家相差约20个百分点,发展和提高生产性服务业在GDP中的比重成为新兴经济体和发展中国家发展本国经济、优化产业结构的重要途径。

总体来看,在后危机时代,发达国家主要通过“再工业化”和占领制造业及服务业的技术制高点来调整产业结构,而新兴经济体和发展中国家依靠应用高新技术改造传统制造业和努力发展生产性服务来发展经济并缩短与发达国家之间的差距。

(四)当前全球产业结构调整的新动向

历史经验表明,经济危机往往催生新的技术和新的产业,从而引发新一轮全球产业结构调整和转型升级,此次金融危机不仅引发全球需求结构调整,推动全球经济走向再平衡,而且也为全球产业结构调整和转型升级带来新的契机。在全球经济增长中,发达经济与新兴经济体和发展中国家不仅在全球GDP中分别占有不同的比重(以2008年为例,发达经济体占有全球GDP的53.87%,而新兴经济体和发展中国家占有全球GDP的46.13%),而且由于双方的产业结构基础不同,不同经济体在产业结构调整的方向也不完全相同。

1. 发达国家制造业结构调整的新动向

金融危机带来的危害使得发达国家充分认识到严重偏向以虚拟经济为特征的金融服务业的产业结构是不持续的,开始兴起“再工业化”运动,逐步回归实体产业,重视以“绿色经济”、信息产业、生物医药产业、纳米产业为代表的战略性新兴产业,积极抢占未来技术进步和产业发展的战略制高点。

一是大力发展“绿色经济”。金融危机对发达国家的金融业和高端服务业影响非常大,因此今后更多的资本将会重新重视实体经济,低碳经济会成为未来经济发展的新增长点。因此,在金融危机中后期,发达国家在努力恢复金融稳定和刺激经济复苏的同时,还着眼于长远的可持续发展,纷纷加大在节能环保、新能源开发等领域的技术研发和产业化规模化发展方面的投入，积极培育“绿色经济”这一新的经济增长点。包括：①低碳产品、服务和技术，预计2050年全球低碳产品市场价值将达到每年5000亿美元；②节能产业；③新能源与可再生能源，2010年全球对新能源投资估计达到4500亿美元，比2007年增加220%。实现低碳经济需要更换大量的设备，节能环保和新能源技术的创新突破和推广应用，很有可能引领未来全球产业结构调整和转型升级，形成支撑未来世界经济增长的新的主导产业①。欧盟已明确提出加快向低碳经济转型，计划启动“绿色汽车”、“低能耗建筑”、“未来工厂”三大行动，大力发展低碳经济绿色技术，总投入72亿欧元；2010年德国在新能源领域投资额约为135亿欧元，未来10年间该领域总投资将达2350亿欧元，就业将由目前的30万人增加至50万人②；美国将189亿美元投入能源输配和替代能源研究、218亿美元投入节能产业、200亿美元用于电动汽车的研发和推广，还将投入7.77亿美元支持建立46个能源前沿研究中心；日本将新能源研发和利用的预算由882亿日元大幅增加到1156亿日元③；八国集团提出到2050年将全球温室气体排放量至少减半的目标也意味着将进行一场彻底的能源技术革命④。

二是加快发展信息产业。信息技术在驱动了上一轮技术革命以后，势头始终不减，新一代宽带网络、智慧地球、云计算、系统级芯片等新技术和新应用极有可能推动信息产业实现新的质的飞跃，而且信息产业还会带动互联网、电子商务、文化创意等多个关联产业的发展。美国提出要在宽带普及率和互联网接入方面重返世界领先地位，加大对信息传感网、公共安全网、智能电网等现代化基础设施的建设；欧盟提出加快建设全民高速互联网，到2010年实现高速网络100%覆盖率；英国、法国相继出台了“数字国家”战略，德国推出“信

① 毕吉耀：《国际金融经济形势及其对我国经济的影响》，《宏观经济研究》2009年第8期，第12—17页。

② 未来10年德国加大新能源投资，http://www.biogo.net/news/show-11805.html，2010年4月20日。

③ 万钢：《把握全球产业调整机遇，培育和发展战略性新兴产业》，《求是》2010年第1期，第28—30页。

④ 杨益：《“后危机时代”我国经济和产业发展面临的机遇、挑战及战略选择》，《国际贸易》2009年第9期，第5页。

息与通信技术”创新研究计划，倾力增强信息通信领域的国际竞争力。

三是发展生物技术和生物医药产业。工业革命以来，世界已经有五次明显的技术框架更替，即纺织工业——钢铁工业——石油、重化工、电力工业——汽车产业——IT 产业，而 20 世纪 90 年代中期以来，全球生物产业则以每 3 年增加 5 倍的速度增长，近年来全球生物技术产业销售额的年增长率达到 20%—30%，即使在经济危机的严峻形势下，各国不但没有减少对生物技术研发的资助，反而加强了对这些领域的支持，美国《时代周刊》甚至预言，2020 年世界将进入生物经济（Bio-economy）时代①。美国总统奥巴马提出，未来 10 年间要使国立卫生研究院的经费翻一番；英国计划 10 年内在癌症和其他疾病领域投入 150 亿英镑用于相关的生物医学研究，这比英国以往任何时候对生物医学研究的投入都要多。

四是积极拓展纳米技术和产业的发展空间。目前，纳米技术已拓展到信息、生物医药、能源、资源、环境、空间等诸多领域，纳米领域继续成为各国创新投资的重点。美国纳米技术计划在 2010 年的研发预算是 16 亿美元。欧盟制定的《第七框架计划（2007—2013 年）》将纳米科技列为 9 大研究主题之一，投入 34.75 亿欧元用于纳米技术研究。2015 年，欧洲纳米科技产值将超过 1 万亿欧元。

2. 发达国家服务业结构调整的新动向

金融危机前，以服务业为主导的经济结构使消费需求成为拉动美国等发达国家经济增长的主要动力。例如，2007 年，美国的 GDP 增长率约为 2%，其中消费需求拉动经济增长 1.95 个百分点，而投资、净出口和政府支出三者合计带动经济增长仅为 0.05 个百分点②。金融危机的发生并不是发达国家生产性服务业发展出现了问题，而是这种以消费需求拉动经济增长的经济发展模式与产业结构失调带来的必然结果，因此，在金融危机后，发达国家不仅逐步调整产业结构，回归制造业，而且也强调服务业内部结构的优化，重视技术密集型生产性服务业的发展。

---

① 张苏：《论新国际分工》，经济科学出版社 2008 年版，第 204 页。

② 申宏丽：《美国次贷危机与现代服务业主导的经济结构》，《财经科学》2009 年第 3 期，第 17—25 页。

一是大力发展金融、保险和商务服务等现代服务业。OECD 的研究表明，目前 OECD 国家以金融、保险、房地产和商业服务为主要代表的生产性服务业已经稳居各服务行业的首位，并且增长率是各部门中最高的①。例如，2007 年美国的金融、保险、房地产和租赁服务业占服务业增加值的比重为 25.5%，专业技术及商务服务占服务业增加值的比重为 15.0%②。在英国，生产性服务业占 GDP 的近 1/3，而金融业又占到该国生产性服务业增加值的 60% 多③。此外，除了本国需求以外，新兴经济体和发展中国家在现代服务业方面逐步形成潜力巨大的市场需求，在跨国公司的推动下，发达国家大力发展金融、保险、商务服务等高端服务环节，保持对新兴经济体和发展中国家的竞争优势。在国际直接投资领域，服务业占整个投资总额的比重已经高达 2/3，它主要集中于金融和商务服务两大领域，两者分别占全部服务业国际直接投资流入量的 29% 和 26%，占全部服务业国际直接投资流出量的 34% 和 36%④。

二是积极发展信息服务业。电信、互联网、软件和信息内容服务业领域内新兴业务层出不穷，技术创新引领信息服务业的快速发展。从 2000—2005 年，全球信息服务业的规模从 6600 亿美元增加到 1.38 万亿美元，2007 年超过 2.5 万亿美元，信息服务业在信息产业中的比重超过 60%。发达国家占有全球信息服务业的主要市场份额，例如，美国电信服务业占全球电信服务业总收入的近一半，软件服务业和 IT 服务业分别占全球软件服务业和 IT 服务市场的 40%。在 IT 服务业，除美国占据领先地位外，欧洲占有全球市场的 31%，日本占有全球市场份额的 15%，发达国家占有全球 IT 服务市场的 85%⑤。在全球金融危机的大背景下，尽管信息服务业呈现出利润减少、消费疲软、投资下滑等现象，但是与其他行业（如金融业、制造业）相比，其所受的影响程度相对较小。并且，发达国家重视信息产业的基础建设将进一

---

① 上海市经济和信息化委员会、上海科学技术情报研究所：《2009 世界服务业重点行业发展动态》，上海科学技术文献出版社 2009 年版，第 13 页。

② 陈志和、刘厚俊：《发展服务业在促就业和调结构中的关键作用——基于美国产品生产与服务生产米昂达部门的比较研究》，《南京社会科学》2010 年第 5 期，第 8—13 页。

③ 陈凯：《英国生产服务业发展现状分析》，《世界经济研究》2006 年第 1 期，第 79—83 页。

④ 联合国贸易和发展会议：《2004 年世界投资报告：转向服务业》，2004 年，第 23 页。

⑤ 王有志、汪长柳、黄斌：《世界信息服务业发展概况和趋势》，《中国高新技术企业》2010 年第 3 期，第 77—79 页。

步推动信息服务业的发展，如日本将信息家电、宽带网IT领域列为振兴本国经济发展的四大战略性产业之一，美国加大对信息传感网、公共安全网、智能电网等现代化基础设施的建设，英国、法国相继出台了“数字国家”战略等。

三是积极发展新能源、信息、生物医药、纳米等战略性新兴产业的生产服务环节。发达国家不仅将发展战略性新兴产业作为促进经济增长、调整产业结构的重要手段，而且积极抢占这些产业的价值链高端环节，积极发展战略性新兴产业的生产服务环节。例如在环保产业，发达国家是该行业的主导者，2006年全球环保产业产值达到6920亿美元，美、日、欧占据全球85%以上的市场。在环保产业中，环保服务所占比重最大，在40%—50%之间，资源管理业约占25%—30%，环保设备产业仅占20%①。

3. 新兴经济体和发展中国家工业产业结构调整的新动向

由于以中国、巴西、印度、俄罗斯为代表的“金砖四国”2007年的GDP总量占世界生产总值的12.8%，因此本书主要分析金融危机对俄罗斯、印度和巴西工业产业结构调整战略的影响。“金砖四国”同属新兴经济体和发展中国家，工业在GDP中的比重较大，而工业不仅包括制造业，而且还包括采掘业、能源工业等，为此本书重点分析这四个国家的工业产业结构调整。

第一，金融危机促使俄罗斯加快工业领域内部结构调整优化的步伐。WB的《2010年世界发展指标》显示，2008年俄罗斯第一、二、三产业占GDP的比重分别为5%、37%、58%，产业结构基本实现了高级化。但是在工业部门内部，电力、燃料、有色及黑色金属和森林、木材等能源和原材料部门在工业中的比重超过一半。俄罗斯对产业结构调整始于2003年，以当时的普京总统发表的国情咨文和《俄罗斯联邦社会经济发展中期纲要》为起点，将结构优化作为提升竞争力的重要途径。2007年，俄罗斯工业总体增长6.3%，其中加工部门增长8.1%，而矿产开采仅增长1.9%；2008年第一季度继续保持这一态势，

① 环保服务业主导世界环保产业的发展，http://www.chuandong.com/publish/report/2009/7/report_1_3167.html，2010年5月20日。

机械制造增长 16.4%，出口增长 58%，燃料行业增长仅为 0.7%，相关指标显示，资源行业对经济增长的贡献率从 2003 年的 25.5% 下降至 2005 年的 9.1%，而加工部门的贡献率从 62.7% 增至 82.6%①。针对长期以来工业部门内部结构不合理的现象，当时的普京总统在 2008 年发表了《关于俄罗斯到 2020 年的发展战略》，提出了国家的创新发展战略，将俄罗斯产业结构调整的重点放在工业内部，包括：①发展航空航天、造船、信息、医疗等具有全球竞争力的高新技术领域；②运用高新技术推动能源动力的增长和原料开采的增加；③对所有经济领域的生产进行大规模的现代化改造，要更新企业使用的全部技术，包括所有型号的机器和设备；④发展高性能新型武器的生产。俄罗斯的产业结构调整重点归结为两点，即发展高新技术产业、用高新技术装备和改造传统工业，提高劳动生产率，到 2020 年，要求主要经济部门的劳动生产率指标至少提高 3 倍。此外，俄罗斯高度重视轻工业和装备制造业的发展，其制定的《2020 年前俄罗斯轻工业发展战略》规定，俄罗斯轻工业要逐步发展新型工艺基地，并以此为基础进一步发展现代化的低能耗无废料的技术装备；《2020 年前俄罗斯重型机械制造业发展战略》指出，俄罗斯需要尽快通过振兴重型机械制造业发展战略②。俄罗斯调整工业部门内部行业结构的举措被誉为“再工业化”道路，由过度依赖能源原材料的发展模式全面转向创新型发展模式，并通过工业内部的结构优化为农业和服务业发展提供条件。此外，为了应对金融危机，俄罗斯在 2009 年 6 月通过了《俄罗斯政府反危机措施计划》，提出优化产业结构、提高经济增长质量的任务，加大对企业技术革新和提高资源能源利用率的革新。

第二，金融危机推动印度的工业化发展速度。WB 的《2010 年世界发展指标》显示，2008 年印度第一、二、三产业占 GDP 的比重分别为 17%、29%、54%，与全球三次产业占世界生产总值的比重 3%、28%、69% 相比有一定差距，与其他新兴经济体相比更呈现出农业比重过大、工业欠发达的特征。而且，一个基本现实条件就是印度自独立以来，虽然一直实施工业化发展战略，

① 程伟、殷红：《俄罗斯产业结构演变研究》，《俄罗斯中亚东欧研究》2009 年第 1 期，第 37—41 页。

② 关雪凌：《透视国际金融中的俄罗斯经济困境》，《俄罗斯中亚东欧研究》2010 年第 1 期，第 33—40 页。

但是印度第二产业的发展在国民经济中始终没有占主导地位，其比重要么低于第一产业，要么低于第三产业，工业制造业的低水平发展说明印度还处在工业化的初级阶段。据IMF在2010年4月14日发布的《世界经济展望：重新平衡经济增长》报告显示，虽然印度在2009年的经济增长仍然保持5.7%的增长速度，但是相比金融危机前连续四年（2004—2007年）的增长超过9%的情况跌幅多达3.3个百分点，其中软件出口和服务外包受到的影响最大，因为华尔街有30%的后台业务在印度完成，而印度IT业近一半收入来自华尔街。为了应对金融危机，印度政府首先将加快制造业发展作为重点，包括发展钢铁、汽车、电子等传统制造业和高新技术产业，同时也对农业和服务业采取一定的振兴和刺激发展措施。

第三，金融危机促使巴西加强工业建设。巴西是重要的新兴经济体之一，2008年其经济规模居全球第十位。在2003—2008年间，巴西实际GDP增长率平均为4.7%，几乎是1994—2003年间2.5%的两倍，2009年GDP跌幅约为0.4%（据国际货币基金组织的测算），相对其他国家而言经济规模变化不大，另据预测，2010—2012年巴西的经济增长速度将恢复到金融危机危机前的4%。在产业结构方面，2008年巴西第一、二、三产业占GDP的比重分别为7%、28%、65%，与全球三次产业占世界生产总值的比重3%、28%、69%相比，巴西是“金砖四国”中产业结构高级化程度最合理的国家。在这次经济危机中，巴西受影响最大的是工业，农业受影响较小，服务业受影响最小，由于工业部门的就业人数少，而服务业的就业人口最多，这次经济危机没有造成巴西大量人员失业。因此，巴西的产业结构调整主要放在恢复工业增长上。

4. 新兴经济体和发展中国家服务业产业结构调整的新动向

一是大力发展金融、保险和商务服务等现代服务业。新兴经济体和发展中国家大力发展现代服务业出于以下考虑：①尽管运输、贸易、旅馆和餐饮等传统服务业在新兴经济体和发展中国家中占有较大比重，但是近年来这些国家的银行、保险、房地产服务业等现代服务业的增长速度更快，由此反映出它们对发展金融、保险和商务服务等活动的重视；②现代服务业在这些国家具有更广阔的市场，以信息服务业为例，从区域市场的未来发展趋势来看，北美和欧洲的信息服务业将进入稳定发展阶段，而亚太地区将成为重要的信息服务业新兴市场①；③这些国家受金融危机的影响要比发达国家小，其现代服务业复苏速度更快。因此大力发展银行、保险、房地产服务等现代服务业成为这些国家优化服务业内部结构、向服务经济转型的重要途径。例如印度的经济刺激计划中包括支持房地产业的发展，而且该国的 IT 服务较为发达，尽管在金融危机中印度 IT 服务业受到较大影响，但是其经济发展规划中仍然包括支持该产业的发展。

二是推动社会服务业的发展。发展社会服务业也是新兴经济体和发展中国家优化服务业内部结构的重要途径之一。过去受经济规模和经济发展速度的束缚，新兴经济体和发展中国家的社会服务业在服务业增加值中的比重不仅远低于发达国家，而且与服务业内部其他部门相比也较小。金融危机后，随着新兴国家经济体的进一步增强和促进服务业发展的需要，它们将大力促进社会服务业的发展，不仅可以改善社会民生问题，而且可以引导产业结构逐步实现高级化。

三是适度发展消费性服务业。随着新兴经济体和发展中国家经济总量在全球 GDP 中的比重逐渐上升，其国内需求开始提高，初步具备消费能力，形成了新兴的消费市场，因此在其出口受阻的大环境下，新兴经济体和发展中国家适当发展消费性服务业，提高消费性服务业的规模及其在 GDP 中所占比重。

总体来看，发达国家仍将重点发展金融、保险、信息、专业技术服务等现代服务业，同时将推动新能源、信息产业、生物医药、纳米等战略性新兴产业的快速发展，并继续向具有成本和市场优势的新兴经济体和发展中国家转移一般制造业和高新技术产业的生产制造环节，以及非核心研发环节和相关的生产性服务业。新兴经济体和发展中国家在继续承接发达国家制造业转移和服务业外包的同时，加大高新技术产业发展和传统产业的改造，同时发展服务业，优化服务业内部结构，努力缩小与发达国家的差别②。

---

① 上海市经济和信息化委员会、上海科学技术情报研究所：《2009 世界服务业重点行业发展动态》，上海科学技术文献出版社 2009 年版，第 13 页。

② 毕吉耀、张一、张哲人：《"十二五"时期世界经济发展趋势》，《宏观经济管理》2009 年第 10 期，第 23—25 页。

（五）当前全球主要国家产业结构调整的新动向

1. 美国产业结构调整的新动向

金融危机带来的危害使美国充分认识到严重偏向以虚拟经济为特征的金融服务业的产业结构是不持续的，严重依赖消费支出推动的经济增长模式亟须调整，逐步向增强中长期竞争力的产业政策进行调整，积极发展“绿色产业”。

一是将新能源产业作为美国经济的新增长点。为了促进新能源产业的发展，2009 年 2 月 15 日，美国总统奥巴马签署总额为 7870 亿美元的《美国复苏与再投资法案》，其中新能源为重点发展产业，主要包括发展高效电池、智能电网、碳捕获和碳储存、可再生能源（如风能、太阳能等），新能源产业的崛起还将催生出一系列新兴产业：一是拉动新能源上游产业，如风机制造、光伏组件、多晶硅深加工等一系列加工制造业和资源型加工业的发展；二是促进智能电网、电动汽车等一系列输送与新能源产品的开发和发展；三是促进节能建筑和带有光伏发电建筑的发展，这样不仅可以填补美国实体经济的空缺，使美国由消费社会转变为生产消费并重的社会，而且可以增加国内就业①。

二是推动汽车产业向环保节能方向转型。美国政府不仅在金融危机中向汽车企业提供短期贷款，推动汽车产业重组，而且在 2009 年 5 月宣布一项针对美国汽车业的最新排放和油耗标准，规定从 2012—2016 年期间，所有在美国销售汽车完成其尾气排放量比目前减少 1/3 的任务，这是美国政府对汽车工业制定的最为严苛的全国性标准，该项计划预计可使美国在 2012—2016 年减少使用原油 18 亿桶，节省下来的资金用于国内消费和汽车制造商的新技术开发，如美国政府近期为研发新一代环保汽车提供 250 亿美元的低息贷款。

三是资助科技研究，鼓励发展清洁能源和可再生能源。为了发展新能源产业，美国政府不仅全力推动汽车产业向节能环保方面转型，而且将在未来 10 年内投入 1500 亿美元资助清洁能源和可再生能源等替代能源的科技研

---

① 史丹：《国际金融之后美国等发达国家新兴产业的发展态势及其启示》，《中国经贸导刊》2010 年第 3 期，第 32—33 页。

究，并向从事这些研究的公司提供税收优惠，该计划可以创造500万个新的就业机会。

四是大力发展医疗、教育等公共基础设施。2009年6月，为了创造或拯救60多万个工作岗位，美国政府将推出10项新计划，内容包括在50个州的健康中心推出新服务，在107个国家公园开展工程，改善机场建设、公路选线和退伍老兵的医疗设施等。此外，政府还将向学校提供资金，帮助其聘用更多教师①。

2. 日本产业结构调整的新动向

日本吸取20世纪90年代由于泡沫经济和大量制造业企业向国外转移导致经济低迷的教训，在金融危机发生后提出"结构改革促进经济发展"的产业结构调整战略，重点发展以节能和新能源产业为主的"绿色产业"及其他战略性新兴产业，实现促进能源结构转型、继续保持日本在节能方面的优势地位。

日本政府初步拟定了旨在占领世界领先地位、适应21世纪世界技术创新要求的四大战略性产业领域。

一是环保能源领域，发展包括燃料电池汽车、复合型汽车（电力、内燃两用）等新一代汽车产业、太阳能发电等新能源产业，资源再利用与废弃物处理、环保机械等环保产业，计划将太阳能和风能发电等新能源技术在2030年以前扶植成产值达3万亿日元的基干产业之一（2003年仅为4500亿日元）；燃料电池市场规模到2010年达到8万亿日元，成为日本的支柱产业②。从另一个角度，日本政府拟通过近2000亿日元的减税等措施，促进节能、新能源设备的投资，对环保汽车实施减税，涉及金额大约为2100亿日元③。

二是信息家电、宽带网等IT领域，包括与因特网相关联的数字家电（如新

① 谷文艳：《美国金融危机下的产业政策调整》，《国际资料信息》2009年第11期，第27页。

② 史丹：《国际金融之后美国等发达国家新兴产业的发展态势及其启示》，《中国经贸导刊》2010年第3期，第32—33页。

③ 郭德玉、贾宝华：《金融危机对日本经济的影响》，《国际问题研究》2009年第4期，第27页。

一代液晶显示电视等)等各种高性能的服务终端和半导体、新一代软件等电子信息产业。2009 年 3 月,日本出台为期 3 年的 IT 紧急计划,由政府和民间共同增加投资 3 万亿日元,新增 40 万—50 万个工作岗位,侧重于促进 IT 技术在医疗、行政等领域的应用。

三是医疗、健康、生物技术领域,包括再生医疗(人体部分器官组织的再生)、新型药物等先进医疗产业,健康、美容的食品产业,生命基因信息解析等 IT 生物产业。

四是纳米技术、纳米材料产业,主要为上述重点产业领域提供广泛的实际应用。

此外,由于日本粮食自给率不到 40%,基于 2008 年全球粮食危机中的教训,日本政府的经济刺激计划中包括拨款 1510 亿日元,振兴农林水产业,解决其农产品问题。日本政府还计划再投资 1383 亿日元用于振兴农林水产品业,通过技术研发、普及 IT 技术、加快农工商联合,提高农产品的利用率①。

3. 欧盟产业结构调整的新动向

欧盟各国积极协调以应对金融危机,并于 2008 年提出了促进欧盟区域经济长期发展的《欧洲经济复苏计划》,大力促进"结构性改革",加强某些关键产业,尤其是在节能技术、清洁能源和低碳经济领域,以占领未来经济竞争中的制高点。

一是制定发展"环保型经济"的中期发展规划。与美国相比,欧盟对新能源的重视程度丝毫不减,希望将"绿色技术"的水平提高至全球领先水平。欧盟在 2009 年 3 月决定,计划在 2009—2013 年的 5 年时间中,投资 1050 亿欧元,全力打造具有国际水平和全球竞争力的"绿色产业",并以此作为欧盟产业调整及刺激经济复苏的重要支撑点,实现促进就业和经济增长的两大目标,其中有 130 亿欧元用于"绿色能源",280 亿欧元用于改善水质和提高对废弃物的处理和管理水平,另外 640 亿欧元将用于帮助欧盟成员国推动其他环保产业发展,鼓励相关新产品开发,提高技术创新能力。此外,2008 年 11 月 23

① 郭德玉、贾宝华:《金融危机对日本经济的影响》,《国际问题研究》2009 年第 4 期,第 24—27 页。

日，法国总统宣布建立200亿欧元的“战略投资基金”，主要用于对能源、汽车、航空和防务等战略企业的投资与入股。德国通过了温室气体减排新法案，使风能、太阳能等可再生能源的利用比例从现在的14%增加到2020年的20%。爱尔兰政府表示将着重发展风能，并鼓励发展潮汐能源。欧盟内部评估认为，对环保型经济相关的“绿色产业”每投入1欧元，至少会带来10欧元至50欧元的增加值，而这还不包括节能减排、降低环境污染和控制温室效应等所产生的社会效益①。

二是基础设施建设。欧盟认为，世界经济正开始向低碳结构转移，除了新能源产业外，基础设施部门也是一个投资的重点，尤其是对环境友好型的基础设施建设，如泛欧网络、高速IT网络，能源连接和泛欧研究基础设施等②。

三是促进科技创新。欧洲议会将欧盟2009年的预算向创新与就业等方面倾斜，其中用于科研和创新方面的预算增长10%以上。欧盟要求各成员国在挽救陷入危机中的汽车业时，规定将注入汽车业的资金用于产品的更新换代上，例如，救助汽车业的资金必须用于节能型汽车的研制和生产，必须用于小排量、洁净型或混合燃料汽车或电动汽车技术的研制和产品生产，同时，政府辅以消费优惠或补贴政策，从而最终起到开发新产品、保持就业稳定、带动消费及扩大市场的总体目标。

4. 俄罗斯产业结构调整的新动向

全球金融危机也给重要的新兴经济体之一——俄罗斯带来致命的打击，使这个严重依赖资源出口的国家遭受重创。IMF在2011年9月11日发布的《世界经济展望：增长减缓，风险上升》报告显示，2009年俄罗斯经济的跌幅为7.8%，位居世界第一。为了减少金融危机带来的不利影响，俄罗斯想方设法挽救经济，2009年拨款3260亿卢布支持实体经济的发展，2010年估计投入1500亿卢布用于支持实体经济。

一是扶植大型资源产业。资源产业是对俄罗斯经济发展有突出贡献的重

---

① 史丹：《国际金融之后美国等发达国家新兴产业的发展态势及其启示》，《中国经贸导刊》2010年第3期，第32—33页。

② 吴弦：《金融风暴与欧盟的应对行动协调——内在原因与主要举措述析》，《欧洲研究》2009年第1期，第24—40页。

点产业，例如石油行业对其 GDP 的贡献占到 20%—25%，能源、冶金工业产出占到工业总产出的 35%，能源和原材料出口占出口总值的 80% 以上，是国家财政收入的主要来源。为此，俄罗斯政府向石油行业发放了 3.5 万亿亿卢布的贷款，同时支持给石油行业减税，降低成本，据估计，减税措施将使石油企业节省 5000 亿卢布（约合 142 亿美元）成本。同时，俄罗斯承诺在未来 20 年内向中国提供 3 亿吨的原油供应，这对振兴俄罗斯石油企业有重要意义。

二是保障国防工业和农业。在国防工业方面，俄罗斯政府除对国防工业企业提供补贴和贷款担保外，2009—2011 年，俄罗斯国家预算为国防订货拨款额将达 4 万亿卢布，俄罗斯各银行还将向国防工业综合体各企业提供 560 亿卢布贷款。在农业方面，政府为主要品种粮食的出口提供平均每吨 65 美元的补贴，还计划出台一系列措施解决制约农业发展的瓶颈（即资金缺口问题），2009 年，俄罗斯主要大型银行将向农业贷款 8660 亿卢布，政府出资 2000 亿卢布对农业组织提供季节性贷款，并按央行再贷款利率的 2/3 水平给予利息补贴，向粮农项目提供 2000 亿卢布的长期贷款，出资 100 亿卢布支持粮食出口①。

三是加强基础设施建设。俄罗斯政府计划今后若干年内向基础设施领域投资 1 万亿美元，用于改造 26 座核反应堆、改建和新建铁路、机场等重大项目，俄罗斯很快将成为欧洲基础设施领域的最大市场。

此外，俄罗斯政府已制定了《2020 年前俄罗斯轻工业发展战略》和《2020 年前俄罗斯重型机械制造业发展战略》。《2020 年前俄罗斯轻工业发展战略》规定，俄罗斯轻工业要逐步发展新型工艺基地，并以此为基础进一步发展现代化的低能耗无废料的技术装备，同时还将进一步完善生产的组织与管理。《2020 年前俄罗斯重型机械制造业发展战略》指出，俄罗斯需要尽快通过振兴重型机械制造业发展战略②。

---

① 李敏捷：《全球金融危机下的俄罗斯经济及其前景》，《国际问题研究》2009 年第 3 期，第 18—22 页。

② 关雪凌：《透视国际金融中的俄罗斯经济困境》，《俄罗斯中亚东欧研究》2010 年第 1 期，第 40 页。

5. 印度产业结构调整的新动向

印度一直以来强调发展工业，但是其效果并不理想，自20世纪80年代以来实施经济改革和开放政策以后也没有扭转这种局面，印度的服务业，尤其是IT软件服务业成为印度出口的重点行业，因此在金融危机中受到较大的影响。为了应对金融危机和发展经济，印度提出要加速制造业的发展，主要包括传统产业升级改造、发展高新技术产业和以生物能源产业为主的新兴产业。

一是支持房地产业发展。2008年10月，印度央行通过国家住房银行提供400亿卢比资金，要求公营银行尽快推出50万—20万卢比的住房贷款激励政策。11月，央行取消房地产贷款附加资本限制，允许房地产信贷公司向境外借款等。

二是帮助钢铁工业发展，政府相应调整钢铁生产和贸易政策，包括重新征收钢铁进口税、撤销钢材出口税、减少消费税、恢复对钢材的反倾销税等。

三是加速轿车产业发展。政府将小型汽车消费税由16%降到12%，降低出口企业成本。

四是加速电子硬件制造，几乎世界上主要电子产品生产商都在印度建立了合资企业，合作生产各类电子产品，印度将继续扩大电子硬件制造业。

五是加速传统产业升级，增拨140亿卢比支持纺织业技术升级基金计划，将纺织手工艺品列为特别支持项目，支持纺织业技术升级改造，投资50亿卢比重振玩具业。

六是加快高新技术产业发展，如准备建设医疗科技园，生产医疗尖端科技产品，支持风险资本投资印度高新技术产业，IT服务业仍是风险投资主要产业，占60%，生命健康产业和能源产业各占10%。

七是重视生物能源发展，拟在可再生能源部生物技术局下设生物燃料联合委员会，由农业部促进生物燃料作物种植，零关税进口脂肪酸油，对种植或购买生物燃料作物的企业予以减税；免除生物柴油所有税费，将其纳入最低支持价格体系，鼓励油籽作物种植等①。

此外，印度也加快对基础设施建设的投入，近5年基础设施总投资有望达

① 文富德：《印度应对国际金融危机的对策及其经济前景分析》，《四川大学学报》（哲学社会科学版）2009年第4期，第62页。

到3900亿美元。其主要举措包括:①增加能源生产,包括增加煤炭、石油生产、电力、核能生产,例如印度计划到2020年核电总装机容量将达到800万千瓦,占电力供应的33%;②加速交通运输建设,发起铁路改造和高速公路建设计划;③增加对基础设施的投资,支持基础设施建设融资;④加快城镇建设,包括发起尼赫鲁国家城市复兴目标城市改造计划,邀请国际机构积极参与,同时中央拨款给各邦,积极支持地方基础设施建设。

6. 巴西产业结构调整的新动向

为了应对金融危机,巴西政府采取一系列措施推动经济复苏。一是采取了一系列税收减免措施,如延长汽车业享有的税收减免政策,对建筑材料等行业实行减税,这些措施的减免税额预计为15亿雷亚尔(约6.6亿美元)左右,为了弥补税收亏空,巴西政府决定增加对烟草业征税,以帮助汽车和建筑等行业摆脱国际金融危机的影响;二是对农业提供资金援助,农业是巴西主要的出口支柱产业之一,巴西政府在2008年授权巴西银行和联邦经济储蓄银行这两家国有银行解决农民信贷难的问题,增加了农业专项贷款的额度,估计2009年巴西农民新获贷款158亿雷亚尔,其中在畜牧业方面,2009年4月,巴西向畜牧业部门提供100亿雷亚尔贷款的决定,主要用于支持牛、羊、猪肉和奶制品、禽蛋等行业[①]。为了进一步刺激经济恢复,2009年12月,巴西政府决定向生产领域提供优惠贷款,设立一个总额为800亿雷亚尔(约465亿美元)的中长期信贷专项资金,专门面向非金融类企业,同时免除石油、风力能源等领域的部分税收项目。还针对机械和成套设备的减税措施延长到2010年6月,将针对电脑生产商的减税措施延长到2014年。[②]

① 巴西“内外并重”应对金融危机,http://news.xinhuanet.com/world/2009-06/14/content 11540807.htm,2009年9月14日。

② 巴西政府宣布刺激经济措施,http://news.xinhuanet.com/world/2009-12/10/content12621214.htm,2009年12月10日。

三、国际分工的基本规律与发展趋势

(一)国际分工变化的特征

1. 国际分工类型

国际分工是指各国在从事商品生产时,相互间实行的劳动分工和产品分工,它是社会分工向国际范围扩展的结果。国际分工是国际贸易和世界市场的基础,也是维持世界经济发展秩序的基石。总体上来看,国际分工大致可以分为三个不同阶段,即产业间分工、产业内分工、产品内分工。

(1)产业间分工

第一个阶段的国际分工是产业间分工,从19世纪70年代开始到第二次世界大战,是国际分工的形成时期。资本主义从自由竞争向垄断过渡,通过资本输出将其生产方式移植到殖民地和半殖民地国家,建立了国际金本位制,形成了多边支付体系,促进了国际分工和国际贸易的发展。这一时期的国际分工是宗主国和殖民地之间的垂直分工,它实质上是一种产业间分工,即由亚、非、拉国家专门生产矿物原料、农业原料及食品等初级产品,而欧美国家专门生产工业制成品,国际贸易形态也都是典型的产业间贸易。

(2)产业内分工

第二阶段的国际分工是产业内分工,从第二次世界大战以后持续到20世纪80年代。这个时期出现了产业部门内部生产的专业化,即产品专业化,发达国家将劳动密集型、环境污染较大的产业或本国失去比较优势的产业转移到发展中国家,自己致力于发展资本密集型产业和技术密集型产业,推动本国产业结构升级。此时国际贸易的形态主要是发达国家的高档产品与发展中国家的低档产品之间的交换,即产业内贸易。国际分工从产业间分工转变为产业内分工的主要原因包括:①第二次世界大战以后的国际环境趋于和平,大部分国家集中力量恢复经济或发展经济,促进了国际贸易的发展;②一些殖民地和半殖民地国家在政治上独立之后,也开始寻求经济上的独立,逐渐摆脱成为发达国家原材料来源地的限制,开始发展自己的工业,实施进口替代战略,甚至还有些国家开始实施出口导向战略。③发达国家出现了失去比较优势的产业,但是这些产业对发展中国家来说又是具有明显或潜在比较优势的产业,为了继续利用这些产业创造利润,发达国家将这些产业相继转移到发展中国家。

(3)产品内分工

第三阶段的国际分工为产品内分工,自从20世纪90年代以来持续至今。信息技术的发展促使国际分工由产品层面深入到工序层面,很多产品的生产过程被拆分为若干环节,分散到不同国家或地区进行,并以跨国界的产品内贸易相连接。

产品内分工是指特定产品生产过程中的不同工序、不同区段、不同零部件在地理空间上分布到不同国家和地区,由每个国家和地区针对产品生产价值链的特定环节进行专业化生产的国际分工现象。产品内分工是产业内分工的进一步深化和细化,是同一产品不同生产环节之间的国际分工。它包括两种主要形式:①通过横向扩展方式(水平型产品内分工)来实现,表现为同一产品价值链中技术水平和密集度相似环节(或工序)的国际分工,主要是发达国家之间的中间产品贸易;②通过纵向延伸方式(垂直型产品内分工)来建构,表现为同一产品价值链中上下游价值环节(或工序)的国际分工,主要是发达国家、新兴工业化国家、发展中国家之间的中间产品贸易。同一产品的价值链包括劳动密集、资本密集、技术密集的若干环节,各个国家基于自己的要素禀赋,在不同的价值链上具有比较优势,而跨国公司把不同的生产工序安排在不同的国家,可以充分利用各国的要素禀赋。

2. 当前国际分工变化的特征

国际分工从产业间分工发展为产业内分工,进而演变为当今最为盛行的产品内分工。在这一演进过程中,国际分工变化呈现一些基本规律,可以从国际分工基础、分工方式、分工的主导因素及分工主体等方面分析国际分工变化的特征。

(1)国际分工的基础由比较优势(自然分工)向竞争优势转变。比较优势分工是基于自然条件的国际差别,而竞争优势分工是基于科技水平的国际差别。虽然以自然资源和地理优势为基础的国际比较优势差别是国际分工的原始基础,但是随着现代科技的快速发展,以技术和产品差别为特征的国际竞争优势显得越来越重要,国际比较优势分工逐步向国际竞争优势分工转变。

(2)分工形式从基于产品密集度的产业内分工向基于价值链的产品内分工转变。在产业内分工中,发达国家集中发展资本密集型和技术密集型产业,而发展中国家集中于劳动密集型产业,然而在产品内分工中,不同国家之间的生产联系不再是在产品最终生产完成后才发生,而是在产品的研究与开发、生产制造、市场销售和营运管理的各个阶段都交叉发生,价值链各环节的要素密集度(而不是产品的平均要素密集度)决定了生产各环节的分工定位。国际分工深入到同一产业同一产品价值链上具有特定要素密集度需求的各个环节,形成了服务于全球生产网络的区域(或全球)加工基地、制造基地、研发基地、采购或营销基地。

(3)国际分工的决定因素逐渐由要素禀赋向地理因素演进。在产品内国际分工中,要素禀赋和地理因素都是分工的重要基础,决定着新型国际分工的形态和内部关系,也决定着建立在产品内国际分工基础上的贸易流向。在产业间分工和产业内分工中发挥主要作用的要素禀赋虽然仍会在一段时期内发挥主导作用,但是地理因素作为一种重要的分工条件,将在产品内分工扮演越来越重要的角色,地理因素并未代替要素禀赋,而是呈现相对作用扩大的趋势,而要素禀赋对分工格局的影响更多地表现在区域内部的分工体系之中。不同类型国家参与产品内国际分工的经验分析表明,发达国家与发展中国家、发展中国家与发展中国家之间的分工关系,均表现为典型的地理指向型的动态趋势,国际生产区域化和贸易区域化就是一个实际的证明①。

(4)国际分工已经从国家边界的分工发展为区域边界的分工。无论是产业间分工还是产业内分工,在比较优势理论的指导下,每一个国家根据其自身特点,决定自己在国际分工体系中的位置。然而在经济全球化的大背景下,区域经济一体化的趋势越来越明显,国际分工的方式不可避免地受到影响,已经

① 徐康宁、王剑:《要素禀赋、地理因素与新国际分工》,《中国社会科学》2006 年第 6 期,第 65—77 页。

从狭小的一国范围扩展到更加广阔的、联系紧密的区域集团，地区性国际统一大市场的出现和地区性国际分工体系的建立将国家之间的专业化分工格局推向极端化，每一个成员国丧失了国际经济体系的独立性和完整性，成员国之间的许多产业部门有可能实现完全的专业化分工，从而在更大的国际市场空间内实现资源的优化配置和生产效率的提高。

（5）分工层次上由以发达国家为主导、发展中国家被动参与发展到发展中国家主动适应与参与。在过去的垂直型国际分工中，发达国家占据国际分工体系的绝对主导地位，发展中国家被动参与国际分工。随着全球经济的发展，大量的发展中国家逐渐开始改变这种状况，主动参与国际分工过程中，将过去的单方面依赖关系转向一种全新的多方面合作关系，发展中国家在国际分工中的作用和地位在显著地变化。国际贸易规模和出口产品的行业结构是判断一国国际分工地位的重要指标，例如，我国的国际贸易规模不断扩大，进出口总额从 1978 年的 206.4 亿美元增至 2008 年的 21738 亿美元，增长 104.32 倍，在全球进出口总额中所占的比重从 1978 年的 2.9% 提高到 2006 年的 7.2%①。

（6）发达国家和发展中国家分列国际分工体系的高端和低端。发达国家通过产业转移，将高能耗、高污染、高成本的产业和低附加值的生产环节转移出去，发展低能耗、低排放、高附加值的产业，有力地推动产业结构高级化进程，美国、欧盟、日本等发达国家在基础研究、应用技术、新产品开发领域拥有领先优势，占据国际分工和产业价值链的高端。发展中国家在承接国际产业转移过程中，工业化得到加速，产业结构逐步升级，某些领域（如制造业）的竞争力也在提高，但是主要从事低附加值的初级产品和一般工业产品生产，在国际分工中处于低端。

（7）跨国公司成为国际分工深化的主导力量。全球化运作的跨国公司更将生产分工深入到价值增值活动的各个链接点上。在跨国公司看来，遍布于世界各地的各个分支机构的国别归属已不再重要，重要的是各个分支机构在跨国公司全球价值链中的确切位置，全球价值链被分为三大环节——研发环

① 金芳：《中国国际分工地位的变化、内在矛盾及其走向》，《世界经济研究》2008 年第 5 期，第 3—7 页。

节、生产环节、营销环节。跨国公司的分工安排已经成为整个世界国际分工的发展趋势，跨国公司已经取代各国政府成为国际分工的主体。

（二）国际分工格局及其变化

20世纪90年代以来，随着经济全球化、国际贸易和资本流动的变化，世界经济格局发生了重大变化。发达国家、新型工业化国家和发展中国家纷纷融入全球化的国际分工体系中，在其中扮演相应角色。

目前国内外定量说明产业国际竞争力和所处国际地位的指标主要有：国际市场份额MS（Market share）、显性比较优势指数RCA（Revealed comparative advantage）、贸易特化指数TSE（Trade specialization coefficient）、产业内贸易指数IIT（Intra industry trade）、加工贸易增值率VAR（Value-added rate of processing trade）①，由于不同经济体的经济发展程度和产业结构存在较大差异，本书主要采用国际市场份额MS和显性比较优势指数RCA来分析各国在国际分工中的地位：①国际市场份额MS。国际市场份额的计算公式为MS=Ei/Wi，其中Ei、Wi分别表示一国i商品的出口额、全世界i商品的总出口额。MS值越高，说明该国此种商品的国际竞争力越强；②显性比较优势指数RCA。显性比较优势指数的计算公式是：RCA=（Eij/Etj）/（Eiw/Etw），其中Eij、Etj、Eiw、Etw分别表示j国i商品的出口额、j国所有商品的出口总额、全世界i商品的出口额、全世界所有商品的出口总额。RCA>1，说明j国i商品具有优势；RCA<1，说明j国i商品没有优势。产品或服务只有进入或融入国际市场，才能表现出其国际竞争力，才能体现其在国际分工中的地位。国际市场份额和显性比较优势指数能够较好的反映产业的国际竞争力。

1. 全球主要国家的国际分工变化

（1）发达国家在国际市场中的份额逐年下降而新兴经济体和发展中国家呈现稳步上升趋势。

① 商务部、国务院发展研究中心联合课题组：《跨国产业转移与产业结构升级——基于全球产业链价值链的分析》，中国商务出版社2007年版，第103页。

根据世界贸易组织（WTO）公布的数据，可以计算出世界主要国家的出口在国际市场中所占份额，如表3.1所示。

表3.1　世界主要国家出口总额的国际市场份额

（单位：%）

时间＼国家	美国	日本	德国	英国	法国	俄罗斯	巴西	印度	中国
1991年	13.12	8.26	10.49	5.50	6.62	—	0.80	0.52	1.82
1992年	12.95	8.26	10.41	5.36	6.62	—	0.85	0.52	2.01
1993年	13.36	8.76	9.22	5.11	6.25	—	0.90	0.56	2.17
1994年	12.95	8.47	9.06	5.09	6.07	1.42	0.90	0.58	2.56
1995年	12.36	8.02	9.42	4.98	6.06	1.45	0.83	0.59	2.64
1996年	12.64	7.19	9.04	5.21	5.83	1.53	0.78	0.60	2.58
1997年	13.37	7.11	8.56	5.51	5.54	1.48	0.85	0.64	3.00
1998年	13.46	6.59	9.12	5.62	5.92	1.28	0.85	0.65	3.03
1999年	13.44	6.74	8.78	5.48	5.72	1.19	0.77	0.70	3.11
2000年	13.35	6.91	7.96	5.09	5.13	1.45	0.81	0.74	3.52
2001年	12.97	6.10	8.55	5.10	5.25	1.47	0.87	0.78	3.90
2002年	11.95	5.97	8.81	5.11	5.16	1.49	0.85	0.85	4.51
2003年	10.71	5.77	9.21	4.90	5.20	1.61	0.88	0.88	5.15
2004年	10.01	5.73	9.16	4.73	4.95	1.78	0.95	1.00	5.73
2005年	9.74	5.37	8.70	4.54	4.51	2.07	1.03	1.17	6.44
2006年	9.61	5.10	8.66	4.57	4.16	2.24	1.04	1.29	7.10
2007年	9.34	4.85	8.86	4.15	4.01	2.27	1.06	1.35	7.72
2008年	9.11	4.68	8.58	3.74	3.86	2.63	1.14	1.41	7.93

资料来源：根据国研网统计数据库世界贸易组织数据计算。

一是发达国家的出口在国际市场中的份额总体上处于下降趋势，其中美国和日本下降最快。美国出口的国际市场份额虽然一直是世界第一，但是从1998年开始，其市场份额开始逐年下降，从1998年的13.46%下降到2008年的9.11%，下降幅度达到4.4个百分点；日本出口的国际市场份额则从1993年起就开始逐年下降，从1993年的8.76%下降到2008年的4.68%，也下降了4个百分点；德国、英国、法国出口的国际市场份额在1991—2008年大都下降2个百分点以上，说明发达国家出口在国际市场中的份额逐渐下降。但是其实力依然不容忽视，五个发达国家占全球出口的份额接近1/3。

二是以“金砖四国”为代表的新兴经济体和发展中国家的出口在国际市场中的份额呈现稳步上升趋势。中国出口的国际市场份额从1991年一直都在逐年上升，从1991年的1.82%上升到2008年的7.93%，上升6个百分点，俄罗斯、巴西、印度出口的国际市场份额也持续上升，说明发展中国家参与国际分工的程度在逐渐提高。

(2)从商品出口来看，发达国家在国际市场中的份额依然呈现逐年下降而新兴经济体和发展中国家则稳步上升。

比较世界主要国家的商品出口国际市场份额，一方面，发达国家商品出口的国际市场份额也是呈现逐渐下降趋势，其中日本的下降幅度最大，日本商品出口的国际市场份额从1993年的9.58%下降到2008年的4.87%，下降约5个百分点；美国商品出口的国际市场份额从1991年的12.0%下降为2008年的8.01%，下降4个百分点。美国商品出口的国际市场份额为世界第一，但是从2003年开始，德国取代美国成为商品出口国际市场份额最大的国家。另一方面，“金砖四国”等新兴经济体和发展中国家商品出口的国际市场份额呈现逐渐上升趋势，其中中国的上升幅度最大，中国商品出口的国际市场份额从1991年的2.05%上升到2008年的8.89%，上升约7个百分点；中国在2007年超过美国成为商品出口国际市场份额排名第二的国家，如表3.2所示。

表3.2 世界主要国家商品出口的国际市场份额

（单位:%）

时间＼国家	美国	日本	德国	英国	法国	俄罗斯	巴西	印度	中国
1991年	12.00	8.96	11.46	5.26	6.18	—	0.90	0.50	2.05
1992年	11.90	9.03	11.42	5.05	6.26	—	0.95	0.52	2.26
1993年	12.29	9.58	10.05	4.80	5.86	—	1.02	0.57	2.43
1994年	11.85	9.18	9.87	4.74	5.79	1.56	1.01	0.58	2.80

续表

时间＼国家	美国	日本	德国	英国	法国	俄罗斯	巴西	印度	中国
1995 年	11.32	8.58	10.14	4.61	5.83	1.57	0.90	0.59	2.88
1996 年	11.57	7.61	9.71	4.78	5.65	1.64	0.88	0.61	2.80
1997 年	12.33	7.53	9.17	5.02	5.40	1.58	0.95	0.63	3.27
1998 年	12.40	7.05	9.88	4.98	5.83	1.36	0.93	0.61	3.34
1999 年	12.18	7.31	9.52	4.76	5.70	1.32	0.84	0.62	3.41
2000 年	12.11	7.42	8.55	4.42	5.07	1.64	0.85	0.66	3.86
2001 年	11.78	6.52	9.23	4.41	5.22	1.65	0.94	0.70	4.30
2002 年	10.67	6.42	9.48	4.32	5.11	1.65	0.93	0.76	5.01
2003 年	9.55	6.22	9.91	4.03	5.17	1.79	0.96	0.78	5.78
2004 年	8.84	6.14	9.87	3.77	4.90	1.99	1.05	0.83	6.44
2005 年	8.59	5.67	9.26	3.67	4.42	2.32	1.13	0.95	7.26
2006 年	8.47	5.34	9.15	3.70	4.09	2.51	1.14	1.00	8.00
2007 年	8.21	5.11	9.45	3.14	3.95	2.53	1.15	1.05	8.71
2008 年	8.01	4.87	9.10	2.85	3.77	2.93	1.23	1.10	8.89

资料来源：根据国研网统计数据库世界贸易组织数据计算。

(3)从服务出口来看，发达国家在国际市场中的份额占有很大比重。

从服务出口结构来看，发达国家一直是全球服务出口市场的主要提供者，如表3.3所示。1991—2008年，美国一直都是服务出口国际市场份额占比最大的国家，占比基本上超过14%，其次是英国服务出口国际市场份额占比保持在6%—8%之间。虽然发达国家服务出口的国际市场份额较大，但是呈现逐渐下降趋势，其中美、日、法三国服务出口的国际市场份额下降明显，法国下降幅度最大，由1991年的8.5%下降到2008年的4.25%，下降4个百分点。唯一例外的就是英国服务出口的国际市场份额从1991年的6.49%上升到2007年的8.32%，增长约2个百分点。发达国家商业服务的国际竞争力较强，在国际分工中占优势地位，2008年五个发达国家占全球出口的份额约为36%。

表 3.3 世界主要国家商业服务出口的国际市场份额

（单位：%）

时间＼国家	美国	日本	德国	英国	法国	俄罗斯	巴西	印度	中国
1991 年	17.92	5.27	6.36	6.49	8.50	—	0.40	0.59	0.83
1992 年	17.22	5.15	6.28	6.67	8.06	—	0.43	0.53	0.99
1993 年	17.66	5.48	5.90	6.38	7.83	—	0.42	0.53	1.17
1994 年	17.53	5.49	5.66	6.57	7.22	0.81	0.47	0.58	1.58
1995 年	16.93	5.55	6.28	6.61	7.09	0.90	0.51	0.58	1.57
1996 年	17.24	5.39	6.18	7.05	6.57	1.06	0.35	0.57	1.64
1997 年	17.81	5.32	5.93	7.64	6.11	1.08	0.42	0.68	1.87
1998 年	17.79	4.70	5.96	8.26	6.28	0.92	0.53	0.83	1.78
1999 年	18.57	4.41	5.75	8.41	5.81	0.65	0.49	1.00	1.88
2000 年	18.77	4.69	5.38	8.00	5.39	0.65	0.60	1.08	2.04
2001 年	17.96	4.36	5.68	8.00	5.36	0.76	0.59	1.13	2.22
2002 年	17.11	4.14	6.06	8.33	5.34	0.84	0.55	1.20	2.47
2003 年	15.51	3.92	6.34	8.48	5.35	0.88	0.52	1.29	2.53
2004 年	14.87	4.04	6.23	8.74	5.12	0.92	0.52	1.71	2.79
2005 年	14.60	4.12	6.34	8.23	4.89	1.00	0.60	2.10	2.98
2006 年	14.51	4.09	6.55	8.29	4.45	1.10	0.64	2.52	3.25
2007 年	14.02	3.77	6.43	8.32	4.29	1.16	0.67	2.60	3.61
2008 年	13.80	3.88	6.39	7.49	4.25	1.34	0.76	2.72	3.88

资料来源：根据国研网统计数据库世界贸易组织数据计算。

相对而言，“金砖四国”等新兴经济体和发展中国家服务出口的国际市场份额较小，但是都呈现上升趋势，其中中国的上升幅度最大，由 1991 年的 0.83% 上升到 2008 年的 3.88%，增长约 3 个百分点。与发达国家相比，发展中国家服务出口的国际竞争力仍然很弱。

2. 全球主要国家的制造业国际分工比较

根据 WTO 的数据可以计算得到世界上主要国家制造品出口的国际市场

份额 MS 和制造业的显性比较优势指数 RCA，根据这两个指标可以对世界主要国家在制造品国际市场中的竞争地位进行比较。

（1）制造业国际分工变化的总体分析。

第一，从制造品出口的国际市场份额来看，发达国家制造品出口占据国际市场的主要份额，如表 3.4 所示。一是发达国家制造品出口仍在世界市场中占主要地位。2008 年，五个主要发达国家制造品出口在国际市场中在 2008 年为 35.49%，占有较多的市场份额，而同期"金砖四国"制造品出口在国际市场中的份额为 15.51%，相差 20 个百分点。二是发达国家制造品出口的国际市场份额在逐渐下降，而新兴经济体和发展中国家制造品出口的国际市场份额逐年上升。五个主要发达国家制造品出口在国际市场中的份额由 1991 年的 52.22% 降到 2008 年的 35.49%，下降约 17 个百分点，而"金砖四国"制造品在国际市场中的份额由 1993 年的 4.96% 上升到 2008 年的 15.51%，提高 10.5 个百分点，其中中国制造品出口的国际市场份额由 1991 年的 2.20% 提高到 2008 年的 12.71%，提高 10.5 个百分点。此外，2003 年以前，美国制造品出口在全球市场份额中一直保持最高，但是 2003 年德国取代美国成为制造品出口的第一大国，2008 年中国超过德国成为国际市场上制造品出口的第一大国。

表 3.4　世界主要国家制造品出口的国际市场份额

（单位：%）

时间＼国家	美国	日本	德国	英国	法国	俄罗斯	巴西	印度	中国
1991 年	12.91	12.23	14.36	6.01	6.71	—	0.70	0.52	2.20
1992 年	12.76	12.22	14.25	5.73	6.77	—	0.76	0.57	2.50
1993 年	13.35	12.96	11.19	5.07	6.36	0.73	0.85	0.61	2.77
1994 年	12.88	12.20	10.97	5.12	6.28	0.72	0.77	0.65	3.21
1995 年	12.11	11.34	12.18	5.22	6.50	0.78	0.66	0.62	3.36
1996 年	12.58	10.12	11.71	5.49	6.39	0.64	0.65	0.63	3.30
1997 年	13.73	9.87	11.03	5.76	6.11	0.56	0.69	0.64	3.87
1998 年	13.54	8.87	11.63	5.64	6.45	0.62	0.67	0.61	3.89

续表

时间＼国家	美国	日本	德国	英国	法国	俄罗斯	巴西	印度	中国
1999 年	13.50	9.23	11.12	5.38	6.28	0.58	0.60	0.68	4.04
2000 年	13.81	9.57	10.29	4.96	5.81	0.53	0.67	0.70	4.68
2001 年	13.31	8.27	11.08	4.97	6.01	0.59	0.69	0.71	5.21
2002 年	11.98	8.13	11.37	4.85	5.77	0.55	0.66	0.77	6.14
2003 年	10.68	7.95	11.88	4.53	5.86	0.59	0.68	0.79	7.19
2004 年	10.05	7.88	11.94	4.22	5.57	0.67	0.76	0.83	8.16
2005 年	10.03	7.48	11.55	4.08	5.14	0.72	0.85	0.96	9.59
2006 年	9.91	7.10	11.53	4.21	4.80	0.72	0.83	0.97	10.84
2007 年	9.42	6.73	11.98	3.42	4.59	0.75	0.79	0.99	11.92
2008 年	9.21	6.63	12.04	3.11	4.50	0.90	0.83	1.07	12.71

资料来源：根据国研网统计数据库世界贸易组织数据计算。

第二，从显性比较优势指数来看，发达国家制造业竞争优势远高于新兴经济体和发展中国家，如表 3.5 所示。按照国际标准，RCA 超过 2.5 表示竞争力极强，1.25—2.5 表示竞争力较强，0.8—1.25 表示中等竞争力，0.8 以下表示竞争力较弱①。日本的制造业的竞争力一直较强，RCA 一直都在 1.26—1.37 之间，德国制造业的竞争力也不容小觑，RCA 都在 1.11—1.32 之间；美英法三国的制造业都有中等竞争力，RCA 都在 1.07—1.19 之间。发达国家制造业竞争力强弱与这些国家制造业在 GDP 中的比重以及制造业内部产业结构有密切联系，本书在世界主要国家产业结构分析中指出，日本和德国的制造业要比美英法三国更为发达。在"金砖四国"中，中国的制造业的竞争力逐步上升，RCA 从 1991 年的 1.07% 上升到 2008 年的 1.43%，2006 年首次超过了日本。而印度的制造业相对俄罗斯和巴西而言更有竞争力，俄罗斯的制造业竞争优势是"金砖四国"中最弱的，这与它高度重视能源工业等初级产品制造业有关。

① 商务部、国务院发展研究中心联合课题组：《跨国产业转移与产业结构升级——基于全球产业链价值链的分析》，中国商务出版社 2007 年版，第 105 页。

表 3.5　世界主要国家制造业的 RCA

时间＼国家	美国	日本	德国	英国	法国	俄罗斯	巴西	印度	中国
1991 年	1.08	1.37	1.25	1.14	1.09	—	0.77	1.03	1.07
1992 年	1.07	1.35	1.25	1.14	1.08	—	0.80	1.09	1.11
1993 年	1.09	1.35	1.11	1.06	1.09	—	0.83	1.07	1.14
1994 年	1.09	1.33	1.11	1.08	1.08	0.46	0.76	1.12	1.15
1995 年	1.07	1.32	1.20	1.13	1.11	0.50	0.73	1.05	1.17
1996 年	1.09	1.33	1.21	1.15	1.13	0.39	0.74	1.02	1.18
1997 年	1.11	1.31	1.20	1.15	1.13	0.35	0.73	1.02	1.18
1998 年	1.09	1.26	1.18	1.13	1.11	0.46	0.72	1.01	1.16
1999 年	1.11	1.26	1.17	1.13	1.10	0.44	0.71	1.09	1.18
2000 年	1.14	1.29	1.20	1.12	1.14	0.32	0.79	1.06	1.21
2001 年	1.13	1.27	1.20	1.13	1.15	0.36	0.73	1.02	1.21
2002 年	1.12	1.27	1.20	1.12	1.13	0.34	0.71	1.01	1.22
2003 年	1.12	1.28	1.20	1.12	1.13	0.33	0.70	1.02	1.25
2004 年	1.14	1.28	1.21	1.12	1.14	0.34	0.73	0.99	1.27
2005 年	1.17	1.32	1.25	1.11	1.16	0.31	0.75	1.01	1.32
2006 年	1.17	1.33	1.26	1.14	1.17	0.29	0.73	0.97	1.36
2007 年	1.15	1.32	1.27	1.09	1.16	0.30	0.69	0.94	1.37
2008 年	1.15	1.36	1.32	1.09	1.19	0.31	0.67	0.97	1.43

资料来源：根据国研网统计数据库世界贸易组织数据计算。

(2)纺织业的国际分工比较。

第一，从国际市场份额来看，发达国家在国际市场中占有重要份额逐渐减少，而中国的市场份额快速增长。主要发达国家纺织品的国际市场份额有不同程度的减少，其中德国纺织品出口占国际市场份额的比重由 1991 年 12.12% 减少至 2008 年的 6.31%，减少一半；法国纺织品出口占国际市场份额的比重由 1991 年 5.34% 减少至 2008 年的 2.92%，减少约 2.5 个百分点；日本纺织品出口占国际市场份额的比重由 1991 年 5.99% 减少至 2008 年的 2.93%，减少 3 个百分点；英国纺织品出口占国际市场份额的比重由 1991 年 3.81% 减少至 2008 年的 1.90%，减少约 2 个百分点。“金砖四国”中，印度和中国都有不同程度的提高，其中中国提高幅度最大，其纺织品出口占国际市场份额的比重由1991年的7.36%提高至2008年的26.08%，增长约19个百分点，印度纺织品出口占国际市场份额的比重由1991年的2.32%增长至2008年的4.10%，增长约2个百分点，如表3.6所示。

表3.6 世界主要国家纺织品出口的国际市场份额

（单位:%）

时间＼国家	美国	日本	德国	英国	法国	俄罗斯	巴西	印度	中国
1991年	5.15	5.99	12.12	3.81	5.34	—	0.78	2.32	7.36
1992年	5.03	6.04	11.82	3.68	5.34	—	0.86	2.50	7.32
1993年	5.31	5.92	9.40	3.19	4.67	—	0.82	2.57	7.67
1994年	5.01	5.15	8.84	3.26	4.64	0.47	0.75	2.91	8.98
1995年	4.84	4.71	9.44	3.32	4.91	0.25	0.66	2.86	9.14
1996年	5.24	4.54	9.04	3.46	4.83	0.35	0.66	3.23	7.93
1997年	5.90	4.33	7.99	3.44	4.62	0.31	0.66	3.37	8.88
1998年	6.14	3.99	8.60	3.63	5.05	0.28	0.59	3.04	8.55
1999年	6.50	4.51	7.93	3.37	4.81	0.26	0.56	3.48	8.92
2000年	6.96	4.46	6.90	2.95	4.24	0.27	0.57	3.54	10.26
2001年	7.02	4.15	7.07	2.92	4.21	0.27	0.57	3.61	11.27
2002年	6.85	3.88	6.99	2.75	4.11	0.27	0.54	3.66	13.22
2003年	6.23	3.68	7.05	2.76	4.08	0.29	0.63	3.53	15.40
2004年	6.09	3.63	7.13	2.65	3.77	0.30	0.63	3.71	16.98
2005年	6.06	3.38	6.65	2.35	3.42	0.24	0.65	4.05	20.09
2006年	5.75	3.15	6.56	2.24	3.19	0.24	0.62	4.04	22.09
2007年	5.17	2.96	6.72	2.14	3.16	0.23	0.60	4.02	23.28
2008年	4.99	2.93	6.31	1.90	2.92	0.22	0.54	4.10	26.08

资料来源：根据国研网统计数据库世界贸易组织数据计算。

第二，从显性比较优势指数RCA来看，印度和中国等发展中国家要比主要发达国家更具有优势。印度的显性比较优势指数最高，表明其竞争优势是主要国家中最强的，中国纺织品制造业的RCA在1991—2008年期间基本在2.56—3.60之间，显示了较强的国际竞争力，而5个发达国家中纺织品制造业的 RCA 之间大都在 0.8 以下，竞争力较弱，如表 3.7 所示。

表 3.7 世界主要国家纺织品制造业的 RCA

时间＼国家	美国	日本	德国	英国	法国	俄罗斯	巴西	印度	中国
1991 年	0.43	0.67	1.06	0.72	0.86	—	0.86	4.61	3.60
1992 年	0.42	0.67	1.04	0.73	0.85	—	0.91	4.80	3.25
1993 年	0.43	0.62	0.93	0.67	0.80	—	0.81	4.51	3.16
1994 年	0.42	0.56	0.90	0.69	0.80	0.30	0.74	5.03	3.21
1995 年	0.43	0.55	0.93	0.72	0.84	0.16	0.73	4.82	3.17
1996 年	0.45	0.60	0.93	0.72	0.85	0.21	0.75	5.27	2.84
1997 年	0.48	0.58	0.87	0.69	0.86	0.19	0.69	5.38	2.72
1998 年	0.50	0.57	0.87	0.73	0.87	0.21	0.64	5.00	2.56
1999 年	0.53	0.62	0.83	0.71	0.84	0.20	0.67	5.57	2.61
2000 年	0.57	0.60	0.81	0.67	0.83	0.17	0.67	5.39	2.66
2001 年	0.60	0.64	0.77	0.66	0.81	0.16	0.61	5.15	2.62
2002 年	0.64	0.60	0.74	0.64	0.80	0.16	0.58	4.82	2.64
2003 年	0.65	0.59	0.71	0.69	0.79	0.16	0.66	4.54	2.67
2004 年	0.69	0.59	0.72	0.70	0.77	0.15	0.60	4.47	2.64
2005 年	0.71	0.60	0.72	0.64	0.77	0.10	0.58	4.27	2.77
2006 年	0.68	0.59	0.72	0.60	0.78	0.10	0.54	4.05	2.76
2007 年	0.63	0.58	0.71	0.68	0.80	0.09	0.52	3.83	2.67
2008 年	0.62	0.60	0.69	0.67	0.78	0.08	0.44	3.72	2.93

资料来源：根据国研网统计数据库世界贸易组织数据计算。

(3)服装业的国际分工比较。

第一，从国际市场份额来看，中国等新兴经济体和发展中国家在国际市场中占有重要份额且呈现增长趋势，而发达国家的市场份额逐渐减少。中国服装业的国际市场份额由 1991 年的 10.45% 增加到 2008 年的 33.15%，增长接近 23 个百分点，印度的国际市场份额也由 1991 年的 2.16% 增加到 2008 年的 3.0%，略有增长。而主要发达国家服装业出口的国际市场份额都有降低，

1991—2008 年大都下降 0.5%—1.5%，如表 3.8 所示。

表 3.8 世界主要国家服装出口的国际市场份额

（单位：%）

时间＼国家	美国	日本	德国	英国	法国	俄罗斯	巴西	印度	中国
1991 年	2.83	0.50	6.39	2.90	4.07	—	0.24	2.16	10.45
1992 年	3.19	0.48	6.32	2.77	3.99	—	0.26	2.35	12.64
1993 年	3.85	0.50	4.34	2.35	3.52	—	0.32	2.31	14.32
1994 年	3.99	0.41	4.03	2.67	3.50	0.11	0.27	2.63	16.86
1995 年	4.20	0.33	4.76	2.72	3.57	0.15	0.19	2.60	15.19
1996 年	4.52	0.30	4.56	2.94	3.46	0.18	0.15	2.54	15.07
1997 年	4.88	0.27	4.23	2.92	2.99	0.15	0.12	2.44	17.91
1998 年	4.73	0.22	4.32	2.67	3.07	0.15	0.10	2.57	16.16
1999 年	4.48	0.25	4.21	2.48	3.06	0.19	0.09	2.79	16.29
2000 年	4.36	0.27	3.70	2.09	2.74	0.23	0.14	3.01	18.24
2001 年	3.61	0.24	3.83	1.91	2.81	0.25	0.15	2.81	18.86
2002 年	2.96	0.23	4.09	1.84	2.89	0.25	0.11	2.80	20.28
2003 年	2.37	0.22	4.33	1.89	3.05	0.28	0.13	2.50	22.29
2004 年	1.94	0.23	4.57	1.91	3.07	0.19	0.14	2.61	23.76
2005 年	1.80	0.18	4.47	1.77	3.07	0.09	0.13	3.10	26.76
2006 年	1.58	0.16	4.50	1.70	2.99	0.07	0.10	3.07	30.85
2007 年	1.25	0.15	4.83	1.76	3.14	0.04	0.08	2.83	33.32
2008 年	1.23	0.16	5.00	1.63	3.18	0.04	0.07	3.00	33.15

资料来源：根据国研网统计数据库世界贸易组织数据计算。

第二，从显性比较优势指数 RCA 来看，印度和中国等发展中国家要比主要发达国家更具有优势。1991—2008 年期间，中国服装制造业的 RCA 基本在 3.73—6.03 之间，显示了极强的国际竞争力，印度服装制造业的 RCA 保持在 2.72—4.59 之间，也有较强的竞争力，而主要发达国家的服装制造业的 RCA 大都低于 0.8，竞争力较弱，美、日两国的 RCA 更呈逐年下降趋势，如表 3.9 所示。

表 3.9 世界主要国家服装制造业的 RCA

时间 \ 国家	美国	日本	德国	英国	法国	俄罗斯	巴西	印度	中国
1991 年	0.24	0.06	0.56	0.55	0.66	—	0.27	4.28	5.11
1992 年	0.27	0.05	0.55	0.55	0.64	—	0.28	4.50	5.61
1993 年	0.31	0.05	0.43	0.49	0.60	—	0.31	4.04	5.90
1994 年	0.34	0.05	0.41	0.56	0.60	0.07	0.27	4.55	6.03
1995 年	0.37	0.04	0.47	0.59	0.61	0.10	0.21	4.38	5.27
1996 年	0.39	0.04	0.47	0.61	0.61	0.11	0.17	4.14	5.39
1997 年	0.40	0.04	0.46	0.58	0.55	0.10	0.13	3.90	5.48
1998 年	0.38	0.03	0.44	0.54	0.53	0.11	0.11	4.23	4.84
1999 年	0.37	0.03	0.44	0.52	0.54	0.14	0.11	4.47	4.77
2000 年	0.36	0.04	0.43	0.47	0.54	0.14	0.17	4.59	4.73
2001 年	0.31	0.04	0.41	0.43	0.54	0.15	0.16	4.02	4.39
2002 年	0.28	0.04	0.43	0.43	0.57	0.15	0.12	3.69	4.04
2003 年	0.25	0.04	0.44	0.47	0.59	0.15	0.13	3.21	3.86
2004 年	0.22	0.04	0.46	0.51	0.63	0.10	0.13	3.14	3.69
2005 年	0.21	0.03	0.48	0.48	0.69	0.04	0.12	3.27	3.68
2006 年	0.19	0.03	0.49	0.46	0.73	0.03	0.09	3.08	3.86
2007 年	0.15	0.03	0.51	0.56	0.80	0.02	0.07	2.69	3.82
2008 年	0.15	0.03	0.55	0.57	0.84	0.01	0.06	2.72	3.73

资料来源:根据国研网统计数据库世界贸易组织数据计算。

(4)钢铁制造业的国际分工比较。

第一,从钢铁制品出口的国际市场份额来看,发达国家在国际市场中占有重要份额,而中国的市场份额快速增长。发达国家中的日本和德国在国际市场中占有重要份额,这两个国家长期占有国际市场的 10% 左右的市场份额,其次是法国,约占全球市场份额的 6%—8%,美国和英国钢铁制品的国际市场份额相对较小,“金砖四国”中的中国和俄罗斯相对于巴西和印度在国际市场中所占份额更多。此外,从变化趋势来看,发达国家钢铁制品出口的国际市场份额逐年下降,而中国的国际市场份额快速上升,德国的国际市场份额由 1991 年的 13.82% 下降到 2008 年的 7.69%,下降超过 6 个百分点,日本的国际市场份额由1991年的13.17%下降到2008年的7.51%，下降约5.7个百分点，而中国的国际市场份额由1991年的1.61%增长到2008年的12.09%，增长接近10.5个百分点，尤其是2003年快速增长，由2003年的2.64%增长至2008年的12.09%，五年内增长9.5个百分点，如表3.10所示。

表3.10 世界主要国家钢铁制品出口的国际市场份额

（单位：%）

时间＼国家	美国	日本	德国	英国	法国	俄罗斯	巴西	印度	中国
1991年	4.31	13.17	13.82	5.14	8.15	—	3.98	0.31	1.61
1992年	3.71	12.85	13.34	5.08	8.22	—	3.98	0.48	1.27
1993年	3.37	13.57	10.18	4.13	6.68	—	3.91	0.72	0.99
1994年	3.20	12.18	10.30	4.09	6.73	4.73	3.36	0.57	1.36
1995年	3.75	11.32	11.46	4.41	6.83	4.52	2.77	0.61	3.37
1996年	3.70	10.71	10.89	4.48	6.97	5.55	2.96	0.69	2.56
1997年	4.22	10.85	10.53	4.08	6.64	5.19	2.65	0.79	3.04
1998年	4.18	10.32	11.00	3.86	6.91	4.56	2.55	0.56	2.28
1999年	4.38	10.81	10.50	3.39	7.00	4.59	2.49	0.81	2.14
2000年	4.42	10.39	9.75	3.04	6.63	5.06	2.54	0.92	3.07
2001年	4.51	10.26	10.28	3.16	6.70	4.97	2.38	0.82	2.38
2002年	3.96	10.73	9.97	3.04	6.71	5.04	2.67	1.16	2.30
2003年	3.72	9.80	9.58	2.98	6.41	5.26	2.73	1.40	2.64
2004年	3.21	8.59	9.03	2.88	5.37	5.66	2.62	1.51	5.12
2005年	3.62	8.66	8.84	2.99	5.04	5.97	2.85	1.63	6.07
2006年	3.40	7.96	8.96	2.54	4.91	5.33	2.51	1.75	8.65
2007年	3.17	7.18	8.65	2.52	4.72	4.90	2.12	1.74	10.75
2008年	3.43	7.51	7.69	2.15	4.20	5.64	2.33	1.91	12.09

资料来源：根据国研网统计数据库世界贸易组织数据计算。

第二，从显性比较优势指数RCA来看，中国钢铁制品的RCA不仅低于主要的发达国家，而且低于“金砖四国”的其他国家，但是其竞争优势上升较快。尽管中国在钢铁制品国际市场中的份额上升很快，但是相对而言，日本、德国、法国三个主要发达国家和“金砖四国”中的其他三个国家在竞争优势方面要高于中国,如表3.11所示。日本、德国、法国三个国家钢铁制品的RCA很高,其竞争优势非常明显,俄罗斯、巴西、印度三国所占国际市场份额比中国要少得多,但是其RCA普遍高于日本、德国和法国三个发达国家,远高于中国。中国的钢铁制品国际竞争力一直较弱,1991—2005年期间的RCA基本都在0.41—0.80之间,2006年以后RCA才提高到中等竞争力水平。

表3.11 世界主要国家钢铁制品制造业的RCA

时间＼国家	美国	日本	德国	英国	法国	俄罗斯	巴西	印度	中国
1991年	0.36	1.47	1.21	0.98	1.32	—	4.42	0.61	0.79
1992年	0.31	1.42	1.17	1.01	1.31	—	4.19	0.92	0.56
1993年	0.27	1.42	1.01	0.86	1.14	—	3.84	1.26	0.41
1994年	0.27	1.33	1.04	0.86	1.16	3.03	3.34	0.99	0.48
1995年	0.33	1.32	1.13	0.96	1.17	2.88	3.08	1.02	1.17
1996年	0.32	1.41	1.12	0.94	1.23	3.38	3.35	1.13	0.92
1997年	0.34	1.44	1.15	0.81	1.23	3.29	2.79	1.27	0.93
1998年	0.34	1.46	1.11	0.78	1.19	3.35	2.74	0.92	0.68
1999年	0.36	1.48	1.10	0.71	1.23	3.47	2.97	1.30	0.63
2000年	0.37	1.40	1.14	0.69	1.31	3.10	2.98	1.41	0.80
2001年	0.38	1.57	1.11	0.72	1.28	3.02	2.53	1.18	0.55
2002年	0.37	1.67	1.05	0.70	1.31	3.05	2.87	1.53	0.46
2003年	0.39	1.58	0.97	0.74	1.24	2.94	2.84	1.81	0.46
2004年	0.36	1.40	0.92	0.76	1.09	2.85	2.50	1.82	0.80
2005年	0.42	1.53	0.96	0.81	1.14	2.57	2.53	1.71	0.84
2006年	0.40	1.49	0.98	0.68	1.20	2.13	2.21	1.75	1.08
2007年	0.39	1.41	0.92	0.80	1.19	1.93	1.84	1.66	1.23
2008年	0.43	1.54	0.84	0.75	1.11	1.92	1.89	1.73	1.36

资料来源:根据国研网统计数据库世界贸易组织数据计算。

(5)化学品制造业的国际分工比较。

第一,从化学制品出口的国际市场份额来看,发达国家在国际市场中占有重要份额,而中国的市场份额快速增长。美国和德国在1991—2007年期间在国际市场中都占有10%以上的市场份额,而英国和法国也占有不小的市场份额,但是发达国家的国际市场份额呈现逐年降低趋势。"金砖四国"化学制品的国际市场份额比重较小,但是中国化学制品出口的国际市场份额增长很快,2008年更上升到7.93%,位列世界第三,如表3.12所示。

表3.12 世界主要国家化学品出口的国际市场份额

(单位:%)

时间＼国家	美国	日本	德国	英国	法国	俄罗斯	巴西	印度	中国
1991年	14.21	5.69	16.79	7.97	9.44	—	0.62	0.49	1.26
1992年	13.59	5.80	16.50	7.99	9.55	—	0.65	0.42	1.32
1993年	14.07	6.18	13.86	7.63	8.75	—	0.72	0.47	1.42
1994年	13.42	6.04	13.61	7.14	8.37	1.01	0.66	0.55	1.60
1995年	12.69	6.20	14.26	6.80	8.65	1.16	0.63	0.53	1.87
1996年	12.77	5.84	13.89	7.04	8.65	1.13	0.64	0.61	1.80
1997年	13.80	5.83	13.18	7.01	8.20	0.96	0.66	0.67	1.99
1998年	13.35	5.25	13.48	7.13	8.44	1.04	0.62	0.60	1.99
1999年	13.40	5.72	12.69	7.02	8.37	1.07	0.56	0.69	1.93
2000年	14.14	6.02	11.91	6.47	7.75	1.22	0.61	0.74	2.07
2001年	13.72	5.11	12.19	6.56	7.72	1.15	0.54	0.78	2.23
2002年	12.51	4.98	11.22	6.37	7.54	1.03	0.54	0.82	2.29
2003年	11.73	4.85	11.95	6.38	7.56	1.05	0.55	0.83	2.44
2004年	11.49	4.89	12.25	5.98	7.19	1.09	0.59	0.89	2.68
2005年	10.88	4.78	11.91	5.51	6.82	1.24	0.66	1.03	3.25
2006年	10.90	4.65	12.24	5.53	6.66	1.21	0.74	1.14	3.58
2007年	10.47	4.40	12.48	5.27	6.45	1.28	0.72	1.12	4.07
2008年	9.11	4.68	8.58	3.74	3.86	2.63	1.14	1.41	7.93

资料来源:根据国研网统计数据库世界贸易组织数据计算。

第二,从显性比较优势指数RCA来看,发达国家在国际市场中占有重要竞争优势,印度化学制品的市场竞争优势是"金砖四国"中最强的。在发达国家中,日本化学制品出口的市场份额相对较小,而且其市场竞争优势也较弱,但是其他4国(美国、德国、英国、德国)具有较强的竞争优势,且呈现逐渐增强趋势，英国和法国的国际市场份额略小于美国和德国，但是它们的竞争优势要优于美国和德国。在“金砖四国”中，印度的竞争优势要远高于其他3国，也超过日本，与4个主要发达国家的差距越来越小，如表3.13所示。

表3.13 世界主要国家化学品制造业的RCA

时间＼国家	美国	日本	德国	英国	法国	俄罗斯	巴西	印度	中国
1991年	1.18	0.64	1.47	1.51	1.53	—	0.69	0.98	0.62
1992年	1.14	0.64	1.44	1.58	1.53	—	0.68	0.81	0.59
1993年	1.14	0.65	1.38	1.59	1.49	—	0.70	0.83	0.59
1994年	1.13	0.66	1.38	1.51	1.44	0.65	0.65	0.95	0.57
1995年	1.12	0.72	1.41	1.47	1.48	0.74	0.70	0.90	0.65
1996年	1.10	0.77	1.43	1.47	1.53	0.69	0.73	1.00	0.64
1997年	1.12	0.77	1.44	1.40	1.52	0.61	0.70	1.06	0.61
1998年	1.08	0.74	1.36	1.43	1.45	0.77	0.66	0.99	0.60
1999年	1.10	0.78	1.33	1.47	1.47	0.80	0.67	1.10	0.57
2000年	1.17	0.81	1.39	1.46	1.53	0.74	0.72	1.13	0.54
2001年	1.17	0.78	1.32	1.49	1.48	0.70	0.57	1.12	0.52
2002年	1.17	0.78	1.18	1.48	1.48	0.62	0.58	1.09	0.46
2003年	1.23	0.78	1.21	1.58	1.46	0.59	0.57	1.07	0.42
2004年	1.30	0.80	1.24	1.59	1.47	0.55	0.56	1.07	0.42
2005年	1.27	0.84	1.29	1.50	1.54	0.53	0.59	1.09	0.45
2006年	1.29	0.87	1.34	1.49	1.63	0.48	0.65	1.14	0.45
2007年	1.27	0.86	1.32	1.68	1.64	0.51	0.63	1.07	0.47
2008年	1.31	0.83	1.43	1.66	1.68	0.56	0.60	1.08	0.52

资料来源：根据国研网统计数据库世界贸易组织数据计算。

（6）机械与运输设备制造业的国际分工比较。

第一，从国际市场份额来看，发达国家仍然占有国际市场的大部分市场但呈现下降趋势，中国的国际市场份额显著上升。一是主要发达国家在机械与运输设备制造业的国际市场中占有大部分市场份额，2008年，5个发达国家机械与运输设备国际市场份额的比重为39.66%，其中德国为13.35%、美国为

10.23%、日本为9.06%,而"金砖四国"机械与运输设备国际市场份额的比重仅为14.17%,其中中国在国际市场中的市场份额为12.61%。二是发达国家机械与运输设备制造业的国际市场份额呈现下降趋势,而中国的国际市场份额显著提高,日本的国际市场份额由1991年的17.69%下降至9.06%,下降约9个百分点,美国的国际市场份额由1991年的15.87%下降至10.23%,下降约5.5个百分点,德国国际市场份额由1991年的15.64%下降至13.35%,下降2.3个百分点,而中国的国际市场份额由1991年的1.10%增长至12.61%,增长约11.5个百分点,如表3.14所示。

表3.14 世界主要国家机械与运输设备出口的国际市场份额

(单位:%)

时间\国家	美国	日本	德国	英国	法国	俄罗斯	巴西	印度	中国
1991年	15.87	17.69	15.64	6.11	6.58	—	0.47	0.11	1.10
1992年	15.74	17.80	15.63	5.71	6.68	—	0.55	0.11	0.97
1993年	16.30	18.84	12.24	4.93	6.56	—	0.59	0.11	1.11
1994年	15.64	17.64	11.92	4.99	6.48	0.20	0.56	0.12	1.36
1995年	14.51	16.05	13.20	5.23	6.63	0.25	0.46	0.12	1.62
1996年	15.00	14.00	12.67	5.55	6.49	0.33	0.47	0.13	1.73
1997年	16.33	13.48	11.92	6.01	6.32	0.25	0.56	0.13	2.02
1998年	16.02	12.01	12.64	5.84	6.77	0.34	0.56	0.11	2.25
1999年	15.71	12.20	12.02	5.51	6.54	0.30	0.48	0.11	2.50
2000年	15.63	12.50	11.03	5.09	6.05	0.19	0.58	0.12	3.13
2001年	15.07	10.90	12.23	5.08	6.39	0.29	0.63	0.14	3.81
2002年	13.58	10.87	12.82	4.96	6.00	0.26	0.57	0.16	4.93
2003年	11.93	10.70	13.43	4.40	6.09	0.25	0.58	0.18	6.37
2004年	11.12	10.50	13.41	4.03	5.76	0.26	0.69	0.21	7.59
2005年	11.26	9.90	12.93	3.95	5.21	0.25	0.79	0.28	9.14
2006年	11.10	9.42	12.68	4.37	4.68	0.28	0.76	0.30	10.43
2007年	10.58	9.11	13.29	3.04	4.34	0.28	0.73	0.34	11.64
2008年	10.23	9.06	13.35	2.78	4.24	0.32	0.78	0.46	12.61

资料来源:根据国研网统计数据库世界贸易组织数据计算。

第二,从显性比较优势指数 RCA 来看,发达国家要比"金砖四国"等新兴经济体和发展中国家更具有竞争优势,但是中国近期的竞争优势明显提高。美、日、德三国的机械与运输设备制造业的 RCA 基本都位于 1. 25—1. 98 之间,有较强的竞争力,英、法两国机械与运输设备制造业的 RCA 基本位于 0. 97—1. 22 之间,处于中等竞争力。中国机械与运输设备制造业的 RCA 从 0. 43 上升到 1. 42,2000 年以后上升很快,表明中国机械与运输设备制造业的国际竞争力在增强,如表 3. 15 所示。

表 3. 15　世界主要国家机械与运输设备制造业的 RCA

时间＼国家	美国	日本	德国	英国	法国	俄罗斯	巴西	印度	中国
1991 年	1. 32	1. 98	1. 36	1. 16	1. 07	—	0. 52	0. 21	0. 54
1992 年	1. 32	1. 97	1. 37	1. 13	1. 07	—	0. 58	0. 20	0. 43
1993 年	1. 33	1. 97	1. 22	1. 03	1. 12	—	0. 58	0. 19	0. 46
1994 年	1. 32	1. 92	1. 21	1. 05	1. 12	0. 13	0. 55	0. 20	0. 49
1995 年	1. 28	1. 87	1. 30	1. 14	1. 14	0. 16	0. 51	0. 21	0. 56
1996 年	1. 30	1. 84	1. 30	1. 16	1. 15	0. 20	0. 53	0. 22	0. 62
1997 年	1. 32	1. 79	1. 30	1. 20	1. 17	0. 16	0. 59	0. 21	0. 62
1998 年	1. 29	1. 70	1. 28	1. 17	1. 16	0. 25	0. 61	0. 17	0. 67
1999 年	1. 29	1. 67	1. 26	1. 16	1. 15	0. 23	0. 58	0. 17	0. 73
2000 年	1. 29	1. 68	1. 29	1. 15	1. 19	0. 11	0. 69	0. 18	0. 81
2001 年	1. 28	1. 67	1. 32	1. 15	1. 22	0. 18	0. 67	0. 21	0. 89
2002 年	1. 27	1. 69	1. 35	1. 15	1. 18	0. 16	0. 62	0. 21	0. 98
2003 年	1. 25	1. 72	1. 36	1. 09	1. 18	0. 14	0. 60	0. 23	1. 10
2004 年	1. 26	1. 71	1. 36	1. 07	1. 17	0. 13	0. 65	0. 25	1. 18
2005 年	1. 31	1. 75	1. 40	1. 08	1. 18	0. 11	0. 70	0. 29	1. 26
2006 年	1. 31	1. 76	1. 39	1. 18	1. 14	0. 11	0. 67	0. 30	1. 30
2007 年	1. 29	1. 78	1. 41	0. 97	1. 10	0. 11	0. 64	0. 32	1. 34
2008 年	1. 28	1. 86	1. 47	0. 97	1. 12	0. 11	0. 63	0. 42	1. 42

资料来源:根据国研网统计数据库世界贸易组织数据计算。

机械与运输设备在制造业出口中占有重要地位。2008 年,机械与运输设备出口额占全球工业制品出口总额的比重为51%。在机械与运输设备制造业中,电子数据处理和办公设备、通信设备、集成电路和电子零部件、汽车四个行业2008年的出口额占全球机械与运输设备出口总额的52%。为了深入分析机械与运输设备制造业内部行业的国际分工,本书进一步分析上述四个行业的国际市场份额和显性比较优势指数。

在汽车制造业,一是德国、日本、美国、法国等发达国家的国际市场份额虽然呈现不断下降趋势,但是仍然拥有较高的国际市场份额,而新兴经济体和发展中国家的国际市场份额逐渐增加。德国汽车制造业的国际市场份额一直保持为16%—19%较高的市场份额,美国汽车制造业的国际市场份额一直保持为9%—11%较高的市场份额,日本汽车制造业的国际市场份额由1991年的21.70%下降至2008年的13.86%,下降约8个百分点,法国汽车制造业的国际市场份额由1991年的8.11%下降至2008年的5.28%,下降约3个百分点。"金砖四国"中的中国和巴西都有不同程度的增加,尤其是中国,其汽车制造业的国际市场份额由1991年的0.13%上升至2008年的2.32%,上升超过2个百分点,如表3.16所示。

表3.16 汽车产品制造国际市场份额

(单位:%)

时间\国家	美国	日本	德国	英国	法国	俄罗斯	巴西	印度	中国
1991年	10.82	21.70	19.81	5.00	8.11	—	0.63	0.09	0.13
1992年	11.22	21.65	20.46	4.66	8.01	—	0.84	0.09	0.07
1993年	12.74	22.95	16.04	3.76	6.80	—	0.89	0.10	0.10
1994年	12.37	20.56	16.25	3.90	6.87	—	0.81	0.12	0.11
1995年	11.43	17.57	18.65	4.39	7.29	—	0.64	0.12	0.14
1996年	11.41	15.56	18.26	4.99	7.25	0.31	0.68	0.13	0.12
1997年	12.25	15.92	17.76	5.18	6.88	0.23	0.97	0.12	0.15
1998年	11.53	14.66	19.07	4.91	7.31	0.28	0.98	0.09	0.15
1999年	11.31	14.87	18.35	4.77	7.13	0.19	0.70	0.08	0.19
2000年	11.64	15.26	17.46	4.44	6.79	0.17	0.81	0.10	0.27
2001年	11.12	14.08	18.82	3.89	6.99	0.16	0.85	0.10	0.33

续表

国家 时间	美国	日本	德国	英国	法国	俄罗斯	巴西	印度	中国
2002 年	10.66	14.70	19.34	4.36	7.09	0.19	0.78	0.11	0.43
2003 年	9.46	14.03	20.33	4.13	7.48	0.18	0.89	0.15	0.49
2004 年	8.86	13.42	19.56	4.10	7.58	0.23	1.01	0.20	0.73
2005 年	9.30	13.30	18.57	4.11	6.86	0.25	1.30	0.28	1.08
2006 年	9.32	13.61	18.19	3.81	6.13	0.29	1.28	0.29	1.41
2007 年	9.07	13.20	18.76	3.82	5.68	0.30	1.09	0.29	1.91
2008 年	9.04	13.86	18.58	3.68	5.28	0.31	1.20	0.39	2.32

资料来源:根据国研网统计数据库世界贸易组织数据整理计算。

二是发达国家汽车制造业的竞争优势不仅远高于新兴经济体和发展中国家,而且呈现不断提高的趋势。其中日本和德国的 RCA 保持在 2% 左右,竞争力最强,而法国、美国和英国大多数时间略高于 1%,具有中等竞争优势,而"金砖四国"中仅有巴西的 RCA 在 0.7%—1.1%,是 4 国中竞争力最强的国家,但是与发达国家相比差距很大,如表 3.17 所示。

表 3.17 汽车产品制造业 RCA

国家 时间	美国	日本	德国	英国	法国	俄罗斯	巴西	印度	中国
1991 年	0.90	2.42	1.73	0.95	1.31	—	0.70	0.18	0.06
1992 年	0.94	2.40	1.79	0.92	1.28	—	0.88	0.18	0.03
1993 年	1.04	2.40	1.60	0.78	1.16	—	0.87	0.17	0.04
1994 年	1.04	2.24	1.65	0.82	1.19	—	0.81	0.21	0.04
1995 年	1.01	2.05	1.84	0.95	1.25	—	0.71	0.21	0.05
1996 年	0.99	2.05	1.88	1.04	1.28	0.19	0.77	0.22	0.04
1997 年	0.99	2.12	1.94	1.03	1.27	0.15	1.02	0.19	0.04
1998 年	0.93	2.08	1.93	0.99	1.25	0.20	1.06	0.15	0.05
1999 年	0.93	2.03	1.93	1.00	1.25	0.15	0.83	0.13	0.05
2000 年	0.96	2.06	2.04	1.01	1.34	0.10	0.95	0.15	0.07
2001 年	0.94	2.16	2.04	0.88	1.34	0.10	0.90	0.14	0.08

续表

国家 时间	美国	日本	德国	英国	法国	俄罗斯	巴西	印度	中国
2002年	1.00	2.29	2.04	1.01	1.39	0.11	0.84	0.14	0.08
2003年	0.99	2.26	2.05	1.02	1.45	0.10	0.93	0.19	0.08
2004年	1.00	2.19	1.98	1.09	1.55	0.12	0.96	0.24	0.11
2005年	1.08	2.34	2.01	1.12	1.55	0.11	1.15	0.30	0.15
2006年	1.10	2.55	1.99	1.03	1.50	0.11	1.12	0.29	0.18
2007年	1.10	2.58	1.99	1.22	1.44	0.12	0.95	0.27	0.22
2008年	1.13	2.85	2.04	1.29	1.40	0.11	0.97	0.36	0.26

资料来源：根据国研网统计数据库世界贸易组织数据整理计算。

在电子数据处理和办公设备制造业，一是发达国家的国际市场份额不断下降，中国的国际市场份额显著增加。美国的国际市场份额由2000年的15.48%下降为2008年的8.59%，下降约7个百分点，日本的国际市场份额由2000年的9.46%下降为2008年的4.47%，下降约5个百分点，英国的国际市场份额由2000年的5.92%下降为2008年的2.14%，下降约4个百分点，而中国的国际市场份额由2000年的5.01%迅速提高上升为2008年的32.25%，增长约27个百分点，如表3.18所示。二是中国电子数据处理和办公设备制造业的竞争力超过发达国家。美国、日本、英国三个国家电子数据处理和办公设备制造业的RCA基本上为1%左右，处于中等竞争力，中国该行业的RCA从2000年的1.30%增长到2008年的3.63%，远高于发达国家的RCA，竞争力很强，如表3.19所示。

表3.18　电子数据处理和办公设备制造的国际市场份额

（单位：%）

国家 时间	美国	日本	德国	英国	法国	俄罗斯	巴西	印度	中国
2000年	15.48	9.46	4.63	5.92	2.73	0.02	0.13	0.06	5.01
2001年	14.85	8.58	4.75	5.81	2.58	0.01	0.12	0.11	7.09
2002年	12.10	7.82	5.03	5.17	2.25	0.02	0.07	0.09	11.03

续表

时间＼国家	美国	日本	德国	英国	法国	俄罗斯	巴西	印度	中国
2003 年	11.07	6.52	5.86	4.28	2.06	0.01	0.07	0.10	16.86
2004 年	10.20	6.00	6.69	3.77	1.92	0.02	0.08	0.10	20.22
2005 年	10.00	5.21	6.11	3.84	1.55	0.02	0.10	0.09	23.62
2006 年	9.47	4.65	6.00	4.12	1.57	0.03	0.10	0.09	25.90
2007 年	8.64	4.54	5.95	2.45	1.57	0.03	0.06	0.08	30.28
2008 年	8.59	4.47	5.72	2.14	1.57	0.04	0.07	0.09	32.25

资料来源:根据国研网统计数据库世界贸易组织数据整理计算。

表 3.19 电子数据处理和办公设备制造业 RCA

时间＼国家	美国	日本	德国	英国	法国	俄罗斯	巴西	印度	中国
2000 年	1.28	1.27	0.54	1.34	0.54	0.01	0.15	0.09	1.30
2001 年	1.26	1.32	0.51	1.32	0.49	0.01	0.13	0.16	1.65
2002 年	1.13	1.22	0.53	1.20	0.44	0.02	0.08	0.11	2.20
2003 年	1.16	1.05	0.59	1.06	0.40	0.01	0.08	0.13	2.92
2004 年	1.15	0.98	0.68	1.00	0.39	0.01	0.07	0.12	3.14
2005 年	1.16	0.92	0.66	1.05	0.35	0.01	0.09	0.10	3.25
2006 年	1.12	0.87	0.66	1.11	0.38	0.01	0.08	0.09	3.24
2007 年	1.05	0.89	0.63	0.78	0.40	0.01	0.05	0.08	3.48
2008 年	1.07	0.92	0.63	0.75	0.42	0.01	0.06	0.09	3.63

资料来源:根据国研网统计数据库世界贸易组织数据整理计算。

在通讯设备制造业,一是发达国家的国际市场份额不断下降,中国的国际市场份额逐渐增加。美国的国际市场份额由 2000 年的 11.44% 下降为 2008 年的 6.64%,下降约 5 个百分点,日本的国际市场份额由 2000 年的 10.59% 下降为 2008 年的 5.73%,下降也为 5 个百分点,英国的国际市场份额由 2000 年的 6.52% 下降为 2008 年的 1.84%,下降 4.7 个百分点,法国的国际市场份额由 2000 年的 4.98% 下降为 2008 年的 1.50%,下降约 3.5 个百分点,而中国的国际市场份额由 2000 年的 6.77% 迅速提高上升为 2008 年的 27.15%,

增长约20.5个百分点，如表3.20所示。二是中国通讯设备制造业的竞争力超过发达国家。发达国家通讯设备的竞争力总体上处于下降趋势，其中英国的RCA由2000年的1.48%下降为2008年的0.65%，日本的RCA由2000年的1.43%下降为2008年的1.18%，法国的RCA由2000年的0.98%下降为2008年的0.40%，而中国该行业的RCA从2000年的1.75%增长到2008年的3.05%，竞争力不断增强，如表3.21所示。

表3.20　通讯设备制造国际市场份额

（单位：%）

时间＼国家	美国	日本	德国	英国	法国	俄罗斯	巴西	印度	中国
2000年	11.44	10.59	5.95	6.52	4.98	0.05	0.55	0.04	6.77
2001年	11.00	8.97	6.72	6.94	4.37	0.06	0.67	0.05	8.81
2002年	9.06	8.97	6.93	6.95	4.05	0.07	0.63	0.05	11.66
2003年	7.65	9.89	7.09	4.88	3.58	0.06	0.53	0.06	14.53
2004年	7.20	9.20	7.31	3.53	3.33	0.06	0.38	0.06	17.56
2005年	6.60	7.27	6.52	5.81	2.72	0.05	0.66	0.06	20.50
2006年	6.22	6.16	5.70	10.18	2.73	0.08	0.61	0.08	22.64
2007年	6.62	6.03	5.60	1.99	1.83	0.07	0.41	0.11	26.16
2008年	6.64	5.73	4.18	1.84	1.50	0.10	0.44	0.10	27.15

资料来源：根据国研网统计数据库世界贸易组织数据整理计算。

表3.21　通讯设备制造业RCA

时间＼国家	美国	日本	德国	英国	法国	俄罗斯	巴西	印度	中国
2000年	0.94	1.43	0.70	1.48	0.98	0.03	0.65	0.05	1.75
2001年	0.93	1.38	0.73	1.58	0.84	0.04	0.71	0.07	2.05
2002年	0.85	1.40	0.73	1.61	0.79	0.04	0.68	0.07	2.33
2003年	0.80	1.59	0.72	1.21	0.69	0.03	0.55	0.08	2.52
2004年	0.81	1.50	0.74	0.94	0.68	0.03	0.36	0.07	2.73
2005年	0.77	1.28	0.70	1.58	0.62	0.02	0.59	0.07	2.82
2006年	0.73	1.15	0.62	2.75	0.67	0.03	0.53	0.09	2.83

续表

时间＼国家	美国	日本	德国	英国	法国	俄罗斯	巴西	印度	中国
2007 年	0.81	1.18	0.59	0.63	0.46	0.03	0.36	0.10	3.00
2008 年	0.83	1.18	0.46	0.65	0.40	0.03	0.36	0.09	3.05

资料来源：根据国研网统计数据库世界贸易组织数据整理计算。

在集成电路和电子元器件制造业，一是发达国家的国际市场份额不断下降，中国的国际市场份额逐渐增加。美国的国际市场份额由 2000 年的 20.37% 下降为 2008 年的 12.15%，下降 8 个百分点，日本的国际市场份额由 2000 年的 13.76% 下降为 2008 年的 10.70%，下降 3 个百分点，而中国的国际市场份额由 2000 年的 1.74% 迅速提高上升为 2008 年的 10.45%，增长 8.7 个百分点，如表 3.22 所示。二是发达国家集成电路和电子元器件制造业的竞争力高于中国。美国集成电路和电子元器件制造业的 RCA 在 1.5—1.7 之间，日本集成电路和电子元器件制造业的 RCA 在 1.9—2.2 之间且呈现上升趋势，而中国该行业的 RCA 在 2005 年之前都低于 0.8，2006 年才开始提高到 1%，如表 3.23 所示。

表 3.22　集成电路和电子元器件制造国际市场份额

（单位：%）

时间＼国家	美国	日本	德国	英国	法国	俄罗斯	巴西	印度	中国
2000 年	20.37	13.76	4.30	3.06	2.70	0.03	0.07	0.02	1.74
2001 年	19.80	12.49	4.75	3.90	2.90	0.04	0.09	0.04	2.05
2002 年	17.83	12.39	4.61	4.03	2.41	0.04	0.10	0.06	2.91
2003 年	17.10	12.62	5.14	1.95	2.31	0.04	0.08	0.05	3.72
2004 年	14.93	12.32	5.13	2.10	2.28	0.05	0.06	0.08	4.90
2005 年	14.01	11.58	4.75	2.19	2.36	0.04	0.05	0.06	5.93
2006 年	13.58	10.68	4.35	1.85	2.23	0.04	0.04	0.06	7.47
2007 年	12.22	10.81	5.03	1.22	1.98	0.04	0.01	0.08	8.64
2008 年	12.15	10.70	5.18	1.13	1.86	0.05	0.03	0.14	10.45

资料来源：根据国研网统计数据库世界贸易组织数据整理计算。

表 3.23 集成电路和电子元器件制造业 RCA

时间＼国家	美国	日本	德国	英国	法国	俄罗斯	巴西	印度	中国
2000 年	1.68	1.85	0.50	0.69	0.53	0.02	0.09	0.04	0.45
2001 年	1.68	1.92	0.51	0.88	0.55	0.02	0.09	0.05	0.48
2002 年	1.67	1.93	0.49	0.93	0.47	0.02	0.11	0.08	0.58
2003 年	1.79	2.03	0.52	0.48	0.45	0.02	0.08	0.06	0.64
2004 年	1.69	2.01	0.52	0.56	0.47	0.03	0.06	0.09	0.76
2005 年	1.63	2.04	0.51	0.60	0.53	0.02	0.04	0.06	0.82
2006 年	1.60	2.00	0.48	0.50	0.54	0.02	0.04	0.06	0.93
2007 年	1.49	2.12	0.53	0.39	0.50	0.02	0.01	0.07	0.99
2008 年	1.52	2.20	0.57	0.40	0.49	0.02	0.02	0.13	1.18

资料来源：根据国研网统计数据库世界贸易组织数据整理计。

3. 全球主要国家的服务业国际分工比较。

世界主要国家服务出口的总体概况已在前面分析过（见表 3.3），虽然发达国家服务出口的国际市场份额呈现下降趋势，但是仍然占有国际市场的主要份额，中国服务出口的国际市场份额上升很快，超过同属“金砖四国”中的印度增长速度。WTO 进一步将商业服务分为交通运输、旅游服务以及其他商业服务三大类，下面拟对服务业三个行业的国际分工进行比较和分析。

（1）交通运输服务业的国际分工比较。

一是发达国家交通运输服务出口仍然占据国际市场的主要份额。2008 年，5 个发达国家交通运输服务出口的国际市场份额为 30.96%，而美国交通运输服务出口的国际市场份额为 10.15%，德国交通运输服务出口的国际市场份额为 6.61%，日本交通运输服务出口的国际市场份额为 5.25%，而“金砖四国”占有国际市场份额最大的国家是中国，但是其份额仅为 4.31%。二是发达国家的国际市场份额呈现下降趋势，而以“金砖四国”为代表的新兴经济体和发展中国家呈现上升趋势。美国交通运输服务出口的国际市场份额由 1991 年的 16.83% 下降至 2008 年的 10.15%，下降 6.7 个百分点，法国交通运输服务出口的国际市场份额由 1991 年的 7.49% 下降至 2008 年的 4.61%，下降约 3 个百分点，日本的国际市场份额由 1991 年的 7.68% 下降至 2008 年的 5.25%，下降 2.43 个百分点，英国的下降幅度相对较小,德国基本没有变化。“金砖四国”中大部分国家交通运输服务出口的国际市场份额呈现逐步上升的趋势,其中中国的上升幅度最大,由1991年的0.88%上升为2008年的4.31%,总体来看,发展中国家的交通运输服务业在国际分工中仍居于劣势,如表3.24所示。

表3.24 世界主要国家交通运输服务出口的国际市场份额

(单位:%)

时间＼国家	美国	日本	德国	英国	法国	俄罗斯	巴西	印度	中国
1991年	16.83	7.68	6.70	5.53	7.49	—	0.64	0.43	0.88
1992年	15.62	7.56	6.88	5.80	7.46	—	0.79	0.42	0.85
1993年	15.79	7.77	6.52	5.50	7.18	—	0.67	0.51	0.79
1994年	15.33	7.64	6.28	5.52	6.48	1.45	0.83	0.64	1.16
1995年	14.83	7.42	6.55	5.29	6.75	1.25	0.86	0.62	1.10
1996年	15.01	6.97	6.48	5.50	6.51	1.17	0.46	0.64	0.99
1997年	15.11	6.89	6.18	5.79	6.13	1.15	0.44	0.61	0.93
1998年	14.58	6.79	6.55	6.09	6.51	1.01	0.59	0.57	0.73
1999年	14.39	7.06	6.17	5.86	5.93	0.93	0.35	0.57	0.75
2000年	14.53	7.37	5.74	5.51	5.31	1.02	0.41	0.57	1.06
2001年	13.46	6.97	6.00	5.33	5.22	1.35	0.41	0.60	1.35
2002年	12.84	6.66	6.60	5.23	5.20	1.52	0.43	0.69	1.59
2003年	11.58	6.48	6.63	5.45	5.29	1.50	0.45	0.74	1.94
2004年	10.97	6.32	6.61	5.76	5.19	1.53	0.48	0.86	2.37
2005年	10.81	6.21	6.65	5.47	4.90	1.58	0.55	1.00	2.68
2006年	10.67	5.88	6.59	4.85	4.58	1.57	0.54	1.19	3.28
2007年	10.03	5.46	6.67	4.61	4.35	1.54	0.54	1.17	4.07
2008年	10.15	5.25	6.61	4.34	4.61	1.68	0.61	1.24	4.31

资料来源:根据国研网统计数据库世界贸易组织数据计算。

(2)旅游服务业的国际分工比较。

一是主要发达国家旅游服务出口在国际市场中占据绝对优势。2008年,5个发达国家旅游服务出口的国际市场份额为29.19%,而“金砖四国”的国际市场份额为7.4%,其中美国旅游服务出口的国际市场份额为14.22%,法国旅游服务出口的国际市场份额为5.79%,"金砖四国"中占据最大市场份额的国家是中国,其市场份额仅为4.29%。二是发达国家的国际市场份额不断下降,而以"金砖四国"为代表的新兴经济体和发展中国家呈现上升趋势。美国旅游服务出口的国际市场份额由1991年的20.47%下降至2008年的14.22%,下降超过6个百分点,法国旅游服务出口的国际市场份额由1991年的7.66%下降至2008年的5.79%,下降约2个百分点,英国旅游服务出口的国际市场份额由1991年的5.26%下降至2008年的3.83%,下降约1.5个百分点,而中国旅游服务出口的国际市场份额由1991年的0.85%上升至2008年的4.29%,上升约3.5个百分点,另外印度和俄罗斯也增长约0.6个百分点,如表3.25所示。

表3.25 世界主要国家旅游出口的国际市场份额

(单位:%)

时间\国家	美国	日本	德国	英国	法国	俄罗斯	巴西	印度	中国
1991年	20.47	1.24	5.38	5.26	7.66	—	0.36	0.67	0.85
1992年	20.03	1.13	4.98	4.94	7.96	—	0.31	0.72	1.11
1993年	20.97	1.10	4.61	4.88	7.27	—	0.32	0.67	1.45
1994年	19.71	0.99	4.27	4.76	7.05	0.69	0.27	0.65	2.08
1995年	18.50	1.06	4.46	5.06	6.82	1.07	0.24	0.64	2.16
1996年	18.82	1.25	4.05	4.92	6.53	1.63	0.17	0.65	2.35
1997年	19.72	1.32	4.05	5.17	6.27	1.64	0.22	0.66	2.76
1998年	19.34	1.13	4.18	5.39	6.71	1.48	0.30	0.67	2.87
1999年	19.64	1.00	4.00	4.99	6.86	0.82	0.36	0.66	3.10
2000年	20.69	0.95	3.93	4.60	6.47	0.72	0.38	0.73	3.43
2001年	19.16	0.95	3.89	4.07	6.49	0.77	0.37	0.69	3.84
2002年	17.47	0.96	3.97	4.24	6.69	0.86	0.41	0.64	4.20
2003年	15.58	0.88	4.32	4.24	6.85	0.84	0.46	0.83	3.26
2004年	14.79	0.94	4.34	4.43	7.05	0.87	0.51	0.97	4.04
2005年	14.91	0.97	4.25	4.47	6.42	0.86	0.56	1.09	4.28
2006年	14.22	1.13	4.38	4.63	6.19	1.02	0.57	1.15	4.52
2007年	13.81	1.08	4.18	4.48	6.27	1.11	0.57	1.24	4.31
2008年	14.22	1.14	4.21	3.83	5.79	1.26	0.61	1.24	4.29

资料来源:根据国研网统计数据库世界贸易组织数据计算。

(3)其他商业服务业的国际分工比较。

一是主要发达国家其他商业服务出口在国际市场中占据绝对优势。2008年,5个发达国家交通运输服务出口的国际市场份额为41.3%,而“金砖四国”的国际市场份额为9.73%,其中美国旅游服务出口的国际市场份额为15.28%,英国旅游服务出口的国际市场份额为10.74%,德国旅游服务出口的国际市场份额为7.37%,“金砖四国”中占据最大市场份额的国家是印度(其市场份额为4.12%),其次是中国(其市场份额为3.47%)。二是发达国家的国际市场份额有升有降,而以“金砖四国”为代表的新兴经济体和发展中国家呈现上升趋势。法国旅游服务出口的国际市场份额由1991年的9.94%下降至2008年的3.32%,下降超过6.6个百分点,日本旅游服务出口的国际市场份额由1991年的7.04%下降至2008年的4.59%,下降约2.5个百分点,英国旅游服务出口的国际市场份额由1991年的8.25%上升至2008年的10.74%,增长约2.5个百分点。“金砖四国”中,印度旅游服务出口的国际市场份额由1991年的0.65%上升至2008年的4.12%,增长约3.5个百分点,中国旅游服务出口的国际市场份额由1991年的0.78%上升至2008年的3.47%,增长2.7个百分点,如表3.26所示。

表3.26 世界主要国家其他商业服务出口的国际市场份额

(单位:%)

时间＼国家	美国	日本	德国	英国	法国	俄罗斯	巴西	印度	中国
1991年	16.49	7.04	6.97	8.25	9.94	—	0.25	0.65	0.78
1992年	15.81	7.08	7.02	8.79	8.56	—	0.30	0.43	0.97
1993年	16.02	7.77	6.60	8.24	8.74	—	0.33	0.44	1.17
1994年	17.10	7.92	6.43	8.77	7.84	0.52	0.40	0.49	1.43
1995年	16.93	8.23	7.68	8.83	7.55	0.53	0.52	0.49	1.37
1996年	17.24	7.94	7.79	9.79	6.65	0.50	0.45	0.46	1.42
1997年	17.85	7.58	7.27	10.65	5.98	0.59	0.56	0.74	1.71
1998年	18.35	6.26	6.99	11.56	5.83	0.46	0.66	1.08	1.53
1999年	19.99	5.52	6.81	12.30	4.96	0.38	0.67	1.49	1.57
2000年	19.63	5.95	6.22	11.76	4.66	0.39	0.87	1.60	1.55

续表

时间＼国家	美国	日本	德国	英国	法国	俄罗斯	巴西	印度	中国
2001 年	19. 44	5. 37	6. 74	12. 05	4. 66	0. 44	0. 82	1. 71	1. 55
2002 年	18. 94	4. 98	7. 16	12. 46	4. 55	0. 51	0. 70	1. 80	1. 77
2003 年	17. 27	4. 56	7. 42	12. 43	4. 48	0. 61	0. 59	1. 82	2. 37
2004 年	16. 76	4. 79	7. 16	12. 70	3. 95	0. 66	0. 55	2. 55	2. 25
2005 年	16. 21	4. 89	7. 37	11. 64	4. 03	0. 80	0. 64	3. 19	2. 39
2006 年	16. 38	4. 84	7. 68	11. 77	3. 48	0. 92	0. 72	3. 84	2. 56
2007 年	15. 88	4. 35	7. 45	11. 86	3. 28	1. 02	0. 78	3. 90	3. 05
2008 年	15. 28	4. 59	7. 37	10. 74	3. 32	1. 23	0. 91	4. 12	3. 47

资料来源：根据国研网统计数据库世界贸易组织数据计算。

总体来看，当前国际分工格局主要为产业内分工和产品内分工，其主要特征如下：

一是发达国家在国际市场中的份额逐年下降，而新兴经济体和发展中国家呈现稳步上升趋势。发达国家商品出口的国际市场份额逐渐减少，但是发达国家的服务出口在国际市场中仍然占有重要地位，而新兴经济体和发展中国家商品出口的国际市场份额逐步增加，因此发达国家与新兴经济体和发展中国家相比在产业内分工处于有利的竞争地位。

二是在制造业内部，发达国家在纺织、服装等劳动密集型行业的国际市场份额和显性比较竞争优势都在逐步减少，而新兴经济体和发展中国家的国际市场份额和显性比较竞争优势逐步增加；但是在钢铁、化工、机械与运输设备等资本密集型行业，发达国家的国际市场份额不断减少但是拥有较强的显性比较竞争优势，新兴经济体和发展中国家的国际市场份额和显性比较竞争优势仅在电子数据处理和办公设备、通讯设备制造业等领域超过发达国家。在集成电路和电子零部件制造等技术密集型行业，发达国家的国际市场份额不断减少但是拥有很强的显性比较竞争优势。

三是在服务业内部，发达国家在旅游服务、运输服务、其他专业服务等各服务行业内均占有主要份额，而新兴经济体和发展中国家的国际市场份额呈现逐步上升态势。

（三）当前国际分工的新动向

1. 国际分工体系的变化

经济全球化和全球性产业大转移催生出了当代世界经济中的“三个中心”，即创新中心、制造业中心、初级产品供给中心。欧洲、美国等发达国家是创新中心、产品研发与营销服务中心，也是最终产品的消费市场，引领世界经济的增长与发展；以亚洲“四小龙”为代表的新兴经济体及中国、印度等少数发展中国家是制造业和加工中心，其中日本、韩国、东盟、中国台湾省为零部件生产方，中国内地完成加工和装配环节，被称为“世界工厂”；石油出口国和自然资源丰富的一些国家（中东、俄罗斯、拉美地区）是初级产品的供给中心，为世界提供原材料。从全球化角度看，美国等发达国家消费模式体现了国际分工和资金流动格局中的比较优势原则。在当前分工体系中，发达国家得到的好处是能够以低利率为经常账户赤字和财政赤字融资，保证本国居民高消费，新兴经济体和发展中国家得到的好处是能够长期通过出口来拉动经济增长和解决就业，弥补国内有效需求不足的问题①。

但是，“三个中心”的国际分工体系也是全球经济失衡的一种表现。多年来，全球经济一直处在严重失衡：一方面，以美国为首的发达国家超前和过度消费造成国内巨额“双赤字”；另一方面，中国等亚洲新兴经济体的低消费和高储蓄造成其经济增长对美国等出口的依赖，存在着高贸易顺差和巨额外汇储备。全球金融危机的出现正在深刻影响着现有的国际分工体系。首先，就消费领域而言，次贷危机的爆发使美国等发达国家开始反思过度消费的危害，从而会更加重视储蓄和量入为出，而中国等新兴经济体的消费能力正在迅速增强，未来全球消费市场格局势必发生重要变化。其次，就生产领域而言，美国经济在危机中暴露出实体经济滞后于虚拟经济的内在弊端，转而开始推行实体经济的再造工程，凭借强大的科技创新能力以及强有力的金融和资本市场支持，美国重回制造业的努力势必对东亚的全球制造业中心地位构成挑战。

---

① 龚雄军：《对当前世界经济四个热点问题的基本判断》，《国际贸易》2009 年第 8 期，第 15—18 页。

最后，就能源领域而言，美国将新能源视为摆脱危机，重振美国经济的希望所在，提出建立“清洁能源研发基金”以刺激新能源的开发和利用，一场以新能源为主导的集群式技术革命正在酝酿，随着新能源得到广泛利用，传统能源大国的地位将面临冲击。尽管上述三个领域可能出现的重大变革仍在酝酿当中，但不可漠然置之。可以预期，由当前危机所催生的上述变化可能深刻改变现有国际分工格局，它一方面增加了新兴经济体和发展中国家以传统方式分享国际分工收益的难度，另一方面也为新兴经济体和发展中国家提升国际分工地位创造了难得的历史机遇，因为这一新变局才刚刚开始，还具有很大的不确定性，从而为各国争取更好的国际分工地位提供了广阔的可操作空间，可谓是一种特殊的战略机遇①。

金融危机和经济衰退正促使美国等发达国家的消费增长模式逐渐转变：一是家庭储蓄占可支配收入比率将从危机前的零提高到未来若干年的4%左右；二是居民消费将进行多年的调整。据预测，美国实际消费支出在连续14年平均增长近4%以后，未来3—5年内，其增幅可能降到1%至2%，美国消费占GDP的比重将从2007年峰值期的72%降到今后几年的65%；美国出口扩大而进口下降。与此同时，中国等亚洲新兴经济体也在调整增长方式，积极扩大内需特别是消费，增加进口，减少经济增长对出口的依赖。这将在一定程度上抵消美国消费和进口锐减对世界经济带来的消极影响，有助于全球经济的平衡和可持续增长。但真正改变现行全球经济失衡局面并非易事，除非亚洲新兴经济体的个人消费开支大幅度增长，以弥补美国萎缩的消费规模②。

2. 产品内国际分工的变化

20世纪90年代以来，世界经济格局发生了重大变化，发达国家、新型工业化国家和发展中国家纷纷融入全球化的国际分工体系中，在其中各自扮演一定角色。经过二十多年的时间，国际分工形成了特定历史时期的重要规律，影响着国际分工发展的主要趋势。

---

① 陈锡进、吕永刚：《“全球经济再平衡”与中国经济战略调整——基于国际分工体系重塑视角的分析》，《世界经济与政治论坛》2009年第6期，第62—67页。

② 甄炳禧：《当前世界经济新特点、新格局、新趋向》，《国际问题研究》2010年第1期，第37—45页。

一是垂直型产品内国际分工程度不断深化。20 世纪 70—90 年代初，OECD 主要国家的出口贸易中产品内国际分工的垂直专业化程度从 16.5% 上升至 21.1%，如表 3.27 所示，同样，在 1992—2003 年的 12 年间，在我国的出口中，垂直专业化程度由 14.7% 增加到 2003 年的 21.8%，大致同 OECD 上升过程相当①。

表 3.27　世界多国总出口中的 VS 比率及其变化

年份 \ 分组	分组 1		分组 2	
	在世界出口中的比重(%)	VS 指数	在世界出口中的比重(%)	VS 指数
1970	60	0.165	74	0.180
1990	63	0.211	82	0.236
VS 指数的增长率		24.8%		31.3%

资料来源：张纪：《产品内国际分工：动因、机制与效应研究》，经济管理出版社 2009 年版，第 155 页。
注：VS 指数即为产品内国际分工参与程度的垂直化。
分组 1：OECD10 国和爱尔兰、韩国、墨西哥、中国台湾省。
分组 2：分组 1 再加上中国内地、中国香港特别行政区、印度尼西亚、马来西亚、新加坡、泰国。

二是水平型产品内国际分工竞争激烈。随着国际分工的进一步深化，生产开始向模块化方向发展，由于标准化组件在各地都能生产，集中式生产模式开始向分散式产品内分工发展。以笔记本电脑为例，它在较低进入壁垒环节的竞争十分激烈。在计算机操作系统这一分工环节中，由于其存在高技术壁垒，市场集中度高，Windows 和 Linux 分别占有 97% 和 3% 的市场份额。而在计算机品牌销售商环节，戴尔占有 17.3%、惠普占有 15.7%、东芝占有 11.0%、宏基占有 10.1%、联想占有 8.2%、富士通—西门子占有 6.3%、索尼占有 3.9%、NEC 占有 3.7%、苹果占有 3.3%、华硕占有 2.4%、其他品牌占有 18.0%，市场竞争十分激烈②。

三是跨国公司全球化经营成为国际分工的重要载体。产品内国际分工为跨国公司提供了崭新的全球化经营环境，使跨国公司突破了单一或分散的区

① 张纪：《产品内国际分工：动因、机制与效应研究》，经济管理出版社 2009 年版，第 155 页。

② 张纪：《产品内国际分工：动因、机制与效应研究》，经济管理出版社 2009 年版，第 36—48 页。

域资源限制,形成跨国、跨区域的高度专业化国际分工和全球一体化的国际生产运营,从而最大限度地获取全球资源整合效率。以日本丰田公司为例,1980年,丰田在9个国家有11家生产厂;1990年,其20家生产厂分布在14个国家;2003年,其生产厂已增加到46家,涉及26个国家。截至2007年年底,丰田在26个国家和地区建立了52个国外生产网点,将配件采购、物流和生产等环节主要安排在泰国、印尼、阿根廷和南非进行。此外,丰田通过160多个进口代理商和批发商,在全球170多个国家进行销售,截至2007年年底,它在全球共设立了8个海外研发中心。在国际分工背景下进行的生产、研发和销售全球化布局让丰田收获丰硕,1988—2007年,丰田汽车全球总产量增长了390多万辆,增长率达到84.2%,其中海外总增长率为193.5%。同期,丰田全球销售增长了378.8万辆,增长率为81.6%,其中日本本土增长率为负,海外销售增长率为133.5%。

四是发达国家和发展中国家在国际分工中地位差异明显。产品内国际分工进一步固化了发达国家和发展中国家在国际分工中的地位。在产品内国际分工全球生产网络中,发达国家处于高附加值的高端环节,发展中国家则处于低附加值的环节,相对于以往的国际分工方式,产品内国际分工对于发达国家更加有利①,其主要表现为:①发达国家通过产品内分工从发展中国家获得更多廉价资源,从而提高产品的利润并刺激本国经济发展;②发达国家通过转移"边际"生产环节提高本国产业的整体竞争力,也推动该产业的高级化;③发达国家优化本国劳动力结构,它们将劳动密集型生产环节大量转移到发展中国家以后,为了缓解就业压力和提高就业率,需要通过相应的劳动力培训等政策实现本国劳动力结构的优化。相对而言,产品内国际分工对发展中国家的影响包括正面效应和负面效应,尤以负面效应更大。一方面,产品内国际分工可以为发展中国家提供加入全球生产网络的机会,带来本国经济发展所需要的资金和技术,并通过产业转移所带来的技术溢出效应,提高本国的技术水平;另一方面,由发达国家或大型跨国公司主导的产品内国际分工使发展中国家存在产业结构"锁定"的风险,在产业层次上"锁定"在低端环节,在收益分

① 尽管产品内分工也会给发达国家带来诸如失业率提高、产业"空心化"等问题,但是从长期来看,这些问题都会在发展中得到解决,因此产品内国际分工对发达国家的正面效应更大(张纪,2009年,第149页)。

配上“锁定”在不利局面。

产业内分工和产品内分工使发达国家拥有大量资本密集型产业和技术密集型产业，处于高附加值的产业价值链和国际分工的高端。而发展中国家在承接发达国家的国际产业转移过程中，主要从事资本密集型和劳动力密集型产业，处于低附加值的产业价值链和国际分工的低端，如表 3.28—表 3.30 所示。

表 3.28 世界产出结构

国家及地区	国内生产总值（百万美元）		农业占 GDP 的比重（%）		工业占 GDP 的比重（%）		制造业占 GDP 的比重（%）		服务业占 GDP 的比重（%）	
	1995 年	2008 年	1995 年	2008 年	1995 年	2008 年	1995 年	2008 年	1995 年	2008 年
低收入国家	195,611	564,572	35	25	22	28	12	14	43	47
中等收入国家	4,894,312	16,722,126	14	9	35	37	23	22	51	53
高收入国家	24,508,224	43,273,506	2	1	30	26	20	17	68	72

资料来源：世界银行：《2010 世界发展指标》，2010 年。

表 3.29 商品出口结构

国家及地区	商品出口（百万美元）		粮食占总数的比重（%）		农业原材料占总数的比重（%）		燃料占总数的比重（%）		矿砂与金属占总数的比重（%）		制成品占总数的比重（%）	
	1995 年	2008 年	1995 年	2008 年	1995 年	2008 年	1995 年	2008 年	1995 年	2008 年	1995 年	2008 年
进口												
低收入国家	50,461	239,464	13	13	3	3	13	16	2	3	67	63
中等收入国家	965,308	4,547,215	8	7	4	2	7	16	3	6	75	67
高收入国家	4,212,901	11,522,679	9	7	3	1	7	18	4	4	76	67
出口												

续表

国家及地区	商品出口（百万美元）		粮食占总数的比重(%)		农业原材料占总数的比重(%)		燃料占总数的比重(%)		矿砂与金属占总数的比重(%)		制成品占总数的比重(%)	
	1995 年	2008 年	1995 年	2008 年	1995 年	2008 年	1995 年	2008 年	1995 年	2008 年	1995 年	2008 年
低收入国家	35,717	167,308	27	21	7	5	19	20	6	7	40	46
中等收入国家	906,854	4,905,095	14	10	3	2	11	21	5	6	64	59
高收入国家	4,229,538	11,060,159	8	7	3	2	6	10	3	4	79	73

资料来源：世界银行：《2010 世界发展指标》,2010 年。

表 3.30 服务业出口结构

国家及地区	商品出口（百万美元）		运输占总数的比重(%)		旅游(占总数的比重(%))		保险和金融服务占总数的比重(%)		计算机、信息、通讯和其他商业服务占总数的比重(%)	
	1995 年	2008 年	1995 年	2008 年	1995 年	2008 年	1995 年	2008 年	1995 年	2008 年
进口										
低收入国家①	22,663	59,403	49.0	47.4	18.0	15.7	4.8	—	29.0	31.4
中等收入国家	222,345	807,544	39	34	23	25	10	13	29	28
高收入国家	983,235	2,596,070	29	27	33	26	5	8	33	39
出口										
低收入国家①	11,661	33,841	27.3	26.4	15.9	19.8	—	2.6	55.4	51.3
中等收入国家	183,323	753,498	24.8	24.8	44.1	41.2	5.8	3.7	27.7	30.3
高收入国家	1,016,999	3,012,629	27.5	24.1	29.3	22.1	6.1	8.9	37.5	44.9

资料来源：世界银行：《2010 世界发展指标》,2010 年。

注：①该行数据引用世界银行的《2009 世界发展指标》中的 1995 年和 2007 年数据。

(四)国际产业转移的基本规律与发展趋势

1. 国际产业转移的基本规律

20世纪中后期是国际产业转移快速发展的时期,也是国际产业转移的高峰期。第二次世界大战后至20世纪90年代前,全球范围内共发生了三次国际产业转移,目前正处于第四次产业转移的浪潮中。依据时间序列,四次国际产业转移依次为20世纪50年代的第一次国际产业转移、20世纪60年代的第二次国际产业转移、20世纪70年代的第三次国际产业转移和20世纪80年代中后期开始的第四次国际产业转移,如表3.31所示。

表3.31 四次国际产业转移概况

时间	转移路径	转移产业类型①
20世纪50—60年代初	美国→日本	劳动密集型产业②
20世纪60—70年代初	美国→日本	资本密集型产业
	美国、日本→亚洲“四小龙”	劳动密集型产业
20世纪70—80年代	美国→日本	技术密集型产业
	美国、日本→亚洲“四小龙”	资本密集型产业
	美国、日本、亚洲“四小龙”→东盟国家	劳动密集型产业
20世纪80年代中后期至今	美国←→日本	技术密集型产业
	美国、日本→亚洲“四小龙”	资本和技术密集型产业
	美国、日本、亚洲“四小龙”→东盟国家、中国	劳动密集型产业、部分资本和技术密集型产业

① 这里的转移产业类型是各个阶段转移的主要产业,并不排除有其他类型的产业转移同时发生。

② 根据资源要素密集性,产业结构划分为劳动密集型、资本密集型、技术密集型三种类型,本书中所述多采用这种划分方式。一般来说,劳动密集型产业主要指农业、林业及纺织、服装、玩具、皮革、家具等制造业等,资本密集型产业主要指钢铁业、一般电子与通信设备制造业、运输设备制造业、石油化工、重型机械工业、电力工业等,技术密集型产业包括微电子与信息产品制造业、航空航天工业、原子能工业、现代制药工业、新材料工业等。

2. 当前国际产业转移的新动向

在信息技术和经济全球化的推动下，当前国际产业转移呈现出一些新的特点，转移主体、转移产业、转移方式、技术路径等方面均发生了重大变化，其主要表现如下。

(1)发达国家、新兴工业化国家和发展中国家共同成为国际产业转移的主体力量。

随着各国技术进步和产业结构水平的提高，越来越多的新兴工业化国家在产业升级的同时还将原有劳动密集型产业转移到更低产业梯度的国家。同时，随着全球整体产业结构水平的升级，国际产业转移已不再局限于发达国家之间以及发达国家和发展中国家之间，发展中国家之间的产业转移也开始增多。在产业转移的行列中，既有美国、日本等发达国家向外进行产业转移，也有韩国、新加坡等新兴工业国家的产业外移，中国、东盟等也纷纷加入到向外进行产业转移的行列中，例如，我国 2008 年对外直接投资达 520 亿美元，同比增长 132%，而当年我国吸收外商直接投资为 1080 亿美元①。新兴工业化国家和发展中国家在国际产业转移中往往身兼产业移入方与产业移出方的双重角色，成为当前国际产业转移中的一个重要特色。来自新兴经济体和发展中国家的外商直接投资在国际直接投资中的比重在 20 世纪 80 年代中期为 6%，在 90 年代中期约占 11%，2005 年占 17%，到 2008 年则达到 19%。这些国家或地区的国际直接投资大部分在第三产业，尤其是工商、金融和贸易服务②。

一般而言，由发达国家向发展中国家的产业转移仍然保持一定的技术梯度，而发达国家向发达国家的产业转移主要集中在高技术和服务业领域，新兴工业化国家向发展中国家的产业转移主要在劳动密集型产业和资本密集型产业，而发展中国家向发达国家的产业转移主要由发展中国家中具备一定国际竞争力的跨国公司发起。

---

① 联合国贸易和发展会议：《2009 年世界投资报告：跨国公司、农业生产和发展》，2009 年。

② 联合国贸易和发展会议：《2006 年世界投资报告：来自发展中经济体和转型经济体的外商直接投资——对发展的影响》，2006 年。

(2)国际产业转移结构高度化①。

据WB的统计资料显示,20世纪50—80年代,国际产业转移主要以初级产品加工和原材料加工为主,并且主要是由发达国家向发展中国家进行转移,进入20世纪90年代以后,国际产业转移的重心开始由初级工业向高附加值工业、由制造业向服务业转移,其中服务业中的金融、保险、旅游和咨询业和制造业中的技术密集型产业(如电子制造产业)是当前国际产业转移的重点领域。

一是国际产业转移的重点领域由制造业向服务业转变,服务业投资成为国际产业转移中的新热点。为制造业生产、管理、销售等流程提供服务的服务业离岸外包是20世纪90年代以来服务业国际直接投资迅猛增长的主要原因之一。UNCTAD发布的《2006年世界投资报告:来自发展中经济体和转型经济体的外商直接投资——对发展的影响》显示,20世纪70年代初期,服务业投资仅占国际直接投资的1/4,这一比例在1990年占不到一半,2002年已上升到60%,2005年就达到2/3②,而制造业的比重从1990年的42%下降到2005年的30%。并且,发达国家的服务业向发展中国家进行转移的趋势更加明显,流入新兴工业化国家及发展中国家的服务业国际直接投资比例由1990年的17%增加到2002年的28%。虽然2008年以来的全球金融危机导致制造业和服务业的国际直接投资减少,但是服务业的跨国公司在世界100强中的比例稳步上升,2008年世界100强中有26家服务业企业(而1993年只有14家),而且流入南亚、东亚和东南亚服务部门的国际直接投资流入量仍然保持增长势头③。在服务业内容,吸引国际直接投资较多的行业包括金融、商务活动、贸易、物流运输,四者在服务业国际直接投资领域的比重分别为29%、26%、18%、11%④。

二是制造业正沿着由低附加值环节向高附加值环节的路径向低成本国家

① 产业结构高度化也称为产业结构高级化,是指一国经济发展重点或产业结构重心由第一产业向第二产业和第三产业逐次转移的过程,它标志着一国经济发展水平的高低和发展阶段、方向。

② 联合国贸易和发展会议:《2006年世界投资报告:来自发展中经济体和转型经济体的外商直接投资——对发展的影响》,2006年。

③ 联合国贸易和发展会议:《2009年世界投资报告:跨国公司、农业生产和发展》,2009年。

④ 联合国贸易和发展会议:《2004年世界投资报告:转向服务业》,2004年。

转移。20 世纪 80 年代以前，制造业中主要转移产业是劳动密集型产业和部分技术密集型产业，前者以服装、鞋帽制造业为代表，后者主要包括计算机硬件和家用电器制造业。21 世纪以来，制造业的转移主体将以汽车制造、生物制药和通讯设备等更多的技术密集型产业为主。发达国家转移劳动密集型和资本密集型产业主要是为了获取区位优势和降低劳动力等要素成本，而转移部分技术密集型产业则是为了获取综合竞争优势，因此更加注重东道国的投资环境，特别是信息基础设施、技术、人才、研发配套能力和体制条件等。据预测，到 2015 年，美国约一半以上的劳动密集型产品、2/3 的较低附加值技术密集型产品和近 1/4 的高附加值技术密集型产品的市场需求将由外包产品的再进口来满足①。

值得注意的是，虽然服务业成为国际产业转移的新热点，然而近两年来全球经济形势的发展促使农业和采掘业等初级部门的国际产业转移活动异常活跃：①金属、石油和天然气的价格抬升导致采掘业在国际直接投资中的比例大幅提高。UNCTAD 在发布的《2007 年世界投资报告：跨国公司、采掘业与发展》显示，采掘业在国际直接投资中的比例自第二次世界大战后一直处于下降过程，但是在 2000—2005 年期间有所上升，其流向是发展中国家，例如 2005 年叙利亚、巴布亚新几内亚、尼日利亚等国家的采掘业吸引外商直接投资在其外商直接投资中的比重均超过 70%，对矿物勘探和采掘领域的投资以及一些大型跨国并购被认为是推动这一领域的国际直接投资回升的重要力量；②农业领域的国际直接投资不断增加。UNCTAD 在发布的《2009 年世界投资报告：跨国公司、农业生产与发展》中指出，由于人口稠密的新兴经济体和发展中国家粮食需要进口，加之对生物燃料生产的需求日益增长，以及一些发展中国家土地和水资源紧缺，农业领域的国际直接投资从 1990 年的 8 亿美元增加到 2007 年的 32 亿美元，此外，整个农业价值链中的国际直接投资比例更高，2005—2007 年，每年仅食品和饮料的投资流量即超过 400 亿美元。

（3）产品内分工的国际产业转移逐步增多。

以往的国际产业转移主要是发达国家向国外转移衰退产业或成熟产品的

---

① 潘悦：《国际产业转移的新浪潮与东亚发展中国家（地区）面临的挑战》，《当代亚太》2006 年第 6 期，第 37—44 页。

生产制造能力，国际产业转移体现为不同产业的梯度转移。在产品内国际分工环境下，一个产品（产业）的生产过程可以分为一系列既独立又相互关联的工序或流程，通过这些工序（或流程）的协作与结合最终完成产品的总增值过程。为了实现其全球战略的需要，跨国公司对整个产品（产业）链进行拆分和对产业空间进行分割，并利用自身产品生产和销售的跨国网络优势，实现产品的模块化生产，形成全球产品内国际分工的生产网络。跨国公司要在全球范围内寻求资源的最佳配置，必然寻求在成本最低的国家或地区去组织生产，使国际生产转移由产业结构的梯度转移逐步转变为增值环节的梯度转移。

（4）区域内产业转移势头强劲。

区域经济一体化、集团化的发展十分迅猛，其中投资便利化和自由化协定极大地促进了区域内资本流动和产业转移。欧盟、北美、亚太经合组织（APEC）是国际产业转移最为强劲的经济区域。例如，欧盟有 1/3 的对外直接投资是在成员国之间进行；美国对外直接投资的 1/5 集中在加拿大，而加拿大对外直接投资的 1/3 集中在美国。2009 年，中国利用外商直接投资最多的国家或地区依次为中国香港特别行政区、台湾省以及日本、新加坡，约占利用外资总额的 76.2%。

（5）跨国公司成为国际产业转移的主力军。

2008 年，全世界共有约 8.2 万家跨国公司，其国外子公司共计 81 万多家。这些公司在世界经济中发挥主要作用，且作用越来越大。例如，跨国公司国外子公司的出口估计占全世界商品和服务出口总量的 1/3，2008 年的全球雇员人数达到 7700 万人，超过德国劳动力总数的两倍①。

跨国公司已控制了全世界生产总值的 50%、国际贸易的 60%、国际技术贸易的 70% 和国际直接投资的 90%，而且国际技术转让的 80% 和技术研发的 90% 是在跨国公司之间进行的②。跨国公司不仅主宰了国际贸易，而且几乎达到左右整个世界经济发展的地步。同时，跨国公司进行大规模的国际化生产，生产能力不断提高，为开展国际贸易奠定了雄厚的物质基础。

（6）项目外包成为国际产业转移的新兴主流方式。

---

① 联合国贸易和发展会议：《2009 年世界投资报告：跨国公司、农业生产和发展》，2009 年。
② 张毅：《跨国公司在华直接投资的战略演进》，华中科技大学出版社 2008 年版，第 4 页。

外包就是跨国公司将非核心制造环节转移给那些具有专业能力的外部供应商,然后通过外购方式获得这些产品。随着产业分工的不断深化和细化,特别是生产专业化和工序分工的发展,跨国公司开始将非核心的生产制造、采购营销、物流配送、研发设计等活动,以项目外包方式分包给成本更低和具有专业能力的发展中国家的企业和专业公司,以降低固定投入成本和实现全球范围内的资源优化配置。从产品价值链看,跨国公司主要控制少数具有竞争优势的核心业务和高增值环节,而将其他低增值部分的非核心业务(如加工制造)外包给发展中国家,从而实现更加有效率的价值增值。20世纪90年代以来,欧美企业生产外包规模年增长率达到35%,越来越多的跨国公司通过外包方式将生产基地转移到发展中国家①。

此外,跨国公司还采取离岸外包的方式将部分服务业转移到低成本的发展中国家,同时加强与提供配套生产服务企业的战略合作,带动这些企业随同转移。同以往跨国公司通过对外直接投资设立自己的生产性服务企业相比,外包方式不仅有利于跨国公司优化资源配置和降低成本,而且有助于承接产业转移的发展中国家培育和发展自己的配套企业和产业,因此成为产业移入方愿意接受的一种产业转移方式。

基于外包活动在全球的迅速发展,当前以服务业为主要领域、以外包作为转移方式的国际产业转移活动被称作第二次全球化,以区别于发生在20世纪90年代以前、以制造业为领域、以对外直接投资作为转移方式的第一次全球化②。

(7)研发活动的全球化。

研发活动全球化现象始于20世纪80年代后期,随着经济全球化的迅猛发展和国际竞争的日趋激烈,国际产业转移的技术路径也发生了重要变化,由原来在跨国公司母国进行技术研发开始向直接在东道国从事研发转变,其实质是跨国公司在全球范围内配置价值链行为由加工制造环节向上游研发环节延展。研发全球化主要有三个重要表现:①跨国公司的国外R&D分支机构数

① 原小能:《国际产业转移规律和趋势分析》,《上海经济研究》2004年第2期,第29—34页。

② 赵楠:《国际产业转移的技术路径、投资方式与我国外包基地建设》,《国际贸易问题》2007年第10期,第93页。

量不断增加。发达国家的跨国公司为了适应经济全球化的发展趋势，越来越从其长远战略出发，逐渐淡化以母国为R&D基地的传统观念，不断实现R&D活动的全球化网络体系。以在华投资为例，跨国公司在华建立R&D机构已超过1400家，高达61.8%的跨国公司将中国作为其2005—2009年海外R&D地点的首选[①]；②跨国公司国外R&D支出占其R&D总支出的比例不断上升。近年来，加大对国外R&D机构的投入已成为跨国公司实施全球化战略的一个重要组成部分，美国跨国公司的国外R&D支出占R&D总支出的33%，欧盟跨国公司的这一比例为42%，日本跨国公司则高达57%[②]；③跨国公司国外研发机构申请的专利和发明日益增长。1990—1995年，跨国公司在美国申请的专利中，由国外研发机构发明的专利比重已经由10.0%上升至11.3%。在英国、荷兰、比利时和瑞士等欧洲国家，50%以上的专利申请来自跨国公司的国外研发机构。

(8)产业链整体转移和关联产业协同转移的趋势明显。

当前国际分工格局中的水平型产品内分工（即产品差别型分工）和垂直型产品内分工（即生产工序型分工）不断深化，加之区域竞争日趋激烈，国际产业转移正与产业集群式发展密切结合。原来单个项目、企业或产业的转移转变为相关产业链的整体转移，以利于形成产业集群，提高规模效应和集聚效应，增强区域竞争优势。因此，跨国公司不再遵循传统产业转移阶段进行投资，而是主动地带动和引导相关投资，发展配套产业并建立产业集群，将整条产业链转移到发展中国家。此外，跨国公司除了转移传统的制造环节外，对其他生产经营环节，如研究与开发、设计、中试和公司总部等，也开始向国外转移，这种产业链整体转移并带动关联产业协同转移的新趋势，是跨国公司加快建立全球生产营销网络和实现全球扩张的必然结果。通过产业链整体转移，跨国公司在国际生产的网络或体系的基础上，形成了以其自身为核心，全球范围内相互协调与合作的企业组织框架。通过这些国际生产网络，国际产业转移的速度和范围都达到了一个新的水平。

(9)国际产业转移的空间集聚趋势日益明显。

---

① 联合国贸易和发展会议：《2005年世界投资报告：跨国公司与研发活动的国际化》，2005年。

② 张毅：《跨国公司在华直接投资的战略演进》，华中科技大学出版社2008年版，第10页。

国际产业转移的空间集聚与产品内国际分工、产业链整体转移的发展趋势是一致的。在产品内国际分工条件下，国际产业转移不再是一个完整产品的某一生产环节进行转移，而是通过产业链整体转移和关联产业协同转移，形成了产业的群体和网络，促使国际产业转移在空间上呈现集聚现象，从而提升产业的竞争优势。随着产业分工不断细化和产品复杂程度不断提高，制造业的产业集聚趋势尤为明显。半导体产业和生物技术产业中的产业集聚发展已经成为一种普遍现象，韩国的三星电子在韩国器兴和华城建成了全球最大的半导体产业园区，台湾集成电路产业的营业额占全球的68.1%；在石油化工领域，美国墨西哥湾沿岸地区的炼油能力占美国总炼油能力的44.6%，乙烯生产能力占美国总乙烯生产能力的95%；在软件产业，印度的班加罗尔是软件外包产业集聚区的典范；在战略性新兴产业中的光电子产业，形成了美国的图森"光谷"、法国的"光谷"、中国台湾省的新竹科学园和中国内地的"武汉·中国光谷"等主要的产业集聚区域。同样，生产性服务业也逐渐向国际性大都市集中，世界上主要的服务业跨国公司向纽约、伦敦、巴黎、东京、阿姆斯特丹和中国香港等国际性大都市转移，2006年，美国几个主要大城市的生产性服务业收入占其GDP的一半以上。

四、重点产业及行业的全球化布局与竞争态势

(一)制造业的全球布局及其竞争态势

1. 当前全球制造业发展的基本趋势

(1)全球制造业进入企稳回升阶段。

在世界经济形势增长缓慢的环境下,全球制造业也进入缓增通道。据JP摩根公司、美国供应管理学会(ISM)和国际采购与供应管理联盟(IFPSM)等机构发布的世界制造业采购经理人指数(PMI)变动情况表明①,世界制造业自2007年7月开始缓慢增长通道,2008年年末,制造业PMI一度下降至最低点,这主要受美国、欧元区和日本等地制造业急剧下行而物价不断升高所致。然后,制造业PMI缓慢回升,并分别在2010年年初和2011年年初两次攀高,2011年下半年以来制造业PMI再次下降,如图4.1所示。

受金融危机的影响,主要制造业国家的产业出现萎缩。2008年7月,欧元区制造业PMI为47.4,达到2003年6月以来的最低点;日本制造业PMI为47.0,连续5个月低于50,表明日本制造业处于持续萎缩状态;英国皇家采购与供应学会(CIPS)与Markit发布的制造业PMI为44.3,为连续第三个月下降,美国供应管理学会(ISM)发布的制造业PMI自2008年2—6月连续4个月低于50,而当年6月和7月仅为50.2和50,2008年12月更是跌到低谷,如图4.2所示;中国物流与采购联合会发布的制造业PMI为48.4,为2005年该指数设立以来首次回落到50以下。

从2009年下半年开始,全球制造业逐步复苏。美国供应管理协会(ISM)

---

① PMI数据高于50表明制造业正在扩张,低于50则表示制造业出现萎缩。

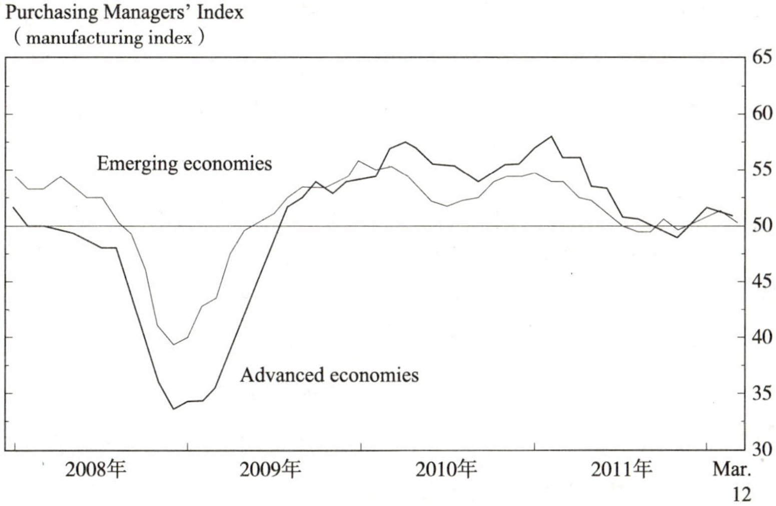

图 4.1　全球制造业采购经理人指数变化

资料来源:IMF 在 2012 年 4 月 17 日发布的《世界经济展望:消费增长,危机尚存》,第 5 页。

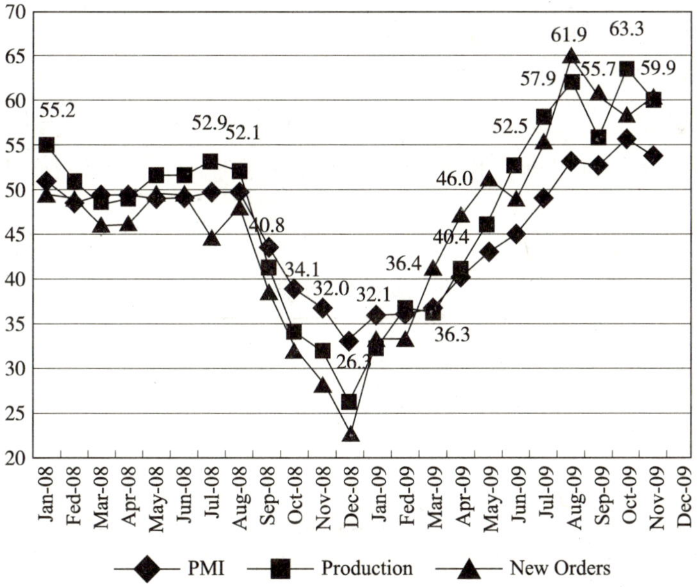

图 4.2　美国制造业采购经理人指数变化趋势

资料来源:《2010 年钢铁市场供需形势分析》,http://www. gtxh. com/,2010 年 4 月 1 日。

2010年4月1日公布的数据显示，受益于订单和产出的强劲增长，在当年3月份，美国制造业连续第八个月保持增长势头，制造业PMI从2月份的56.5上升至3月的59.6，为近六年来的最高水平。其中反映生产状况、就业状况、新订单数量和出口订单数量的分项指数都有所增长，显示美国制造业正在全面扩张。中国制造业PMI显示，中国制造业活动继续扩张，PMI从2010年2月的52上升至4月的55.1，已经连续13个月保持在50以上。欧洲第一大经济体德国的工业产值也以14年来的最快速度增长。英国2010年3月的PMI创下了自1994年7月以来的新高，从2月的56.5上升至3月的57.2，高于市场预期，显示英国制造业正以15年来的最快速度增长。根据日本中央银行公布的调查结果，反映日本企业商业信心的企业短期经济观测调查指数（日银短观指数）继续改善，连续四个季度保持好转。全产业短观指数为-24，比2009年12月调查时增加了7点，其中大型制造业企业指数的改善尤其明显①。

（2）全球制造业吸引外商直接投资比重不断下降，但在低碳和信息化领域的投资规模不断增加。

据UNCTAD发布的历年《世界投资报告》，在过去20多年中，国际直接投资部门和行业分布状况最重要的变化是逐渐向服务业转移，初级部门所占国际直接投资的比重变化不明显，而制造业的比重不断下降，如表4.1所示。

表4.1 过去20年来国际直接投资中三大部门的比重

比重＼时间	1990年	2002年	2005年	2007年
初级部门(%)	9.4	6.0	8.0	7.5
制造业(%)	41.3	34.0	30.1	28.6
服务业(%)	49.3	60.0	61.9	63.9

数据来源：根据UNCTAD发布的历年《世界投资报告》整理。

有关跨境并购的相关数据也证实，制造业占全球跨境并购的份额也大幅

① 《全球制造业复苏势头强劲为经济回暖提供支撑》，http://finance.sina.com.cn/stock/hkstock/sdpl/20100403/01247687157.shtml，2010年4月3日。

下降，由 1987—1990 年的 52% 下降到 2002—2006 年的 31%①。此外，2009 年，制造业跨境并购额同比下降 76.8%，而初级部门和服务业跨境并购额下降幅度分别为 46.7% 和 56.6%，相对于制造业的下降幅度而言要小得多。

尽管全球制造业吸引外商直接投资比重不断下降，但是在制造业内部，低碳（主要是可再生能源、循环利用和低碳技术制造 3 大领域）和信息化领域的投资规模不断攀升。一方面，全球在低碳领域外商直接投资的项目数和金额从 2005 年逐步增多，如图 4.3 所示。2009 年仅流入可再生能源、循环利用和低碳技术制造三大领域的国际直接投资达到 900 多亿美元，占全球 FDI 流入量的 79.0%，如果考虑到其他产业内含的低碳投资和跨国公司的非股权形式参与，低碳领域投资总额更多。另一方面，信息技术在制造领域的广泛应用、信息技术与传统产业的融合、制造装备信息化和机电一体化也是全球制造业投资增多的重点领域，发达国家普遍寄希望于通过高度信息化保持经济和技术的领先地位，而新兴经济体希望通过加快制造业信息化跻身世界发达经济体行列。

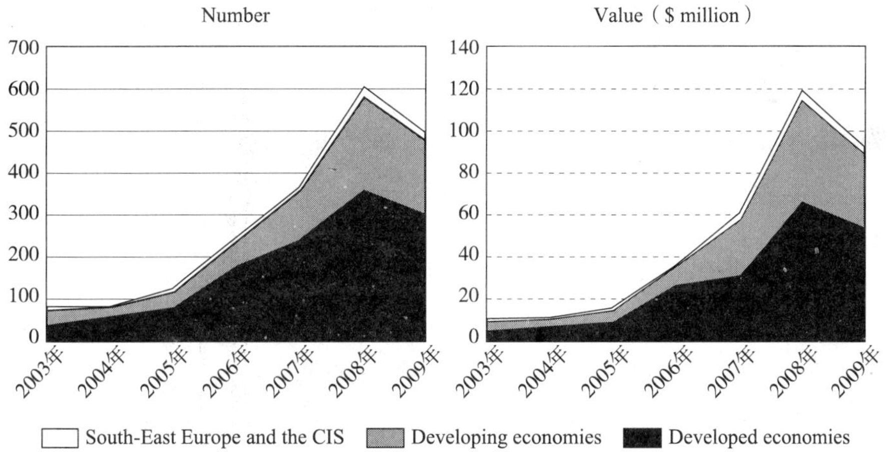

图 4.3　2003—2009 年全球在低碳领域外商直接投资的发展

资料来源：UNCTAD 在 2010 年 7 月 22 日发布的《2010 年世界投资报告：低碳经济投资》，第 112 页。

① 上海市经济委员会、上海科学技术情报研究所：《2008 世界制造业重点行业发展动态》，上海科学技术文献出版社 2008 年版，第 6 页。

(3)发展新兴产业成为全球制造业重要战略。

金融危机发生以后,全球制造业面临着一场深刻的战略转型,无论是发达国家还是发展中国家都意识到制造业在国民经济中的重要地位,不少国家选择新兴产业作为制造业发展的突破口,这些新兴产业主要集中在新能源、新材料、物联网、生物医药、新能源汽车、节能环保等领域。

美国主推以新能源为主导的新兴产业,出台《制造业促进法案》,致力于发展最高端、最高附加值的制造业领域,尤其在大型、复杂、精密、高度系统集成的产品领域,从而与新兴经济体形成错位发展。该国政府通过法律强制、财政支持、税收优惠等多种举措创造新兴产业的良好发展环境,例如在1200亿美元的科研计划中,新能源和提升能源使用效率的项目达468亿美元。日本推出了"新成长战略",主要发展方向为环保型汽车、电力汽车、低碳排放、太阳能发电等,还将信息通信、节能环保、生物工程、航空航天、海洋开发等产业作为重点发展领域。欧盟则将低碳产业列为新兴产业的重点,《欧盟能源技术战略计划》鼓励推广包括风能、太阳能和生物能源技术在内的"低碳能源"技术,以促进欧盟未来建立能源可持续利用机制。韩国将低碳与绿色发展作为重要主题,综合推进新兴产业发展,其《新增长动力规划及发展战略》将绿色技术、尖端产业融合、高度价值服务三大领域共17项新兴产业确定为新增长动力。巴西也大力推动新兴产业发展,着力发展生物能源、风能和核能等新能源产业,鼓励发展灵活燃料汽车,制定生物燃料的发展规划和产业标准①。

(4)发达国家仍然占据全球制造业的主导地位。

WB发布的《2009年世界发展指标》显示,2007年世界工业增加值占GDP的比重为28%,其中制造业占GDP的比重为18%。虽然高收入国家制造业增加值在其GDP中的比重仅为17%,但是其制造业规模在2005年仍然占据全球制造业的主导地位,占比为72.3%,其中美国制造业增加值占全球制造业总增加值的22.3%。以2006年为例,美国制造业增加值占其GDP的比重为14%,提供了超过2000万个就业岗位,制造业的出口约占

① 上海市经济和信息化委员会、上海科学技术情报研究所:《2010世界制造业重点行业发展动态》,上海科学技术文献出版社2011年版,第13—14页。

其全部出口的60%,制造业的贸易总额占制造业总产值的40%①。此外,德国、日本、英国、法国、意大利、加拿大也是重要的工业大国,其中2006年德国制造业增加值占其GDP的23%,日本制造业增加值占其GDP的21%。

(5)新兴经济体和发展中国家领跑全球制造业复苏。

虽然发达国家仍然占据全球制造业的主导地位,但是其所占比重近年来不断下降,从2002年的77.1%下降到2005年的72.3%,而新兴经济体和发展中国家所占比重从2002年的23.0%提高至2005年的27.7%,且其年均增长率6.9%要远高于发达国家的年均增长率1.8%。

就主要国家来看,发达国家中的美国和日本的降幅最大,分别从2002年的26.4%和14.5%下降至2005年的22.3%和12.8%,而中国、韩国、巴西、印度已经进入世界十大制造业发展大国的行列。另外,UNIDO的统计报告显示,2009年中国取代日本成为全球第二大制造大国,美国、中国、日本分居全球制造业的第1、2、3位,它们在世界制造业生产总值中的份额分别为19%、15.6%、15.4%②。德勤和美国竞争力委员会联合发布的全球制造业竞争力指数显示,2010年,中国、印度、韩国、巴西四国分居世界第1位、第2位、第3位及第5位,传统制造业强国如美国、日本、德国则排名第4位、第6位和第8位。

从制造业竞争力指数来看,亚洲制造业大国如中国、印度和韩国预计在未来5年内仍保持竞争力指数的领先位置,同时墨西哥、波兰在内的新兴经济体开始跻身制造业竞争力强国行列,而美国、日本、德国等传统制造业的竞争力将继续下降。德勤和美国竞争力委员会预计,到2015年,美国的制造业竞争力排名将下降至第5位,日本则下降至第7位,如表4.2所示。

---

① 上海市经济委员会、上海科学技术情报研究所:《2008世界制造业重点行业发展动态》,上海科学技术文献出版社2008年版,第7—9页。

② 中国取代日本成为第二大制造国,产品附加值低下,http://news.sohu.com/20100328/n271147200.shtml,2010年3月28日。

表 4.2　全球制造业竞争力指数排名

2010 年			2015 年(预测值)		
排名	国家	指数分值	排名	国家	指数分值
1	中国	10.00	1	中国	10.00
2	印度	8.15	2	印度	9.01
3	韩国	6.79	3	韩国	6.53
4	美国	5.84	4	巴西	6.32
5	巴西	5.41	5	美国	5.38
6	日本	5.11	6	墨西哥	4.84
7	墨西哥	4.84	7	日本	4.74
8	德国	4.80	8	德国	4.53
9	新加坡	4.69	9	波兰	4.52
10	波兰	4.49	10	泰国	4.35

资料来源:上海市经济和信息化委员会、上海科学技术情报研究所:《2010 世界制造业重点行业发展动态》,上海科学技术文献出版社 2011 年版,第 5—6 页。

(6)跨国公司的全球化制造体系初成规模。

当前,跨国公司的全球生产网络体系已具备一定规模,制造业跨国公司已从大规模制造活动的产业逐步转向研发、区域总部、投资性公司等职能的全球性扩张。

跨国公司逐步将制造、研发和营运三个环节在全球进行布局。以世界500 强企业为例,制造业跨国公司的子公司主要集中在发达国家,其平均数量是发展中国家的近两倍。其中美国拥有 535 家制造类子公司、129 家研发类子公司和 399 家营运类子公司,分别占全球制造、研发和营运类子公司总数的 17.63%、23.45% 和 26.15%①。

跨国公司子公司在发展中国家的投资分布主要在亚洲和中南美洲地区。制造类子公司在中国最多,达到 199 家;研发类和营运类子公司在菲律宾都是最多的,分别有 25 家和 50 家。

① 上海市经济和信息化委员会、上海科学技术情报研究所:《2010 世界制造业重点行业发展动态》,上海科学技术文献出版社 2011 年版,第 6 页。

2. 当前全球制造业发展的新特点

(1)制造产业发展的新特点①。

第一,产业集中度进一步提升。产业集中度又称为市场集中度,它是衡量产业市场结构状况和大企业市场控制力的一个重要因素。近年来全球制造业在其产值总量增长的过程中,产业集中度也不断提升。①在钢铁工业领域,2007 年全球前 20 大钢铁企业占全球粗钢总量的比重达到 39%,而前 10 大钢铁企业所占全球粗钢总产量的比重高达 26.7%;②在石油化工领域,2006 年全球前 25 大炼油公司的炼油能力占全球炼油总能力的比重由 2000 年的 54% 提高到 2006 年的 62%,前 10 大炼油公司的炼油能力占全球炼油总能力的 39.4%;③在工程机械领域,2007 年全球前 10 强的总销售收入占全球前 50 强总销售额的 64.6%,其中排名第一的卡特彼勒公司占有全球前 50 强总销售额的 20%;④在冶金领域,前三大公司占有全球 50% 以上的市场份额;⑤在半导体设备领域,2007 年全球前 10 大集成电路设备制造商的销售收入占全球总销售收入的 58.3%;⑥在城市轨道装备领域,全球市场份额的 90% 控制在西门子、阿尔斯通、庞巴迪等少数几家跨国公司手中;⑦在战略性新兴产业的光电半导体照明领域,全球 LED 高端市场被前五大厂商占据的份额超过 50%。

第二,战略性新兴产业投资活跃。尽管全球制造业投资因需求下降和成本上升呈现相对萎缩态势,但是在战略性新兴产业领域中,产品研发和制造的投资极为活跃。①在新能源领域,全球在新能源技术方面的投资从 2006 年的 926 亿美元增加到 2007 年 1484 亿美元,增长约 60%,国际能源机构(IEA)认为,在未来数十年内,业界对新能源的投资将步入快速增长的轨道,从全球电力和燃料资源需求的角度来看,到 2030 年需在研发和生产上投入 16 万亿美元,年均达到 6000 万美元,其中主要是新能源的投资;②在生物技术领域,2007 年全球生物技术产业投融资 530 亿美元,较 2006 年增长了 13%;③在半导体设备领域,由于全球对半导体设备需求明显下降,大量投资开始进入太阳能、平板显示等新领域,应用材料公司 2006 年宣布启动太阳能战略,2008 年

---

① 上海市经济委员会、上海科学技术情报研究所:《2008 世界制造业重点行业发展动态》,上海科学技术文献出版社 2008 年版,第 5—15 页。

即获得价值19亿美元的合同，负责建造一个千兆瓦的世界大太阳能光伏发电项目；④在海洋工程领域，世界各国加大对深海油气的开采导致海洋油气开采装备需求大幅增加，2007年海洋石油和天然气开发项目设备投资达到3320亿美元，比2006年增长15%，2008年约为3690元（估计值），同比增长10%。

第三，产业整合成为提升企业竞争优势的重要途径。随着制造业的全球化发展，实力雄厚的制造业企业在全球范围内进行产业布局，形成新的国际分工。①在钢铁工业领域，原材料价格上涨激发大型钢铁企业对产业上游资源的整合控制，目前世界第一大钢铁公司阿塞勒米塔尔在非洲、独联体、墨西哥和美国拥有铁矿山，铁矿石自给率达到45%，估计到2010年达到75%；日本钢铁企业直接参股或间接参股在澳大利亚的24个主要矿山，新日铁公司拥有世界三大矿山公司之一——巴西淡水河谷公司40%的股权；韩国钢铁企业到2020年的铁矿石自给率达到40%；②在轨道交通领域，资本和技术密集的行业特点决定其企业向全方位系统集成方向发展，西门子交通技术集团便是世界领先的铁路系统全套产品的供应商和系统集成商，业务范围包括自动化与供电、机车车辆、交钥匙工程和综合服务四大领域；③在民用飞机工业领域，形成了以特大型企业为核心、主系统承包商与分系统承包商和部件供应商更为紧凑的产业体系，空中客车公司在全球有1500多个供应商，波音公司50%以上的零部件通过外包生产来完成。

第四，产业集群促进制造业的集约化生产。随着产业分工不断细化和产品复杂程度不断提高，制造业的产业集群趋势更加明显。半导体产业和生物技术产业中的产业集群发展成为一种普遍现象，日本政府近年来积极推动半导体产业向九州岛地区转移集聚，提出未来要达到吸引50%—60%的日本半导体设备工程集结于九州的目标，韩国的三星电子已在韩国器兴和华城建成了全球最大的半导体产业园区，中国台湾省集成电路产业的营业额占全球的68.1%，封装占全球的47.6%，测试占全球的67.7%；在石油化工领域，美国墨西哥湾沿岸地区的炼油能力占美国总炼油能力的44.6%，乙烯生产能力占美国总乙烯生产能力的95%，近年来石化工业在一些新兴经济体和发展中国家的炼化一体化基地正在崛起；在软件产业方面，印度的班加罗尔是软件外包产业集聚区的典范；在战略性新兴产业中的光电子产业，美国的图森“光谷”、法国的“光谷”、中国台湾省的新竹科学园和中国内地的“武汉·中国光谷”。

第五，产业“东移”或向原料产地转移是制造业产业转移的主要趋势。①在钢铁工业领域，世界钢铁生产逐步向经济活力旺盛地区、向次发达地区或潜在经济发达地区（如中国、印度）转移，向能源、资源以及目标消费地区（如巴西、墨西哥）转移，向沿海和内河丰富地区等交通运输优势明显的地区转移；②在化工领域，发达国家市场需求趋于饱和，全球化工行业发展中心正逐渐向原料产地（中东）和产品市场（亚洲）转移，世界乙烯生产呈现北美、亚太、西欧、中东四分天下的局面，亚太地区超过北美成为世界最大乙烯产区和全球最大的石化市场，中东和包括中国在内的亚太地区已经成为全球炼油和石化产能增长最快的地区；③在半导体设备领域，全球半导体设备产业向中国加速转移，国外半导体设备厂商在设厂选址上越来越多地考虑中国因素；④在制药领域，跨国制药公司向发展中国家转移的步伐越来越快，2007 年，跨国制药公司的原料药和低端制剂生产通过外包方式转移到亚洲地区。需要指出的是，尽管产业“东移”是制造业产业转移的重要趋势，但是跨国公司依靠较强的核心能力依然占据价值链的高端，控制着核心技术和高端产品、高附加值环节，借此大规模占领国际市场和获取高额利润。

（2）制造业技术发展的新特点。

第一，技术创新增强制造业的竞争优势。一是发达国家通过技术创新活动继续保持甚至扩大其在高附加值环节的技术领先优势，控制市场份额。在钢铁工业领域，它们增加高级钢材投资比重；在化工领域，欧美化工企业积极向产业下游的高新技术和高附加值领域拓展；在船舶领域，世界主要造船强国纷纷转向高附加值船的研发、设计与建造；在战略性新兴产业领域，空中客车公司将新概念、新材料和新技术不断引入其产品研发过程中；在半导体领域，设备制造企业将技术创新重点集中在材料的改良上。二是发达国家通过技术集成融合实现创新发展，由单纯的制造技术转变为集机械、电子、材料、信息和管理于一体的先进制造技术。在发电设备领域，采用的整体煤气化联合循环（IGCC）发电系统是将煤气化技术和高效的联合循环技术相结合的先进动力系统，美国将 IGCC 作为未来重点发展方向；在轨道交通设备领域，多种技术融合集成贯穿在产品设计、制造工艺和材料使用、加工生产过程中；在自动化控制领域，计算机技术、网络技术、通信技术推进了集散控制系统（DCS）的信息化进程，正成为一个充分发挥信息管理功能的综合平台；在半导体设备领域，半导体技术与生物、微机电系统、光、传感器等多种技术融合。三是跨国公司普遍通过知识产权来控制产业移入国的技术发展能力，最终控制市场。在化工领域，以专利为主要形式的知识产权已经成为企业战胜竞争对手和实施贸易保护的主要工具，日本和美国受理的专利申请最多，其次是东北亚的新兴经济体（即中国和韩国）和欧盟国家；在战略性新兴产业领域，技术壁垒已经形成，光电显示的专利技术主要掌握在日本、韩国和部分台湾企业的手中，新能源的关键技术主要掌握在日本、美国和欧洲跨国公司的手中。

第二，制造业"低碳化"进程正在加快。随着基础性能源日益稀缺、维护生态平衡与环境保护的压力不断加大，制造业向绿色环保、节能减排的制造方向发展。在基础工业方面，石油化工与精细化工正向绿色、清洁、高效化工发展方式转变，当前绿色化工的尝试大多集中在精细化工领域；在工程机械产业领域，发达国家普遍重视工程机械绿色发展，美国建立了国家再制造与资源回收中心、再制造研究所以及再制造工业协会，再制造业产业规模达到750亿美元，其中汽车和工程机械再制造占60%以上；在生物制造业产业领域，药品生产正向节约化、绿色化推进；在计算机与软件领域，以节能、环保、高效为核心价值的绿色IT逐渐成为计算机与软件产业投资的新热点；在战略性新兴产业领域，具有节能环保功能的汽车电子动力系统具有良好的成长空间，环保型混合动力汽车将成为未来几年汽车电子动力系统市场新的增长点；在民航领域，空中客车从2008年开始，技术研发预算不仅每年将增加25%，而且技术研发预算的一半资金投入"绿色技术"研究；在钢铁工业领域，节能、环保减排成为全球钢铁工业的热点问题。美国、欧盟、英国、德国、日本等纷纷出台一系列发展低碳制造的举措，以加快本国和本地区的制造业发展，包括：确定低碳发展战略、完善低碳法律框架、加大低碳财政投入、实行优惠财税政策、强化技术创新、打造低碳循环经济模式等。

第三，制造业"服务化"的发展趋势非常明显。随着大规模生产日渐普遍，单纯制造过程已经不能产生更多的附加价值，只有更多服务渗透的生产过程才能获得竞争优势。现代制造企业的生产与服务功能日益融合，制造业与服务业之间的界限越来越模糊，制造业呈现服务化的新趋向。信息服务、研发服务、营销服务、融资服务、技术支持服务、物流服务和生产过程结合得更加紧密,制造业企业正在转变为某种意义上的服务企业。当前全球制造业服务化呈现三大特点①:①制造业企业的产业链价值逐步由以产品为中心向以提高服务为中心转变,德勤公司研究报告《基于全球服务业和零件管理调研》表明,在其调查的80家制造业企业中,服务收入占总销售收入的平均值的公司超过25%,有19%的制造业公司的服务收入超过总收入的50%;②制造业企业提供的服务类型逐步多元化,制造业企业可以提供的服务分为12种类型,主要涉及咨询服务、设计和开发服务、系统解决方案、维护和支持服务、零售和分销服务等;③制造业服务化的水平与地区经济的发展程度正相关,欧美主要发达国家的制造业企业中有30%同时开展制造和服务活动,其中美国、芬兰两国制造企业拓展服务业务的比例最高,2009年,美国制造与服务融合型企业占制造企业总数的56%,芬兰的这一比值为52%,中国的这一比值仅为20%。UNCTAD发布的《2004年世界投资报告:转向服务业》显示,服务业领域国际直接投资增多的一个重要原因就是制造业跨国公司的贸易和辅助贸易服务的扩张尤为迅速。在计算机与软件产业领域,计算机产业与服务融合的步伐加快:一方面,IBM将PC业务出售给联想公司,完成了从硬件制造商向信息技术服务工的转型,HP公司逐渐将研发投资和并购活动从传统的硬件领域转移到软件和服务领域;另一方面,软件服务化成为软件产业的重要变化之一,它逐渐取代软件产品销售方式,将成为软件产业市场竞争的核心。

(二)服务业的全球布局及其竞争态势

1. 当前全球服务业发展的基本趋势

(1)全球服务业缓慢步入上行通道。

在世界经济形势增长缓慢的环境下,全球服务业同样进入缓增通道。据摩根大通公司(JPMorgan)、英国NTC研究公司(NTC Research)、美国供应管理学会(ISM)和国际采购与供应管理联盟(IFPSM)等机构发布的世界服务业

① 上海市经济和信息化委员会、上海科学技术情报研究所:《2010世界制造业重点行业发展动态》,上海科学技术文献出版社2011年版,第32页。

采购经理人指数(PMI)变动情况表明①,2008 年 1 月全球服务业采购经理人指数为 45.9,为 2003 年以来首次低于 50,2008 年 11 月更是达到创纪录的最低点(36.1),其后逐步回升。2009 年 8 月,服务业 PMI 为 50.5,是自 2008 年以来首次超过 50,表明世界服务出现复苏迹象。2010 年以来,服务业 PMI 基本保持在 50 以上,表明世界服务业初步恢复。2012 年 6 月,全球服务业 PMI 为 50.6,同比回落 1.9 个百分点,如图 4.4 所示。

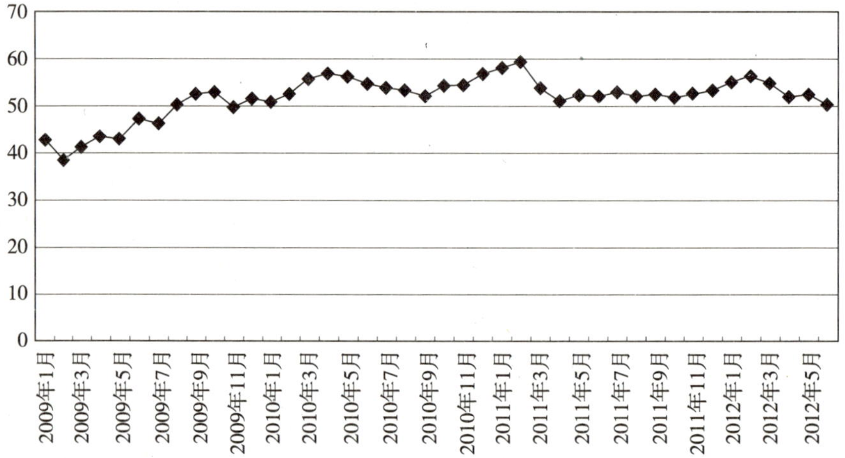

图 4.4 2009 年以来全球服务业采购经理人指数变化态势

资料来源:《2012 年 6 月全球服务业商务活动指数为 50.6%》, http://www.chinawuliu.com.cn/lhhkx/201207/06/184656.shtml. 2012 年 7 月 6 日。

(2)全球服务贸易止跌回升。

WTO 发布的历年《世界投资报告》表明,2009 年,世界货物贸易出口额为 121470 亿美元,同比下降 22%,世界服务贸易出口额为 33120 亿美元,同比下降 11%,服务贸易比货物贸易抗跌性更强②。从 2010 年开始,全球贸易止跌回升,2010 年增长 10%,2011 年再增 11%,如表 4.3 所示。

① PMI 数据高于 50 表明服务业正在扩张,低于 50 则表示服务业出现萎缩。

② 上海市经济和信息化委员会、上海科学技术情报研究所:《2010 世界制造业重点行业发展动态》,上海科学技术文献出版社 2011 年版,第 3 页。

表 4.3 世界贸易组织对 2008—2011 年全球商品及商业服务出口态势的分析

（单位:10 亿美元;%）

	2008 年		2009 年		2010 年		2011 年	
	出口额	变化率	出口额	变化率	出口额	变化率	出口额	变化率
货物出口	15775	15	12147	-22	15238	22	18217	19
服务出口	3730	11	3312	-11	1663	10	4149	11

资料来源:根据 WTO 发布的历年《世界投资报告》整理。

(3)服务业领域的国际外商直接投资不断增加。

在过去二十多年中,国际直接投资的一个显著变化就是更多投资向服务业转移。UNCTAD 发布的《2009 年世界投资报告:跨国公司、农业生产与发展》显示,初级部门的国际直接投资比重由 1990 年的 9.4% 下降至 2007 年的 7.5%,略有下降,而制造业的国际直接投资比重由 1990 年的 41.3% 下降至 2007 年的 28.6%,下降幅度非常大,只有服务业的国际直接投资比重由 1990 年的 49.3% 上升至 2007 年的 63.9%,上升很快。UNCTAD 和 WTO 均认为,今后国际直接投资将在服务业和初级部门的分布更多。

(4)服务业在各国经济结构的比重不断提升。

据 WB 的《2010 年世界发展指数》,2008 年全球服务业增加值占全球 GDP 的比重已经达到 69%,比 1995 年提高 4 个百分点,比 1990 年提高 8 个百分点。其中,高收入国家的服务业比重由 1995 年的 68% 提高到 2008 年的 73%,中等收入国家的比重由 1995 年的 51% 提高到 2008 年的 53%,低收入国家的服务业比重由 1995 年的 43% 提高到 2008 年的 47%。

OECD 的 30 个成员国(除 2010 年 1 月新加入的智利外)在 20 世纪 90 年代基本上确立服务经济的产业结构①。据 WB 的《2010 年世界发展指数》,2008 年,美国、英国、法国等发达国家的服务业增加值在各国 GDP 中的比重均超过 70%,分别为 76.9%、76.3%、77.4%;一些中等收入国家和发展中国家也开始逐步向服务经济转型,俄罗斯服务业占其 GDP 的 58%,巴西服务业占其 GDP 的 65%,印度服务业占其 GDP 的 54%(“金砖四国”中唯一例外的

① 国际上一般认为,服务经济就是服务业的产值在 GDP 中的比重超过 60% 或者服务业中的就业在整个国民经济中的比重超过 60% 的一种经济体形态。

是中国，其服务业仅占 GDP 的 40%）。因此，服务业发展与否，成为衡量国家或地区现代化程度的重要标志之一。

（5）服务业就业人员比重提高。

随着服务业在各国经济结构中的比重不断提升，以技术密集型为重要特征的现代服务业占服务业总产值的比重不断增加，服务业从业人员的比重也在不断提高。一是各国服务业就业人口在总就业人口中的比重逐步提升，20世纪 90 年代中后期，发达国家服务业的就业人口已经超过 60%，2005 年，这些国家服务业就业比重普遍达到 70%（甚至接近 80%），例如，美国服务业就业人才占总就业人口的 78.8%，英国、法国、德国、加拿大、澳大利亚等国服务业就业人口占总就业人口的比重分别为 79.8%、72.3%、69.6%、74.3%、75.0%。二是现代服务中的就业人口在服务业中的比重也在不断提高。2005年，在以金融、保险、房地产和商业服务、教育、卫生、社会服务为主的现代服务业，其就业人口占服务业就业人口的比例在美国、英国、法国、德国分别为44.4%、43.3%、40.6%、37.4%。

（6）服务业是全球经济复苏和贸易发展的主要动力。

全球服务业自 2008 年 6 月开始进入下行通道，至今尚未摆脱衰退状态，但是 2010 年以来，全球服务业缓慢步入上行通道。从中长期来看，支撑世界经济增长特别是服务业发展的因素（如技术进步、产业结构调整升级和产业转移等基础性条件）都没有发生变化，而且越来越多的国家向服务经济转型，服务业逐渐成为各国产业竞争力的最关键因素，因此服务业仍然是未来全球经济发展的主要动力。服务业对全球经济发展的作用表现在：①服务业的发展加快信息流、资金流、技术流和人才和物流，对提高国民经济整体运行效率和质量、增强国家创新能力、转变经济增长方式起到关键作用；②服务业成为拉动经济增长的支柱，发达国家服务业对 GDP 和就业贡献的增长主要来源于金融、保险、房地产、商业服务、信息服务和专业服务等现代服务业，因此具有较高的生产率，而印度连续数年经济增长保持 8% 以上也得益于现代服务业的发展；③服务业推动产业结构提升，现代服务业的发展促使产业结构向技术密集型转变，产品结构也呈现高技术化和高附加值化。

此外，UNCTAD 在《2009 世界投资报告：跨国公司、农业生产与发展》中提出，对商业周期不那么敏感、在需求稳定的市场运营的行业（包括农工商产业和许多服务业),以及那些具有长期增长前景的行业(如制药业)将成为下一轮国际直接投资增长的推动力,促进全球经济复苏。

2. 当前全球服务业发展的新特点

(1)服务产业发展的总体特征①。

第一,生产性服务业成为发达国家的主导产业。2008 年,服务业在全球 GDP 中的比重高达 69%,在发达国家 GDP 中的比重为 73%,其中生产性服务业更成为发达国家的主导产业:①生产性服务业发展非常迅速。OECD 国家以金融、保险、房地产和商业服务为主的生产性服务业产值比重在 1987—1997 年间已经稳居各服务行业的首位,并且增长率是各部门中最高的;美国在 20 世纪 80 年代中期生产性服务业企业数量的增长率分别是全部行业的 2.37 倍和服务业的 2.29 倍,生产性服务业的就业增长率在 1992—2002 年间保持极高的增长率,吸纳的就业总量在 2002 年超过制造业。近年来,物流、金融服务、信息服务和研发服务等生产性服务业发展特别迅速。2003 年,全球物流市场规模达到 3.5 万亿美元;2007 年,全球信息服务业的规模超过 2.5 万亿美元(需要一提的是,目前北美和欧洲信息服务将进入稳定发展阶段,而亚太地区将成为重要的信息服务业新兴市场);近十余年,美国、加拿大的研发服务业的年均增长率在 10% 以上,英国更高达 16.8%;②生产性服务业在发达国家已经成为支柱产业。从发达国家的数据来看,消费性服务业总量基本保持不变,公共服务业总量逐渐下降,而生产性服务业总量和所占比例不断增加。目前,发达国家服务业在 GDP 中的比重为 70% 左右,生产性服务业占服务业 GDP 的 70%,接近 50% 的 GDP 是由生产性服务业创造的。其中尤以金融服务、信息服务和研发服务占比最大,OECD 国家中,这些生产性服务业的增加值占 GDP 的比重超过 1/3。生产性服务业成为发达国家的主导产业对世界经济的发展和提升国际竞争力具有重要作用,它作为商品或其他服务生产的中间投入,直接影响商品和其他服务的产出,成为现代经济增长的重要动力。

① 上海市经济和信息化委员会、上海科学技术情报研究所:《2009 世界服务业重点行业发展动态》,上海科学技术文献出版社 2009 年版,第 12—20 页。

第二，服务与制造融合发展促使制造企业服务化。在当前经济发展中，服务业向制造业渗透，特别是生产性服务业直接服务于制造业的生产流程，推动"制造企业服务化"，其具体发展形式主要有三种：①依托制造业拓展生产性服务业。传统制造企业通过发展生产性服务业来整合原有业务，形成新的业务增长点，通过产业间的融合发展提升企业整体竞争力，典型的代表是美国通用电气公司、惠普公司、思科等企业。1980 年，通用公司来源于服务活动的收入仅占其总收入的 16.4%，但是这一比例到 2004 年变为 63.3%，发展成为全球最大的多元化服务性公司，同时也是高质量、高科技含量和消费产品的提供者，该公司即便在金融危机爆发的 2008 年仍然拥有 1840 亿美元的营业收入；②从销售产品发展成为提供服务和成套解决方案。国际上一些大的传统制造业积极发展与产品相关的服务业务，向服务业渗透和转型，服务业成为新的增长点和利润来源，IBM 就是该领域的典型代表。创建于 1911 年的 IBM 公司传统上是一家信息工业跨国公司，现已发展成为集服务提供、外包提供、咨询提供和产品支持于一体的信息技术服务企业，服务业占公司总营业收入的比重超过 50%，2008 年的营业收入达到 1036 亿美元；③从制造企业转型为服务提供商。由于加工制造环节的利润空间较小，许多大型制造企业通过产业链重组的方式，逐渐将经营重心从加工制造业转向提供流程控制、产品研发、市场营销、客户管理、品牌维护、现代物流等生产性服务业，从制造企业转型为服务提供商，Nike 公司便是典型代表。该公司从 20 世纪 90 年代开始加大新产品研发和营销力度，全球销售额从 1993 年的 20 亿美元上升到 1996 年的 90 亿美元，而 2008 年更是达到 186 亿美元，营业收入和经营利润同比分别增长 14% 和 26%。

第三，发达国家向发展中国家进行服务业转移成为国际产业转移的重要趋势。来自发达国家的跨国公司为了提高其全球竞争力，必须优化资源配置和最大限度节约成本，向劳动力素质较高而成本较低的发展中国家转移具有更高附加值的生产性服务业，这既是经济全球化进程中产业结构升级和布局调整的重要发展趋势，也是国际产业转移向高层次演进的重要阶段。当前生产性服务产业转移主要呈现以下基本特征。

一是发达国家在生产性服务转移方面依然发挥主导作用，新兴经济体成为生产性服务业移入的重点地区和未来移出地。20 世纪 80 年代中期，生产性服务业只是在发达国家之间进行转移,从80年代后期才开始向发展中国家转移服务业,发达国家在服务业国际产业转移方面处于绝对主导地位,UNCTAD发布的《2007年世界投资报告:跨国公司、采掘业与发展》指出,2004—2005年的生产性服务业FDI流向发达国家下降到60%左右,而流向发展中国家的FDI接近40%,2006年,服务业仍然是发达国家跨国并购的主要目标,发生并购的领域主要是金融业和电信业。并且,生产性服务业国际转移发生于英美,再转移到日本和其他欧洲地区,再转移到亚洲"四小龙",现在正向中国、印度、东盟、南美等新兴经济体和发展中国家转移,未来的生产性服务业国际转移还会由这些新兴经济体和发展中国家向其他新兴市场转移,发展中国家在生产性服务业国际转移中日趋活跃。

二是行业分布和地区分布不均衡。从行业分布来看,生产性服务业国际转移的行业主要是金融、商务活动、贸易、物流运输等领域,UNCTAD发布的《2004年世界投资报告:转向服务业》指出,上述四者在服务业国际直接投资领域的比重分别为29%、26%、18%、11%。从地区分布来看,信息技术外包主要流入印度、爱尔兰、以色列和加拿大,2003年上述四国总共获得70%的外包业务量(其中印度的外包项目金额高达120亿美元,约占全球的10%),金融外包主要流入印度和马来西亚等东南亚国家(其中印度的外包项目金额高达36亿美元,约占全球的46%)。

三是生产性服务业向国际性大都市集中,世界上主要的服务业跨国公司向纽约、伦敦、巴黎、东京、阿姆斯特丹和香港等国际性大都市转移,2002年,纽约生产性服务业部门占所有经济部门收入的26.6%,伦敦约占49%,2006年,美国几个主要大城市的生产性服务业收入占GDP的一半以上。

四是跨国公司是生产性服务业国际转移的主要发动者。2005年"世界500强企业"中有281家从事生产性服务业,2008年"世界100强"中有26家服务业企业(而1993年只有14家),跨国公司控制生产性服务业国际投资的90%、国际研发的90%,由于跨国公司的子公司约有一半分布在发展中国家,因此跨国公司的直接投资对发展中国家的经济发展和产业结构调整具有重要影响。

五是主动型的生产性服务业国际转移趋势更加明显。跨国公司过去基于为母公司提供配套服务而跟随制造企业之后进行国际产业转移,现在越来越多的跨国公司积极地将生产性服务业移向国外，寻求新的利润高点。

六是以资本、技术、知识等多要素作为生产性服务业国际转移的纽带。以“金砖四国”为代表的新兴经济体吸引外资达到一定规模以后，国际资本日渐充裕，再加上从国际资本市场中获得资本也变得相对容易，因此它们将逐步调整吸引外资的优惠政策或者减少乃至取消对外资生产者的“超国民待遇”，原来主要以资本为纽带的生产性服务业国际转移将转变为以资本、技术、知识等多要素为纽带的转移。

此外，在消费性服务业国际转移方面，批发、零售等消费性服务业也呈现国际转移的趋势，新兴经济体日益受到关注。2008 年，世界主要发达国家和地区的零售消费市场严重衰退，而新兴经济体和发展中国家的表现相对乐观，使得全球零售巨头纷纷转战新兴市场。例如，沃尔玛开始减少在加拿大和英国等地的投资，并表示未来 5 年内国际资本开支预算中的一大半将投入到巴西和中国等新兴经济体，家乐福在新兴经济体的销售比重将从目前的 1/4 提升到 1/3。

第四，离岸服务外包成为服务业国际产业转移的重要方式。目前全球服务外包涉及的范围已由传统的信息技术外包（ITO）和业务流程外包（BTO）拓展到金融、保险、会计、人力资源管理、媒体公关管理等诸多领域，服务业外包向纵深产业链发展，作为 BTO 外包重要组成方式的知识流程外包被认为是外包服务发展过程的第三代产物，毕马威（KPMG）预测，全球知识流程外包领域的价值将很快达到 100 亿—170 亿美元。全球最主要的服务外包是在美国，约占全球 ITO 和 BTO 业务需求的 70%，随着经济全球化的发展，越来越多的外包将以离岸的方式进行，美国离岸服务外包业务的大部分流向印度、爱尔兰等国家，麦肯锡预测，今后 5 年内美国的离岸外包将增长 30%。印度是全球外包主要承包方，全球 80% 的 ITO 业务流向印度。

（2）服务业重点行业的发展态势①。

第一，信息服务业新兴业务不断出现，创新引领作用突出。电信、互联网、软件和信息内容服务等信息服务对生产与消费的带动作用强，产业关联度高，

① 上海市经济和信息化委员会、上海科学技术情报研究所：《2009 世界服务业重点行业发展动态》，上海科学技术文献出版社 2009 年版，第 24—29 页。

成为信息产业中发展速度最快、技术创新应用最活跃的产业领域之一。2008年,全球电信服务业业务收入为1.7万亿美元,预计2013年将增加到2.7万亿美元,复合年均增长率为10.3%;据Internet World Stat在2008年6月的统计,全球互联网用户数已达到14亿户,2000—2008年的年均增长率为305.5%,全球互联网使用渗透率21.9%,预计2012年将达到19亿户(即占世界总人口的30%),以中国、日本、韩国为代表的亚洲国家和发达的欧美国家在互联网发展上不分上下;全球软件服务业自2003年突破1万亿美元后,呈现延续增长态势,2007年总规模达到1.5万亿美元。

第二,金融服务业受重创。发端于美国次贷危机的全球金融危机使欧美银行业受到重创,全球几家最大的投资银行相继破产,证券业遭到沉重打击,保险业总体增长趋缓。2008年,美国5家投资银行中有3家(贝尔斯登、美林公司和雷曼兄弟)相继被收购或破产,2家(高盛和摩根斯坦利)转型为银行控股公司,因不良资本激增,欧洲银行间并购活动增多;全球各大股市出现反转行情,进入下行通道,其中中国的股票市场反应最为明显,其次是印度和德国,欧美两大经济体2008年上半年的IPO仅为2007年IPO规模的1/4;全球保险业增长趋缓,2007年欧盟的保险业同比下降2.4个百分点。

第三,商贸业增速下滑。2008年,全球零售业受到巨大冲击,主要发达国家和地区的消费市场衰退(其中美国零售业出现负增长),发展中国家和地区的消费水平也受其影响出现不同程度的下降,此外,全球批发业的增长速度减缓。

第四,全球物流与航运业稳定增长。近年来,全球物流与航空业保持稳定增长态势,2007年市场规模为8046亿美元,同比增长7.3%,其中美国和欧洲的物流业位居世界前列,中国是亚太地区最大的物流市场。在全球航运业,欧洲拥有世界主要的大型航运公司,占有全球45%的市场份额,亚洲船东拥有的船舶吨位占全球的45%,其他10%为美洲和大洋洲所拥有。

第五,专业服务业稳定增长。近年来,全球专业服务业保持稳定增长,2007年世界法律服务业营业收入为482亿美元,同比增长5.5%,会计服务业营业收入为2355亿美元,同比增长4.2%,管理与营销咨询服务营业收入为2589亿美元,同比增长5.7%。目前全球专业服务业领域呈现寡头垄断局面,这些巨型跨国公司仍在持续对外直接投资,专业服务跨国化程度较高。

第六,科技服务将成为引领全球经济复苏的重要动力。科技服务主要包括研发服务、技术转移服务、节能环保服务,2008 年这些科技服务业的发展势头不减,是少数不受金融危机影响的行业领域之一。在研发服务领域,其主要特征包括:①全球研发创新的主导力量仍然是欧美日国家,2007 年全球研发费用 2740 亿英镑,同比增长 6.9%,美国、日本、英国、德国、法国占全球研发费用的 79%,中国和印度等新兴经济体增长迅速;②从产业领域来看,制造业研发主要集中在生物与制药、硬件与装备制造、汽车等行业,服务业的研发比重日益上升。在技术转移服务方面,国际技术贸易额平均每 10 年翻两番,已接近全球贸易额的 50%,其中美国与日本是主要的技术输出国,全球技术贸易的 85% 在发达国家之间进行,根据 OECD2009 年的统计数据,2006 年发达国家的技术贸易额占全球的 93%,其中欧盟、美国、日本各占 49%、35%、9%。在节能环保服务方面,2008—2009 年在全球兴起了一系列的"绿色新政",奥巴马政府计划未来 10 年内投入 1500 亿美元发展太阳光电、风力发电等再生能源,并创造 500 万个就业计划;英国计划到 2020 年投入 1000 亿美元建设 7000 座风力发电设备,创造 16 万个就业机会;韩国计划投入 50 兆韩币开发新能源汽车及再生能源。

第七,服务外包范围拓展。全球服务外包市场持续快速增长,ITO 和 BPO2007 年的总支出相对 2005 年增长了 15%,估计全球服务外包市场规模在 2010 年突破 1 万亿美元。从市场结构来看,2008 年 ITO 在服务外包中仍占主导地位,约占 60% 的比例,但是 BPO 的增长速度较快;从市场区域来看,2008 年全球服务外包市场主要集中在北美、西欧、日本、亚太和拉美地区,其中美国服务外包市场较为成熟,亚太地区等新兴经济体国家和地区是全球服务外包业务增长最快的区域之一。目前全球服务外包范围正从最基础的、技术层面的外包业务向高层次的服务流程外包业务发展,服务外包正向纵深产业链发展。

(三)农业的全球布局及其竞争态势

农业是提供粮食、消除贫困和饥饿问题的关键领域。它不仅为农村提供大规模就业,而且是许多发展中国家国民经济增长的主要贡献者并可为其赚取大量外汇收入。当前世界粮食及农业面临严峻挑战，粮价直线飞涨导致2008年许多国家发生骚乱，至少40个国家采取了粮价控制或出口限制等紧急措施。紧随“粮价飞涨”之后的是70年来最严重的全球金融危机和最严重的经济衰退，这场危机影响到世界大部分地区，又导致千百万人陷入饥饿和营养不足状态。2006—2008年出现的粮食危机已经使数百万贫困人口无力承受基本粮价，而这场金融危机与粮食危机交叠出现，导致此次金融危机的影响尤为严重。金融危机发生以后，国际市场的粮价大幅下降，但是不少国家国内市场的粮价回落较慢。在全球经济前景仍不确定的情况下，农产品市场的不确定性在2009年中又有所增加，使得农业的前景变得更加不明确。

全球粮食危机动摇了全球农业经济基础，揭示出全球农业体系的脆弱性。人们越来越认识到，如果要扭转当前的局势，在帮助千百万人口摆脱贫困和粮食不安全方面取得显著而持续的进展，农业发展至关重要。这种认识正日益显现于最高政治层面，2008年7月，在日本举行的八国首脑会议上，来自世界上最发达工业化国家的领导人对“全球粮价的急剧上涨以及许多发展中国家粮食供应问题正在威胁全球粮食安全”深感担忧。2009年11月16—18日，在联合国粮食及农业组织（FAO）召集的世界粮食安全首脑峰会上，峰会的关键词定为“粮食安全”和“消除饥饿”，增加农业投资是会议关注的焦点之一。

1. 当前世界农业发展态势

作为人类最古老的生产部门，农业的发展不仅遇到人口增加、经济增长的新需求等挑战，也受到国际市场与农产品贸易的深刻影响。一方面，随着世界主要农产品进出口贸易额不断增长，贸易量不断扩大，世界农业的国际化进程正在加快。另一方面，土地、水、环境等因素对农业可持续发展的制约将更加严峻。21世纪以来，世界人口高速增长的趋势将依然延续，农业的人口压力进一步增加，尽管世界粮食生产能力普遍提高，但世界粮食安全问题依然严峻；耕地资源的数量正在减少，后备耕地资源有限，耕地资源受到严重退化的威胁；世界水资源供需矛盾日益尖锐；温室效应、大气污染及全球水污染问题十分突出。

（1）当前世界农业发展的主要特征。

农业既是人类赖以生存发展的基础部门，也是所有经济部门中最为脆弱的一个部门。首先,农业资源有限,且目前已开发过度;其次,农业生产过程漫长,生产的丰歉受制于当地自然条件的变化;加之各地农业发展的不平衡,市场分散,且疏于管理,一旦受到冲击,其恢复和再发展十分缓慢。因此,无论是对发展中国家还是发达国家而言,农业在国民经济中都占有举足轻重的地位,许多国家都不敢忽视农业的发展和投入。

一是发展中国家经济发展的需要增加了对粮食的需求。在经济全球化的推动下,许多国家的社会化农业服务及产业化经营趋势不断加强。从20世纪80年代起,发展中国家的粮食总产量总体上超过了发达国家,逐步摆脱了发达国家对粮食的垄断和控制,但是,许多发展中国家依赖粮食进口的局面仍无明显改变。中国和印度是世界上人口最多的国家,由于经济发展的需要,它们增加了对粮食的需求。2006年中国大豆自给率仅为37%,当年进口大豆约2900万吨。目前,中国已成为位居世界第一的大豆进口国。印度为传统的稻米出口国,但在2006年进口小麦约700万吨①。

二是生物燃料需求增加影响全球粮食需求。随着全球石油能源的不断减少,各国纷纷以生物燃料替代石油资源,因此不少国家通过种植玉米等作物,从中制取生物酒精作为燃料。1998年,全球生物酒精的产量为314.2亿升,2007年达625.6亿升,整整翻了一倍。世界上生物酒精最大的生产国为美国,其产量为260.8亿升,其次为巴西,为202亿升,两者产量占全球的70%。此外,2000年全球生物柴油产量为72.1万吨,2006年达541.6万吨②,而它们的主要原料为玉米、大豆、木薯等,这也需要消耗大量的粮食。2008年7月4日,英国《卫报》发布了世界银行的一份秘密报告称,生物燃料的生产已经造成全球粮价上涨了75%。因此,未来粮食生产不仅要满足食品需求,还要满足快速增长的能源需求,这给农业生产带来巨大的压力。

三是农业耕地减少影响农业产出。20世纪90年代以来,全球农业发展的速度逐渐缓慢,其中最主要的原因是世界农业耕地面积逐步减少,而各国人口却一直在增长。1950年,世界人均耕地为0.23公顷,到1996年就减至

---

① 张一宾:《从世界粮食的需求及世界农业发展看农药的重要性》,《世界农药》2009年第1期,第2页。

② 张一宾:《从世界粮食的需求及世界农业发展看农药的重要性》,《世界农药》2009年第1期,第2页。

0.12公顷，预计到2030年人均耕地可能减少至0.08公顷左右。据联合国预测，到2050年，地球将没有可供人类利用的新的土地资源。目前，因种种原因，全球每年要减少耕地700多万公顷，如果不采取有效措施加以保护，现有耕地最终将变成零。

四是国际粮食贸易受到的限制日益严格。全球性粮食危机首先反映在国际粮食贸易上。除粮价波动外，主要的粮食进出口国家都在粮食贸易上采取应对措施，以切实保护自身利益。在粮食危机初现端倪时，印度、土耳其、墨西哥等40多个国家，立即采取降低进口税额或取消进口配额的政策，多方鼓励进口，保障其国内供应。而阿根廷、俄罗斯等20多个出口国家，则采取增税、限量等多种手段来控制出口。当前，国际粮食贸易市场总的趋势是加强对粮食供应的保护政策力度，重拾各种贸易保护主义手段。

五是畜牧业对农业的作用逐渐增大。2007年，全球畜产品总产量为10.248亿吨，其中肉类2.857亿吨，奶类6.713亿吨，蛋类0.678亿吨。畜牧业对全球农业总产值的贡献为40%，并维持着约10亿人的生计和粮食安全①。由于收入增长的拉动及科技变革和结构调整的支撑，畜牧业成为农业经济中增长最为迅猛的部门之一，畜牧业的发展与转型为农业发展、扶贫和粮食安全等领域取得成果提供了机遇。对于发展中国家来说，畜牧生产，特别是生猪养殖和家禽业，正在变得更加集约化、区域化、产业化及全球供应链的一体化。但是，畜牧业的迅猛发展意味着对土地和其他生产资源的竞争，这给主要粮食价格造成了压力，也给自然资源库带来了负面影响，从而可能会影响粮食安全。

(2)世界农业发展趋势。

对于农业危机潜伏和爆发的问题，国际社会上一些有识之士已做过一些专项调查。2008年4月，联合国教科文组织曾召集了400位专家对世界农业问题进行了综合研究，提出要改变农业生产模式，强调生产率的提高应与保护资源保持平衡；主张对目前农业进行包括科学、技术、政策、法规和投资能力等各方面的结构性改革；主张实行更加公平的农业贸易体制，帮助贫困国家实现粮食安全；建议利用农业知识、科学和技术建造一个更加公平的农业新模式；

① 联合国粮食及农业组织：《2009年粮食及农业状况》，2009年，第15页。

要求在全球范围内建立一项监督和干预机制，加强有关农业的监测和评估工作等。综观全球经济及农业发展，未来世界农业发展将出现以下趋势。

一是农业向着市场化、国际化和现代化的方向迈进。决定农业效益和农民收入的主要因素是市场需求，农业发达国家通过跟踪市场需求的变化来调整农产品供给结构，它们农业生产的市场化程度在90%以上，外向度在60%以上，并且，农业生产资料、技术和农业品种等在世界范围内进行配置。例如，荷兰是一个土地面积十分狭小、农业人口比重很低的国家，然而它的农业现代化程度却很高，国内农业发展直接面对国际大市场，2/3以上的农产品用于出口创汇，农业出口额居世界第三位。

二是科技创新对农业的贡献日益加强。现代农业的生产经营和管理活动是建立在发达的农业科技基础之上，将以生物技术为代表的农业高新技术广泛应用于育种、培苗、养殖、贮存等农业发展的各个环节，生物肥料、生物农药、基因工程疫苗、动物生长调节剂逐渐在农业中应用，推动了现代农业的持续快速发展。目前，发达国家农业增长中的科技贡献率达到60%—70%，甚至更高，政府所属的农业科研机构在科研体系中居主体地位。例如，美国联邦农业部农业研究局的四大研究中心和56个州的农业试验构成美国整个农业科研体系的主体，公共农业研究机构的经费占全部农业科研经费的40%；日本国立农业科研机构占全国农业科研机构的55.4%等①。因此，政府应投入更多的资金支持农业科技的创新与发展，以更好地服务农业。

三是实现农业生产的可持续发展迫在眉睫。农业仍然是一些经济体的主要部门，但是农业活动也会使自然资源退化。粗放的农业生产方式可能会导致土壤侵蚀和肥力损失；通过使用化学肥料、杀虫剂和集中灌溉方式来提高生产率，也会带来环境上的代价，并对健康造成影响。例如，近几十年来，农业的快速发展已造成全世界森林面积的近一半被破坏，年均消失1600万公顷；水资源的短缺对若干国家的农业的制约要比土地的制约严重得多，中等收入国家的农业用水占总用水量的69%；农业温室气体的排放占全球总排放量的近30%，对全球气候变化的负面影响日益增大。因此，实现农业的可持续发展非常重要：一方面是农业与生态环境的协调平衡，形

① 李平：《世界农业发展现状和问题》，《农民日报》2005年6月7日。

成良性循环的自然再生产的可持续发展;另一方面是产出品的绿色化、无公害化以满足人们对食物的安全需求,从而使产品价值得以实现,形成社会经济再生产的可持续发展。

四是 FDI 对农业部门的投资日益增多,跨国公司在农业中作用日益扩展。UNCTAD 发布的《2009 年世界投资报告:跨国公司、农业生产与发展》指出,与 1990 相比,2007 年农业生产中的国际直接投资流入量增加了两倍,达到每年 30 亿美元,当年农业国际直接投资存量为 320 亿美元。虽然与全球国际直接投资的总量相比仍然很小,但是在许多低收入国家,农业占其外商直接投资流入量的比例较高,因此国际直接投资对农业的资本形成至关重要。与其他领域的国际直接投资相同,跨国公司在农业的外资参与中同样发挥了相当重要的作用,它们在发展中国家的参与促进了农业的商业化和现代化。它们不仅直接投资于农业生产,而且通过非股权形式参与农业,主要是订单农业。在许多情况下,跨国公司带来的重要技能、专门知识和生产方式转让,促进了获得信贷和各类投入的途径,使大批以往主要靠农作糊口的小农进入了市场。但是吸引跨国公司参与发展中国家的农业既带来收益也要付出代价,对大多数发展中国家而言,争取实现农业发展、粮食安全和现代化的诸多发展挑战依然存在①。

2. 农业领域的国际贸易活动

农业是粮食供应和消除贫困及饥饿的核心,对大多数发展中国家来说,农业在经济发展过程中具有重要地位,这就促使国内企业和跨国公司加大了对发展中国家农业领域的投资力度。在此背景下,国外以及国内投资的参与在发展中国家的农业生产中发挥着至关重要的作用,提高生产率并且支持经济发展。虽然跨国公司的参与绝不是发展中国家推动农业市场化和现代化的唯一办法,而且不一定是主要的办法,但是它们在许多国家发挥着重要作用。在一定程度上,FDI 能够缩小发展中国家在农业投资上的差距及其在农业技术和其他资源上的差距。当前农业领域的国际贸易活动呈现以下特征。

① 联合国贸易和发展会议:《2009 年世界投资报告:跨国公司、农业生产与发展》,2009 年,第 40 页。

一是流入农业的FDI逐渐增加。尽管其总量有限，而且相对于其他行业来说比例很小，但是流入农业领域的FDI不断增加，而且带动下游产业的投资活动。20世纪90年代末，全世界每年流入农业的FDI还不到10亿美元，但是在2005—2007年，年入流量增加了两倍，达到30亿美元。此外，在东道国价值链下游部分稳定下来的跨国公司（如食品加工和超市）也开始投资农业生产和订单农业，从而使它们参与农业的实际规模扩大了数倍。经过21世纪初的快速增长之后，仅流入食品和饮料行业的FDI（不包括其他下游活动）在2005—2007年就超过了400亿美元。

二是订单农业逐渐成为跨国公司参与农业生产的重要形式。从地理分布、国家层面的活动密集程度、商品的覆盖范围以及跨国公司参与的类型来看，订单农业是当前跨国公司参与农业生产的重要组成部分。订单农业能够带来各种有益的效果，例如，提供资金投入并且向大量小农场主转移技术；缓解农民面临的金融和技术制约；把农民与全球市场联系在一起。在这个背景下，订单农业可以定义为由农民和跨国公司分支机构（或代表跨国公司的经纪人）签署的非股票合同安排，根据订单，农民同意按照议定的价格、质量标准、缴纳日期和其他具体要求向后者缴纳一定的产出。对跨国公司来说，这是个诱人的选择，因为它可以比现货市场更好地控制产品的具体规格、质量和供给。与此同时，它比土地租赁或产权的资本密集度低，风险小而且更灵活。对农民而言，订单农业可以提供可预知的收入和市场准入，并且从跨国公司那里获得信贷、专业知识等方面的支持。目前，跨国公司在世界110个国家和地区参与订单农业活动以及其他非股票形式的农业活动，范围涉及非洲、亚洲和拉美地区，在许多新兴国家和贫穷国家甚至达到了相当高的程度。此外，订单农业覆盖了相当广泛的农产品，从家畜、主要粮食生产到经济作物等。

3. 国际粮价走势分析

2009年，尽管全球经济在金融危机后持续复苏，石油、金属、油脂等大宗商品价格大幅上扬，但受制于宽裕的全球粮食供需关系，粮食市场弱势运行，粮价总体在2008年年底的低位盘整，全年总体水平大幅低于2008年。2010年，国际粮食市场供需关系将有所改善，但高库存、低贸易将抑制涨幅，国际粮价呈现先稳后升走势，总水平将高于2009年。

2009年，除年底大米价格出现一轮上涨外，全年国际粮价总体在2008年年底的低位小幅波动，各月价格变化均不大，年底价格略高于上年年底，但全年粮价总体水平比2008年有较大下降。2009年12月，粮食现货、期货平均价格同比分别提高5.8%和1.7%，其中小麦价格低于2008年年底水平，玉米、大米价格高于2008年年底水平。2009年全年，粮食现货、期货平均价格同比分别降低18%和32%。

2010年处于粮食市场产需关系改善的重要时期，若全球经济按预期持续回暖，将有利于推动实体市场粮食需求增加。从粮价周期性波动特征看，国际粮价底部盘整过程初步完成，2010年国际粮价呈现先稳后升的走势①。

(1)全球粮食市场产需关系改善，推动国际粮价从低位回升。

从2010年全球粮食市场的产需变化来看，尽管粮食产量仍可能高于需求，但产量有减少趋势，需求量呈现增长态势，2010年处于粮食市场产需关系改善的时期，这对粮食价格有提升作用。根据美国农业部的报告，2010年度世界谷物产量估计比上年度下降1.52%至21.97亿吨，需求量上年度提高1.73%达到21.84亿吨，当年谷物产量仅比需求量略高0.59%，而上年度产量比需求量高3.9%。

(2)高库存、低贸易量将抑制粮价涨幅。

2010年，粮食产需关系虽然会有所改善，但高库存仍是粮食市场面临的主要问题，也是抑制粮价上涨速度的主要因素。根据美国农业部的分析，2010年粮食期末库存量估计达到4.57亿吨，是8年以来的最高位，同比增长2.87%。从对粮价变化有重要参考作用的库存消费比来看，2009年全球粮食库存消费比为20.9%，大大高于17%的安全水平，这将抑制粮价涨幅。仅从供需上看，若库存消费比高于20%，粮价均未出现大幅上涨的情况。

由于一些主要进口国的粮食产量都有不同程度增加，粮食进口需求明显减少，美国农业部认为2010年世界谷物贸易量将比上年下降5.4%，近8年来首次出现下降，有利于抑制粮价大幅度上涨。

---

① 2009年国际粮价情况及2010年走势分析，http://www.sdpc.gov.cn/jgjc/gjjg/t20100226_332457.htm，2010年2月26日。

（3）国际粮价底部运行期初步完成，2010年前期继续低位运行，后期步入缓慢上升周期之中。

从粮食价格周期波动特性分析看，2008年6月国际粮价达到上一轮周期的峰值，2008年7—12月，小麦、玉米、大米价格分别下降37%、45%、4%，2008年年末基本达到周期性谷底。从历史经验来看，粮价低位盘整周期约一年半至2年，而这次国际粮价是从2009年开始进入底部盘整期，因此，初步判断，2010年前期国际粮价延续盘整，后期步入缓慢上升通道。

（4）2010年下半年开始的新粮食生产年度总体上有利于后期粮价上升。

2010年下半年全球粮食市场步入新的生产年度，尽管新粮食生产年度的粮食产需仍存变数，但是不少机构认为2011年度粮食产量继续减少、需求继续增加的可能性较大，粮食供需关系将得到进一步改善。

2005—2008年国际粮价出现大幅上升，其中一个重要原因是国际油价大幅上涨，推动生物燃料加工的玉米工业需求大量增加，改变了三种粮食生产、消费比例关系。而2009年国际油价已经持续攀升至每桶80美元，加之对清洁能源的呼声高涨，2010年玉米的工业需求抬头，对粮价回升产生推动作用。

4. 世界主要农业国家的竞争态势

全球的农业部门GDP从1996年的9876.75亿美元，增长到2007年的13289.51亿美元，在12年间增长了34.5%，但是农业在全球GDP中的比重却从3.6%下降到3.4%①。全球农业GDP占比最高的前20位国家如表4.4所示。

表4.4 全球农业GDP占比最高的前20位国家

国　家	各国在世界GDP中所占比例（%）		各国在世界农业GDP中所占比例（%）	
	1994—1996年	2007年	1997—1996年	2007年
中国	3.48	6.68	15.44	17.94
印度	1.27	1.95	8.84	9.26
巴西	2.13	2.06	2.67	3.20

① 联合国粮食及农业组织：《2009年粮农组织统计年鉴》，2009年。

续表

国　家	各国在世界 GDP 中所占比例(%)		各国在世界农业 GDP 中所占比例(%)	
	1994—1996 年	2007 年	1997—1996 年	2007 年
印度尼西亚	0.58	0.59	2.43	2.42
法国	4.24	3.81	3.09	2.42
土耳其	0.80	0.94	2.47	2.07
意大利	3.65	3.00	2.51	1.98
墨西哥	1.70	1.74	2.06	1.92
韩国	1.57	1.86	2.06	1.82
巴基斯坦	0.23	0.27	1.45	1.65
西班牙	1.74	1.86	1.79	1.61
德国	6.31	5.22	1.92	1.60
俄罗斯	0.88	1.03	1.47	1.51
伊朗	0.31	0.38	1.26	1.50
埃及	0.29	0.34	1.33	1.47
阿根廷	0.95	0.94	1.21	1.30
菲律宾	0.23	0.27	1.10	1.18
孟加拉国	0.13	0.18	0.94	1.08
英国	4.55	4.40	1.28	1.07
泰国	0.44	0.44	1.00	1.01
合　计	35.48	37.96	56.32	58.01

资料来源:根据联合国粮食及农业组织发布的《2009 年粮农组织统计年鉴》数据整理得到。

按照世界银行按收入划分的经济体,在这 20 个国家中,属于低收入经济体的有 2 个国家,属于下中等收入经济体的有 7 个国家,属于上中等收入经济体的有 5 个国家,高等收入经济体的有 6 个国家。

(1)法国农业概况。

法国是经济强国,也是农业发达国家。2008 年,法国农业就业人口为 77.0 万占全国就业人口比重 3.0%。当年法国 GDP 总值为 28531 亿美元,其中农业占 GDP 的比重为 2%。

法国是全球农产品生产大国,其中小麦、玉米等主要粮食生产居世界前列。据联合国粮食及农业组织统计,2008 年,法国农产品总产量居世界第 7

位，在发达国家中排名第2（仅次于美国）。甜菜产量居世界第1，小麦、油菜籽产量均居世界第5，玉米产量居世界第8。

法国也是全球农产品出口大国。2008年，法国农产品出口额居世界第3，仅次于英国和德国（荷兰农产品出口额排在美国之后，但是它只是国际贸易的一个平台）。

（2）泰国农业概况。

泰国是传统的农业国家。据统计，2008年，泰国可耕地面积占国土面积的30%，农业就业人口占全国就业人数的41.3%，农业占GDP的11.7%①。由此可见，农业在泰国的经济发展中占有举足轻重的地位。

泰国农用土地中约有59.12%用于稻谷生产；约有23.18%用于种植高地作物，常见的旱地作物有玉米、木薯、高粱等；约有9.16%用于种植果树②。全国人均耕地占有量为0.164公顷，得天独厚的地理位置与气候条件为泰国农业生产提供了优越的自然条件。中部肥沃的湄南河流域是大米之乡，2010年泰国出口大米1000万吨，占世界大米总出口量的32%，享有世界第一大米出口国的美誉。东北部与北部地区地势相对较高，近年来大量种植木薯，出口量位居全球之冠。泰国的玉米、高粱等旱地作物，主要用于饲料加工并出口；狭长的南部地区集中种植了全国90%的橡胶，使泰国成为世界第一大橡胶生产国与出口国。虽然泰国目前的农业结构仍然以种植业为主，约占60%，畜牧业占11%，渔业占12%，但相比过去那种单一的种植结构已经有了较大改善，发展了多种农作物经营。除了上述农产品之外，泰国还盛产丰富的热带水果，如龙眼、榴莲、芒果、山竹等，它们也有一定的出口量。

（3）巴西农业概况。

2008年，巴西农业就业人口为1620.7万，约占全国就业人口总数的18%，农业是巴西经济的重要产业。农业占GDP的6.7%。

巴西是农业大国，不少农产品产量位居世界前列。

2008年，巴西农产品总产量居世界第5位，其中甘蔗产量居世界第1位，大豆产量居世界第2位，玉米、水果（不包括瓜类）产量均居世界第3位，籽棉

---

① 根据国家统计局发布的2009—2011年《国际统计年鉴》中数据整理得到。

② 《以农业为依托促发展——泰国农业概况》，http://info.caexpo.com/zixun/jingjqj/2008—09—18/52903.html，2010年3月18日。

产量居世界第5位。

巴西历来重视外向型农业的发展，农产品出口创汇能力较强。2000—2008年，巴西农产品出口额年均增长18.8%。2008年，巴西成为世界第4大农产品出口国，仅次于美国、德国和法国，农产品出口额占其总出口额的28%。油籽、肉类和食糖产品是巴西农产品出口的支柱产业，2009年，三大类产品出口额分别达到115.65亿美元、98.95亿美元和85.68亿美元，占农产品出口总额的比重分别为21.09%、18.04%和15.62%，三者合计达到50%以上。其中，出口的油籽产品主要是大豆，肉类以禽肉、牛肉和猪肉为主，食糖以原糖为主。巴西大豆的产量约占全球总产量的1/4左右，其中约40%—50%用于出口；巴西肉类出口近年来增长迅猛，出口额从2001年的25.53亿美元增加到2008年的122.90亿美元，虽然2009年略有下降，但是2001—2009年年均增长率达到18.45%，其中禽肉、牛肉、猪肉分别占49.98%、30.55%和11.24%；巴西也是世界最大的蔗糖生产国和出口国，2008/2009榨季的糖产量约占世界食糖总产量的22.65%，出口量约占世界食糖出口量的53.07%①。

(4)埃及农业概况。

农业是埃及国民经济的重要产业。2008年，埃及农业就业人口占全国就业人口总数的31.0%，农业占GDP的比重为14.1%。

依靠尼罗河的灌溉，埃及绝大部分耕地能够常年灌溉，农业生产条件优越，农作物一年二熟至一年三熟，是非洲农业集约化和单产量最高的国家。例如，埃及的大米单产量居全球首位，玉米单产量居世界第4位，仅次于美国、意大利和法国，小麦单产量也居世界第4位②。埃及的许多农产品实现了自给自足，小麦和面粉的自给率在55%以上，食糖自给率达76%，棉花、大米、蔬菜、水果等农产品还有部分的出口③，其中棉花是埃及最重要的出口农产品，

① 张军平：《2009年巴西农产品对外贸易及其特点》，《世界农业》2010年第10期，第43—44页。

② 《埃及农业经济发展形势》，http://www.cabc.org.cn/news/2009-3-26/2009326130757.html，2010年3月26日。

③ 农业部农业机械试验鉴定总站：《援非手记(一)：埃及农业概况》，《农机质量与监督》2010年第7期，第39—40、45页。

其出口额一度占到埃及农产品总出口额的20%。

(四)新兴产业发展趋势

新兴产业是指随着新的科研成果和新兴技术的发明、应用而出现的新的部门和行业。随着全球经济、科技和环境的变化,新能源产业、信息和互联网产业、生物工程和新医药产业、纳米产业、空间产业、光电子、汽车电子在近几年快速发展的基础上成为全球共同关注的新兴产业。

1. 新能源产业

目前,低碳经济的发展路径已经成为很多国家的重要战略选择,发展低碳经济,转变能源利用模式,开发替代能源和可再生能源,提高能源利用效率,可以减轻经济发展对环境和气候的不利影响,保障能源供应安全。在这样的国际共识下,新能源领域成为投资热点,新能源产业将是经济发展中的龙头产业。中国科学院院长路甬祥在中国科学院2009年度工作会议上曾预言,人类的第四次科技革命已在世界金融危机中酝酿,而新能源将是这场革命的关键突破口。

(1)新能源产业投资活跃。

根据新能源财务咨询公司(New Energy Finance)数据显示,全球在新能源技术方面的投资从2006年的926亿美元增加到2007年的1483亿美元,投资规模扩大了60%。据估计,到2010年,全球可再生能源、废物处理等产业的产值将达到7000亿美元,与全球航空业的产值相当。到2050年,全球低碳能源行业的总增加值将高达3万亿美元/年,该行业的就业人数将达到2500万人。

2009年2月17日,奥巴马签署的经济刺激方案中约有1200亿美元的科技刺激计划,其中新能源和提升能源使用效率达到468亿美元,比重为39%,其产业重点包括高效电池、电网改造、碳储存和碳捕获以及可再生能源(如风能、太阳能利用等)。奥巴马认为:“领导世界创造新的清洁能源的国家,将是在21世纪引领世界经济发展的国家”,他希望通过设计、制造和推广新的切实可行的“绿色产品”来恢复美国的工业,以培育一个超过二三十万亿美元价值的新能源大产业作为美国经济结构调整的基础①。

欧盟也非常重视新能源产业发展。在金融危机之前,欧盟就开始积极倡导发展节能环保产业,提出新能源的综合研究计划,该计划包括欧洲风能、太阳能、生物能、智能电力系统、核裂变、二氧化碳捕集、运送和储存等一系列研究计划。金融危机发生以后,欧盟委员会制定的发展"环保型经济"中期规划显示,欧盟将筹措总额为 1050 亿欧元的款项,在 2009—2013 年的 5 年时间中,全力打造具有国际水平和全球竞争力的"绿色产业",并以此作为欧盟产业调整及刺激经济复苏的重要支撑点,实现促进就业和经济增长的两大目标,为欧盟在环保经济领域长期保持世界领先地位奠定基础。2008 年 10 月 14 日,欧盟宣布将在今后 6 年内投入 9.4 亿欧元用于氢与燃料电池技术在欧洲市场化。英国还发布了新的能源战略,在未来 12 年鼓励私人投资,大力发展核能。2008 年 11 月,法国环境部公布一项旨在发展可再生能源的计划,共包括 50 项措施,涵盖了生物能源、风能、地热能、太阳能以及水力发电等多个领域。

亚洲各国也高度重视新能源产业发展。日本是资源非常缺乏的国家,出于能源安全等方面的考虑,2004 年 6 月,日本通产省公布了新能源产业化远景构想,计划在 2030 年以前,将太阳能和风能发电等新能源技术扶植成为产值达 3 万亿日元的基干产业之一,石油占能源总量的比重将由现在的 50% 降到 40%,而新能源的比重将上升到 20%;风力、太阳能和生物质能发电的市场规模,将从 2003 年的 4500 亿日元增长到 3 万亿日元;燃料电池市场规模到 2010 年达到 8 万亿日元,成为日本的支柱产业。金融危机之后,日本发展新能源产业的意向进一步增强,拟定了旨在占领世界领先地位、适应 21 世纪世界技术创新要求的四大战略性产业领域,其中一个就是环保能源领域,包括燃料电池汽车、复合型汽车(电力、内燃两用)等新一代汽车产业,太阳能发电等新能源产业,资源再利用与废弃物处理、环保机械等环保产业②。韩国决定加大新能源研发投入,从 2008 年开始的 5 年内,用于绿色

① 《奥巴马科技新政孕育 21 世纪新兴产业》, http://www.drcnet.com.cn/eDRCnet.common.web/docview.aspx,2009 年 7 月 1 日。

② 史丹:《发达国家新能源产业发展的新态势》, http://views.ce.cn/main/qy/201003/14/t20100314_21115533.shtml,2010 年 3 月 14 日。

能源产业技术的总研发经费约为28亿美元,其中政府与民间投入分别为16亿美元和12亿美元①。

(2)发达国家占有新能源产业的主要市场份额。

发达国家和发展中国家几乎同步进入新能源产业,从总体上看,亚洲各国政府的新能源研发投资力度比欧洲大,而欧美地区的企业研发投资活动比亚洲多。欧盟一直是发展节能环保产业的积极倡导者,美国在金融危机后也将新能源产业作为经济恢复的重点产业。发达国家掌控新能源核心技术和占有新能源市场,发展中国家只是承担技术含量低的部分环节,例如虽然我国风能、太阳能的开发利用在数量规模上并不落后,但是我国新能源产业主要集中在相关制造环节,缺乏核心技术,能源利用效率较低,环保能力低,因此,在以节能减排为目标的新一轮国际竞争中,我国可能要承受较大的压力。

(3)新能源产业拉动关联产业的发展。

新能源产业的崛起将引发电力业、IT业、建筑业、汽车业、新材料行业、通讯行业等多个产业的重大变革和深度裂变,并催生一系列新兴产业。新能源产业对其他产业发展的直接拉动表现为多个方面:一是拉动新能源上游产业如风机制造、光伏组件、多晶硅深加工等一系列加工制造业和资源加工业的发展;二是促进智能电网、电动汽车等一系列输送与用能产品的开发和发展;三是促进节能建筑和带有光伏发电建筑的发展。

2. 信息和互联网产业

信息技术在驱动上一轮技术革命以后,势头始终不减,新一代宽带网络、智慧地球、云计算、系统级芯片等新技术、新应用极有可能推动信息产业实现新的质的飞跃。同时,信息技术还会带动互联网、电子商务、文化创意等多个产业强劲增长,创造新的商业模式。

(1)信息和互联网产业规模持续扩大。

全球互联网基础设施提供商威瑞信发布的《2009年第四季度域名行业报

---

① 中华人民共和国科学技术部:《2009国际科学技术发展报告》,科学出版社2009年版,第13—16页。

告》显示,截至 2009 年年底,所有全球顶级域名(Top Level Domains,TLDs)的注册总数超过 1.92 亿,这一数字与 2008 年底所统计的注册总数相比,提高近 1500 万。在 2009 年第四季度,全球互联网新增域名总数达 1100 万,域名注册总数较 2009 年第三季度增长 2%。到 2009 年年底,.com 和.net 域名总数增至 9670 万,这一总数较 2009 年第三季度提高 2%。2009 年第四季度的域名续用率为 71%,与 2009 年第三季度的 70.5% 相比稍有变化①。2009 年 3 月,思科公司首席技术官 Padmasree Warrior 表示,到 2013 年,全球将有 1 万亿台设备接入国际互联网,整个互联网流量将达到 56EB(560 亿 GB,1EB=10 亿 GB),而 2007 年仅为 5EB②。根据 IDC、Gartner 等市场研究机构估计,2010 年全球 IT 支出增长 3% 以上,软件支出超过 5%,相关的服务市场达到两位数增长;DisplaySearch 预计全球彩电出货量比 2009 年增长 6%,Gartner 预计手机将增长 12%,微型计算机将增长 12%,SIA 预计集成电路将增长 10% 以上。

在我国,2008 年互联网产业规模接近 1500 亿元,带动相关 IT 业、制造业、软件与数字内容业产值超过 2000 亿元。2009 年,尽管电子信息产业收入下滑,但是它在全国工业中的比重依然达到 10% 左右;电子信息产品出口在全国外贸出口中的比重超过 1/3,全年降幅低于全国出口 2 个百分点,为减缓出口整体下滑发挥积极作用;电子信息产业从业人员达到 755 万人,占全部工业从业人员的 9% 左右。其中,规模以上电子信息制造业实现收入 51305 亿元,同比增长 0.1%;利润 1791 亿元,同比增长 5.2%;出口交货值 28932 亿元,同比下降 5.6%。软件业务收入 9513 亿元,同比增长 25.6%。2009 年年底,全国电话用户超过 10 亿户,互联网网民超过 3.8 亿户,移动网民突破 2 亿户。据当时估计,2010 年电子信息产业总体上呈现前高后稳的态势,全年电子信息制造业增长超过 6%,产品出口实现正增长,软件业务收入增长 25%③。工业和信息化部副部长娄勤俭在"2010 中国(深圳)IT 领袖峰会"上称,我国电

① 全球互联网域名注册突破 1.92 亿,仍有较大空间,http://it.people.com.cn/BIG5/42891/42894/11067408.html,2010 年 3 月 3 日。

② 思科 CTO:《2013 年全球互联网流量将达 560 亿 GB》,http://it.people.com.cn/GB/42891/42893/11237152.html,2010 年 3 月 27 日。

③ 中华人民共和国工业和信息化部:《2009 年电子信息产业经济运行公报》,2010 年 2 月 3 日。

子信息产业仍将保持高速发展，并将扮演经济增长的倍增器、产业升级的助推器和发展方式的转换器等角色。

(2)国际信息和互联网产业竞争加剧。

一是各国加大对信息和互联网产业的战略投入。奥巴马认为美国在互联网方面的领先优势正在下滑，因此需要尽快发展一个世界上最先进、最现代化的信息基础设施，以实现对医疗信息化、智能电网、教育和宽带的支持。2009年2月，奥巴马政府发布约有1200亿美元的科技刺激计划中包含基建投资，其中有72亿美元将用于改善网络宽带通路，特别是在偏远地区①。具体措施包括发展下一代宽带互联网、普及宽带网络使用、开放互联网并鼓励媒体业主多元化等。欧盟提出要加快建设全民高速互联网，到2012年实现高速网络100%覆盖率。英国、法国相继出台了“数字国家”战略，德国推出“信息与通信技术2020创新研究计划”，倾力增强信息通信领域的国际竞争力②。韩国计划2012年在全国范围内建成超级宽带网络，使有线和无线网速分别达到1Gbps(10亿比特/秒)和10Mbps(兆比特/秒)级，以取代目前的光缆入户服务和大部分基于交换的有线电话服务③。

二是大企业并购增多，产业链竞争突出。2009年是电子信息企业并购重组的重要一年，最突出的变化体现在大企业并购和基础领域整合增多，如日本NEC电子和瑞萨合并成立了第三大半导体公司，我国台湾省多家半导体企业整合建立了“台湾记忆体公司”，群创并购奇美等，都将在全球半导体、面板领域形成新的竞争格局。此外，松下并购三洋、甲骨文并购SUN等重大并购案件，也将对家电、软件产业格局带来深远影响。近年来，跨国公司经常基于完整的产业链优势，利用局部领域打击竞争对手，显示当前企业间的竞争不仅仅是产品的竞争，更多是基于产业链开展的竞争。

(3)信息和互联网产业范围扩大。

随着数字通讯和宽带网的普及，一些新兴高科技产业在现代信息技术基

① 中华人民共和国科学技术部：《2009国际科学技术发展报告》，科学出版社2009年版，第113页。

② 万钢：《把握全球产业调整机遇，培育和发展战略性新兴产业》，《求是》2010年第1期，第28—30页。

③ 毛黎等：《2009年世界科技发展回顾》，《科技日报》2010年1月6日。

础上发展起来，如网络应用与服务、电子商务、在线广告、娱乐与视频、搜索引擎、社交网络、数字广播、数字电视、电子内容制作、传输与管理、电子游戏等。而物联网的发展将带来一场巨大的产业革命，它不仅能广泛应用于新闻媒体、广告等方面，而且也能为第一产业、第二产业服务，产生新的工业化产品，为未来几十年的发展提供一个巨大的空间。

3. 生物工程和新医药产业

目前，生物工程和新医药产业没有严格的定义，也被称为生物医药产业，广义上是指将现代生物技术与各种形式的新药研究、开发、生产相结合，以及与各种疾病的诊断、预防和治疗相结合的产业。以基因工程为代表的生物技术不断取得突破，向医药、农业等众多领域广泛渗透，生物技术的快速发展将促进生物工程和新医药产业的快速发展，改变整个人类的生产和生活方式。

（1）生物工程和新医药产业发展迅速。

从世界生物工程和新医药产业发展趋势来看，目前正处于生物技术大规模产业化的开始阶段，预计到2020年将进入快速发展期。近年来，全球生物技术产业销售额的年增长率达到25%—30%；据IMS Health报告，2007年全球药品市场再创历史新高，达到7120亿美元，市值较过去5年增加1780亿美元。其中3种表现引人注目：一是生物技术药品的需求增长强劲，增长速度达到13%—14%；二是仿制药增长速度达到13%—14%；三是专科药品增长速度将达到10%—11%①。2008年，我国生物工程和新医药产业继续保持高速发展态势，全年实现产值8666亿元，同比增长25.52%，增速与2007年基本持平②。此外，即使在经济危机的严峻形势下，各国不但没有减少对生物技术研发的资助，反而加强了对这些领域的支持。

（2）研发投入持续增长。

生物技术产业是研发密集型产业，投资咨询公司的数据表明，生物制药产业研发投入逐年递增，2006年全球生物医药产业在新药开发上投入550亿美

---

① 张小平：《上海生物医药产业发展分析》，《上海食品药品监管情报研究》2009年2月总第96期，第29—34页。

② 苏月、刘楠：《生物医药产业发展态势与趋势》，《中国生物工程杂志》2009年第11期，第123—128页。

元,比2005年增长8%。2007年,美国生物医药研发投入再创新高,达到588亿美元。同期,生物技术公司在全球范围募集了近300亿美元的创纪录的资金①。

美国于2009年3月9日宣布解除对用联邦政府资金支持胚胎干细胞研究的限制。同年7月上旬,美国国家卫生研究院公布了干细胞研究规范的最终文本,放宽了对来自其他国家的胚胎干细胞进行研究的限制,利用私人资金或州政府资金进行研究也不受此影响。美国联邦食品药品监督局也放行干细胞临床实验和干细胞产品,拨给国家卫生研究所的100亿美元研究经费中有相当大一部分将会投入干细胞研究领域,这将有助于干细胞研究以及医学领域的应用发展,随着相关技术突破,有望为医疗带来新的理念和途径,也会带来一块新的生物产业发展领域②。

2008年,英国议会通过人类繁殖与胚胎法等多项法案;英美科学家采用基因疗法治疗网膜病变致盲症取得突破,可望在两年内普及;英国、意大利和西班牙科学家首次利用成人干细胞技术培养出气管并完成移植手术③。英国计划10年内在癌症和其他疾病领域投入150亿英镑用于相关的生物医学研究,这比英国以往任何时候对生物医学研究的投入都要多④。

(3)欧美市场高度集中,新兴市场尽显活力。

在全球药品市场中,美国、欧洲、日本三大药品市场的份额超过了80%。美国是生物产业的龙头,其开发的产品和市场销售额均占全球的70%以上⑤;美国的五大生物技术园区使美国牢牢奠定了世界生物技术产业界的领袖地位;美国有1452家生物科技公司,其中336家是公开持有、公开上市的生物科技公司,其总市值达到3600亿美元。欧洲生物医药产业占全

① 苏月、刘楠:《生物医药产业发展态势与趋势》,《中国生物工程杂志》2009年第11期,第123—128页。

② 赵刚:《奥巴马政府支持新兴产业发展的做法和启示》,《财富世界》2009年第11期,第76—79页。

③ 中华人民共和国科学技术部:《2009国际科学技术发展报告》,科学出版社2009年版,第125—130页。

④ 万钢:《把握全球产业调整机遇,培育和发展战略性新兴产业》,《求是》2010年第1期,第28—30页。

⑤ 张小平:《上海生物医药产业发展分析》,《上海食品药品监管情报研究》2009年2月总第96期,第29—34页。

球市场份额的30%以上，呈稳健增长态势；2006年年收入增长13%，高于2005年的7%；上市企业的产品新增163种新药，总治疗产品数量增加到692种。

亚太地区生物工程与新医药产业发展的潜力巨大，美国、欧洲制药公司在亚太地区所进行的长期科研开发及生产活动是其形成原因之一，其中最具有代表性的是日本。自2002年日本实施生物产业发展战略以来，国家研发预算在5年内增长两倍；生物科技市场持续高速增长，从1980年的2000亿日元增加到2005年的6.67万亿日元，2010年生物技术的相关产值估计达到25万亿日元。

目前发达国家生物工程和新医药产业向中国、巴西、印度等新兴医药市场转移的速度正在加快。我国科学技术部社会发展科技司2009年出版的《生物医药发展战略报告》显示，作为七大新兴医药市场，2008年中国、巴西、墨西哥、韩国、印度、土耳其和俄罗斯的市场总规模估计增长12%—13%，达到850亿—900亿美元①。离岸研发外包重要性日益凸显，据估计，到2010年，20%的研发外包转移到亚太地区，澳大利亚、中国和新加坡是科技研发投资的主要目的地。

（4）并购集群特征明显。

生物工程和新医药产业一个非常重要的特征是集群化发展，以科研机构、高校、制药企业、生物技术企业及其相关机构在特定地域内集中分布、相互作用、相互联系构成的产业集群为特征。生物和制药行业的研发主要由跨国公司的大型实验室和中小型高技术公司开展，2008年金融危机发生以后，大型跨国公司加大了并购力度。例如辉瑞和惠氏两个制药公司合并之后，专门建立了一个科学家团队寻找和评估辉瑞公司之外的新技术和处于早期研发的药物，以开展进一步的收购和兼并。当企业通过收购与兼并实现发展的同时，相关的研发项目也将合并。大型跨国生物制药公司已经或者正在进行研发机构重整，更加集中于少数重要领域，建立更小但更加专业的实验室，大型实验室的形式将终结；跨国公司也更加倚重于公司外部的战略合作伙伴、学术机构和外部专家网

① 苏月、刘楠：《生物医药产业发展态势与对策》，《中国生物工程杂志》2009年第11期，第123—128页。

络,实施更加集中、简化的全球合作研发,专业团队的网络合作将成为一种新趋势。这种革命性的变化已经体现在人类基因组研究中,人类基因研究的快速发展得益于不同国家、不同公司小型专业化研究团队的紧密合作①。

4. 纳米产业

纳米技术开始向应用研究及产业化迈进。纳米印刷技术、微纳结构光刻技术产业化前景明朗,将形成巨大的产业规模。

(1)纳米产业产值增长迅速。

近年来,全球纳米相关产品产值飞速增长。2004 年,纳米产业的产值只有 130 亿美元,2006 年接近 600 亿美元,其中纳米材料的产值为 5. 21 亿美元,纳米中间体的产值为 79 亿美元,而用纳米技术生产的制成品产值高达 500 亿美元。虽然目前纳米产业占全球制造业的产值比例还不到 0. 5% ,但是专家预计,纳米产业快速增长的趋势仍将保持,2014 年纳米市场产品规模将达到 2. 6 万亿美元,将占制造业总产值的 15% 。美国 BCC 研究所预计,纳米技术与能源相关的市场总值在 2006 年约是 43. 5 亿美元,按年均增长 8% 计,到 2012 年将达到 71. 2 亿美元②。

(2)纳米科技研发投入持续增加。

近年来,全球在纳米技术领域的投资逐年增加。2005 年,全球纳米科技的研发投入为 96 亿美元,其中政府投资占 47. 93% ,企业投资 46. 89% ,风险投资 5. 18% 。2007 年增至 120 亿美元,2008 年估计突破 150 亿美元③。

纳米技术是美国近几年重点支持的领域。2008 年,美国政府对“国家纳米技术计划”的研发投入为 11. 67 亿美元④,2010 年则达到 16 亿美元⑤。

---

① 《欧美生物制药研发产业:在危急中求变》, http://www. cncbd. org. cn/web/ForeignDetail. aspx? id=549,2010 年 3 月 29 日。

② 《全球纳米技术工业化浪潮袭来》, http://www. ccin. com. cn/ccin/news/2008/02/04/32494. shtml,2008 年 2 月 21 日。

③ 《世界科技热潮,纳米科技加速发展》, http://cn. china. cn/article/d291765,7c3226,d1571_4585,3. html,2008 年 5 月 4 日。

④ 中华人民共和国科学技术部:《2009 国际科学技术发展报告》,科学出版社 2009 年版,第 109 页。

⑤ 万钢:《把握全球产业调整机遇,培育和发展战略性新兴产业》,《求是》2010 年第 1 期,第 28—30 页。

欧盟积极创建欧洲纳米科技产业。在其制定的《第七框架计划(2007—2013年)》中,纳米科技被列为9大研究主题之一,投入将从《第六框架计划》中的13亿欧元增至34.75亿欧元。据预测,2015年,欧洲纳米科技产值将超过1万亿欧元。

俄罗斯总统梅德韦杰夫2009年12月在第二届国际纳米技术论坛上表示,俄罗斯将采取多种措施,大力发展纳米技术,促使纳米产业成为俄罗斯经济的主导产业之一。在2015年前,俄罗斯政府计划投入3180亿卢布(1美元约合30卢布)用于扶持纳米产业,“这在世界纳米技术领域是最大的国家投资项目”,届时俄罗斯纳米产业的年产值将达到9000亿卢布,其中1/4将来自出口①。

韩国科学技术委员会制订了《2009年纳米技术发展施行计划》,该国政府将向纳米领域投入2亿美元,并计划在2015年之前成为全球纳米技术三强之一②。日本制定的第三期《科学技术基本计划》(2007—2012年)中,纳米科技列为10大战略性推进领域之一,研发投入将达333.16亿日元。

(3)主要区域和国家纳米产业的发展态势。

据Helmut Kaiser咨询公司发布的报告《Nanotechnology 2015》显示:2006年北美市场占全球纳米技术市场的60%,处于领先地位;欧洲市场发展迅速,占25%;亚洲市场占11%。2015年纳米技术市场的份额又将有新的变化,北美纳米技术市场的总额将持续增长,但所占比例进一步减小,只有46%;欧洲和亚洲市场分别各占30%和19%③。在纳米元器件领域,日本领先,欧洲次之,美国第三;在纳米生物与应用领域,美欧相当,日本次之;在高表面积材料领域,美国领先,欧洲次之,日本第三;在固结材料领域,日本领先,美欧相当且居日本之后④。

(4)纳米科技主导各种产品。

---

① 俄力促纳米产业成为主导产业之一,http://news.xinhuanet.com/world/2009—10/07/content_12190296.htm,2009年10月7日。

② 毛黎等:《2009年世界科技发展回顾》,《科技日报》2010年1月6日。

③ 朱相丽:《国际纳米技术市场及纳米制造技术的发展方向》,《新材料产业》2007年第11期,第62—65页。

④ 《世界科技热潮,纳米科技加速发展》,http://cn.china.cn/article/d291765,7c3226,d1571_4585,3.html,2008年5月4日。

纳米科技的主导产品包括纳米材料（纳米粉体、纳米线、纳米复合材料等）；纳米生物与医药（控释药品、疫苗等）；纳米电子与光电子（芯片、纳米电子与光电子材料等）；纳米机械（纳米刻蚀技术、纳米微机械技术等）；纳米工艺（纳米碳管制备、纳米渗透滤波）等。目前，纳米技术已拓展到信息、生物、医药、能源、资源、环境、空间等诸多领域，纳米领域继续成为各国创新投资的重点。

5. 空间产业

（1）空间产业规模巨大。

目前，空间产业成为新的经济增长点，呈现规模加大、速度加快的发展势头。有报告显示，1996 年，全球航天技术产业创造的利润为 750 亿美元；到 2000 年，利润已攀升到 1250 亿美元①。目前世界商业航天市场总额高达数千亿美元，且每年以 10% 的速度稳步增长。2010 年全球商业航天活动的收入估计达到 5000 亿—6000 亿美元，其中全球卫星产业的规模约为 2000 亿—3000 亿美元②。据美国航天基金会发布的《2008 航天报告》显示，2007 年全球太空经济收入总额达到 2510 亿美元，比 2006 年增长 11%，预计航天经济的年增长率将会在 12%—18%，如果这一趋势持续下去，航天经济将会在未来 10 年里达到上万亿美元，而且通信、导航、遥感等卫星的商业化进程进一步加快③。

（2）主要大国垄断空间产业的市场份额。

自从 2004 年美国提出以探索火星和其他行星为目标的“太空探索新构想”以来，各国掀起载人太空探索活动热潮。美、俄、欧、日、印等都瞄准月球、火星等目标，制定了载人太空探索计划。2007 年，商用卫星的收入增加了 27%，从 2006 年的 30 亿美元增加到 2007 年的 38 亿美元，其中商用地球同步卫星的订货单中，美国占 52%，欧洲占 43%，其他国家占 5%，美欧依旧

---

① 《“神七”撬动千亿航天业产业价值惊人》，http://info.yidaba.com/zxzx/cjzx/gncj/8128495.shtml，2008 年 9 月 25 日。

② 《航空业年均增 15%，神七升空溢出 10 倍》，http://info.yidaba.com/zxzx/cjzx/gncj/8204160.shtml，2008 年 9 月 28 日。

③ 中华人民共和国科学技术部：《2009 国际科学技术发展报告》，科学出版社 2009 年版，第 84 页。

保持在卫星制造领域的垄断优势。今后10年预计全球发射商用卫星700颗左右，具有发射能力的国家都期望能从中得到更多的市场份额。但是，目前美、欧、俄三方基本垄断了当前商业发射服务市场，而日本、印度等国穷追不舍。

美国总统奥巴马上任后显著提高了美国航空航天局的财政预算。根据美国政府2010财年预算，美国航空航天局将获得187亿美元的预算资金，如果将经济刺激计划中的10亿美元相关资金包括在内，与2008财年相比将新增预算24亿美元，新预算意在确保美国在地球和太空研究领域的全球领先地位。欧盟方面，欧洲航天局2008年11月决定，投资100亿欧元用于未来几年的太空探索，以逐步实现载人航天、火星生命探测等重大计划。俄罗斯近年来也加大了对多个航天项目的投入，该国在2009年明确提出：首先要保证在俄领土上进行太空发射；确保"格洛纳斯"全球导航定位系统的全面部署和运行计划在2009年内完成；实施俄在国际合作项目中应承担的义务，其中包括国际空间站建设和对太阳系行星的探测。据介绍，俄罗斯2009年将总共进行39次太空发射，发射次数比往年明显增多。

日本负责航空航天研发工作的"宇宙航空研究开发机构"发布的一项长期展望称，今后20年，日本的航天研发目的是监视自然灾害和气候变化、探索太空之谜、开发与积累可靠而有竞争力的技术。日本宇宙开发战略总部（总部长为时任首相麻生太郎）2009年3月6日首次提出载人航天开发构想，希望在2020年前将机器人、在2030年前将人送上月球。韩国科技部门的官员也表示，韩国计划在2020年左右开始进行探月工程。2008年8月公布的《李明博政府科技发展基本规划》报告将卫星及其发射器研发列为50个重点扶植技术之一，并将其列入国家主导核心技术。印度计划在2012年发射第二个无人月球探测器"月船2号"，2015年实现载人登月，2020年实现宇航员月球漫步。印度的登月计划预计耗资20亿美元，周期为8年①。

（3）空间产业发展特点。

一是技术溢出效应大。航天航空等空间产业属于技术密集和资本密集的产业，在高投入、高风险的同时也具有高收益。据测算，航天产业的直接投入

① 于宏建等：《空间产业成为新的经济增长点》，《人民日报》2009年3月17日。

产出为1∶2，而对相关产业的带动辐射效应在1∶8—1∶14间。航空航天业最为发达的美国，其空间计划为美国增值2万亿美元。我国在“神六”研发期间，航天产业所辐射的产业链创造价值超过1200亿元①。

二是各国空间技术研究具有共同特征。各国的研究计划都普遍地趋向于长期的布局，注重短期、中期和长期计划的相互衔接。目前空间技术研究具有以下几方面的共同趋势：将太阳—太阳系整体联系；对地球、行星空间环境进行比较；注重空间活动的安全性；将空间观测、理论、模型相结合；建立小卫星星座、大尺度星座，以实现立体、全局性观测②。

三是国际合作活跃。空间国际合作也在向广度和深度拓展，已有9个国家签订了月球探测合作协议。中国对空间国际合作做出了积极贡献，目前，中国通信卫星已经实现了整星出口。中巴资源卫星、中欧空间探测卫星的合作均促进了双方相应技术的发展。

目前，太空活动已从原先的单纯政府行为，演变为政府和商业并举的极具活力和竞争力的经济活动，太空活动的技术往往都具备向其他行业转化的潜力，空间技术的应用已成为人类日常生活中不可或缺的内容。例如通信卫星业务快速向多媒体扩展，成为信息社会不可或缺的手段；对地观测卫星的分辨率越来越高，获取信息的能力也越来越强。空间产业将成为未来推动国家经济增长的助推剂。

6. 光电子产业

（1）世界光电子产业市场平稳发展。

按照国际产品产值统计及产业层次，光电子产业大致划分为与光电子技术有关的六类产业，即光电子材料与元件、光电显示、光输入/出、光存储、光通信、激光及其他光电应用。其中，平板显示产值规模已位于光电子产业各领域前列；半导体绿色照明产业发展潜力十分看好；光盘存储产品技术越发彰显光电子领域的知识产权竞争。

一是平板显示产业发展趋于稳定。2008年，咨询公司DisplaySearch认为

① 《航空业年均增15%，神七升空溢出10倍》，http://info.yidaba.com/zxzx/cjzx/gncj/8204160.shtml，2008年9月28日。

② 中华人民共和国国家航天局：《各国空间科学发展比较》，2008年4月28日。

2008 年平板显示屏行业的销售收入估计达到 1190 亿美元，比 2007 年增长 19%。2008 年以后，平板显示屏市场还将以同样的增长率增长，如图 4.5 所示。此外，OLED、LED 背光和柔性显示屏等技术的进步将从更新换代的销售和新应用中获得加速增长的机会。

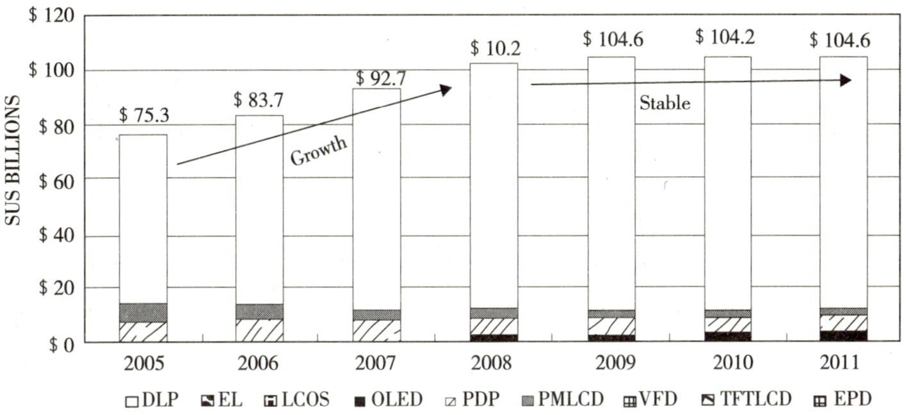

图 4.5　历年平板显示产品市场分布

资料来源：上海市经济委员会、上海市科学技术情报研究所：《2008 世界制造业重点行业发展动态》，上海科学技术文献出版社 2008 年版，第 373 页。

二是半导体照明产业发展快速。在全球能源危机、环保要求不断提高的情况下，寿命长、节能、安全、绿色环保、色彩丰富、微型化的半导体 LED 照明已被世界公认为一种节能环保的重要途径。2004 年全球 LED 市场规模约为 47 亿美元，2006 年全球半导体照明市场超过 70 亿美元，年增长率超过 24%，iSuppli 估计 2008 年增长到 69 亿美元，年平均增长率约 15%，其中高亮度和超高亮度 LED 市场额的年平均增长率将达到 20% 左右，到 2008 年两者合计占总体市场份额的 2/3，届时超高亮度 LED 单独的市场规模将达到 16 亿美元。

三是光盘存储产业产品规格之争落幕。2008 年 2 月，HD—DVD 的核心推动者东芝公司宣布，将全面退出高清 DVD（HD—DVD）业务，这标志着在下一代 DVD 的两种格式之争中，索尼等公司主导的蓝光技术阵营取得了事实上的胜利，同时东芝公司在消费电子领域近两年内遭到第二次重大打击（前一次是在下一代显示技术领域黯然宣布无限期推迟 SED 电视的发布）。这表明对资源的整合能力最终决定了竞争的结局。

（2）光电子产业增长总体呈现放缓迹象。

世界光电子产业随着光电应用产品的扩散、普及和价格的快速跌落，以及部分市场的饱和成熟，其产值开始步入平稳增长期。2007 年，世界光电产业总产值估计达到 3150 亿美元；据美国光电子产业振兴协会的报告分析，2010 年全球光电子产业总产值达到 4500 亿美元，以光电子信息技术为主导的信息产业形成约 5 万亿美元的产业规模，光电子产业市场可能超越集成电路和计算机通信产业。这表明，世界光电子产业已经达到较大规模，其增长总体上有放缓迹象。

（3）全球光电子产业呈现新态势。

一是产品技术更新加快。全球光电子产业技术产品更新加快，其涉及的光电子材料和元器件、光电显示器、光输入/输出设备、光存储、光纤光缆、光通信设备、激光器及其应用都处于快速发展期。目前，光电子产业的主要领域均出现了一些革命性技术变革，从而引发了一系列产业发展热点：一是半导体发光器件（LED）取代传统照明光源引发“绿色照明革命”；二是平板显示（FPD）取代传统阴极射线管显示（CRT）使得信息显示步入平显时代；三是光子取代传统电子作为信息载体促进新一代通信发展。

二是园区产业集群发展。世界光电子产业在区域布局上呈现为三个层次。居于第一层次的美国，其光电子产业集群发展的代表是亚利桑那州南部的图森“光谷”。根据美国亚利桑那州光电产业协会介绍，图森“光谷”集中了亚利桑那州 200 家光电企业中的 160 家，主要从事光学设计与工程、光纤光学、激光与半导体等。该“光谷”产业集群的特色是建立了世界一流的研究中心，企业研发富有活力，并且风险投资机制发达。居于第二层次的法国，其光电子产业集群发展的代表是在阿尔卡特研究中心内建立光电子学研究开发中心而逐渐形成的光谷。该“光谷”集中了法国 50% 的光电产业，产值达到 100 亿欧元，4 家处于世界领先地位（包括通讯设备领域 Alcatel 公司、光学镜片领域 Essilor 公司、卫星通讯领域 Thales 公司、通讯军工领域 Sagem 公司）。该“光谷”产业集群的特色是获得了政府大力支持，大型龙头企业与国家级科研单位共同参与，并且入驻机构互补性强。居于第三层次的我国台湾省，其较具代表性的光电子产业集聚区是成立于 1980 年的新竹科学园区。该园区被誉为亚洲科学园区中发展最为成功的案例之一，开发产品包括平面显示器(LTPS、TFT—LCD/PDP/OLED)、发光二极管、接触式影感应器等产业结构完整，并且具备充足与流通的资本市场。

(4)全球光电子产业发展的国际比较研究。

1)产业发展优势比较。

全球光电子产业竞争呈现为“大三角”格局，即以美国为重心的北美洲区域，以欧共体为重心的欧洲区域和以日本、韩国和中国台湾省为重心的东亚区域。其中，欧美区域研发水平高，产品档次高，而东亚区域的产业链较完整、产业规模大，且发展快。

美国是世界光电子高技术研究的重心，一直都保持着高投入，在光电子领域和多个科技领域具有很强的技术优势和发展后劲。

日本是世界各国中最早认定“21 世纪是光的世纪”的国家。其产业规模以平均每年 10% —20% 的速度递增，一跃成为世界光电子产业的头号大国。日本在半导体激光器、激光打印机、液晶显示器、光盘产业等方面长期处于垄断地位。德国则是欧洲区域的代表，在激光材料加工方面处于世界领先地位。目前德国正在执行的一项为期 5 年的“光学技术”计划，总投资 2. 8 亿欧元，重点发展生物光电技术、飞秒超快现象应用、高能二极管激光器等。

20 多年来，我国台湾省在光电组件、显示器、光通信、光存储、光输出输入、激光器及其应用产品方面发展迅速。台湾的光盘及光盘机、显示器和光电扫描等产品已取代日本，其市场份额占据国际首位。其中，光电显示器一直是其光电产业发展的主导产品，其产值已居台湾光电产业产值的第一位。

此外，一些发展中国家，如印度，近年来也十分重视光电子产业的发展。印度信息技术部发起了若干计划，重点是提高其光电器件的研发能力。

2)产业发展模式比较。

美国一直都保持着对科学技术的高投入，在光电子领域和其他多个科技领域具有很强的技术优势。美国政府鼓励企业自由竞争，产业发展比较自由，因而美国的光电子产业发展也主要是由市场来推动的，其发展模式具有以下几个特征：一是大型企业透过垂直整合，形成庞大的生产体系，虽然这类大企业占全美光电企业总数的比重不及 10%，但是它们却占有超过 85% 以上的产值，产业集中度很高；二是美国企业的技术研发主要由中小企业来进行，它们更倾向于短期的、满足市场需求的研发活动，大学则主要进行一些长期的基础性研究；三是美国在光电子领域具有较强的科研实力。

日本的光电子产业起步最早，其发展模式具有以下几个特征：一是日本产业是政府、学术界和企业界合作推动的，比较有组织；二是产业中介机构发挥重大作用；三是政府对光电子研究直接给予资助。日本对光电子领域的科学技术研究主要是由通产省给予支持，并在其指导下完成的；四是日本企业注重生产技术和消费市场的开发，日本的一些大型企业，如NEC公司、日本电报电话公司(NTT)等，都建立了自己的光电子基础研究实验室，它们面向市场形成了大规模、低成本的生产能力。

我国台湾省光电产业发展受制于自身相对薄弱的科技总体实力，与美国、日本相比，其发展模式具有以下几个特征：一是作为产业后发地区，台湾光电产业的快速发展主要得益于政府推动；二是自主开发研制能力方面相对有限，拥有自主产权的产品较少，关键零部件自主性低，但在组装应用能力与相关产业的配套方面比较齐全，产品的市场适应性和开拓性较强。

综上所述，产业发达或比较发达的国家和地区的光电子产业发展模式特征是：美国光电子产业发展主要由市场推动；日本光电子产业发展由官产学研共同推动，产业组织性强，中介机构作用明显，企业注重生产技术和消费市场的开发，掌控着先进的生产技术，引领高端消费电子产品的发展；我国台湾省光电子产业发展受制于自身相对薄弱的科技总体实力，产品技术自主开发创新缺乏后劲，拥有自主产权的产品较少，关键零部件自主性低，但政府大力推动产业发展，营造了较好的产业配套和政策环境，产业呈现空间集聚态势，在部分领域形成了市场竞争优势。

7. 汽车电子产业

(1)全球汽车电子市场持续增长。

2007年，虽然石油、钢材等能源和原材料价格继续上涨，全球汽车市场仍保持了较稳定增长。根据IC-Insights和中国台湾工研院IEK2007年2月统计数据，2006年全球汽车电子市场增长率为7.2%。计世资讯(CCW Research)估计，2006年全球汽车电子销售额为1395亿美元。IC-Insights和IEK还估计2007年全球汽车电子市场规模为1438亿美元，其增长速度将有较大程度下滑;估计 2006—2010 年的年复合成长率将为 3.2%,2010 年市场规模接近 1600 亿美元。同时,著名研究机构 Strategy Analytics 调查数据显示,2007 年全球汽车电子市场规模为 1410 亿美元,年成长率在 2%—3%。根据中国电子元件协会 2008 年市场报告,2013 年全球汽车电子市场规模预计将达到 1737 亿美元。2002—2013 年全球汽车电子市场规模及增长趋势如图 4.6 所示。

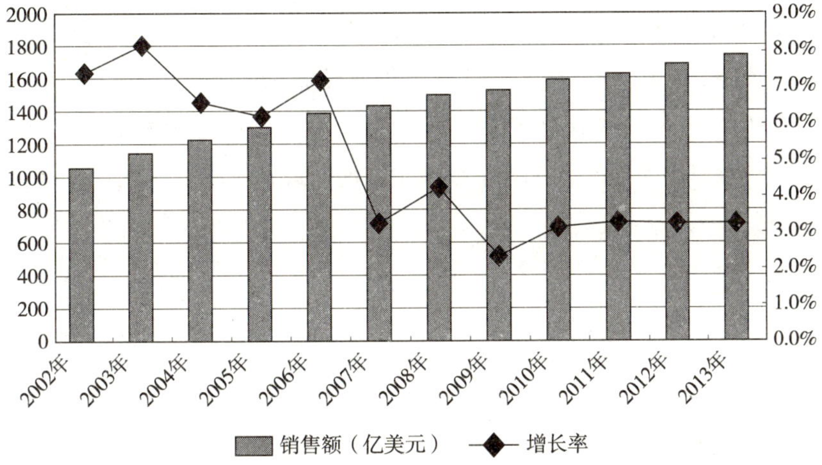

图 4.6　2002—2013 年全球汽车电子发展趋势

资料来源:上海市经济委员会、上海市科学技术情报研究所:《2008 世界制造业重点行业发展动态》,上海科学技术文献出版社 2008 年版,第 388 页。

注:2007 年为估计值,2008—2013 年为预测值。

从地区来看,根据中国台湾工研院 ITIS 的研究报告,全球车用电子产品主要市场仍集中于欧洲、北美、日本等地区,所占比重超过 80%。但是随着汽车制造产业向新兴经济体和发展中国家的逐步转移,印度、中国等目前跨国公司集中投资的汽车电子新兴市场将有较大发展。例如,中国汽车电子市场近 5 年的年复合成长率预计为 20%。根据市场研究机构 iSuppli 的统计数据,印度汽车电子市场 2005 年产值约 6.18 亿美元,估计 2005—2010 年间的年复合成长率为 16.7%,2010 年印度汽车电子市场约 13 亿美元。

在汽车信息娱乐领域,日本占据较大市场份额。2007 年全球信息娱乐市场前十强中有 4 位是日本企业,包括第一和第二大供应商的松下和先锋,分别排名第五位和第七位的阿尔派株式会社和富士通天。此外,德国 Harman

Becker 位居第三，美国 Garmin 排名第四位，排名第六位的是欧洲导航设备业最大的制造商荷兰 TomTom 公司。iSuppli 公司分析认为，德国大陆集团收购西门子威迪欧，极大地增强了在导航与汽车远程通讯领域的实力，有可能进入汽车信息娱乐领域前列。

（2）半导体技术推动汽车电子进入系统整合发展阶段。

安全、节能、环保、舒适和信息智能化是当今汽车发展的主要需求方向。顺应这些需求所做出的汽车技术革新，其 70% 来源于汽车电子技术，尤其是其核心领域的车用半导体技术。从动力传动系统、安全管理系统、舒适管理系统到信息娱乐系统等各方面，汽车电子产品与技术在整车中的平均比例持续呈上升趋势，车用半导体也成为半导体领域增长最稳定的产品之一，市场规模不断扩大，如图 4.7 所示。

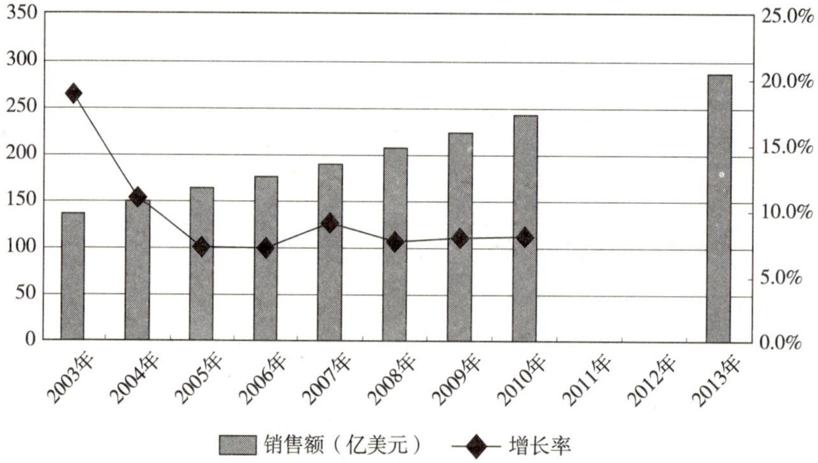

图 4.7　全球车用半导体市场规模及增长趋势

资料来源：上海市经济委员会、上海市科学技术情报研究所：《2008 世界制造业重点行业发展动态》，上海科学技术文献出版社 2008 年版，第 390 页。

注：2003—2005 年为计世资讯（CCW Research）统计数据；2006—2007 年为 Strategy Analytics 统计数据，2008—2013 年为 Strategy Analytics 预测数据。

一方面，车用半导体技术的应用产生了多种类型的汽车电子产品。根据 ABI Research（Allied Business Intelligence Research）估计，2007 年车用半导体应用领域中，底盘/悬吊系统比重约占 26%，引擎/传动系统约占 24%，信息系统占21%。由此产生了满足安全需求的ABS、ASR、ESP、安全气囊控制、胎压监测器、防撞雷达、停车辅助系统、适应性前方照明系统、夜视系统等，满足节能与环保需求的擎管理、动力分配总线、电子点火与燃油控制、手自排无段变速系统、混合动力系统性能处理器等，满足驾驶舒适和信息智能化需求的自适应空调、座椅控制、汽车音响、车用娱乐系统、导航系统、Telematics、旅程计算机等。另一方面，车用半导体与嵌入式软件、先进网络协议共同作用，推动汽车电子技术进入系统整合的发展阶段，实现汽车电子在动力总成、底盘控制、车身控制、主被动安全、信息娱乐等方面的无缝连接，呈现出功能多样化、技术一体化、系统集成化和通信网络化的特点。

(3)全球汽车电子产业国际比较。

在高端汽车电子产品与技术领域，美、日、欧地区的跨国汽车企业和零部件供应商及半导体公司占据主导地位。目前全球汽车电子技术主要国家以美国、日本及德国为主。德尔福公司(Delphi Corporation)、伟世通汽车系统公司(Visteon Automotive Systems)、电装公司(DENSO Corp.)、博世集团(BOSCH)、大陆集团(Continental AG)等全球汽车电子跨国公司的产品线广度均涵盖多类汽车电子产品，说明汽车电子产品的发展已进入系统整合阶段，汽车电子的发展方向将朝系统化及模块化前进，国际大企业因拥有核心技术和较大研发实力，能有效地将众多系统进行整合，适时满足消费者多元化的需求。

首先是汽车半导体和嵌入式软件，它们在汽车电子产业链中处于上游。在全球车用半导体市场中，2006年销售收入前三位的飞思卡尔、英飞凌和ST-Microelectronics共占据全球近30%的市场份额，前5名汽车半导体供应商(还包括Renesas和NEC lectronics)占43%的份额，整个市场品牌结构相对集中。

其次是发动机电子控制系统和底盘电子控制系统，它们属于汽车电子技术中研发难度较大的领域，需要丰富的经验数据作为研发基础，一般需要十年左右的时间积累。目前这两个领域市场上的产品绝大多数都是由国际汽车公司或零部件供应商开发。

其三是车身电子，目前它呈现车身控制装置的机电一体化趋势。国内在车身电子领域得到较普及应用的产品种类还较少，基本集中在倒车雷达、ABS和车用空调上，其他产品基本还是空白或者技术能级较低。

从汽车领域项目的创新周期与开发时间来看，短期内这种国内外的竞争态势难以有较大改变。

(五)全球产能过剩问题

产能是企业利用现有的资源,所能达到的最大产出数量。在一定时间内某行业出现生产能力大于需求能力的状态即为产能过剩,产能过剩一般会造成产品库存增加、价格下降、行业利润率降低,容易引发行业内企业亏损。

与劳动密集型产业相比,钢铁、石油这些资金投入大、建设周期长、追求规模效应的资本密集型行业出现产能过剩情况的可能性较大,危害性也最大,这是因为行业是否出现产能过剩,以及出现的可能性大小是由该行业的产能可调节幅度来决定的①。产能的可调节幅度越大,行业出现产能过剩的可能性就越小;反之,出现产能过剩的可能性就越大。而产能可调节幅度又取决于行业投资中固定资产投资所占的比重。劳动密集型行业投入的主要是人力资本,固定资本所占的比例较小,在市场需求减少、有可能出现产能过剩的情况下,行业内的企业可以通过辞退工人的方式来减少产能。但是对于资本密集型行业,由于固定资本在投资中所占的比例较大,企业退出生产的可能性较小,它们在市场结构发生变化的时候就容易出现产能过剩。此外,大型设备的专用性是资本密集型行业容易出现产能过剩的另一个原因,设备的专用性使得这些行业不可能以转变设备用途的方式来减少行业产能。

1. 全球产能过剩行业概况

在全球经济衰退的大背景下,全球制造业正经历着一场较为严重的产能过剩危机。在金融危机以前的经济繁荣期,为了满足不断增加的市场需求,许多企业增加投资以扩大生产,然而经济衰退的到来使得大批新建项目投产后面对市场需求大幅度下降的局面,产能过剩也就难以避免。钢铁、铁矿石、石油、化工等初级产品(加工)部门是目前全球工业产能过剩情况最为严重的几个行业,此外,少数传统制造业和新兴行业受到全球金融危机的影响也出现产

① 周劲:《产能过剩判断指标在部分行业测算中的应用》,《中国科技投资》2007年第7期,第52—54页。

能过剩状况，如造船业、太阳能设备制造业、汽车电池等。

（1）钢铁行业的产能过剩。

2008 年全球钢铁产量超过 13 亿吨，并在未来几年内保持增长趋势，预计到 2015 年全球钢铁产量将达到 21 亿—22 亿吨①。其中中国的钢铁产量对世界的贡献最大，2008 年的产量达到 5.8 亿吨，全球产量增长的一半左右要归功于中国钢铁产量的增长；2009 年中国钢铁产量为 5.7 亿吨，占全球钢铁产量的 47%。与钢铁产量的增长相反，由于金融危机的影响，全球钢铁的需求量明显下降。世界钢铁工业协会（IISI）公布的估测数据显示，2009 年全球钢铁需求量估计降至 10.2 亿吨，同比下降 14.9%，其中发达国家钢铁需求量的下降幅度最大，2009 年美国的钢铁需求下降 36.6%，欧盟和日本分别下降 28.8% 和 20.4%，而发展中国家的需求量变化相对较小，“金砖四国”2009 年钢铁需求量仅降低 5.9%。

全球钢铁行业产能过剩在金融危机之前就已存在。根据 2009 年 12 月世界经济合作与发展组织（OECD）公布的数据显示，2000—2007 年世界钢铁产能与需求之间的差距平均为每年 2.16 亿吨，金融危机的出现使钢铁行业产需间的差距进一步拉大，到 2012 年将扩大到 4.86 亿吨。在未来的几年时间里，随着金融危机的影响逐渐淡化，全球钢铁的需求量会有一定程度的回升，但整体产能过剩的局面不会改变。产能过剩直接导致各国钢铁产业的产能利用率降低，据麦格理旗下 Macquarie Research Commodities 研究公司的数据，目前全球钢铁企业的开工率约为 73%，如果不计中国的话，开工率仅有 62%，美国和欧洲的开工率分别为 48% 和 52%②。

受全球产能过剩的影响，全球钢铁企业面临着很大的运营风险，中国钢铁企业情况尤为严重，其原因如下：①从钢铁的产量来看，中国的钢铁产量占世界总产量的一半以上，比世界其他国家和地区产能过剩的程度要更严重，中国企业在消化过剩产能上会面临更大的困难；②从中国钢铁行业结构来看，集中度不高一直是困扰中国钢铁企业平稳发展的一个“瓶颈”，2008 年，国内前 10

---

① 《专家预测：全球钢铁产量六年内将增长 50%》，http://finance.people.com.cn/GB/9376949.html，2009 年 5 月 28 日。

② 《全球钢铁产能过剩约 3 亿—4 亿吨，中短期内不可能复苏》，http://cccmc.mofcom.gov.cn/aarticle/xuehuidongtai/200907/20090706382799.html，2009 年 7 月 7 日。

位的钢铁企业产业集中度仅为42.6%，而美国、日本和欧盟排名前4位的钢铁企业的产业集中度均超过了60%①。我国钢铁产业集中度低，不仅加剧了行业内部企业的竞争，而且削弱了我国钢铁行业作为买方在国际铁矿石市场的价格谈判能力。

(2)铁矿石行业的产能过剩。

由于钢铁企业的产能和利润对铁矿石价格具有非常高的依存度，因此近年来钢铁企业与铁矿石企业之间的博弈从未停止过。一方面，矿山要求涨价30%的呼声四起，另一方面，钢铁企业主业亏损的状况仍未改变。据联合国的一项调查显示，全球铁矿石产能过剩可能高达4亿吨②。

联合国贸易和发展会议(UNCTAD)铁矿石信托基金资助项目的成果显示，2009年全球粗钢产量大约下降15%，接下来的2—3年后才能返回到2008年的水平，这意味着未来2—3年全球粗钢的增长水平在3.3%左右，而从全球铁矿石新增供应量来看，2010年，铁矿石过剩3亿—4亿吨，据预测，铁矿石市场可能在2012年回到快速增长通道上。

另据国际钢铁工业协会(IISI)数据显示，2009年1—8月，全球粗钢产量下降18%。由于2009年第四季度开始全球经济进一步回暖，2010年全球粗钢产量同比下降约15%，这意味着全球铁矿石需求减少1.5亿吨。

(3)石油行业的产能过剩。

根据2009年12月美国《油气杂志》发布的数据显示③，2009年全球石油产量为35.287亿吨，同比下降3.2%，其中：欧佩克成员国(OPEC)石油产量为14.75亿吨，下降8.4%，是最近5年以来的产量最低点；中东、西欧、亚太地区石油产量分别下降8.3%、7.6%、0.8%；东欧和独联体国家石油产量则小幅增长，增幅为3%。

受金融危机的影响，2008年和2009年两年全球石油需求呈下降趋势。

① 《钢铁行业迎来全国性重组》，http://news.hexun.com/2009—12—03/121900556.html，2009年12月3日。

② 《铁矿石30%涨价难获支持产能过剩不容忽视》，http://news.qq.com/a/20091019/000477.htm，2009年10月19日。

③ 《2009年全球主要石油生产国产量述评》，http://news.chemnet.com/item/2010—01—12/1273369.html，2010年1月12日。

美国科学情报研究所(ISI)分析,2008 年 OECD20 个国家原油需求平均下降 1.8%,其中欧洲下降 0.4%,美国下降 3.6%。2009 年的情况更加不乐观,国际能源机构(IEA)在 2009 年年末下调了对全球石油需求量的估计,降为 8330 万桶/日,下降 2.9%,创 1981 年以来降幅纪录新高。该机构还认为,2010 年世界各地的原油消费量比预期的更为疲软,石油需求要到 2010 年以后才会复苏①。

莫尼塔国际石油信息周报发布的公告显示,石油产能过剩主要集中在 OPEC 国家,全球剩余石油产能有 80% 集中在 OPEC 手中,2008 年 9 月,OPEC 的剩余产能已经达到 308 万桶,而这一缺口在 2009 年继续扩大②。法国石油研究所对这一观点表示认同,他们认为 2009 年 OPEC 石油产能每天过剩近 600 万桶。该机构同时指出,相比石油开采,石油冶炼行业的产能过剩情况尤为突出。2009 年,全球石油冶炼业产能每天过剩 700 万吨,并逐年上升,到 2013 年接近每天 900 万桶,到 2015 年以后情况才会逐步改善③。

与钢铁行业不同,除了受经济因素影响以外,石油行业发展面临的风险因素更多,政治危机、自然灾害甚至恐怖袭击都会影响全球的石油供给;此外,随着现有大型油田的日渐衰竭,开采难度提升带来开采成本的增加也会降低全球石油产量。据预测,在未来的几年里,全球石油产量可能达到峰值,随着全球能源需求的复苏,石油行业产能过剩的情况将会改变。

(4)化工行业的产能过剩。

全球化工行业的产能过剩主要是由两方面原因造成的:一是来自亚洲尤其是中东地区的行业投资发展迅速;二是金融危机造成的全球化工产品需求降低。由于化工行业是规模庞大而又高度分割的行业,因此在分析全球化工行业产能过剩情况时主要分为氯碱、乙二醇、聚乙烯和聚丙烯这几类主要产品予以说明。

1)氯碱

① 《全球石化行业发展呈现新趋势》,http://news.idoican.com.cn/zghgxx/html/2009—09/14/content_42947868.htm,2009 年 9 月 14 日。

② 《莫尼塔国际石油信息周报》2008 年 10 月 24 日。

③ 《法国研究机构:全球石油工业产能过剩》,http://www.caijing.com.cn/2009—11—26/110321782.html,2009 年 11 月 26 日。

因金融危机造成全球经济持续低迷，全球氯碱行业存在较严重的产能过剩，导致设备开工率出现较大幅度的下滑，全球相关产品的产量明显下降。SRI公司的统计数据显示，截至2008年年底，全球拥有氯产能6395万吨/年，其中中国占26%、北美占23%、西欧占20%、亚太占19%、中东和非洲占5%、东欧占4%、南美占3%。除亚洲地区外，全球普遍存在着开工率低的情况，从2008年美国开工率较低的3月（开工率只有62%）的数据来看，与2007年同期相比，氯气、液氯和烧碱的产量分别下降了29%、33%、29%；2008年3月，欧洲氯碱装置的平均开工率为67.9%，而2007年全年的平均开工率约为87%，3月欧洲氯产量降至约74万吨，同比下降近20%，而氯碱库存同比增加26%①。

受市场需求长期疲软的影响，氯碱行业的产能过剩还将持续一段时间。美国析迈（CMAI）公司调查研究表明，未来2—3年，全球氯碱行业的低迷还将延续，氯碱生产商面临的迫切任务是对过剩产能进行合理化调整。

2）乙二醇

最近几年来，全球尤其是亚洲及中东地区乙二醇掀起扩能高潮，2010年乙二醇全球总产能估计达到2709.3万吨/年，而总消费量只有2188万吨/年，存在着近600万吨的过剩产能②。乙二醇新增产能主要集中于中东地区，2006—2010年全球乙二醇新增产能超过800万吨/年，其中超过500万吨/年的产能集中在沙特、伊朗、科威特等中东国家，其余部分的新增产能则主要分布在东南亚和拉美地区。从企业角度来看，2010年，沙特东部石化公司的乙二醇生产能力超过330万吨/年，占世界总产能的12%左右，从而取代目前全球最大的乙二醇生产商——陶氏化工。

虽然全球乙二醇产能过剩，但是中国国内市场的乙二醇则是供不应求。2008年，中国乙二醇的总生产能力约为250万吨/年，2010年估计达到约400万吨/年。而2008年中国对乙二醇的总需求量约为636万吨/年，2010年约为710万吨/年，存在着300多万吨的产品缺口。

---

① 《全球氯碱产能出现过剩》，http://www.chinaccm.com/b2/b207/b20701/news/20090605/114902.asp，2009年6月5日。

② 《全球乙二醇产能过剩成定局》，http://www1.cei.gov.cn/daily/doc/SXBBB/200810151451.htm，2008年10月15日。

3)聚乙烯和聚丙烯

与乙二醇的情况类似,来自中东地区的新增产能过多是造成全球聚乙烯和聚丙烯产能过剩的主要原因。以聚乙烯为例,20年前,近2/3的全球聚乙烯产能分布于西欧和北美地区,而到2015年,这些地区的产能将只占1/3,西欧和北美将成为重要的净进口地区。而中东地区、中国和亚太地区聚乙烯产能所占份额将增长3倍,接近全球一半。据马克商业服务公司(MBS)总裁康罗德·思葛都在2009年全球聚烯烃会议上的预测①,2009—2013年,全球聚乙烯和聚丙烯的年总产能分别达到1.504亿吨、1.620亿吨、1.735亿吨、1.807亿吨和1.892亿吨,其间的消费量将分别为1.300亿吨、1.351亿吨、1.400亿吨、1.450亿吨和1.502亿吨,每年分别过剩2040万吨、2690万吨、3350万吨、3570万吨和3900万吨。值得一提的是,在全球聚乙烯和聚丙烯产能过剩的情况下,中国在较长的一段时间内还仍将是一个净进口国。

(5)造船业的产能过剩。

由于主要国家造船产业投资扩能的热度不减,世界造船产能建设出现过热迹象。2007年,韩国、日本、中国各占全球造船能力的34.0%、32.8%、23.1%,目前,日本、韩国等传统造船大国的造船能力基本接近或超过3000万吨。随着新兴市场国家(越南、巴西)的进入,传统造船大国为了保持现有市场份额,纷纷采取扩能措施促进造船业的发展,导致该行业的产能过剩问题更加突出。日本和韩国在未来5—10年内的年均产能将超过3200万载重吨以上,而中国、俄罗斯、印度、罗马尼亚、巴西、越南等新兴市场国家也在大力发展造船业,特别是越南,它正在加大力度引进外资,争取2015年成为世界第4大造船国。据估计,2010年,日、韩、中三个造船大国在全球造船市场中的比重分别为32.6%、32.6%和23.5%,世界造船产能接近1亿载重吨,远远超过全球新船市场年均7000万吨的需求。

(6)太阳能设备制造业的产能过剩。

金融危机不断冲击各个产业,连经济刺激计划的重点——太阳能产业也未能幸免。由于资金紧张,一些太阳能设备生产计划被迫推迟或取消,造成全

① 《全球聚乙烯、聚丙烯产能过剩》,http://www.drcnet.com.cn/eDRCnet.common.web/docview.aspx,2009年12月23日。

球太阳能设备制造业陷入严重的产能过剩危机。

近年来,随着新能源概念的逐渐普及,太阳能设备制造业成为增长最快的产业之一。欧洲光伏产业协会估计,2008—2010 年之间,仅硅晶制造业的投资就可能超过 41 亿欧元,在下游产业中,2008 年全球太阳能电池和太阳能板制造业的投入超过 16 亿欧元①。

然而,金融危机使太阳能开发计划的融资变得艰难,很多开发计划被迫推迟、压缩甚至取消。全球最大的太阳能市场——西班牙——2008 年新建太阳能电站装机总容量高达 3000 兆瓦,而当年末该国就宣布未来几年太阳能年新增装机容量限制在 400 兆瓦左右。由于西班牙在全球太阳能开发领域具有象征意义,预示着太阳能设备制造业的产能也陷入严重过剩。美国高科技市场调查公司 iSupply 估计,2009 年全球生产的太阳能板可能会有一半进入库存。

这种趋势不仅仅局限在太阳能板上,太阳能设备制造业的各链条都会出现类似情况。全球太阳能蓄电池业巨头——德国 Q-Cells 公司 2009 年第一季度的库存比 2008 年同期翻了一番,此前该公司与多晶硅供应商签订 2007 年和 2008 年供货合同时正值多晶硅短缺之时,为此多晶硅供应商要求签订多年供货合同以确保销售安全。据分析,Q-Cells 公司 2009 年上半年净亏损近 7 亿欧元,而 2008 年同期盈利 8 亿多欧元。此外,美国市场调查机构 Displaysearch 分析指出,2009 年全球太阳能电池产能激增 56%,而太阳能板的销量却萎缩 17%,太阳能设备制造业的过剩产能在 2011 年以前很难被消化掉。

(7)汽车电池业的产能过剩。

在未来 10 年,由于电池成本大幅下降,电气化动力系统在各大汽车市场中的份额会显著增加。据预测,到 2015 年,主要地区的插电式混合动力汽车和电动汽车将不超过 120 万辆,混合式动力汽车 HEV/插电式混合动力汽车和电动汽车对锂离子电池的需求,将达 82 万电动汽车等量,但是 2015 年的装机容量将超过 260 万电动汽车等量。虽然对锂离子电池的需求在 2020 年前会持续上涨,不过 300 万电动汽车等量最早也要到 2018 年才能达到②。

---

① 《全球太阳能设备制造业深陷产能过剩危机》,http://news.xinhuanet.com/fortune/2009—08/16/content_11890767.htm,2009 年 8 月 16 日。

② 《汽车电池将面临产能过剩风险》,http://www.cfi.net.cn/p20100410000063.html,2010 年 4 月 10 日。

根据已宣布的投资项目，未来的汽车电池产能过剩很难避免，这在美国和日本尤为突出，2015 年的电池产能将达到 2016 年预计需求量的两倍，加上尚未全部公布的投资项目、主要企业有些尚未宣布的投资项目，将进一步加剧该行业的产能过剩。此外，国家补贴也会刺激产生更多投资，大多数发展中国家的投资集中在电池制造领域，并非核心的材料研发等投入上。低端制造产能不断重复建设，核心研发制造技术匮乏，仿制、复制不断涌现是目前这些国家电池行业的现状。据估计，在未来 5—7 年，仅 6—8 家全球电池生产企业能够幸存。

2. 我国产能过剩的现状

与全球产能过剩相比，由于我国在经济发展过程中一直存在着低水平重复建设等弊病，因此出现产能过剩的行业范围要比全球大得多，产能过剩情况不仅存在于传统行业，在一些新兴产业如风电、多晶硅等行业也同样存在。

（1）产能过剩行业。

金融危机发生以后，我国政府采取了积极的财政政策来刺激经济增长、应对金融危机影响，其中就包括 4 万亿元的经济刺激计划、9 万多亿元的信贷投入等。积极财政政策的实施有利于我国经济的发展，但由此带来的一系列基础设施建设和新建项目，将使我国的产能过剩问题更加严重。2009 年 9 月 26 日，国务院发布《关于抑制部分行业产能过剩和重复建设引导产业健康发展若干意见的通知》，明确指出当前我国存在严重产能过剩问题的六个行业包括钢铁、水泥、平板玻璃、煤化工、多晶硅、风电设备，除此之外，电解铝、造船、大豆压榨等行业产能过剩矛盾也很突出。

（2）各行业产能过剩的程度①。

1）钢铁

我国是世界最大的钢铁生产国，钢铁产量相当于排名全球第 2—5 位的日本、美国、俄罗斯、印度四个国家的总和。2008 年年底，我国钢铁产能为 6.6 亿吨，产量为 5 亿吨，产能利用率为 76%，而当年我国的钢铁需求量仅为 4.7 亿吨，我国钢铁行业的过剩产能估计为 1 亿—2 亿吨，而且这一数字在 2009

① 中国欧盟商会：《中国产能过剩研究——原因、影响和建议》，2009 年 11 月 29 日。

年仍在上升。

2)水泥

我国在2008年的水泥产能是18.7亿吨,年产量是16亿吨,产能利用率为84%。水泥企业质量参差不齐,既有采用旋窑生产的国有大型企业,也有相当一部分采用立窑生产的小企业。我国水泥行业产能过剩的矛盾在未来几年内还有可能进一步激化,2009年前7个月,我国水泥行业投资达到881.6亿元,同比增长66%,另有2.1亿吨的产能已通过审批等待上马。如果将这些投资转化为生产能力的话,我国的水泥产能将达到每年27亿吨,然而国内需求只有16亿吨,过剩产能将超过10亿吨。

3)平板玻璃

截至2008年年底,我国平板玻璃的产能为每年6.5亿重量箱,产量为每年5.74亿重量箱,产能利用率为88%,平板玻璃产量相当于全球总产量的一半。2009年上半年新投产13条生产线,新增产能4848万重量箱,此外,全国各地还有在建和拟建浮法玻璃生产线30余条,届时平板玻璃产能将超过8亿重量箱,产能明显过剩。

4)煤化工

我国是世界最大的煤化工生产基地,2009年的产能过剩为30%。从煤化工行业的主要产品来看,2008年已建成的甲醇产能为2000万吨,产量仅有1126万吨,产能利用率不到60%;乙烯产能为13.5百万吨,产量为10.4百万吨,产能利用率为77%。根据2009年年底的数据显示,随着福建和新疆的大型乙烯裂解装置投入运行,我国还会增加每年170万吨的产能,这将进一步导致乙烯产能过剩。

5)多晶硅

多晶硅是信息产业和光伏产业的基础材料,由于多晶硅产业利润丰厚、审批简单,导致我国多晶硅产业急速膨胀。截至2009年年底,我国投资生产多晶硅的企业有19家,产能规模达到3万吨/年,另有10多家企业正在新建和扩建多晶硅项目。2010年,我国的多晶硅规划产能在10万吨以上,相当于全球多晶硅总需求的2倍,产能过剩问题严重。

6)风电设备

风电设备制造业属于新兴产业,过去几年我国风电行业发展迅速,风电产能在2004—2008年几乎每年翻一番，2008年达到12.2吉瓦①，但装机容量仅为6.3吉瓦，产能过剩预计将达到46%。如果制造商按照产能计划马上新增产能，到2011年我国风电设备过剩产能估计超过10吉瓦，约占总产能的50%。

7）造船业

近年来，我国造船业高速发展。2007年，我国占有全球市场份额的23.1%，仅次于韩国和日本（两国在全球造船市场中的份额分别为34.0%和32.8%）。而且，我国造船完工量连续12年排名世界第三位，造船订单量连续两年位居世界第二，作为目前世界最主要的造船基地，我国与日本、韩国之间的差距正在迅速缩小。

2007—2011年，我国造船完工量保持20%的年复合增长率，2011年的造船完工量估计超过3000万载重吨。但是2010年全球新船市场年均需求约7000万载重吨，国内目前在建和拟建造船项目如果全部达产，2010年造船产能估计在5000万载重吨以上，相当于世界总需求量的80%。

（六）发达国家产业回归问题

“产业回归”又称为“再工业化”，一般是基于制造业在各产业中的地位不断降低、工业品在国际市场上的竞争力相对下降、大量工业性投资转移到国外而国内投资相对不足的状况下提出的一种重回实体经济的发展战略。从当前发达国家特别是美国的情况来看，再工业化是将过去工业化时代采取的以消费和金融创新为主要推动力的不可持续型增长模式转变为以出口和制造业增长为推动力的可持续型增长模式。

1. “产业回归”的原因

发达国家实行再工业化战略，重视制造业发展，是希望尽快摆脱金融危机对经济发展的负面影响以及避免金融危机再一次发生。美国等发达国家在金融危机之前采取的“去工业化”发展战略导致国内制造业地位的下降，是产生

① 1吉瓦=10亿瓦。

这次金融危机的主要原因之一。制造业地位下降主要表现在两个方面：一方面，制造业就业人员减少，自2000年以来，美国制造业减少了370万个就业岗位，制造业从业人数减少了21%；另一方面，2005年美国制造业产值占GDP的比重下降至15%，在过去的10年中，美国企业40%的利润来自金融领域。

在金融危机发生之前，由于制造业的加工环节处于微笑曲线的低端位置而产品的研发和销售环节处于高端位置，因此发达国家为了发挥自身技术水平高的优势，将低端的制造业加工环节转移到发展中国家和地区，同时将技术研发和创新等核心环节放在国内来发展。虽然将制造业向外转移有利于降低成本，但是它带来的直接后果就是减少了国内的就业岗位，使原来这些岗位上的工人集中到工资水平和工资增长率都远低于制造业的建筑、零售等低端服务行业，低工资水平和低工资增长率致使需求不足，政府因此推行扩张性的货币政策和信贷政策来满足普通工人的房屋需求和其他方面的需求。一大批金融衍生品被金融机构创造出来以后，它们形成了房地产市场的泡沫，而泡沫的破灭最终导致了金融危机。

制造业发展对经济发展的重要性在于制造业水平是衡量国家综合实力和国际竞争力的重要标志，忽视制造业、单纯发展服务业是行不通的。一方面，服务业几乎总是使用制造业产品并服务于制造业。例如，在交通运输服务部门，发展这些行业所必需的飞机、汽车等交通工具来源于交通运输设备制造业，此外，所有的交通运输服务还需要良好的基础设施，如机场、公路、港口和铁轨。另一方面，服务业的发展也要依赖于制造业。相关研究表明，美国制造业中每1美元的最终需求，用在制造业为0.55美元，用在服务业达0.45美元①。

2. 发达国家“产业回归”的主要措施

在金融危机之前，发达国家普遍不重视实体经济的发展，经济增长主要依赖金融创新，因此金融危机对这些国家经济的冲击要远远大于新兴经济体和发展中国家。2009年，全球经济出现了第二次世界大战以来的首次负增长，

① 金碚、刘戒骄：《美国“再工业化”的动向》，《中国经贸导刊》2009年第22期，第8—9页。

其中发达经济体的经济增长率为-3.2%,明显低于-0.8%的世界经济增长率①,因此,在这些国家的经济刺激计划中,它们十分重视工业的发展,提出了一系列措施,推动经济的重心"回归"制造业。

(1)美国

源自美国次贷危机的全球金融危机沉重打击了美国经济发展,促使美国经济增长模式发生重大转变,美国总统奥巴马发表声明称,美国经济要从以过度信贷消费为特征的债务推动型增长模式转为出口推动型增长模式。目前美国推动出口的具体措施有两点:一是美国作为世界主要货币发行国正在借助美元贬值来推动美国对外贸易增长;二是美国国内贸易保护主义重新活跃,美国国会2009年通过的《2009年美国复兴与再投资法》以立法的形式明确在经济刺激方案实施过程中,应该优先购买美国货②。

为了使经济发展模式转向以出口和制造业增长为推动力的可持续增长模式,早日走出金融危机的阴影,奥巴马政府实施了一系列推动制造业发展的举措,重新重视制造业的发展,努力使经济发展重归实体经济。目前采取的主要措施包括三个方面。

一是促进新能源产业发展。为了应对金融危机和全球气候变化的双重挑战,奥巴马政府大力扶持新能源产业的发展,将发展新能源产业作为带动美国经济复苏的新增长点。奥巴马在上任不久就推出旨在使3年内美国再生能源产量倍增,满足全美600万用户用电的"美国复兴与再投资计划"。在美国8000多亿美元的经济刺激方案中,开发核能、太阳能、风能等新能源是一大重点,相关产业的投资总额已超过400亿美元。2009年8月,美国颁布《美国创新战略:推动可持续增长和高质量就业》,主张通过扶持清洁能源等重点行业的研发,推动战略性新兴行业的重点科研项目取得突破。2010年8月,奥巴马总统签署了《制造业促进法案》,该法案涉及大规模投资清洁能源、道路交通,改善宽带服务等,总投资达170亿美元。此外,美国旨在推动新能源产业发展的政策还包括:明确提出在未来10年内投入1500亿美元发展清洁能源,

① 《新兴经济体在世界经济复苏中保持相对强劲增长》,http://www.chinanews.com.cn/cj/cj-gjcj/news/2010/ 04—08/2215194.shtml,2010年4月8日。

② 薛小峰、覃正:《"十二五"时期国际发展环境与影响研究》,《宏观经济管理》2010年第1期,第26—27页。

包括生物燃料和燃料基础设施，加速充电式动力混合车的商业化；将联邦可再生能源生产减税延长5年；创建清洁能源技术风险资本基金，未来5年每年投入100亿美元，以确保有前途的替代能源和可再生能源技术能够实现商业化。

二是加强基础设施建设。在促进新能源产业发展的同时，奥巴马政府着重发展的另一项主要内容是加大基础设施建设方面的投入。在美国经济刺激方案中，应用于基础设施建设的投资达到900亿美元，投资规模远远超过最初预计的850亿美元，其中很大一部分投入到高速路建设和公共建筑装修上，这被认为是自艾森豪威尔政府以来美国最大规模的基础设施建设。大部分资金用于短期和近期项目，如重新铺设公路和桥梁的路面等。900亿美元主要应用于以下三个方面：高速路建设项目300亿美元；联邦和公共建筑的更新和修缮项目310亿美元；公共用水项目190亿美元以及运输和铁路项目100亿美元①。根据2010年8月奥巴马总统签署的《制造业促进法案》，投资于包括交通电池、高速铁路和下一代信息和通信技术在内的先进交通和信息基础设施是美国破解制造业发展难题的主要举措之一。

三是推行出口促进战略。2008年美国1/5的制造业岗位是由产品出口所支持的，为了增加就业岗位和拉动经济增长，在2010年1月的国情咨文中，奥巴马提出在未来5年内，美国出口额要翻一番，创造200万个就业岗位。为了实现这一目标，奥巴马政府采取的促进措施主要包括：①大幅提高出口企业的贸易融资，尤其是面向中小型出口企业的贸易融资；②改善政府行政，提高对出口企业的服务，专门成立一个由美国贸易代表处、商务部、财政部、劳工部、农工部等政府部门负责人组成的，旨在扩大美国对外出口的“出口促进内阁”；③为美国出口企业大力拓展新市场和新出口提供机会；④确保美国企业可以自由并公平地进入国外市场，将来可能会提出修改竞争政策和国际贸易规则的新主张等。

增加出口除了可以创造就业岗位以外，还可以改善货物贸易，降低美国的国际贸易赤字。在世界贸易总额中，货物贸易一般占80%，服务贸易占20%。2008年，美国货物贸易出口13010亿美元，进口21660亿美元，赤字8650亿美

① 《美国经济刺激计划将为基础设施建设拨出900亿美元》，http://chinese. wsj. com/gb/20090116/ BUS011347. asp ? source=article，2009年1月16日。

元,服务业贸易出口5220亿美元,进口3640亿美元,顺差为1580亿美元,服务贸易顺差仅为货物贸易赤字的18.3%①,解决贸易赤字问题还需要从增加货物贸易出口做起。

回归制造业是美国政府为解决经济中长期问题提出的一个解决方案。该方案的立足点在于实体经济创新而非金融创新,大力发展创新性较强的新能源、环保汽车等新兴行业,确立这些行业在国际市场上的竞争力。在短期内,美国国内投资的重点放在基础设施建设上,以往这一方面的长期忽视使得落后的基础设施已成为限制经济增长的瓶颈。增加出口可以弥补美国国内因金融危机导致的购买力下降,同时缓解贸易赤字和增加就业岗位,为此美国将会提出一些国际贸易的新主张,此举可能导致新一轮的贸易争端。

(2)日本

自2008年8月29日发布第一项经济刺激方案以来,日本政府为了避免经济危机造成经济持续性衰退,已经颁布实施了四项经济刺激方案,规模累计达到74.5万亿日元,约相当于日本国内生产总值的4.58%,内容主要分为三个方面:①向金融行业注资以保证金融行业的流动性;②降低税率刺激国内消费水平;③促进制造业发展。经济刺激方案在短期内取得了较好的成果,2009年第二、三季度日本GDP连续实现正增长,标志着日本经济开始走出低谷,在发达经济体中率先复苏②。日本在产业回归方面采取的主要措施包括两个方面。

一是创造就业岗位。制造业在产业发展中的地位下降所导致的国内就业岗位减少,失业率增加是引发金融危机的诱因之一,因此,为了应对这次金融危机,重塑制造业行业在产业发展中的地位,首要任务是要解决就业问题。与美国一样,日本也将增加就业人数,降低失业率作为经济刺激计划的一项重要内容。根据2008年12月的第二项经济刺激方案,日本政府将提供1万亿日元的资金以解决失业者再就业和发放失业救济金等问题,为了鼓励企业创造岗位,政府为创造就业岗位的企业增加1万亿日元的地方退税。为了应对经济可能出现严重衰退的局面,2009年4月日本政府又推出“新经济刺激计

① 金碚、刘戒骄:《美国“再工业化”的动向》,《中国经贸导刊》2009年第22期,第8—9页。

② 《2010全球经济“刺激”不断》,http://news.xinhuanet.com/fortune/2009—12/31/content_12733289.htm,2009年12月31日。

划”,就业是该计划的一个重要着眼点。该计划旨在未来3年内刺激40—60万亿日元的国内需求,努力创造140—200万个就业机会。2009年12月,日本政府宣布实施自金融危机以来的第四项经济刺激计划,该计划在就业方面采取的措施主要是放宽事业补助金支付条件,提高失业保险中的政府负担比例,并采取措施支持女性就业。

二是注重环保,推动节能减排。发展环保行业既可以应对空气污染、资源衰竭等全球性问题,又能以此为突破口,重新确立自己国家制造业的全球竞争力,因此,注重环保事业发展,推动节能减排就成为日本产业重心回归制造业的另一项主要措施。在2009年4月的“新经济刺激计划”中,日本政府投入1.6万亿日元用于节能减排,另外还新增财政资金用于发展绿色能源技术。同时,为了配合未来3年内国内40—60万亿日元需求目标的实现,日本还提出了促进节能家电消费的新政策,即向购买符合节能标准的冰箱、洗衣机、空调、微波炉、荧光灯等节能家电的消费者,由政府财政负担,以环保返点方式返还产品销售价格的5%,消费者利用返点可以购买其他商品。日本政府还提出在2020年将实现太阳能发电规模扩大20倍的“世界第一太阳能计划”,以及在全球率先普及电动汽车的计划①。此外,日本第四项经济刺激计划中关于环保项目的刺激措施主要包括将“环保车”补助金制度的实施期限延长至2010年9月底,修改建筑物节能标准并强化家电节能标准和汽车油耗标准等。

(3)欧盟

2008年11月底,欧盟出台了2000亿欧元的经济刺激计划,相当于欧盟国内生产总值的1.5%,包含扩大公共开支、减税和降息三大举措②。在有关扩大公共开支项目中,欧盟强调各国应将重点放在人才培养、基础设施建设、科研创新和节能环保等领域。为了促进欧盟经济体内汽车产业的发展,欧洲投资银行将提供约40万亿欧元的优惠贷款,以帮助汽车企业开发安全和环保技术,如电力汽车等。此外,为了促进清洁车辆的销售,欧盟还支持建立一套

---

① 《日本政府推出应对经济严重衰退的“新经济刺激计划”》,http://news.kantsuu.com/200904/20090427094945_144930.shtml,2009年4月27日。

② 《欧盟委员会出台2000亿欧元经济刺激计划》,http://news.xinhuanet.com/world/2008—11/26/content_10417674.htm,2008年11月26日。

地方政府采购网络。

欧盟十分重视能源领域的安全与发展。2009 年 1 月底，欧盟公布了一项高达 35 亿欧元的能源投资计划，以刺激经济及减少欧盟对俄罗斯天然气的依赖。根据这一计划，欧盟将投资 10.25 亿欧元用于修建连接欧洲各国的天然气管道等基础设施，投资 7 亿欧元用于加强欧洲电网建设；投资 5 亿欧元建设沿海风力发电项目；投资 12.5 亿欧元建设二氧化碳收集储存项目①。

欧盟作为一个经济共同体，在 2000 亿欧元经济刺激计划中，除少部分来自欧盟预算和欧洲投资银行以外，其余大部分要依靠各成员国自己采取的经济刺激行动，欧盟的计划旨在为协调各成员国的行动提供统一框架和一套"工具箱"，成员国可根据自身情况从中选取适当的举措。因此，除了欧盟的经济刺激计划外，各主要成员国自己也采取了相应措施。除英国以外，欧盟其他的主要发达国家均把恢复工业部门的投资和发展作为经济刺激计划的主要内容②。

(4)德国

2009 年 3 月，德国政府推出经济危机以来的第二项经济刺激计划③，同时也是当时欧洲最大规模的经济刺激方案。根据计划，政府在 2009 年和 2010 年内将投入总额高达 500 亿欧元的资金，其中教育、道路和其他公共建设工程是投资的重点行业和部门④。

除了基础设施以外，对国内汽车部门的援助是德国政府采取的另外一项主要措施，内容包括：①第二项经济刺激计划方案中预定了 15 亿欧元的汽车部门援助资金，并向德国汽车产业提供价值 1000 亿欧元的新信贷担保；②减轻汽车企业的税收负担，2009 年和 2010 年针对汽车企业的税收优惠额分别达到 29 亿欧元和 60.5 亿欧元；③鼓励汽车消费，政府规定，如果车主主动废

---

① 《欧盟出台 35 亿欧元能源投资计划》，http://news.xinhuanet.com/fortune/2009—01/29/content_10733148.htm，2009 年 1 月 29 日。

② 在英国的四项经济刺激计划中，除部分就业刺激计划以外，它把减税作为刺激经济复苏的主要手段，由于对实体经济的援助不够而受到质疑。

③ 德国第一项价值 330 亿欧元经济刺激方案于 2008 年年底提出，但效果不明显。

④ 《德国推出欧洲最大规模经济刺激方案》，http://finance.people.com.cn/GB/8672370.html，2009 年 1 月 14 日。

弃超过9年的老车而购买低排量环保型汽车，政府将给予2500欧元的环保补贴，此项鼓励政策对低迷的汽车消费市场有明显的提振作用。

（5）法国

与德国类似，法国经济刺激计划中关于产业回归的措施也包括基础设施建设和为汽车业提供援助两个方面。此外，法国还积极推动生物技术、清洁能源为代表的高新技术产业的科技研究。

在基础设施建设方面，根据法国总统萨科奇2008年12月4日公布的一项为期两年、总额为260亿欧元的经济刺激计划，法国政府和国有企业将追加投资105亿欧元，以加大基础设施建设和地方服务的财政拨款，包括2009年向巴黎地铁公司增加4.5亿欧元的投资等①。在汽车行业方面，法国政府通过各种措施鼓励和支持消费者购车，如鼓励汽车企业开发环保车型，为换购新车的消费者发放1000欧元的补助，这有利于消化汽车生产企业的待售库存。在高新技术产业发展方面，法国260亿欧元经济刺激计划中至少有55亿欧元流入生命科学、生物技术、清洁能源方面的科学研究，这是法国政府启动的迄今为止最大规模的有益于生物技术的政府计划②。2010年年初，法国发布"工业振兴计划"，政府将斥资5亿欧元用于"绿色"贷款，鼓励企业更多投资环保和低耗能的领域，提升企业竞争力。

（6）意大利

意大利基本上遵循了德、法两国经济刺激计划中发展工业部门的思路，即一方面扩大政府投资，增加政府在基础设施建设的投资；另一方面大力扶助工业部门中的支柱产业，由于中小企业在意大利经济中扮演着十分重要的作用，因此这些企业参与的中小型工业行业成为救助的主要对象。

2008年12月28日，意大利通过了一项800亿欧元的经济刺激计划，这项计划除了向信贷机构提供流动性资金担保外，还增加166亿欧元的基础设施建设投资。另外，为了刺激消费，政府还为800万低收入家庭提供24亿欧元的补助，每户家庭获得的补助从200欧元至1000欧元不等。意大利对中小企

---

① 《法国出台260亿欧元经济刺激计划》，http://www.cacs.gov.cn/cacs/news/xiangguanshow.aspx? articleId=47463，2008年12月10日。

② 《法国批准经济刺激计划生物技术受益》，http://www.biotech.org.cn/news/news/show.php? id=75763，2010年1月19日。

业补助采取的是一种向消费者提供优惠折扣的间接救助方式，尤其重视对从事生产环保型产品生产行业的救助。在2009年3月推出的新经济刺激方案中，意大利政府提供3亿欧元用于刺激消费，消费者可以享受的优惠产品主要包括：整体厨房、厨房家电、环保型住宅、环保摩托车、高速互联网、农业以及工程机械等①。

① 《意大利政府通过一揽子经济刺激计划》，http://world.people.com.cn/GB/11182917.html，2010年3月20日。

五、跨国公司全球化战略调整趋势

(一)跨国公司全球化战略类型

UNCTAD 发布的《2009 世界投资报告:跨国公司、农业生产和发展》显示,跨国公司在世界经济中发挥主要作用,且作用越来越大,跨国公司国外子公司的出口估计占全世界商品和服务出口总量的 1/3,2008 年的全球雇员人数达到 7700 万人,超过德国劳动力总数的两倍。跨国公司已控制了全世界生产总值的 50%、国际贸易的 60%、国际技术贸易的 70% 和国际直接投资的 90%,而且国际技术转让的 80% 和技术研发的 90% 是在跨国公司之间进行的①。毫不夸张地说,跨国公司不仅主宰了国际贸易,而且几乎达到左右整个世界经济发展的地步,因此,掌握跨国公司全球化战略的发展趋势具有重要意义。

1. 国际生产中的跨国公司

2008 年全球共有约 8.2 万家跨国公司,其国外子公司共计 81 万多家,其中"全球 100 强"企业扮演着非常重要的角色。UNCTAD 的《2009 世界投资报告:跨国公司、农业生产和发展》显示,受金融危机影响,2008 年大型跨国公司的国际化速度明显下降,整体利润下降 27%,尽管如此,"全球 100 强"企业在所有跨国公司的国际生产活动中仍然占有相当大的比重。2006—2008 年,这 100 家公司占所有跨国公司国际资产、销售和就业的比重分别为 9%、16% 和 11%,其附加值总共占全球 GDP 的 4%(这一比例自 2000 年以来基本保持相对稳定)。

---

① 张毅:《跨国公司在华直接投资的战略演进》,华中科技大学出版社 2008 年版,第 4 页。

(1)按所在区域划分

从所在区域来看,跨国公司主要来自三大板块——欧洲、北美洲和日本,2008年"全球100强"中有91家来自这三个国家和地区。非金融类跨国公司"全球100强"中,2008年位居前三甲的分别是通用电气、沃达丰和壳牌公司,这些跨国公司主要分布汽车、制药和电信等行业。

2007年"全球100强"中有发展中国家的跨国公司7家,分别是和记黄埔(中国香港)、国家石油公司(马来西亚)、新加坡电信(新加坡)、LG集团(韩国)、三星电子(韩国)、中信集团(中国)、Cemex公司(墨西哥)。此外,UNCTAD在2009年还列出了发展中国家跨国公司100强(其中有40家来自中国香港特别行政区和台湾省,14家来自新加坡,10家来自中国内地)和金融类跨国公司50强。

(2)按所在行业划分

就"全球100强"的部门构成而言,最大的跨国公司大多数是制造业企业,前三甲企业分别为通用电气、丰田汽车、福特。不过,服务业的跨国公司在"全球100强"中的比例稳步上升,1993年只有13家服务业企业进入"全球100强",2008年上升到26家,最大的为沃达丰集团和法国电力公司。此外,由于国外资产的膨胀,第一产业中的跨国公司——荷兰壳牌集团、英国石油公司和埃克美孚公司也名列"全球100强"中。

2. 跨国公司全球化投资战略的分类①

国际贸易领域的著名学者邓宁在2001年将跨国公司的投资动机分为寻求资源型、寻求市场型、寻求效率型、寻求战略资产型四种主要类型,并认为前两种类型是跨国公司过去对外直接投资的两种主要动机,后两种类型则是当前对外直接投资的主要方式,其目的在于促进跨国公司区域或全球战略一体化。UNCTAD进一步将上述四种投资战略归纳为资产利用战略和资产拓展战略,即寻求资源、寻求市场、寻求效率都是资产利用战略,而寻求战略资产属

① 张毅:《跨国公司在华直接投资的战略演进》,华中科技大学出版社2008年版,第57—60页。

于资产拓展战略①。

(1)寻求资源型投资战略

跨国公司对外直接投资以获得其生产活动中所必需的重要资源,尤其是自然资源,因此,寻求资源型投资是指跨国公司对外直接投资是以取得自然资源为目的的投资,如开发和利用国外石油、矿产品以及林业、水产等资源。一般情况下,跨国公司对外直接投资是为了克服母国的资源瓶颈现象,增加国内已失去比较优势或在国内无法生产的产品的进口。这种投资的流向多为资源充足的国家,从而形成最终产品生产国与初级产品生产国之间的垂直专业分工。例如,日本企业对外直接投资通常侧重于自然资源的开发与进口或实现标准化的劳动密集型产品的生产转移。同样,韩国企业在早期对外直接投资中集中于东南亚国家(地区)和中国,也是从资源丰歉程度这一因素衡量出发。

(2)寻求市场型投资战略

寻求市场型投资战略是指跨国公司为了规避东道国的贸易壁垒,增加投资国对东道国出口的方式来适应东道国进口替代政策的要求。例如韩国对外直接投资的主要动机之一就是市场导向,它们倾向投资于市场规模巨大或市场开发潜力深厚的地区。

对外直接投资也是跨国公司实现其全球战略扩张的一种途径。在经济全球化背景下,跨国公司已经不再局限于在本国竞争,而是将眼光放到全球范围内,在全球市场中竞争,对外直接投资是跨国公司进入东道国市场的一种有效途径。相对于贸易方式,对外直接投资提高了跨国公司对东道国市场的资源承诺程度,容易获得东道国优惠的投资政策,因此成为那些拥有全球化市场雄心的跨国公司的首要选择。

跨国公司寻求市场型投资战略包括四种具体情况:①开辟新市场,它们通过对外直接投资在过去没有出口市场的东道国占有一定的市场份额;②保护和扩大原有市场,它们在对出口市场的开辟进行到某种程度之后,通过对外直接投资在当地进行生产和销售更为有利;③克服贸易限制和障碍,企业可通过

① 联合国贸易和发展会议:《2006 年世界投资报告:来自发展中经济体和转型经济体的外国直接投资——对发展的影响》,2006 年,第 30 页。

向东道国或第三国直接投资,在东道国当地进行生产或在第三国生产再出口到东道国,以避开东道国的贸易限制和其他进口障碍;④跟随竞争者,在寡占市场结构中,当一家跨国公司率先到东道国进行直接投资时,其他企业就会跟随而至,有时甚至不惜亏损,以维护自己的相对市场份额,保持竞争关系的平衡。

(3)寻求效率型投资战略

寻求效率型投资战略是指跨国公司进行对外直接投资的主要动机在于降低成本、提高生产效率,跨国公司通过在东道国建立加工企业,利用当地廉价资源特别是劳动力来生产配件或为母公司提供装配制成品所需的中间产品。许多美国跨国公司投资于亚洲和拉丁美洲新兴经济体及发展中国家,就属于这种投资类型。随着新兴经济体和发展中国家工资水平的上升,这些离岸工厂为寻求更低的工资水平,其区位倾向于选择劳动力成本更低廉的国家和地区。

寻求效率型投资战略也可以分为两种情况:①降低生产成本,如果企业在国内生产出口产品,其生产成本高于在国外生产时,可通过对外直接投资方式在国外设厂生产,以降低生产成本以及运输成本等,提高生产效率;②获得规模经济效益,所谓规模经济效益,是指在技术条件一定的情况下,产品的单位生产成本随着生产规模的扩大而降低,企业获得更多的利润。当企业的发展受到国内市场容量的限制而难以达到规模经济效益时,它们可通过对外直接投资,将其相对闲置的生产力转移到国外,以提高生产效率,实现规模经济效益。

(4)寻求战略资产型投资战略

寻求战略资产型投资战略是指跨国公司为寻求知识、技术、经验等战略性资产而进行跨国扩张。例如,智力资产(包括专利、商标、版权等)是企业战略性资产的一部分,跨国公司可以通过对外直接投资的途径获得这些战略性资产。随着世界市场分工的细化,不同国家、不同企业的专业化程度越来越高,任何一个跨国公司不可能拥有全部的生产资源和生产知识。再者,科学技术的日新月异,使得每个跨国公司所拥有的核心能力并不是永恒不变的,它也可能被其他企业赶上或超过。因此,面对世界市场竞争的需要,跨国公司开展全球范围内的组织学习,通过对外直接投资来获取自己所需的技术,提高核心能力或培养新的核心能力。

当前国际产业转移呈现多样性,既有发达国家之间的产业转移,也有发达国家向发展中国家的产业转移,同时还有发展中国家之间的产业转移。基于不同国家经济、科技、文化等差异,投资产业的不同以及跨国公司自身资源及能力的差别,不同跨国公司的跨国扩张持有不同的动机。例如,UNCTAD发布的《2006年世界投资报告:来自发展中经济体和转型经济体的外国直接投资——对发展的影响》提出,第一产业的跨国公司对外直接投资主要是利用生产加工能力优势,第二产业的跨国公司对外直接投资首先是利用生产加工能力优势,其次是利用资产所有权,而第三产业的跨国公司对外直接投资则是利用生产服务网络和关系。此外,不同国家的跨国公司在同一东道国也可能拥有不同的投资动机。例如,美国、欧盟的跨国公司在华投资的动机是占领中国市场,将其对华直接投资纳入其全球战略体系,而日本企业在华投资主要是以获取廉价的劳动力成本、降低生产成本为目的。此外,日本企业在发达国家和发展中国家的投资动机有很大差别,它们在发达国家投资是为了保证市场份额以及专利与信息收集等,而在发展中国家投资重在获取廉价的劳动力成本,使之成为其国际性生产基地①。

3. 发达国家跨国公司的全球化战略

对于发达国家的跨国公司来说,它们的资产规模大多数位居"全球100强"的前列,研发实力较强,它们在发达国家和发展中国家分别采取资产拓展型战略和资产利用型战略。

一是发达国家的跨国公司通常在其他发达国家采取寻求市场或寻求战略资产型投资战略。由于发达国家之间的产业转移活动主要为产品内分工,跨国公司的产品在同一类产品内部具有互补性,因此这些跨国公司通过对外直接投资在东道国销售产品来获得利润,同时也有部分企业通过对外直接投资获得东道国的技术、品牌或分销网络等。

二是发达国家的跨国公司在发展中国家通常采取寻求资源型战略、寻求

① 张自如:《国际产业转移与中国对外贸易结构》,中国财政经济出版社2008年版,第62页。

效率型战略、寻求市场型中的某一种,也可能综合采取上述几种战略组合。发达国家相对发展中国家在技术、品牌和其他知识产权等资产所有权上具有特定优势,它们通过资产利用型战略开展对外直接投资活动,以获取发展中国家廉价的自然资源和劳动力资源,或者占领前景广阔的新兴市场。日本企业采取"冶金技术设备及设备换资源"的方式就是一种寻求资源型战略,使得日本企业在全球铁矿石不断上涨的背景下处变不惊,其采取的投资方式包括:①特殊钢技术赚油田股份。日本住友金属工业公司生产的油气田专用无缝钢管占据全球50%的市场,其最高级的无缝钢管占全球80%的市场份额,日本企业出售到非洲、南美洲等地的无缝钢管,价格一般只是正常价格的1/3,剩余货款将由所开采油田的股份来冲抵,并且日本技术人员负责钻井的全部设计和安装工作,当地工作人员无法接触到核心技术;②挖掘机换取采矿权。日本日立建机公司占据全球超大型挖掘机40%的市场,在与矿产丰富的国家进行合作时,日本企业要求取得所采矿产的部分所有权,或拥有廉价购入矿产资源的特权,日本企业就是以出口先进产品来获得当地廉价的资源矿产,而不是输出技术。此外,在20世纪八九十年代,跨国公司在华投资主要集中于劳动密集型的加工业,该产业具有两个显著特征:①对自然资源的消耗量大;②对技术的要求较低,但是需要大量的劳动力,从而揭示跨国公司早期对华投资的主要动机是获取中国廉价的原材料和劳动力资源,降低生产成本。也有部分跨国公司在发展中国家投资采取寻求效率型投资,UNCTAD发布的《2004年世界投资报告:转向服务业》指出,南亚和东南亚作为服务业离岸外包类国际直接投资项目目的地占据主导地位,尤其是在IT服务方面。印度几乎成为各种服务离岸外移的首选目的地,它吸引跨国公司的不仅仅是低成本和具备技能的劳动力,而且还因为它具有先入为主和群聚落脚等优势。

4. 发展中国家跨国公司的全球化战略

尽管来自新兴经济体和发展中国家的直接投资占全球外商直接投资的比例相对较少(2008年FDI流出量为3880亿美元,占全球FDI流出量的19.7%),但是这种投资趋势愈加明显。亚洲是发展中国家对外直接投资最多的区域,包括亚洲"四小龙"、中国、印度、马来西亚和泰国等国家和地区,这些国家和地区的跨国公司投资大部分集中在第三产业(尤其是工商、金融和贸易方面的服务),近年来大量进入制造业(电子制造业)和第一产业(石油勘探和矿业)。来自发展中国家的跨国公司对外直接投资主要集中在其他发展中国家,但也有少数跨国公司对发达国家进行直接投资,它们在发达国家和发展中国家分别采取寻求战略资产型战略和寻求资源/市场型战略。

2006年,UNCTAD关于发展中国家外商投资企业的调查证实,对于来自发展中国家的跨国公司而言,寻求市场型直接投资是发展中国家跨国公司最重要的投资战略,这种投资主要形成区域内和发展中国家内部的外商直接投资。例如,消费品和服务方面的外商直接投资往往是区域性和南南流动型,石油和天然气跨国公司的对外直接投资既面向某些发达国家(发达国家仍然是目前最大的能源市场),也有面向区域市场的。

寻求效率型投资是发展中国家跨国公司对外直接投资的第二项重要战略。来自相对较先进、而劳动力成本较高的新兴经济体跨国公司较多采用这种投资战略,一般集中在电气和电子产品、成衣和纺织品等行业。韩国、新加坡和马来西亚等国家的跨国公司通常采取这种投资战略。

寻求资源型和寻求战略资产型投资战略对发展中国家的跨国公司而言较少采用,但也有例外——少数发展中国家在其他发展中国家采取寻求资源型投资战略,而在发达国家采取寻求战略资产型投资战略。例如,中国和印度的跨国公司向具有丰富资源的国家进行投资,特别是在石油和天然气方面,着眼于取得更多的供应。

(二)跨国公司的行为变迁及其影响

1. 后危机时代跨国公司发展的新趋势

跨国公司一直在世界经济中发挥主要作用,且作用越来越大。2011年,跨国公司国外子公司的出口约占全球商品和服务出口总量的1/3,全球雇员人数达到6900万人,他们创造的生产增加值约占全球GDP的1/4。在全球经济活动中扮演着重要角色的跨国公司也受到金融危机的深刻影响,其发展态势在今后较长时期内将发生一些新变化。

一是将迎来新一轮的跨国公司全球并购热潮。受金融危机影响,跨国并购历经五年繁荣期于2007年结束后,并购额下降了39%,其中欧洲的跨国并购交易骤跌56%，日本下降了43%，而且世界范围内的巨额交易（即交易额超过10亿美元的交易）备受这场危机的影响。但是UNCTAD发布的《2009年世界投资报告》预测，在金融危机之后，随着全球经济重新复苏，政府的援助资金从陷入金融危机的金融、汽车制造等行业中撤出以后，将可能会引发新一轮的跨国并购①。

二是新兴经济体和发展中国家的跨国公司在全球经济中发挥更大的作用。金融危机对发达国家的外商直接投资影响甚大，但是新兴经济体和发展中国家在金融危机中的外商直接投资流入量持续增加，不仅如此，来自新兴经济体和发展中国家的跨国公司在全球跨国公司中的地位越加突出，它们将在引领全球经济复苏方面发挥更积极的作用。①新兴经济体和发展中国家将成长为新兴的全球市场。按照购买力平价计算，20世纪90年代以来，发达国家经济体在全球GDP中的比例呈逐步降低之势，由1990年的63.7%下降到2007年的56.14%，而发展中国家经济体占全球经济总量的比重则持续提高，2007年为43.5%，在发展中经济体内部，亚洲发展中国家的比重上升明显，2007年占全球的10.15%②。国际货币基金组织（IMF）于2012年4月17日发表的《世界经济展望》中，预测2012年和2013年新兴经济体和发展中国家的进口分别增长8.4%和8.1%，出口分别增长6.6%和7.2%，不仅均高于2011年的预期，而且都高于发达经济体的增幅。在未来5—10年，经济增长速度由高到低的国家和地区排序是中、印、俄、巴、美、欧、日，2020年世界经济将演变成美、欧、中三足鼎立的格局，日本、印度、俄罗斯、巴西作为第二梯队。2020年欧元区和日本在全球的份额下降，中国在全球经济中的份额上升。因此新兴经济体和发展中国家将成为今后全球的重要市场；②新兴经济体和发展中国家将成长为引领全球经济复苏的主力军。据UNCTAD统计，来自新兴经济体和发展中国家的外商直接投资在国际直接投资中的比重在20世纪80年代中期为6%，在90年代中期约占11%，2005年占17%，到2008年则达到19.7%，2010年达到峰值31.8%，新兴经济体和发展中国家作为国际直接投资来源的重要性不断增加。UNCTAD组织大型跨国公司对《世界投资前景调

---

① 联合国贸易和发展会议：《2009年世界投资报告：跨国公司、农业生产和发展》，2009年，第12页。

② 曲凤杰：《世界中长期走势及其对我国的影响》，《国际贸易》2009年第6期，第44页。

查》的答复显示，美国以及中国、印度、巴西和俄罗斯联邦“金砖四国”将成为引领外国直接投资的复苏，并且中国和印度分别评为第一和第三最具外商直接投资吸引力的国家；③新兴经济体和发展中国家的跨国公司在全球“100强”中的比例逐渐提高。2007年“全球100强”中有发展中国家的跨国公司7家，分别是和记黄埔（中国香港）、国家石油公司（马来西亚）、新加坡电信（新加坡）、LG集团（韩国）、三星电子（韩国）、中信集团（中国）、Cemex公司（墨西哥），而2004年仅有4家，即和记黄埔（中国香港）、国家石油公司（马来西亚）、新加坡电信（新加坡）、三星电子（韩国）。在金融危机中，一些发展中国家的跨国公司在发达国家并购资金短缺的大型企业，以获得优质资产。而随着新兴经济体和发展中国家经济持续发展，来自这些国家和地区的跨国公司在“全球100强”中的比例会更高。

三是服务与制造融合发展加快跨国生产服务网络的形成和发展。从中长期来看，支撑世界经济增长特别是服务业发展的因素（如技术进步、产业结构调整升级和产业转移等基础性条件）都没有发生变化，而且越来越多的国家向服务经济转型，服务业逐步取代制造业成为各国产业竞争力的最关键因素，因此服务业仍然是未来全球经济发展的主要动力。UNCTAD发布的《2004年世界投资报告》显示，服务业领域国际直接投资增多的一个重要原因就是制造业跨国公司的贸易和辅助贸易服务的扩张尤为迅速。跨国公司将服务与制造融合，并在全球范围内优化配置资源，促使其全球生产网络向全球生产服务网络发展，跨国公司通常控制价值链中的核心环节和高附加值环节，而将低附加值环节交给东道国（尤其是发展中国家）本土企业来完成。

四是跨国公司将面临全球贸易保护主义增多的考验。贸易保护主义是影响经济全球化的不利因素，金融危机引起各国国内贸易保护主义抬头，反倾销、反补贴、特保等各种非关税贸易壁垒层出不穷，谈判多年的多哈回合基本处于停滞状态，预计全球经济将在很长一段时间内处于贸易保护主义状态，作为国际贸易先锋的跨国公司将面临全球贸易保护主义的考验。这些贸易保护主义主要发生在发达国家和发展中国家之间，其来源主要有两个方面：一是发达国家重视制造业对经济稳定发展的重要作用，兴起了“再工业业化”运动，将制造业的重点放在高新技术产业和战略性新兴产业，而发展中国家也力图通过发展高新技术产业实现产业结构升级，因此发达国家与新兴经济体和发展中国家之间将采取越来越多的贸易保护措施。据世界银行（WB）统计，自全球金融危机爆发以来，20 国集团中有 17 国推出了大约 78 项贸易保护主义措施，其中 47 项已付诸实施。二是诸如“碳关税”之类新的贸易保护主义措施还会层出不穷，发达国家出于政治、经济、安全等因素的考虑，对来自新兴经济体和发展中国家跨国公司的投资和并购活动也会设置更多的障碍。以欧盟、美国为主的发达经济体正在积极推行低碳经济，为了推动其他国家参与，这些发达经济体正在制定“碳关税”相关法案，通过立法对高能耗产品进口征收特别的二氧化碳关税，可以预见，“碳关税”或非关税的技术准入限制对跨国公司的全球化战略具有深远影响。

2. 跨国公司的行为特征变化

面对世界经济中长期的良好发展，跨国公司为了更好地实施其全球化战略，将在具体的业务经营和管理活动方面进行调整，其行为特征的具体变化表现如下。

（1）跨国公司垂直化分工的发展态势。

垂直化分工是指经济技术发展水平相差较大的经济体之间的分工。从产业和产品关系的角度来看，垂直分工包含产业间的垂直分工、产业内的垂直分工和产品内的垂直分工。

产业间垂直分工是指一部分国家供给初级原料，而另一部分国家供给制成品的分工型态，如发展中国家生产初级产品，发达国家生产工业制成品，这是不同国家在不同产业间的垂直分工。传统意义上的国际分工主要是指不同国家之间劳动密集型产业和资本技术密集型产业的垂直分工，发达国家主要从事资本技术密集型产品的生产，发展中国家则从事劳动密集型产品的生产。发达国家与发展中国家之间的贸易更多的是产业间的贸易。

产业内垂直分工是指同一产业内技术密集程度较高的产品与技术密集程度较低的产品之间的分工。在这一分工体系中，发达国家生产的是技术密集的高质量、高价格和高附加值的产品，而发展中国家虽然也生产这类产品，但它们一般是技术密集程度低的质量水平不高、附加值低、价格低廉的产品。

产品内垂直分工是指同一产品的生产过程中，上下游企业进行分工与合作，各自在产品生产价值链的某个阶段进行专业化生产。产品内垂直分工也称为“垂直专业化”。当垂直专业化的关系跨越国界,上下游企业位于不同国家时,就形成了产品内国际分工。垂直专业化是经济全球化进程中出现的最为瞩目和最重要的分工形态。

世界贸易组织(WTO)在其1998年的年度报告中详细地描述了一部美国汽车的生产情况:汽车价值的30%产生于韩国的装配,17.5%产生于日本的组件和高级技术,7.5%产生于德国的设计,4%产生于台湾省和新加坡的小零部件,2.5%产生于英国的广告和营销服务,1.5%产生于爱尔兰和巴巴多斯岛的数据处理。这意味着,一部美产汽车,其价值仅有37%是真正来源于美国,其余绝大部分是来源于世界其他地区。Feenstra也类似地描述了一个芭比娃娃的制造过程:马特尔(Mattel)从台湾省和日本获取塑料和毛发等原材料,在印度尼西亚和马来西亚从事装配,在美国采购模具,在中国采购玩具娃娃所穿的衣服,又在美国采购装饰娃娃的颜料等①。

垂直专业化产生的重要理论前提是比较优势理论和规模经济效应。由于不同国家在生产要素禀赋、生产效率与技术水平、经济发展水平等方面存在差异,他们就不可避免地存在在某个生产领域或生产环节相对于其他国家的比较优势。此外,规模经济效应在制造领域非常明显,而且这种效应在未来很长一段时间内都不太可能消失。这就意味着“垂直专业化”的理论与现实基础在可预见的将来不会发生改变。

不仅如此,垂直化分工或垂直专业化还被看做是当代经济全球化在国际分工层面展现出的一个十分引人注目的特征②,是20世纪90年代以后发展最快的国际分工形式。并且,在20世纪后半期逐渐兴起的经济全球化浪潮中,运输、通讯等部门的技术进步促进了生产环节在不同国家的分散化,而国际贸易壁垒的降低使垂直专业化链条上的各个环节均享受到贸易自由化的好处,极大地促进了垂直专业化贸易和整个世界贸易的增长。

Hummels等(2001)通过建立VS(vertical specialization)指标(通过计算出口中包含的进口中间投入价值占总出口的比重)来度量垂直专业化贸易的发展程度。他们的研究结果显示,近几十年来建立在垂直专业化基础上的国际

---

① Feenstra, R. C. Integration of trade and disintegration of production in the global economy. The Journal of Economic Perspectives, 1998, (12):31—50.

② 卢锋:《产品内分工》,《经济学(季刊)》2004年第1期,第55—82页。

贸易得到了长足发展，1990 年世界总体的 VS 比重为 0.21，较 1970 年增长超过 30%，1995 年则达到 0.23，较 1970 年增长了 44%①。北京大学中国经济研究中心(CCER)课题组(2005)的研究表明，1992—2003 年中国总出口中的 VS 比重从 0.1422 提高到 0.2182，垂直专业化程度的提高超过 50%，如图 5.1 所示。

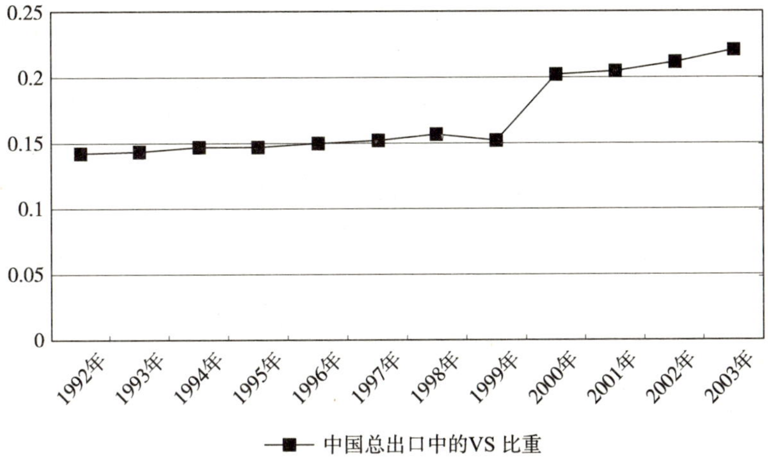

图 5.1　中国垂直专业化贸易的增长

资料来源：胡昭玲：《产业内贸易与垂直专业化贸易比较及启示》，《国际经贸探索》2007 年第 6 期，第 8—12 页。

宗毅君(2008)使用 VS 指标中的相对值指标(即垂直专业化分工比重，VSS，用来衡量 VS 绝对值在该国总出口中所占的比重)，计算了我国工业行业 1992—2005 年垂直专业化分工的演进，如表 5.1 所示。总体而言，我国工业行业垂直专业化的程度在不断加深，某些工业 VS 占我国总出口的比重甚至超过 30%。还有研究表明，近年来国际贸易增长中的 70% 由垂直型分工发展来解释②。

① Hummels, D., Ishii, J., and Yi, K. The nature and growth of vertical specialization in world trade. Journal of International Economics, 2001, (54): 75—96.

② 申宏丽：《从产品内国际分工视角看我国当前的宏观经济运行困境》，《华北金融》2008 年第 11 期，第 52—54 页。

表 5. 1　中国工业行业的 VSS 值

年份	1992	1995	1996	1997	1998	1999	2000	2001	2002	2003	2004	2005
煤炭采选业	0. 074	0. 073	0. 068	0. 066	0. 056	0. 057	0. 064	0. 06	0. 061	0. 073	0. 066	0. 085
石油和天然气开采业	0. 060	0. 076	0. 045	0. 043	0. 037	0. 038	0. 045	0. 045	0. 049	0. 059	0. 053	0. 067
金属矿采选业	0. 110	0. 110	0. 117	0. 110	0. 094	0. 091	0. 105	0. 101	0. 098	0. 119	0. 109	0. 148
非金属矿采选业	0. 074	0. 078	0. 069	0. 068	0. 059	0. 063	0. 074	0. 074	0. 081	0. 095	0. 088	0. 113
食品制造及烟草加工业	0. 052	0. 058	0. 052	0. 048	0. 041	0. 041	0. 050	0. 049	0. 052	0. 051	0. 062	0. 084
纺织业	0. 119	0. 144	0. 120	0. 115	0. 105	0. 107	0. 125	0. 125	0. 134	0. 149	0. 150	0. 191
服装皮革羽绒及其他纤维制造业	0. 128	0. 154	0. 119	0. 117	0. 106	0. 108	0. 127	0. 127	0. 139	0. 172	0. 169	0. 205
木材加工及家具制造业	0. 112	0. 105	0. 091	0. 089	0. 078	0. 078	0. 088	0. 083	0. 086	0. 099	0. 096	0. 122
造纸及文教用品制造业	0. 086	0. 100	0. 083	0. 079	0. 071	0. 073	0. 083	0. 081	0. 087	0. 101	0. 094	0. 123
电力及蒸汽、热水生产和供应业	0. 062	0. 074	0. 076	0. 074	0. 061	0. 061	0. 070	0. 067	0. 071	0. 088	0. 075	0. 098
石油加工业及炼焦业	0. 141	0. 135	0. 169	0. 172	0. 126	0. 119	0. 159	0. 157	0. 151	0. 194	0. 164	0. 201
化学工业	0. 111	0. 145	0. 125	0. 121	0. 109	0. 114	0. 133	0. 132	0. 143	0. 165	0. 154	0. 204
非金属矿物制品业	0. 078	0. 086	0. 079	0. 078	0. 068	0. 073	0. 086	0. 085	0. 092	0. 110	0. 101	0. 134
金属冶炼及压延加工业	0. 113	0. 132	0. 145	0. 140	0. 119	0. 119	0. 142	0. 139	0. 141	0. 173	0. 158	0. 212
金属制品业	0. 126	0. 137	0. 128	0. 124	0. 108	0. 111	0. 131	0. 128	0. 137	0. 166	0. 151	0. 195
机械工业	0. 123	0. 149	0. 135	0. 125	0. 112	0. 117	0. 139	0. 140	0. 154	0. 183	0. 167	0. 208
交通运输设备制造业	0. 152	0. 160	0. 154	0. 144	0. 127	0. 128	0. 143	0. 149	0. 159	0. 191	0. 173	0. 209
电气机械及器材制造业	0. 131	0. 163	0. 159	0. 155	0. 141	0. 149	0. 174	0. 170	0. 184	0. 218	0. 201	0. 260
电子及通信设备制造业	0. 166	0. 197	0. 179	0. 175	0. 172	0. 186	0. 220	0. 219	0. 243	0. 284	0. 241	0. 313

续表

年份	1992	1995	1996	1997	1998	1999	2000	2001	2002	2003	2004	2005
仪器仪表及其他文化办公用及制造业	0.125	0.177	0.155	0.150	0.145	0.156	0.187	0.192	0.222	0.257	0.224	0.293
其他工业	0.123	0.140	0.098	0.094	0.083	0.085	0.100	0.098	0.104	0.120	0.114	0.152

资料来源:宗毅君:《国际产品内分工与进出口贸易——基于我国工业行业面板数据的经验研究》,《国际贸易问题》2008 年第 2 期,第 7—13 页。

目前,除了在全球范围内垂直专业化分工的不断深化,垂直型分工贸易占国际贸易总量的比重不断上升之外,以跨国公司主导的垂直专业化国际分工还表现出以下特征:①国家垂直专业化分工由过去单个的或少数行业扩展到几乎所有的制造业。工序国际分工已不是个别行业的局部性现象,而是在全球经济结构基本层面具有大局意义的当代国际分工形态特点①。②垂直型分工模式向服务领域不断拓展。随着跨国公司战略布局调整的加速以及网络技术的迅速发展,服务外包已经成为服务贸易的重要形式,尤其是金融业的服务外包规模不断扩大,大大加速了全球金融市场的一体化进程。世界发达国家和地区是主要的服务外包输出地,而新兴经济体和发展中国家则是主要的服务外包业务承接地。③产品内分工更趋细化,全球产业链延伸更长。大型跨国公司对生产价值链不断地进行细化和重新分割,使其生产在更小的工序单位上和更宽广的地理范围内来按比较优势进行,这种由跨国公司主导的垂直型分工生产体系,使全球价值链纵横交错,延伸更长,世界各国经济更加紧密地联系在一起。④传统意义上发达国家和发展中国家之间的"中心—外围"国际分工结构呈现固化趋势。作为"中心"的发达国家占据了全球垂直型分工生产体系的价值链利润高端环节,而"外围"的新兴经济体和发展中国家则处在价值链利润低端环节。"外围"国家很难向这些利润高端环节进行升级,有些国家甚至出现了被固化在价值链低端环节的趋势。

(2)跨国公司水平分工的发展态势。

水平分工是指经济发展水平相同或接近的国家之间(如发达国家之间或

① 卢锋:《产品内分工》,《经济学(季刊)》2004 年第 1 期,第 55—82 页。

发达国家与一部分新兴经济体和发展中国家之间)在工业制成品生产上的分工。当代发达国家的相互贸易主要是建立在水平分工的基础上。传统的水平分工可分为产业内与产业间水平分工。

产业内水平分工又称为“差异产品分工”,是指同一产业内不同企业生产的产品虽有相同或相近的技术程度,但其外观设计、内在质量、规格、品种、商标、牌号或价格有所差异,从而产生的分工和相互交换,它反映了寡头企业的竞争和消费者偏好的多样化。比如,美国、日本、德国、法国等国家都生产轿车,但它们在外观、质量、档次、品牌等方面都存在差异,这一分工就是产业内水平分工。

产业间水平分工则是指不同产业所生产的制成品之间的分工和贸易。由于发达国家的工业发展有先有后,侧重的工业部门有所不同,各国技术水平和发展状况存在差别,因此,各类工业部门生产方面的分工日趋重要。各国以其重点工业部门的产品去换取非重点工业部门的产品。工业制成生产之间的分工不断向纵深发展,由此形成产业间水平分工。例如,不同发达国家都有其自身的强势或重点工业部门,包括德国的机械产业、瑞士的钟表业、意大利的服饰业、日本的电子业、美国的IT业等,这种产业的空间布局既是产业间水平分工的结果,也是产业间水平分工的形态。

事实上,除了传统的产业内与产业间水平分工外,还存在产品内的水平分工。产品内的水平分工是指构成产品的不同零部件或加工工艺间的分工。由于现代产品一般工艺复杂、零部件众多、所涉及的技术多种多样,而不同国家即便是发达国家之间在技术、工艺等方面具有不同的比较优势,这就为产品内的水平分工奠定了基础。产品内水平分工的一个例子是空中客车的飞机生产,它主要由德国、法国、西班牙和英国四个国家协作完成。

水平分工的理论基础仍然是比较优势理论和规模经济效应。而水平分工的结果表现在国际贸易领域就是:发达国家之间在产成品和中间产品的国际贸易;发展中国家之间在产成品和中间产品的国际贸易。从表5.2可以看出,发达国家与发达国家区域内水平贸易仍然是国际贸易的主要形式。例如,2008年,北美内部的贸易额为10.145亿美元,而欧洲内部的贸易额甚至达到了46.95亿美元。北美内部的贸易额与北美和世界其他地区贸易额大体相当,占北美总贸易的比重为49.8%,占全球贸易的比重为6.5%。欧洲内部贸易额接近欧洲对外贸易额的2倍，占欧洲总贸易的72.8%，占全球贸易的29.9%。其次，发展中国家之间的水平贸易也是发展中国家对外贸易的重要形式。南美与中美国家之间的贸易占该地区对外贸易的26.5%，占全球贸易的1%，亚洲国家之间的贸易占该地区对外贸易的50.1%，占全球贸易的13.9%。

表5.2 2008年世界地区内与地区间贸易

	目的地							
起始地	北美	南美与中美	欧洲	独联体(CIS)	非洲	中东	亚洲	世界
贸易额(10亿美元)								
世界	2708	583	6736	517	458	618	3903	15717
北美	1014.5	164.9	369.1	16.0	33.6	60.2	375.5	2035.7
南美与中美	169.2	158.6	121.3	9.0	16.8	11.9	100.6	599.7
欧洲	475.4	96.4	4695.0	240.0	185.5	188.6	486.5	6446.6
独联体(CIS)	36.1	10.1	405.6	134.7	10.5	25.0	76.8	702.8
非洲	121.6	18.5	218.1	1.5	53.4	14.0	113.9	557.8
中东	116.5	6.9	125.5	7.2	36.6	122.1	568.9	1021.2
亚洲	775.0	127.3	801.0	108.4	121.3	196.4	2181.4	4353.0
区域贸易流在每个区域总商品出口中的份额(%)								
世界	17.2	3.7	42.9	3.3	2.9	3.9	24.8	100.0
北美	49.8	8.1	18.1	0.8	1.7	3.0	18.4	100.0
南美与中美	28.2	26.5	20.2	1.5	2.8	2.0	16.8	100.0
欧洲	7.4	1.5	72.8	3.7	2.9	2.9	7.5	100.0
独联体(CIS)	5.1	1.4	57.7	19.2	1.5	3.6	10.9	100.0
非洲	21.8	3.3	39.1	0.3	9.6	2.5	20.4	100.0
中东	11.4	0.7	12.3	0.7	3.6	12.0	55.7	100.0
亚洲	17.8	2.9	18.4	2.5	2.8	4.5	50.1	100.0
区域贸易流在世界商品出口中的份额(%)								
世界	17.2	3.7	42.9	3.3	2.9	3.9	24.8	100.0
北美	6.5	1.0	2.3	0.1	0.2	0.4	2.4	13.0
南美与中美	1.1	1.0	0.8	0.1	0.1	0.1	0.6	3.8
欧洲	3.0	0.6	29.9	1.5	1.2	1.2	3.1	41.0

续表

起始地	目的地							
	北美	南美与中美	欧洲	独联体(CIS)	非洲	中东	亚洲	世界
独联体(CIS)	0.2	0.1	2.6	0.9	0.1	0.2	0.5	4.5
非洲	0.8	0.1	1.4	0.0	0.3	0.1	0.7	3.5
中东	0.7	0.0	0.8	0.0	0.2	0.8	3.6	6.5
亚洲	4.9	0.8	5.1	0.7	0.8	1.2	13.9	27.7

资料来源:世界贸易组织:《2009 国际贸易统计数据》,http://www.wto.org/english/res_e/statis_e/sectorl_e/io4.xls,2010 年 7 月 5 日。

在过去,水平分工主要存在于发达国家之间或者发达国家与一部分新兴经济体和发展中国家之间,但是今后一段时期内,发达国家与新兴经济体及发展中国家之间开展的水平分工生产逐步增多,其原因有两个:①新兴经济体和发展中国家在今后为产业结构调整升级的需要努力发展高新技术产业,不断提高其产品的技术含量,他们与发达国家之间的经济差距和技术差距不断缩小,具备水平分工的基础;②在日益激烈的国际竞争压力下,跨国公司被迫向新兴经济体和发展中国家转移一些具有更高技术和服务含量的业务部门或增值环节①,同时提高本土企业的配套能力,从而具备更好的水平分工基础。

(3)跨国公司模块化生产的发展态势。

模块化(Modularization)生产的前提是模块化分工。模块化分工是指将一个复杂的系统或过程按照一定的联系规则分解为可进行独立设计的半自律性子系统的经济行为。一个复杂系统可以按照模块化分工的形式分解为半自律的子系统,子系统本身还可以继续分解为更加细化的价值模块。子系统的分解方式既可以是纵向链状分工,也可以是横向平行分工,在模块系统内部构成网络状分工体系,如图 5.2 所示。在模块化分工条件下,各个组分可以按照标准独立地发展,每个模块之间在设计过程和生产过程中可以互不干扰。在与子系统(模块)构成更加复杂的系统时,每个组分所形成的产品(价值)模块之间构成互补关系。

模块化与传统分工是既有联系又不同的两个概念。在交易效率允许的

① 张燕生:《"十二五"时期我国经贸环境分析》,《国际贸易》2009 年第 8 期,第 4—8 页。

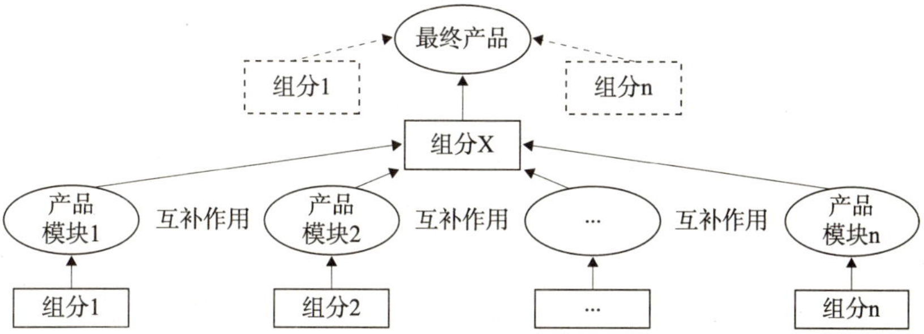

图 5.2　网络状模块化分工

资料来源:余东华:《分工的演进与模块化分工》,《财经科学》2008 年第 12 期,第 81—88 页。

前提下,分工就是分解和细化的问题:分得越细,专业化水平就越高,分工程度也就越高。而模块化不仅仅是将系统进行分解的行为,它还是一个进行有效整合的过程。如果将分工看成是系统分解的话,那么模块化就是在分工的基础上进一步将各个细分部分按照功能原则重新聚合的过程①。

模块化是一种允许浪费和重复建设的经济系统,而传统分工则是一种专业化效率导向、力图节约的经济系统。按照模块化理论,模块的研发是一种"允许浪费"的价值创造系统,具有"淘汰赛"的激励效应。模块研发主体只要遵循可见部分的设计规则,就能够试验完全不同的工程技术,因而其信息处理和操作处理可以相互保密,从而使模块研发的多个主体同时开展研发成为可能。虽然这种重复的研发造成了社会资源的浪费,但是这种"浪费"却是值得的:一方面,它适应了复杂产品系统开发的需求,独立的同种功能模块的研发能够预留几个选择的余地来应对未来的不确定性;另一方面,成功的企业能够获得全部的模块价值,具有白热化的"淘汰赛"效果,激励研发主体开发出符合理想界面标准和绩效标准的模块产品。与此不同,传统分工的主要目的在于获得分工经济效应,它对竞争程度的影响更多的是依赖于交易效率和人口规模两种因素②。

① 胡晓鹏:《从分工到模块化:经济系统演进的思考》,《中国工业经济》2004 年第 9 期,第 5—11 页。

② 胡晓鹏:《从分工到模块化:经济系统演进的思考》,《中国工业经济》2004 年第 9 期,第 5—11 页。

典型的分工可以划分为水平分工和垂直分工，而模块化结构更类似于混合型的分工结构。模块是以功能划分为标准的，模块内部元素的构成则是以分工的形式展开，模块化结构更关注模块之间平行式的立体网状关系。因此，模块化是分工进一步延伸和深化的结果，模块化结构也就必然保留与分工结构较为相似的特征。以纵向分工结构中价值链问题为例，价值链的分解方法可能无法满足社会分工深化的要求，在这种情况下，可以将相关的工序逐渐集中起来作为"处理模块"进行统一的管理。此外，模块化可以超越前后关系，把完成同一功能一系列工序结合起来构成"功能模块"①。

在现实生活中，IT 产业的产品设计中最容易发现模块化的实际例子。例如，一台电脑就包含了主板、内存条、显卡、显示器、存储器等众多部件或功能模块。事实上，模块化是基于信息技术革命背景下，在产业的发展过程中逐步呈现出来的，用于解决复杂系统问题的新方法。它是信息技术向智能化、集成化、系统化方向发展的结果。

当前，模块化分工和模块化生产呈现出如下特点：第一，全球产业结构"模块化"。模块化对于产业的影响是全方位的，模块化绝不仅仅局限于产品设计方面，模块化也被普遍地用在经营管理、组织结构设计等诸多方面，青木昌彦(2002)甚至认为，模块化是全球新产业结构的本质。20 世纪 80 年代以后，在数字信息处理与通讯技术快速发展的形势下，全球产业结构进行了"模块化的分工"。这种分工涉及"设计的分工"、"生产过程的划分"、"产品结构的划分"、"产品零部件的通用化"等多个方面。近 20 年来，以信息通讯产业为代表的全球范围的产业转移与要素重组，正是产业结构"模块化"的结果②。

第二，模块化生产日益成为跨国公司深化生产全球化的重要方式。模块化生产既是高新技术的产物，更是跨国公司适应经济全球化竞争的一种生产方式。传统的水平分工和垂直分工各有利弊，就其弊端而言，水平分工不利于跨国公司在全球范围内利用生产要素禀赋的国别差异，即不利于利用各国的比较优势；而垂直分工则可能出现价值链过长，以及过长链条所带来的管理与协调问题，这些问题在市场竞争日趋激烈而产品生命周期日益缩短的高新技

① 朱瑞博：《价值模块整合与产业融合》，《中国工业经济》2003 年第 8 期，第 27—31 页。

② 何亚东：《从"要素参与国际分工"到"企业参与国际竞争"——反思与重构中国的全球化模式》，《经济社会体制比较》2008 年第 5 期，第 25—32 页。

术产业可能是致命性的。因此,模块化生产作为一种混合式分工,则能在利用水平分工与垂直分工各自优势的同时避免各自的缺点。在具体的分工过程中,跨国公司往往会选择将技术含量低、技术溢出效应明显、附加值低且竞争相当充分的非核心价值模块向发展中国家转移或外包;而选择非常稀缺、其他企业难以模仿、技术含量较高且具有较高附加值的核心模块,在独占技术的优势下,实现这一类模块产业的高市场占有率,获得一定的垄断利润。如英特尔公司,它不生产电脑,但却通过提供核心模块芯片,获得较高利润。电脑产业中70%左右的芯片都来自英特尔公司,而且在芯片生产领域,英特尔和超微公司形成了较高的专利门槛,将大部分企业阻挡在外,从而获取垄断利润。由于生产全球化的纵深发展和模块化生产的推广,跨国界的企业机构增长迅速。据统计,1990 年全球共有 3.7 万家跨国公司,12 万家子公司,2008 年则有 8.2 万家跨国公司,拥有子公司 81 万家。后危机时代的跨国公司将制造和服务环节融合,还将催生更多的跨国子公司。

第三,在全球模块网络中,跨国公司利用其资本和技术优势,抢占"中心节点"位置。在不同价值模块的相互对接方面,跨国公司通过制定界面的接口标准,实行价值模块外包,并允许其他企业在相同功能模块上实现竞争,自己则成为模块系统集成商。在将公开的界面标准上升为一种行业标准或其他普遍实施的标准时,跨国公司又成为标准制造商,利用制定标准过程中的技术专利来实现自身利润。"快鱼吃慢鱼"的规则和市场知识产权保护的加强导致赢者通吃的局面,跨国公司作为标准制定者,不仅在市场上占支配地位,在利益收割上也是最主要的胜利者。DVD 行业是跨国公司作为标准制定者获取最大收益的典型案例。飞利浦、松下、东芝等跨国公司形成的 3C 和 6C 联盟,将碟机生产外包给中国企业,通过收取专利费盈利。中国出口一台碟机价格在 30—40 美元,而几家专利联盟收费就达到 24.5 美元。在碟机产业逐渐凋敝之时,碟机和光盘开始过渡到蓝光时代,索尼、松下、先锋、日立、惠普等跨国公司组成的创始人组织,形成了蓝光专利池,将通过专利授权获取新的收益①。

① 沈桂龙:《跨国公司价值模块分工与利益实现机制》,《上海经济研究》2009 年第 5 期,第 65—72 页。

(4)跨国公司部门内贸易发展态势。

随着国际分工体系特别是垂直型分工体系的深化,跨国公司的对外投资行为不断增加,带来了国际贸易形态的显著变化,这种变化主要表现在两个方面:一是全球产业内贸易的增长;二是跨国公司部门内贸易的发展。

产业内贸易是指同一产业内部的商品在国家或地区间的双向流动,所谓同一产业内部的商品是指按照国际贸易商品标准分类(SITC)至少前三位相同,即至少属于同类(Division)、同章(Chapter)、同组(Group)的商品①。从表5.3可以看出,欧盟、欧盟外其他欧洲国家、中国、美国、日本、韩国、新加坡、加拿大、墨西哥等国家既是制成品的主要出口国,又是制成品的主要进口国。

表5.3　2008年世界主要制造品出口国与进口国

国家或地区	出口额(10亿美元)	占世界出口的比重(%)	进口额(10亿美元)	占世界进口的比重(%)
欧盟27国	4614.3	44.1	4335.0	40.1
欧盟外其他欧洲国家	1566.7	15.0	1287.4	11.9
中国①,③	1329.6	12.7	733.4	6.8
美国	962.8	9.2	1416.7	13.1
日本	693.2	6.6	342.1	3.2
韩国	365.0	3.5	231.8	2.1
中国香港	348.0	—	348.9	—
新加坡	236.9	2.3	204.8	1.9
中国台湾省	222.3	2.1	143.3	1.3
加拿大④	213.6	2.0	308.4	2.9
墨西哥①,④	212.3	2.0	239.3	2.2
瑞士	178.9	1.7	145.8	1.3
马来西亚①,②	129.9	1.2		
泰国	127.2	1.2		
印度	112.2	1.1	127.1	1.2
土耳其	103.8	1.0		

① 胡昭玲:《产业内贸易与垂直专业化贸易比较及启示》,《国际经贸探索》2007年第6期,第8—12页。

续表

国家或地区	出口额（10亿美元）	占世界出口的比重（%）	进口额（10亿美元）	占世界进口的比重（%）
俄罗斯联邦②			241.8	2.2
澳大利亚④			136.9	1.3
阿拉伯联合酋长国②			126.2	1.2

资料来源：世界贸易组织；《2009国际贸易统计数据》，http://www.wto.org/english/res_e/statis_e/its2009_e/section2_e/ii31.xls，2010年7月5日。

注：①包括通过加工区的重要发货（shipments）；
②包括WTO秘书处（Secretariat）估计；
③2008年中国报道的制造品进口额为908亿美元；
④进口根据离岸价计算。

如果说制成品的范围太广，不足以完全说明产业内贸易的话，再进一步以钢铁的进出口为例来说明。如表5.4所示，欧盟、欧盟外其他欧洲国家、中国、日本、俄罗斯、韩国、美国、土耳其、印度、加拿大和墨西哥等国家既是全球钢铁的主要出口国，同时又是主要进口国，这些国家的产业内贸易占世界钢铁总贸易量的80%以上。

表5.4 2008年世界钢铁主要进出口国

国家或地区	出口额（10亿美元）	占世界出口的比重（%）	进口额（10亿美元）	占世界进口的比重（%）
欧盟27国	238.4	40.6	240.0	39.2
欧盟外其他欧洲国家	61.7	10.5	63.3	10.3
中国	71.0	12.1	27.1	4.4
日本	44.1	7.5	11.5	1.9
俄罗斯联邦	33.1	5.6	8.6	1.4
韩国	25.0	4.3	33.6	5.5
美国	20.1	3.4	49.7	8.1
土耳其	16.8	2.9	15.0	2.5
中国台湾	12.7	2.2	11.8	1.9
印度	11.2	1.9	9.6	1.6

续表

国家或地区	出口额（10 亿美元）	占世界出口的比重（%）	进口额（10 亿美元）	占世界进口的比重（%）
加拿大	9.3	1.6	12.8	2.1
墨西哥	6.1	1.0	9.8	1.6

资料来源：世界贸易组织；《2009 国际贸易统计数据》，http://www.wto.org/english/res_e/statis_e/its2009_e/section2_e/ii36.xls，2010 年 7 月 5 日。

注：①包括通过加工区的重要发货（shipments）；
②包括 WTO 秘书处（Secretariat）估计；
③进口根据离岸价计算。

产业内贸易发展的背后是跨国公司主导的全球范围内的产业转移。第二次世界大战以后，出现了产业部门内部生产的专业化，即产品专业化，发达国家将劳动密集型、环境污染较大的产业或本国失去比较优势的产业转移到发展中国家，自己致力于发展资本密集型产业和技术密集型产业，推动本国产业结构升级。此时国际贸易的形态主要是发达国家的高档产品与发展中国家的低档产品之间的交换，即产业内贸易。国际分工从产业间分工转变为产业内分工的主要原因包括：①第二次世界大战以后的国际环境趋于和平，大部分国家集中力量恢复经济或发展经济，促进了国际贸易的发展；②一些殖民地半殖民地国家在政治上独立之后，也开始寻求经济上的独立，逐渐摆脱成为发达国家原材料来源地的限制，开始发展自己的工业，实施进口替代战略，甚至还有些国家开始实施出口导向型战略。③发达国家出现了失去比较优势的产业，但是这些产业对发展中国家来说又是具有明显或潜在比较优势的产业，为了继续利用这些产业创造利润，发达国家将这些产业相继转移到发展中国家。

跨国公司部门内贸易是指跨国公司发散于全球各地的分支机构与公司总部之间以及各分支机构相互之间所进行的贸易。跨国公司部门内贸易的兴起与发展是全球价值链垂直专业化分工的结果。跨国公司为了利用各国特别是发展中国家低廉的劳动力成本、原材料、能源等比较优势，为了规避东道国的关税与非关税壁垒，以及为了逃避东道国高比例的税收，纷纷将产品的非核心零部件或功能模块的生产转移到发展中国家。而在最终产品形成过程中，需要对分散于全球各地生产的零部件或功能模块进行组装，这就要求跨国公司进行内部贸易,客观上促进了全球贸易的增长。

UNCTAD 发布的《2005 年世界投资报告:跨国公司与研发活动的国际化》显示,跨国公司内部贸易占世界贸易总额的 1/3 以上①。以美国在华子公司与其母公司之间的内部贸易为例,自 1992 年以来,美国在华子公司从其母公司进口额不断增长,进口比例不断加大。1992 年进口额为 6.7 亿美元,占总进口的比重为 4.9%,而到 2001 年,美国在华子公司从其母公司的进口额达到了 55.6 亿美元,占总进口的比重也增长到 13%。与此同时,美国在华子公司向其母公司的出口也呈现出同样的趋势,出口额从 1992 年的 12.26 亿美元增长到 2001 年的 81.37 亿美元,占总出口的比重从 1992 年的 10.5% 提高到 2001 年的 18.1%,如表 5.5 所示。

表 5.5　美国在华子公司与其母公司内部贸易情况

(单位:万美元)

年份	实际利用 FDI	美国在华子公司从其母公司进口总额	进口比重(%)	美国在华子公司对其母公司出口总额	出口比重(%)
1992	58114	67044	4.9	122626	10.5
1993	266253	135074	5.8	165655	10.5
1994	249080	168492	6.4	286996	13.3
1995	308301	136322	4.7	415555	14.6
1996	344333	215938	7.3	469471	15.2
1997	323915	211662	7.4	515785	16.2
1998	389844	313853	11.1	524984	17.7
1999	421586	391655	11.6	570427	17.6
2000	438389	506418	12.2	753943	18.1
2001	443322	556360	13	813732	18.1

资料来源:邱小欢:《在华跨国公司内部贸易研究》,《经济研究导刊》2007 年第 7 期,第 163—165 页。

此外,2007 年,美国商品出口中涉及非银行内美国母公司或它们的多数所有权(Majority-owned)或少数所有权(Minority-owned)的非银行国外子公

① 于培伟、于鹏:《贸易摩擦是我国利益与世界互动的重要表象》,《经济研究参考》2005 年第 82 期,第 4—7 页。

司——跨国公司相关(MNC-associated)的出口——增长了4.9%,达到5586亿美元,占美国总出口的比重为48.7%,这一比重在过去的10年中下降了15%。而与跨国公司相关的商品进口在2007年提高了4.9%,达到7284亿美元,占美国总出口的37.2%,这一比例在过去的10年中微弱下降了3%。

与跨国公司相关的商品出口的增长反映了美国母公司与其国外子公司(跨国公司内贸易)和美国跨国公司与其他公司(公司内部贸易之外的贸易)的贸易增长。由美国母公司向国外子公司的出口增长了7.1%,达到2145美元,而美国跨国公司与其他公司的出口只增长了3.6%,总额为3442亿美元。同样,跨国公司相关的商品进口的增长也反映了美国母公司与其国外子公司(跨国公司内部贸易)和美国跨国公司与其他公司的贸易增长(公司内部贸易之外的贸易)。由美国母公司从其国外子公司的进口增长了9%,达到2720亿美元,而美国跨国公司从其他公司的进口增长2.6%,达到4564亿美元。

从2007年数据来看,美国跨国公司内部出口占美国总出口的比重为19%,美国跨国公司内部进口占美国总进口的比重为14%,如表5.6所示。

表5.6 2006—2007年与非银行类美国跨国公司相关的商品贸易

(单位:百万美元)

年份	2006	2007
与跨国公司相关的美国总出口(MNC-associated U.S. exports)	532,576	558,624
跨国公司内贸易	200,237	214,470
由美国母公司向国外多数股权子公司发货(MOFAs)	191,317	205,839
由美国母公司向它们的其他国外子公司发货	8,920	8,631
跨国公司与其他公司之间的贸易	332,339	344,154
与跨国公司相关的美国总进口(MNC-associated U.S. imports)	694,518	728,412
跨国公司内贸易	249,608	272,041
由国外多数股权子公司向母公司发货	237,583	259,561
由其他国外子公司向母公司发货	12,025	12,480
跨国公司与其他公司之间的贸易	444,910	456,371
附录		
美国货物出口总额	1,025,967	1,148,199
与美国跨国公司相关的出口占美国总出口的比重(%)	52	49

续表

年份	2006	2007
美国跨国公司内部出口占美国总出口的比重(%)	20	19
美国货物进口总额	1,853,938	1,956,962
与美国跨国公司相关的进口占美国总进口的比重(%)	37	37
美国跨国公司内部进口占美国总进口的比重(%)	13	14

资料来源:Barefoot, K. B. and Mataloni Jr., R. J. U. S. Multinational Companies Operations in the United States and Abroad in 2007. August 2009, http://www.bea.gov/scb/pdf/2009/08%20August/0809_mnc.pdf,2009 年 8 月 19 日。

3. 跨国公司变化对经济全球化、国际产业分工和产业转移的影响

由跨国公司主导的基于国家比较优势和规模经济的国际产业分工正朝着水平、垂直和混合方向发展。分工的发展增强了不同国家特别是发达国家与发展中国家的经济与贸易联系,加速了经济的全球化步伐,推动经济全球化不断走向深化。这主要表现在以下方面:①生产的全球化趋势日益明显,表现为跨国公司在全球范围内进行生产布局,寻求和利用不同国家在质量与成本上有差异的各种生产要素。②市场的全球化整合加快,表现为跨国公司在全球范围开拓市场,推动各国贸易与投资壁垒的不断降低。③金融的全球化发展迅猛,表现为随着跨国公司的全球发展,金融服务类公司的国际化步伐加快,全球金融市场不断走向融合。④技术全球化扩散的速度加快,表现为跨国公司在全球扩张的同时,因技术的外溢客观上推动了东道国的技术进步。

经济全球化的发展反过来又推动了国际分工的深化。随着全球化进程的加快,国际分工形态由过去的主要局限于发达国家之间的水平分工转变为包括水平分工,发达国家与发展中国家之间的垂直分工,以及水平分工与垂直分工相混合的模块化分工多种形态并存的格局。经济全球化导致了发达国家与发展中国家经济关系的依赖性和密切化,从而为基于比较优势的垂直分工提供了条件。

而国际分工与国际产业转移之间是相互依赖的关系。国际产业转移是指产业由一个国家或地区转移到另一个国家或地区,是一种产业在空间上移动的现象。国际分工是国际产业转移的前提和基础,并决定国际产业转移的方向,而国际产业转移也会不断地改变着国际分工格局。第二次世界大战以后,全球共经历四次大的国际产业转移：一是从20世纪50年代开始，美国将钢铁、纺织等传统产业向日本、德国等国家转移，集中力量发展电子计算机等技术密集型产业；二是20世纪六七十年代，日本、德国等国家集中发展精密机械等技术密集型产业，并将劳动密集型产业转移到“亚洲四小龙”新兴工业化国家和地区；三是20世纪七八十年代，美、日、欧洲等发达国家集中发展知识密集型产业，将重化工业和应用型技术大量转移到东盟国家；四是20世纪90年代兴起的美、日、欧等发达国家和“亚洲四小龙”新兴工业化国家和地区将劳动密集型和资本密集型产业转移到中国。国际产业转移已由原来单个产业的转移转向产业链的整体转移，以形成产业群体和网络，提升区域竞争优势。新一轮产业转移主要是技术、知识和资本密集型产业的转移，载体是跨国公司。传统产业转移采取梯度方式，主要着眼于劳动力优势与区位优势，而产业链转移则以跨越方式，更加注重东道国的技术、人才、研发能力等综合优势与信息基础设施，这些特点将对国际分工格局变化产生深刻影响①。

产品内国际分工加速了国际性的产业转移和产业重组的进程。产品内国际分工的发展促进了产业转移，为发达国家在世界范围内进行结构调整提供了便利条件，同时也有利于发展中国家的经济发展。如果没有产品内国际分工，整个产品生产“一揽子”跨国转移，会因为利润较小和就业冲击大而难以实现。通过产品内国际分工进行结构调整，产业转移降低了利益矛盾和摩擦，因此，国际分工推动了国际产业转移的进程。

在经济全球化、国际产业分工和产业转移的背后，事实上是跨国公司在全球范围内进行资源整合和市场开发。跨国公司的全球化战略是经济全球化、国际产业分工与国际产业转移的重要推动力量，反过来，经济全球化、国际产业分工与国际产业转移又决定了跨国公司实施全球化战略的广度与深度。

一是跨国公司的全球化战略将推进国际产业分工和产业转移的进程。随着全球整体产业结构水平的升级，国际产业转移已不再局限于发达国家之间以及发达国家和新兴经济体及发展中国家之间，新兴经济体发展中国家之间的产业转移也开始增多。在产业移出国的行列中，既有美国、日本等发达国

① 闫鸿鹏：《论国际分工、产业转移与我国产业发展战略》，《北方经济》2009年第22期，第35—36页。

家，也有韩国、新加坡等新兴经济体，越来越多的国家在国际产业转移中往往身兼产业移入方与产业移出方的双重角色，而其中的主要承载力量就是为这些国家进行产业转移的跨国公司。

二是新兴经济体和发展中国家的跨国公司将在国际产业分工和转移中更加活跃。国际直接投资流出量由 2007 年的 2.198 亿美元下降到 2008 年的 1.969 亿美元，其中发达国家在总流出量中的比例由 83.2% 下降到 80.3%，而新兴经济体和发展中国家由 16.8% 上升到 19.7%，2008 年，南亚、东亚和东南亚的对外直接投资增长 7%，而中国对外直接投资增长 132%。UNCTAD 指出，南南农业生产投资正在增长，并且该趋势将长期持续下去，发展中国家的投资者成为 2008 年跨国并购的主力军，其跨国并购的净额高达 15.77 亿美元，占世界总额的 40%。

三是跨国公司的模块化生产增大外包生产的比重。在世界开放程度扩大和信息通讯技术手段改善的帮助下，跨国公司为降低成本，在全球范围内优化配置资源，除控制少数核心业务外，将生产制造、采购营销、物流配送、研发设计等环节，外化为一个个投资项目或专业服务公司后再外包出去。随着越来越多的跨国公司将服务外包作为其全球布局、提升竞争力的重要手段，全球外包的市场规模迅速扩大。2006 年，全球最大的 2000 家企业中，有超过 80% 的企业在国外建立起重要的外包业务；全球服务外包总价值由 2004 年的 5000 亿美元上升到 2007 年的 112 万亿美元；在全球外包业务中，美国约占2/3，欧洲和日本约占 1/3，而亚洲是承接外包业务最多的地区，约占全球的 45%，印度是亚洲的外包中心，东欧是欧洲的外包中心，墨西哥是北美的外包中心；信息技术外包（IPO）和业务流程外包（BPO）是目前服务外包的两大主要业务领域。

4. 全球要素配置格局的动态调整及对跨国公司整体战略布局的影响

随着经济全球化和区域经济一体化的发展，生产要素的跨国界流动日趋便利和快捷，从而对跨国公司的战略布局产生影响。

（1）劳动力要素配置格局的调整。

随着国际间经济交往的日益密切，人员流动日趋频繁。传统的劳动力跨国流动的主要形式有两种，即移民和劳务合作。移民潮的流动又分为两种情况，一类是移民从资本技术密集的国家（地区）向劳动密集的国家（地区）流动。这种移民流动往往能够较快地提高流入国家和地区的人力资本技术素质，并促进资本和技术的流动。美国经济学家金德尔伯格曾经指出，1851—1970年间，欧洲移民潮水般地涌入北美新大陆，成为19世纪北美大陆开拓、发展的重要因素。这种移民包括历史上移民垦植殖民化、发达国家的跨国公司向发展中国家子公司派遣技术和管理人才及发展中国家从发达国家引进智力①。

另一类是移民从劳动密集的国家（地区）向资本技术密集的国家（地区）流动。如果移民主要是知识和技术素质较低的人力资本，那么这种流动可以转移剩余的劳动力。如果移民主要是知识和技术素质较高的人力资本，那就是劳动密集国家（地区）宝贵的人力资源的流失。20世纪90年代末，全世界留学生已达120多万，其中1/3集中在美国，不少留学生毕业后不再回国。据推算，1960—1989年，发展中国家外流人才达140多万。自1990年以来，非洲每年有2万多名各类人才流入发达国家。1985—1990年，非洲以12亿美元培养出来的6万名专家移居美国、欧洲、加拿大②。

目前国际移民的主要特点是：①尽管发展中国家与发达国家的人员双向流动都比以往频繁，但移民的总体方向仍然是发展中国家的高学历、掌握高科技与特殊技能的专业人才、富人等社会精英流向发达国家。这是由于发达国家劳动工资高、社会福利好、社会体制相对完善、科技与教育水平高、生活便利等方面的优势而造成的。在2008年的金融危机中，曾经出现过中国留学生回流的迹象，但从2009年开始，中国国内却掀起了一股移民海外的热潮，中国正在经历社会中间力量流失的风险。因此，对发展中国家来说，如何通过社会的改良留住社会精英和财富，是政府当局所面临的紧迫任务。②随着劳动密集型产业的转移，发达国家对普通劳动力的需求锐减，过去那种因落后地区或殖民地开发而导致的普通劳力的移民逐渐消失。

国际劳务合作基本上是随着国际承包市场的发展而发展起来的。特别是

---

① 魏淑娟：《生产要素跨国流动的利益分析》，《北京广播电视大学学报》1998年第3期，第41—44页。

② 魏淑娟：《生产要素跨国流动的利益分析》，《北京广播电视大学学报》1998年第3期，第41—44页。

随着发展中国家劳动密集型产业的“走出去”，大量的本国劳动力被派往世界各地从事建筑设计、运输、施工等工作。目前，除了这种因国际承包工程而导致的国际劳务输入和输出外，还有另外一类劳务输入输出——就是某些发达国家的企业或机构，因缺少从事某项特定工作的合格人员，或者因为成本上的考虑，以低于本国劳动力成本但高于东道国劳动力成本的价格，从发展中国家聘请合格的人员。

除了移民和劳务合作这两种传统的国际劳动力流动外，目前国际劳动力格局的调整还呈现两个特征：①随着区域一体化的发展，劳动力的跨国流动日趋简单和频繁。在区域经济一体化程度较高的地区，传统的国界正在消退，取而代之的是劳动力要素的自由流动（劳动力所到之处都可以享受与当地人相同的国民待遇）。比如在欧盟内部，人员就是自由流动的。区域一体化无论在目前还是在今后很长一段时间内都将是国际经济社会发展的一个方向，因此，在给定的区域内，人员的跨国界流动将不断增强。②随着发展中国家经济、社会与教育的发展，这些国家已经并将继续造就大批的高素质劳动者。这些国家的企业已经不再只能承担一些低技术的劳动密集的生产活动，它们同样可以从事一些高技术水平的企业活动。这对跨国公司研究与开发活动的全球布局、价值活动的外包产生深远影响。例如，随着印度软件人才的培养，印度已经成为全球软件业的大型承包商。

（2）资源能源要素配置格局的调整。

资源能源是一个国家经济发展的重要物质基础。美国世界观察研究所曾在其研究报告《全球预警》中指出：“在整个人类历史进程中，获取和控制自然资源（土地、水、能源和矿产）的战争，一直是国际紧张和武装冲突的根源。”翻开人类历史长卷，我们不难看出，从古至今人类历史上大大小小的战争，无一不是直接或间接地与获得或侵占能源和资源有关。因此，如何通过政策制定和战略选择来有效地保障能源的供给，就成为每一个国家必须面对的重大问题①。

煤炭、石油、天然气作为目前世界上最重要的矿物燃料，在今后的几十年仍将是世界能源供应的关键矿种。全世界的煤炭资源主要分布在北半球北纬

① 赵春明：《论我国的能源国际化战略》，《甘肃社会科学》2006年第2期，第197—200页。

30°—70°之间，约占世界煤炭资源总量的70%。2007年，世界煤炭探明可采储量为8474.88亿吨，其中无烟煤和烟煤的可采储量为4308.96亿吨，占总储量的50.84%；褐煤和次烟煤的可采储量为4165.92亿吨，占总储量的49.16%。虽然世界煤炭资源分布很广，但其储量分布极不平衡，且从地区分布看，欧洲和欧亚大陆、亚洲太平洋地区、北美洲的煤炭储量较为集中，非洲、中南美洲、中东的储量很少。

根据英国石油公司（BP）能源数据整理，2006年全球煤炭探明储量排名如表5.7所示，美国以2446亿吨储量稳坐头把席位，俄罗斯为1570亿吨储量位居第2，中国和印度分别为1145和924亿吨分列第3位和第4位。

表5.7 2006年世界主要国家煤炭探明储量

排名	国家	探明储量（百万吨）	所占份额（%）	储采比（R/P）
1	美国	246643	27.1	234
2	俄罗斯	157010	17.3	>500
3	中国	114500	12.6	48
4	印度	92445	10.2	207
5	澳大利亚	78500	8.6	210
6	南非	48750	5.4	190
7	乌克兰	34153	3.8	424
8	哈萨克斯坦	31279	3.4	325
9	波兰	14000	1.5	90
10	巴西	10113	1.1	>500

资料来源：世界煤炭探明储量排行榜，http://www.zhnx.org.cn/info_show.asp，2010年6月10日。

2009年，世界石油剩余探明储量为18550443.77万吨，在产油井数为883691口，估算产量为352513.0万吨，2008年实际产量为364110.0万吨。其中，石油输出国组织（OPEC）剩余探明储量为13031191.78万吨，同比增长0.77%，在产油井数为29456口，估算产量为147528.5万吨，2008年实际产量为160990.5万吨，同比减少8.4%，如表5.8所示。石油资源地理分布，从纬度上看主要集中在两大纬度带，一个在北纬20°—40°，拥有波斯湾及墨西哥湾两大油区和北非产油区，该带集中了世界一半以上的石油储量；另一个在北纬50°—70°，内有北海油区、伏尔加及西伯利亚油区和阿拉斯加湾油区。

表5.8 2009年世界石油探明储量、产量及在产油井数

国家或地区	剩余探明储量①（万吨）	在产油井数②（口）	估算产量（万吨）	2008年实际产量（万吨）
世界总计	18550443.77	883691	352513.0	364110.0
欧佩克总计	13031191.78	29456	147528.5	160990.5
亚太地区	549816.92	88682	36950.5	37263.0
西欧	167089.15	6150	19206.0	20794.5
东欧及苏联	1369834.67	124935	64107.0	62252.0
中东地区	10319965.75	12207	105476.5	115038.5
非洲	1631701.10	10062	43431.5	46202.0
西半球	4512036.18	641655	83341.5	82560.0

资料来源：Oil & Gas Journal, 2009—12—21.

注：①估算剩余探明石油储量统计截至2010年1月1日；

②在产油井数统计截至2008年12月31日，其中不包括关闭井、注入井或服务井。储量换算系数为1桶=0.137吨，产量换算系数为1桶/日=50吨/年。

2009年，世界天然气探明储量为177.1037万立方米，主要集中在中东和苏联地区。其中，中东地区探明储量达73.387万亿立方米，占全球天然气总储量的41.4%；苏联欧亚地区探明储量为56.458万亿立方米，占全球的31.9%。其他地区情况分别是：北美地区为8.744万亿立方米，中美、南美地区为7.548万亿立方米，欧洲地区为4.788万亿立方米，非洲地区为13.991万亿立方米，亚太地区为12.188万亿立方米，如表5.9所示。

表5.9 2005—2009年世界各地区天然气探明储量

（单位：万亿立方米）

地区	2005年	2006年	2007年	2008年	2009年
北美洲	7.4746	7.8423	8.0303	8.7719	8.7441
中南美洲	7.0939	7.1029	6.8171	7.4132	7.5476
欧洲	5.4948	5.6845	5.1056	4.8717	4.7880
欧亚	55.2914	55.2914	57.0527	57.0527	56.4581

续表

地区	2005 年	2006 年	2007 年	2008 年	2009 年
中东	71.4186	72.6440	72.6620	72.1767	73.3874
非洲	13.4932	13.7575	13.7176	13.8648	13.9907
亚洲及大洋洲	10.9387	11.0901	11.8785	11.7626	12.1879
世界总量	171.2052	173.4127	175.2639	175.9136	177.1037

资料来源：PennWell Corporation, Oil & Gas Journal Energy Database, except as noted for the United States.

除了能源矿产，其他资源如铁矿石、稀土、有色金属、中药、鱼类、香料等在全球范围内同样分布不均。以铁矿石为例，据美国地质调查局报告，截至2004年年底，世界铁矿石储量为1600亿吨，铁金属储量为800亿吨。然而，世界铁矿资源集中在乌克兰、俄罗斯、巴西、澳大利亚、中国、哈萨克斯坦、美国、印度等国，如表5.10所示。2004年，世界铁矿石总产量为14.3亿吨，较2003年增长15%。从分布看，亚洲4.35亿吨，南美3.15亿吨，大洋洲2.32亿吨，欧洲2.46亿吨，北美0.98亿吨，非洲0.56亿吨。铁矿石产量最大的四个国家依次为中国3.1亿吨，巴西2.8亿吨，澳大利亚2.3亿吨，印度1.2亿吨，其总和占世界铁矿石总产量的67%。尽管我国的铁矿石产量位居世界第一，但铁矿石储量却并不充裕，过度开采无疑将很快给我国经济发展带来资源瓶颈。

表5.10　世界铁矿石及矿山铁的储量与基础储量　（单位：亿吨）

国家（地区）	铁矿石		矿山铁	
	储量	基础储量	储量	基础储量
乌克兰	300	680	90	200
俄罗斯	250	560	140	310
巴西	210	620	140	410
中国	210	460	70	150
澳大利亚	180	400	110	250
哈萨克斯坦	83	190	33	74
美国	69	150	21	4662
印度	66	98	42	36

续表

国家(地区)	铁矿石		矿山铁	
	储量	基础储量	储量	基础储量
委内瑞拉	40	60	24	50
瑞典	35	78	22	50
伊朗	18	25	10	15
加拿大	17	39	11	25
南非	10	23	6.5	15
毛里塔尼亚	7	15	4	10
墨西哥	7	15	4	9
其他国家	100	300	62	170
世界总计	1600	3700	800	1800

资料来源:USGS Mineral Commodity Summaries, 2005.

注:基础储量包括目前有经济意义的储量(即储量)、有边缘经济意义的储量和接近有经济意义的储量,它不同于地质储量;储量属于基础储量的一部分,它只包括可回收的物质,即在一定的时期可被经济地提取或生产出矿产品。

除了全球范围内资源能源分布的不均衡性,目前国际资源能源市场还表现出如下特点:①随着世界经济的发展和能源资源的快速消耗,资源能源的短缺日益严重。在一些发展中国家,经济的高速发展、能源和资源的低效使用加剧了全球能源和资源的紧张局势。而且,那些曾经是资源能源丰富的国家也可能因为过度消耗与保护不力而面临资源能源的短缺。②全球范围能源资源的争夺日益激烈。能源资源的争端已经超越了单纯的商业竞争,成为影响一国政治、外交和国际关系的重要因素。③部分发达国家建立起重要能源和资源的国家储备制度,一方面对本国的能源资源加以封存和保护,防止过度开采,确保能源和资源的可持续性;另一方面通过将储备物资收储或投放,可以在短期内抑制价格的剧烈波动。④主要的能源资源生产国和出口国日益将能源和资源看做国家政治和外交的筹码,从而导致外国企业进入该国资源能源领域的门槛提高。⑤由于能源资源的短缺日益严重,寻找新的资源能源已经列入各国政府的重要议程,也将成为产业发展的新方向。

(3)运输物流的发展与调整。

在国际分工基础上发展起来的国际贸易与跨国公司内部贸易都涉及运输物流的问题。国际贸易的繁荣推动了现代物流业的发展，而现代物流业的发展进一步为国际贸易提供了便利，从而推动了国际贸易的进一步繁荣。

自第二次世界大战以来，运输技术得到了飞速发展。商用喷气式飞机的发明，大大缩短了从一个地方到另一个地方的时间，整个地球正在成为真正的“地球村”。超大型运输机的引入，不仅提高了货物运输的速度，而且降低了成本。集装箱化运输系统的发明，极大地简化了从一种交通工具转换到另一种交通工具的过程，降低了运输成本。

现代运输业的发展带动了整个物流业的发展。20 世纪 60 年代以前，发达国家的企业内部物流活动基本上处于分散状态。到了 20 世纪六七十年代，一些制造企业将需求预测、采购、生产规划、制造库存、仓储和物料处理职能集成为物料管理，将包装、产成品库存、配送规划、订单处理、运输、顾客服务集成为实体配送予以统一管理。进入 20 世纪八九十年代，一些企业将物料管理和实体配送进一步集成在一起，并给予统一的计划、组织、协调和控制。尤其是 20 世纪 90 年代以来，许多有远见的企业实施基于供应链管理的组织改进，即利用信息技术全面规划上下游企业之间的物流、信息流、资金流等，进行供应链全过程的计划、组织、协调与控制，这种改进突破了单一企业的局限，用更开阔的视野关注上下游企业间的物流总成本和效益，这种物流组织的改进效果极其显著。

不仅企业内部物流得到整合和加强，现代物流业还呈现出以下特点①：

一是专业物流公司顺势而起。发达国家的企业普遍专注于价值链中的核心环节，积极推进企业内部物流活动社会化。近年来，仓储、运输和配送等环节已经成为各国物流外包的重点。物流外包促进了第三方物流的迅速增长，并成为物流市场发展中的一个新兴领域。

二是跨国企业兼并重组推动物流产业组织格局出现调整。20 世纪 90 年代以来，发达国家的物流和运输企业加强了彼此之间的联合，物流市场的兼并重组变得十分活跃，并一直延续至今。发达国家的物流企业实施兼并重组，主

① 张瑗、魏际刚：《全球物流业形势与中国物流业发展》，《中国流通经济》2009 年第 10 期，第 30—33 页。

要着眼于在全球化背景下通过优势互补或网络扩张，实现物流服务的一体化、规模化、集约化和高效化，其结果是出现了世界级的“物流巨头”。如美国联合包裹速递服务公司（United Parcel Service，UPS）的业务网点遍及世界200多个国家和地区，拥有1700个转运枢纽和配送中心、7万个投递和零售网点及8.8万辆递送车，平均每天有1000多次航班起降，投递1360万件包裹和文件，成为名副其实的“全球物流经营者”。跨国物流企业之间的兼并重组，使得发达国家物流活动的范围和影响力从一国物流向全球物流延伸，这顺应了跨国投资、异地采购、异地生产、异地销售的经济全球化浪潮，物流全球化趋势十分明显。

三是发达国家物流成本持续下降，而发展中国家物流成本仍高居不下。社会物流成本与GDP的比率是衡量一个国家物流效率的标志，比率越低，表明物流效率越高。近20年来，发达国家物流成本与GDP的比率一直处于下降态势，目前平均约为10%，而且这种下降趋势还在继续。例如，美国1981年全部物流成本与GDP的比率为16.2%，2007年已降为9%左右。发展中国家的物流水平落后，物流费用占到其GDP的20%—30%。

四是配送中心、物流中心和物流园区有较大发展。配送中心、物流中心和物流园区的出现，是发达国家现代物流发展的一个重要特征。日本从20世纪60年代开始对物流园区发展进行规划和政策扶持，按经济特性把全国分为八大物流区域，在各区域建设和整合物流设施，形成物流园区，然后区域间通过干线运输（高速铁路、高速公路和近海运输）形成跨地区的物流系统。欧洲一些国家于20世纪60年代末70年代初也开始建设物流园区，德国在物流园区建设方面后来居上，发展迅速。配送中心、物流中心和物流园区在发达国家的广泛兴起，主要是基于减轻物流对城市交通的压力、提高物流经营的规模效益、满足仓库建设大型化趋势、满足货物联运发展的需求等原因。

五是循环物流逐步得到重视。随着经济增长受资源、能源、环境等方面的约束越来越强，发达国家从20世纪七八十年代开始，从重点关注正向物流转向统筹考虑正向物流和逆向物流的一体化，着眼于构筑循环物流体系，这使得废弃物的收集、运输、循环利用、最终处置在发达国家成为新的发展方向。为了推进这方面的建设，发达国家十分注重相应的立法。例如，美国1976年就制定了《固定废弃物处置法》,后又经过多次修改。德国、日本等国先后颁布了促进废物回收利用的相关法律,推动逆向物流的有效实施。2002 年,日本在颁布的《新综合物流施政大纲》中,提出了"构建低环境负担的物流体系,为循环型社会做出贡献"的目标。

(4)跨国公司市场结构的调整。

对跨国公司而言,全球经济发展的非均衡性正孕育着市场结构的某些变化。第一,全球经济的引擎正在从传统的发达国家转向以"金砖四国"(指中国、巴西、印度和俄罗斯)为代表的新兴经济体和发展中国家。如表 5.11 所示,发达经济体的经济增长趋向缓慢,2008 年的 GDP 增长速度只有 1.4%,这一增长速度只有全球平均水平的一半(全球平均水平为 2.8%),更是大大地低于转型经济体和发展中国家的经济发展速度(转型经济体 2008 年的 GDP 增长达到了 7.4%,而发展中国家达到了 6.3%)。而且这一趋势在未来很长一段时间内还将持续。

表 5.11 2004—2013 年全球不同经济体实际 GDP 增长率 (单位:%)

年份 区域	2004年	2005年	2006年	2007年	2008年	2009年	2010年	2011年	2012年	2013年
全球	4	3.5	4.1	4	1.5	-2.3	4.1	2.7	2.5	3.1
发达经济体	2.9	2.4	2.8	2.6	0	-3.9	2.7	1.4	1.2	1.8
转型经济体	7.7	6.5	8.4	8.6	5.2	-6.5	4.1	4.5	4	4.2
发展中国家	7.4	6.8	7.6	7.9	5.2	2.5	7.5	5.9	5.3	5.8

资料来源:联合国:《全球经济展望数据库》,http://www.un.org/esa/policy/link/global_economic_outlook.htm,2012 年 7 月 10 日。

注:2012 年和 2013 年为联合国的预测值。

第二,尽管发达经济体在全球贸易总量中仍然占据很大比重,但新兴经济体和发展中国家的国际贸易额快速增长。如表 5.12 所示,2000—2008 年,全球出口年均增长了 5%,而北美地区只增长了 2.5%,欧洲也只增长了 3.5%,而独联体增长了 7.5%,亚洲国家和地区增长了 10%,其中中国更是增长了 20.5%,印度增长了 12.5%。进口的情况类似,全球 2000—2008 年进口年均增长 5%,而北美地区年均增长率只有 3%,欧洲年均增长率也只有 3%,而南美与中美洲增长了 8.5%,独联体增长了 17%,亚洲增长了 8%,其中中国增长了16%,印度增长了13.5%。

表5.12 2000—2008年世界部分地区和经济体商品贸易量增长情况

（单位:%）

出口			地区或经济体	进口		
2000—2008年	2007年	2008年		2000—2008年	2007年	2008年
5.0	6.0	1.5	世界	5.0	6.0	1.5
2.5	5.0	1.5	北美	3.0	2.0	-2.5
0.0	2.0	-6.0	加拿大	3.5	5.0	0.5
2.0	1.5	-5.0	墨西哥	3.0	4.0	0.5
3.5	6.5	6.0	美国	3.0	1.0	-3.5
5.5	3.5	0.5	南美与中美	8.5	17.5	13.5
3.5	4.0	0.0	欧洲	3.0	4.0	-1.5
3.5	3.5	-0.5	欧盟27国	3.0	3.5	-1.5
1.0	1.5	0.0	挪威	5.0	9.5	2.0
3.5	7.0	1.5	瑞士	2.0	5.0	2.5
7.5	7.5	2.5	独联体(CIS)	17.0	20.0	16.5
10.0	11.5	5.5	亚洲	8.0	8.0	4.5
2.5	2.5	5.5	澳大利亚	9.0	11.0	10.0
20.5	19.5	8.5	中国	16.0	14.0	4.0
-4.0	—20.5	-11.0	中国香港	3.0	7.0	-2.0
12.5	13.0	7.5	印度	13.5	16.0	14.0
6.0	9.5	2.0	日本	2.5	1.5	-2.0

资料来源:世界贸易组织:《2009年国际贸易统计数据》,http://www.wto.org/english/res_e/statis_e/its2009_e/sectionl_e/i02.xls,2010年7月5日。

从具体国家来看,全球主要的商品进出口国为德国、中国、美国、日本等如表5.13所示。从2008年的数据来看,德国出口额占全球总出口额的比重为9.1%,中国为8.9%,美国为8%,日本为4.9%,其他国家均低于4%。尽管这一数据表明全球主要的出口经济体仍为发达国家,但新兴经济体和发展中国家如中国(排名第二)、俄罗斯联邦(排名第九)、墨西哥(排名第十六)、巴西(排名第二十二)和印度(排名第二十七)都取得了长足进步。进口情况与此类似。

表 5.13　2008 年世界主要商品贸易出口与进口国家和地区

（单位:10 亿美元,%）

排名	出口国或地区	价值	份额	年度%变化	排名	进口国或地区	价值	份额	年度%变化
1	德国	1461.9	9.1	11	1	美国	2169.5	13.2	7
2	中国	1428.3	8.9	17	2	德国	1203.8	7.3	14
3	美国	1287.4	8.0	12	3	中国	1132.5	6.9	18
4	日本	782.0	4.9	9	4	日本	762.6	4.6	23
5	荷兰	633.0	3.9	15	5	法国	705.6	4.3	14
6	法国	605.4	3.8	10	6	英国	632.0	3.8	1
7	意大利	538.0	3.3	8	7	荷兰	573.2	3.5	16
8	比利时	475.6	3.0	10	8	意大利	554.9	3.4	8
9	俄罗斯	471.6	2.9	33	9	比利时	469.5	2.9	14
10	英国	458.6	2.9	4	10	韩国	435.3	2.7	22
11	加拿大	456.5	2.8	9	11	加拿大	418.3	2.5	7
12	韩国	422.0	2.6	14	12	西班牙	401.4	2.4	3
13	中国香港	370.2	2.3	6	13	中国香港	393.0	2.4	6
14	新加坡	338.2	2.1	13	14	墨西哥①	323.2	2.0	9
15	沙特阿拉伯	313.4	2.0	33	15	新加坡	319.78	1.947	22
16	墨西哥	291.7	1.8	7	16	印度	293.4	1.8	35
17	西班牙	268.3	1.7	6	17	俄罗斯①	291.9	1.8	31
18	中国台湾省	255.6	1.6	4	18	中国台湾省	240.4	1.5	10
19	阿拉伯联合酋长国②	231.6	1.4	28	19	波兰	204.3	1.2	23
					20	土耳其	202.0	1.2	19
20	瑞士	200.3	1.2	16	21	澳大利亚	200.3	1.2	21
21	马来西亚	199.5	1.2	13	22	奥地利	183.4	1.1	13
22	巴西	197.9	1.2	23	23	瑞士	183.2	1.1	14
23	澳大利亚	187.3	1.2	32	24	巴西	182.4	1.1	44
24	瑞典	183.4	1.1	9	25	泰国	178.7	1.1	28
25	奥地利	181.0	1.1	11	26	瑞典	167.2	1.0	10
26	泰国	177.8	1.1	17	27	阿拉伯联合酋长国②	165.6	1.0	25
27	印度	177.5	1.1	21					
28	挪威	172.5	1.1	27	28	马来西亚	156.9	1.0	7
29	波兰	168.0	1.0	20	29	捷克①	141.5	0.9	20
30	捷克	146.3	0.9	19	30	印度尼西亚	126.2	0.8	36

资料来源：世界贸易组织：《2009 年国际贸易统计数据》，http://www.wto.org/english/res_e/statis_e/its2009_e/sectionl_e/i08.xls，2010 年 7 月 5 日。

注：①进口价值按离岸价计算；②按 WTO 秘书处估计。

从服务贸易来看，虽然 2008 年新兴经济体和发展中国家的情况不如商品贸易表现好，但其中中国和印度仍然取得了不错的成绩，在出口份额中分别排名第五和第九，而在进口份额中分别排第五和第十三，如表 5.14 所示。这表明，发达国家仍然是当今商业服务的主要提供国和消费国。

表 5.14　2008 年世界主要服务贸易出口与进口国家和地区

（单位：10 亿美元，%）

排名	出口国或地区	价值	份额	年度%变化	排名	进口国或地区	价值	份额	年度%变化
1	美国	521.4	13.8	10	1	美国	367.9	10.5	8
2	英国	283.0	7.5	1	2	德国	283.0	8.1	11
3	德国	241.6	6.4	11	3	英国	196.2	5.6	0
4	法国	160.5	4.2	11	4	日本	167.4	4.8	13
5	中国	146.4	3.9	20	5	中国	158.0	4.5	22
6	日本	146.4	3.9	15	6	法国	139.4	4.0	8
7	西班牙	142.6	3.8	12	7	意大利	131.7	3.8	11
8	意大利	121.9	3.2	10	8	爱尔兰	106.2	3.0	12
9	印度	102.6	2.7	17	9	西班牙	104.3	3.0	9
10	荷兰	101.6	2.7	8	10	韩国	91.8	2.6	12
11	爱尔兰	99.2	2.6	12	11	荷兰	90.8	2.6	8
12	中国香港	92.3	2.4	9	12	加拿大	86.6	2.5	6
13	比利时	86.1	2.3	16	13	印度	83.6	2.4	18
14	新加坡	82.9	2.2	3	14	比利时	81.9	2.3	17
15	瑞士	75.2	2.0	16	15	新加坡	78.9	2.3	6
16	韩国	74.1	2.0	20	16	俄罗斯	74.6	2.1	29
17	丹麦	72.0	1.9	17	17	丹麦	62.3	1.8	16
18	瑞典	71.6	1.9	13	18	瑞典	54.3	1.6	13
19	卢森堡	68.9	1.8	5	19	泰国	46.3	1.3	21
20	加拿大	64.8	1.7		20	中国香港	45.8	1.3	8

资料来源：世界贸易组织：《2009 年国际贸易统计数据》，http://www.wto.org/english/res_e/statis_e/its2009_e/sectionl_e/i10.xls，2010 年 7 月 5 日。

注:一些国家或地区的数字由 WTO 秘书处估计;年度百分比(%)变化和排名受到一些经济体在这一序列方面不连续性(continuity breaks in the series)的影响,也受到国家与国家之间比较的局限的影响。

第三,全球各地区在不同商品的出口方面扮演不同的角色,意味着不同地区蕴涵着生产这些产品的比较优势。如表 5.15 所示,就北美地区来看,它在农产品出口方面(占总出口的 10.4%)高于全球平均水平(8.5%),但在燃料与矿物方面出口很少(其出口占北美地区总出口的 17%,而世界平均水平为 22.5%),制造业出口(68.2%)略高于世界平均水平(66.5%),其中在化学品、办公与电信设备、汽车方面的出口较高,而在钢铁、纺织品和服装方面出口很少。

表 5.15 2008 年世界主要产品大类与地区的商品出口

(单位:10 亿美元,%)

	农产品	燃料与矿物		制造品						
		总计	燃料	总计	钢铁	化学品	办公与电信设备	汽车产品	纺织品	服装
全球	1341.6	3530.2	2861.9	10458.1	587.2	1705.4	1561.4	1233.5	250.2	361.9
在总出口中的比重	8.5	22.5	18.2	66.5	3.7	10.9	9.9	7.8	1.6	2.3
年度%变化										
2000—2008	12	19	20	11	19	14	6	10	6	8
2007	20	15	13	15	27	19	4	18	9	12
2008	19	33	41	10	23	15	3	3	4	5
北美	212.1	345.9	253.4	1389.2	35.5	228.9	208.1	209.4	16.5	10.7
在总出口中的比重	10.4	17.0	12.4	68.2	1.7	11.2	10.2	10.3	0.8	0.5
年度%变化										
2000—2008	8	18	18	5	15	11	0	4	1	-7
2007	18	17	14	8	16	15	3	8	-2	-15
2008	19	34	47	5	32	15	2	-5	-3	-3
南美与中美	156.9	255.8	163.3	172.6	21.8	36.9	6.0	23.1	3.8	12.4

续表

	农产品	燃料与矿物		制造品						
		总计	燃料	总计	钢铁	化学品	办公与电信设备	汽车产品	纺织品	服装
在总出口中的比重	26.2	42.7	27.2	28.8	3.6	6.2	1.0	3.9	0.6	2.1
年度%变化										
2000—2008	15	18	17	11	16	16	4	15	8	1
2007	23	12	6	14	18	16	−14	10	22	1
2008	25	25	39	12	13	22	1	11	13	−2
欧洲	602.6	767.9	552.0	4953.6	263.8	992.7	414.6	676.9	92.1	130.5
在总出口中的比重	9.3	11.9	8.6	76.8	4.1	15.4	6.4	10.5	1.4	2.0
年度%变化										
2000—2008	12	18	19	11	18	14	5	11	5	9
2007	19	13	9	17	28	19	−6	20	11	15
2008	16	26	40	9	15	13	1	2	−1	6
独联体(CIS)	47.7	470.0	416.9	174.8	66.8	41.3	1.9	8.1	2.4	2.0
在总出口中的比重	6.8	66.9	59.3	24.9	9.5	5.9	0.3	1.2	0.3	0.3
年度%变化										
2000—2008	17	24	27	19	22	20	17	19	8	6
2007	34	18	18	25	25	25	34	36	12	8
2008	20	39	44	32	40	46	27	9	11	9
非洲	37.9	393.9	349.7	99.9	12.1	20.8	2.6	7.6	2.3	12.0
在总出口中的比重	6.8	70.6	62.7	17.9	2.2	3.7	0.5	1.4	0.4	2.2
年度%变化										
2000—2008	10	21	21	13	18	19	12	21	6	7
2007	13	18	17	17	23	24	2	6	9	20
2008	17	31	33	23	19	55	6	42	0	4

续表

	农产品	燃料与矿物		制造品						
		总计	燃料	总计	钢铁	化学品	办公与电信设备	汽车产品	纺织品	服装
中东	24.2	756.5	740.6	220.3	6.3	59.3	18.5	18.4	9.3	6.0
在总出口中的比重	2.4	74.1	72.5	21.6	0.6	5.8	1.8	1.8	0.9	0.6
年度%变化										
2000—2008	16	18	18	17	27	22	9	27	7	11
2007	18	13	13	24	7	19	6	69	17	5
2008	35	38	38	24	28	51	30	-8	10	3
亚洲	260.0	540.2	386.1	3447.8	180.9	325.5	909.8	289.9	123.9	188.3
在总出口中的比重	6.0	12.4	8.9	79.2	4.2	7.5	20.9	6.7	2.8	4.3
年度%变化										
2000—2008	13	21	21	12	22	16	9	12	8	10
2007	20	18	16	16	32	21	10	18	8	13
2008	22	36	51	11	29	13	3	9	9	5

资料来源：世界贸易组织：《2009 年国际贸易统计数据》，http://www.wto.org/english/res_e/statis_e/its2009_e/section2_e/ii02.xls，2010 年 7 月 5 日。

南美与中美地区在农产品、燃料与矿物方面的出口比重大。其中，农产品出口占总出口的 26.2%，是世界平均水平（8.5%）的 4 倍；燃料与矿物出口占 42.7%，是世界平均水平（22.5%）的约 2 倍。而在制造业方面，南美与中美的出口都低于世界平均水平。

欧洲地区在农产品方面的出口与世界平均水平相当（欧洲农产品出口占其总出口比重为 9.3%，世界平均为 8.5%），在燃料与矿物方面的出口都远低于世界平均水平（欧洲出口比例为 11.9%，世界平均为 22.5%），在制造品方面的出口要高于世界平均水平（欧洲为 76.8%，世界平均为 66.5%），其中钢铁、化学品和汽车是欧洲主要的出口制造品。

独联体，农产品的出口低于世界平均水平（分别为 6.8% 与 8.5%），但燃料与矿物的出口远高于世界平均水平（分别为 66.9% 与 22.5%），是世界平均水平的约3倍。在制造业方面，独联体的出口占总出口的比重为24.9%，远低于世界平均水平的66.5%，但制造品中的钢铁是一个例外，独联体的钢铁出口占总出口的比重为9.5%，远高于世界平均水平的3.7%，但其他制造品出口非常少。

非洲的情况与独联体相似，农产品的出口低于世界平均水平（分别为6.8%与8.5%），但燃料与矿物的出口远高于世界平均水平（分别为70.6%与22.5%），是世界平均水平3倍多。非洲制造业不发达，制造业出口比重为17.9%，远低于世界平均水平的66.5%，除了服装外（非洲出口比重为2.2%，世界平均为2.3%），其他所有制造品都很少有出口。

中东地区也与独联体和非洲相似，农业出口远低于世界平均水平（分别为2.4%与8.5%），但燃料与矿物的出口远高于世界平均水平（分别为74.1%与22.5%），其中特别是燃料出口（占总出口的比重为72.5%，矿物出口很少）。中东地区所有制造品的出口都远低于世界平均水平。

亚洲地区农产品的出口低于世界平均水平（农产品出口占其总出口的比重为6%，世界平均为8.5%），燃料与矿物的出口也远低于世界平均水平（分别为12.4%与22.5%）。但在制造业方面，亚洲出口比重高于世界平均水平（分别为79.2%与66.5%），其中钢铁、办公与电信设备、纺织品和服装出口多（高于世界平均水平），而化学品和汽车出口少（低于世界平均水平）。

第四，全球不同国家在不同商品的生产和进出口方面扮演不同的角色，进口越大，该国给定产品的市场需求越大，出口越大，该国给定产品的生产比较优势更大。从农产品来看，世界主要的农产品进出口国家或地区如表5.16所示。主要的农产品出口国除了欧盟之外，还有美国、巴西、加拿大、中国、阿根廷等国家；而主要的进口国除欧盟外主要包括美国、中国、日本、俄罗斯等国家。从进出口的对比来看，欧盟27国、欧盟外其他欧洲国家、中国、日本、俄罗斯、韩国、墨西哥、中国香港、沙特阿拉伯、阿拉伯联合酋长国等是农产品的净进口国家或地区（进口大于出口），而美国、巴西、加拿大、阿根廷、印度尼西亚、泰国、马来西亚、澳大利亚、印度、新西兰、智利等是主要的农产品净出口国（出口大于进口）。

表 5.16 2008 年世界主要农产品出口与进口国家和地区

（单位:10 亿美元,%）

	值	占世界出口/进口的比重				年度%变化			
	2008年	1980年	1990年	2000年	2008年	2000—2008年	2006年	2007年	2008年
出口国或地区									
欧盟 27 国	566. 32	—	—	41. 8	42. 2	12	10	19	15
欧盟外其他欧洲国家	127. 63	—	—	10. 1	9. 5	11	13	16	17
美国	139. 97	17. 0	14. 3	12. 9	10. 4	9	12	23	23
巴西	61. 40	3. 4	2. 4	2. 8	4. 6	19	13	22	27
加拿大	54. 08	5. 0	5. 4	6. 3	4. 0	6	7	10	11
中国	42. 29	1. 5	2. 4	3. 0	3. 2	13	13	19	9
阿根廷	37. 50	1. 9	1. 8	2. 2	2. 8	15	11	35	30
印度尼西亚	32. 86	1. 6	1. 0	1. 4	2. 4	20	27	33	38
泰国	31. 66	1. 2	1. 9	2. 2	2. 4	13	21	16	27
马来西亚	27. 80	2. 0	1. 8	1. 5	2. 1	17	16	32	35
澳大利亚	26. 14	3. 3	2. 9	3. 0	1. 9	6	5	1	17
俄罗斯	25. 02	—	—	1. 4	1. 9	16	19	37	6
印度	21. 37	1. 0	0. 8	1. 1	1. 6	17	22	32	29
新西兰	17. 90	1. 3	1. 4	1. 4	1. 3	11	2	21	12
墨西哥	17. 56	0. 8	0. 8	1. 6	1. 3	9	15	8	13
智利	15. 61	0. 4	0. 7	1. 2	1. 2	12	14	19	14
进口国或地区									
欧盟 27 国	611. 75	—	—	42. 4	43. 3	12	9	21	15
欧盟外其他欧洲国家	173. 05	—	—	13. 2	12. 2	10	9	21	15
美国	115. 91	8. 7	9. 0	11. 5	8. 2	7	8	6	6
中国	86. 83	2. 1	1. 8	3. 3	6. 1	20	14	27	33
日本	80. 63	9. 6	11. 5	10. 4	5. 7	3	-1	5	17
俄罗斯联邦①	34. 27	—	—	1. 5	2. 4	18	22	15	27
加拿大②	31. 24	1. 8	2. 0	2. 6	2. 2	9	13	14	11
韩国	26. 36	1. 5	2. 2	2. 1	1. 9	9	11	18	20

续表

	值	占世界出口/进口的比重				年度%变化			
	2008年	1980年	1990年	2000年	2008年	2000—2008年	2006年	2007年	2008年
墨西哥[2]	25.92	1.2	1.2	1.8	1.8	11	12	19	18
中国香港	16.50	—	—	—	—	4	7	13	23
沙特阿拉伯[1]	15.86	1.5	0.8	0.9	1.1	14	8	26	27
阿拉伯联合酋长国[1]	14.64	0.3	0.4	0.6	1.0	18	22	28	30
马来西亚	13.36	0.5	0.5	0.8	0.9	14	17	25	26
印度尼西亚	13.31	0.6	0.5	1.0	0.9	11	2	40	27
土耳其	13.04	0.1	0.6	0.7	0.9	15	12	35	33
中国台湾	12.55	1.1	1.4	1.3	0.9	6	2	12	16

资料来源：世界贸易组织：《2009年国际贸易统计数据》，http://www.wto.org/english/res_e/statis_e/its2009_e/section2_e/iii5.xls，2010年7月5日。

说明：①包括WTO秘书处的估计；

②进口按离岸价计算。

从燃料与矿物中燃料（主要包括石油、天然气和煤炭）来看，世界主要国家和地区商品贸易情况如表5.17所示。全球主要的燃料出口国包括欧盟、俄罗斯、沙特阿拉伯、加拿大、挪威、阿拉伯联合酋长国等；燃料出口占阿尔及利亚、安哥拉、委内瑞拉、伊拉克、科威特、利比亚、尼日利亚、卡塔尔和沙特阿拉伯经济中商品出口比重约90%及以上。

表5.17　1990—2008年世界部分国家和地区的燃料出口

（单位：百万美元，%）

	价值					在总商品出口中的比重	
	1990	2000	2006	2007	2008	2000	2008[1]
全球	362586	666593	1789550	2029658	2861893	10.6	18.2
阿尔及利亚	10623	21610	53581	59188	77822	98.1	98.1
安哥拉[2]	3655	7105	31167	39354	66437	89.7	99.0
澳大利亚	7473	13324	29637	31648	59594	20.9	31.8
委内瑞拉[2]	14447	29203	58438	62555	87443	87.1	93.5

续表

	价值					在总商品出口中的比重	
	1990	2000	2006	2007	2008	2000	2008[①]
加拿大	12672	36344	77450	87492	125901	13.1	27.6
欧盟 27 国	—	95995	268656	295515	414587	3.9	7.0
欧盟内部出口	—	69486	195489	209028	296337	4.2	7.5
欧盟对外出口	—	26509	73167	86487	118250	3.4	6.1
伊朗[②]	15307	25611	64139	72894	92993	89.1	82.0
伊拉克[②]	9587	19771	29202	39436	58243	96.0	97.6
哈萨克斯坦	—	4567	26279	31519	48911	51.8	68.7
科威特	6500	18141	53174	59212	82766	93.3	95.0
利比亚[②]	10608	—	38142	44147	61586	—	97.7
墨西哥	9868	16050	38636	42426	50148	9.6	17.2
尼日利亚[②]	13191	20876	54835	62496	74281	99.5	92.0
挪威	16288	38274	82856	87668	120301	63.7	69.7
卡塔尔[②]	2967	10665	30552	37616	57591	92.0	90.2
俄罗斯	—	53095	190261	218261	308602	50.3	65.4
沙特阿拉伯	40128	70857	188399	205839	281013	91.3	89.7
新加坡(国内出口)	9479	13290	28766	30416	44137	16.9	25.1
阿拉伯联合酋长国[②]	14141	31723	71804	79532	117484	63.7	50.7
美国	12321	13340	34838	42189	76742	1.7	6.0

资料来源：世界贸易组织：《2009 年国际贸易统计数据》，http://www.wto.org/english/res_e/statis_e/its2009_e/section2_e/ii26.xls，2010 年 7 月 5 日。

说明：①或者是最近一年；

②根据 WTO 秘书处估计。

全球燃料的主要进口国包括欧盟、美国、日本、中国、韩国和印度，按 2008 年的数据，这些国家在燃料进口上都花费了 1000 亿美元以上的资金。在这些国家中，印度、日本和韩国在燃料上的进口占商品总进口的比重最大，分别达到 40.1%、3.5% 和 32.7%，如表 5.18 所示。

表 5.18 1990—2008 年世界部分国家和地区的燃料进口

（单位：百万美元，%）

	价值					在总商品进口中的比重	
	1990	2000	2006	2007	2008	2000	2008[1]
澳大利亚[2]	2188	5898	17518	20176	30014	8.3	15.7
巴西[3]	6045	8290	17141	22320	34288	14.8	19.8
加拿大[2]	7313	12481	32741	36248	51764	5.2	12.7
中国	1259	20637	89001	104930	168777	9.2	14.9
欧盟 27 国	—	218179	621976	668171	950271	8.5	15.2
欧盟从外进口	—	148790	426424	459143	653934	16.2	28.7
印度	6495	17861	61457	74916	117590	34.7	40.1
印度尼西亚	1937	6071	17648	21994	30652	13.9	24.3
日本	56777	77425	161806	173487	266771	20.4	35.0
韩国	11023	38077	86707	96503	142515	23.7	32.7
新加坡	9632	16219	44794	52619	87343	12.1	27.3
中国台湾省	5953	13030	36633	43537	61609	9.3	25.6
泰国	3084	7549	25623	25895	37209	12.2	20.8
土耳其	4622	7515	27574	32595	46184	13.8	22.9
美国	68741	139622	345059	372251	501865	11.1	23.1

资料来源：世界贸易组织：《2009 年国际贸易统计数据》，http://www.wto.org/english/res_e/statis_e/its2009_e/section2_e/ii26.xls，2010 年 7 月 5 日。。

说明：①或者是最近一年；

②进口按离岸价计算；

③从 2000 年开始进口按离岸价计算。

从制造品贸易来看（参见表 5.3），主要的进出口国家和地区包括欧盟、中国、美国、日本、韩国、新加坡、中国台湾和加拿大等。从钢铁贸易来看（参见表 5.4），中国、日本和俄罗斯是主要的钢铁净出口国，而韩国、美国、加拿大等是钢铁的净进口国。

从化学品贸易来看，欧盟、美国、中国、日本、瑞士、韩国、加拿大等是主要的进出口国家和地区，如表 5.19 所示，其中欧盟、瑞士、日本、韩国等是化学品的主要净出口国和地区，而中国、加拿大、巴西、印度、墨西哥和土耳其是主要的净进口国。

表5.19 2008年世界主要化学品进出口国家和地区

（单位:10亿美元,%）

	值	占世界出口/进口的比重				年度%变化			
	2008年	1980年	1990年	2000年	2008年	2000—2008年	2006年	2007年	2008年
出口国或地区									
欧盟27国	910.6	—	—	54.1	53.4	14	12	19	12
欧盟外其他欧洲国家	301.1	—	—	18.8	17.7	13	13	17	11
美国	179.6	14.8	13.3	14.1	10.5	10	13	14	16
中国[①]	79.3	0.8	1.3	2.1	4.7	26	24	35	32
日本	69.1	4.7	5.3	6.0	4.1	9	10	13	6
瑞士	68.9	4.0	4.7	3.7	4.0	15	14	15	16
韩国	42.7	0.5	0.8	2.4	2.5	15	15	18	14
加拿大	37.9	2.5	2.2	2.5	2.2	12	13	18	9
新加坡(国内出口)	24.2	0.2	0.7	1.1	1.4	18	20	7	-9
中国台湾省	31.1	0.4	0.9	1.6	1.8	16	12	28	9
俄罗斯	27.9	—	—	1.2	1.6	19	11	26	47
印度	20.3	0.3	0.4	0.7	1.2	21	24	17	22
进口国或地区									
欧盟27国	795.9	—	—	44.7	45.8	14	12	20	13
欧盟外其他欧洲国家	186.3	—	—	10.7	10.7	14	14	21	13
美国	180.9	6.2	7.7	12.5	10.4	11	11	9	14
中国[①]	119.0	2.0	2.2	5.0	6.8	19	12	23	11
日本	55.4	4.1	5.0	4.3	3.2	10	10	11	21
加拿大[③]	42.1	2.2	2.5	3.3	2.4	10	14	9	5
瑞士	37.4	2.5	2.6	2.2	2.2	14	9	21	4
韩国	36.5	1.3	2.4	2.2	2.1	13	13	18	13
巴西	34.0	2.4	1.1	1.6	2.0	17	13	39	48
印度	33.8	—	1.0	0.8	1.9	28	17	28	63
墨西哥[①,③]	33.8	1.5	1.2	2.5	1.9	11	12	10	12
中国台湾省	30.4	1.3	2.3	2.6	1.7	9	14	10	6
俄罗斯[②]	27.0	—	—	0.8	1.5	24	35	15	28

续表

	值	占世界出口/进口的比重				年度%变化			
	2008年	1980年	1990年	2000年	2008年	2000—2008年	2006年	2007年	2008年
土耳其	25.3	0.8	0.9	1.2	1.5	17	12	20	16
澳大利亚③	19.9	1.2	1.3	1.3	1.1	12	4	19	19

资料来源：世界贸易组织：《2009 年国际贸易统计数据》，http://www.wto.org/english/res_e/statis_e/its2009_e/section2_e/ii38.xls，2010 年 7 月 5 日。

注：①包括重要加工贸易区的发货；

②包括 WTO 秘书处的估计；

③进口按离岸价计算。

以化学品中的药品为例，2008 年，欧盟、瑞士、美国、中国、加拿大、印度、以色列、新加坡、日本和澳大利亚是主要的药品出口国家和地区，而欧盟、瑞士、美国、中国、加拿大、日本和澳大利亚又是主要的药品进口国家和地区，如表 5.20 所示。从进出口对比看，欧盟、瑞士、中国、印度、以色列和新加坡是药品的净出口国家和地区，其中欧盟药品净出口额将近 530 亿美元，瑞士净出口 264 亿美元，中国净出口 26 亿美元。美国、加拿大、日本、澳大利亚、俄罗斯、巴西、土耳其和墨西哥是主要的药品净进口国家和地区，其中美国净进口 216 亿美元，加拿大净进口 48 亿美元，日本净进口 77 亿美元，澳大利亚净进口 38 亿美元。

表 5.20　2008 年世界主要药品进出口国家和地区

（单位：10 亿美元，%）

国家或地区	出口额	进口额	占世界出口比重	占世界进口比重
欧盟 27 国	293.3	240.5	68.7	56.4
欧盟外其他欧洲国家	112.8	59.9	26.4	14.0
瑞士	44.2	17.8	10.4	4.2
美国	38.3	59.9	9.0	14.0
中国①	8.1	5.5	1.9	1.3
加拿大	6.2	11.0③	1.4	2.6③
印度	5.8		1.4	
以色列	4.8		1.1	
新加坡（国内对外）	4.1		1.0	
日本	3.7	11.4	0.9	2.7

续表

国家或地区	出口额	进口额	占世界出口比重	占世界进口比重
澳大利亚	3.3	7.1[③]	0.8	1.7[③]
俄罗斯[③]		9.2		2.2
巴西		5.0		1.2
土耳其		4.7		1.1
墨西哥[①,②]		4.6		1.1

资料来源：世界贸易组织：《2009 年国际贸易统计数据》，http://www.wto.org/english/res_e/statis_e/its2009_e/section2_e/ii39.xls，2010 年 7 月 5 日。

注：①包括通过加工贸易区的重要发货；

②进口按离岸价格计算；

③包括秘书处估计。

从办公与电信设备贸易来看，2008 年主要出口国家和地区为欧盟、中国、美国、日本、韩国、中国台湾省、马来西亚、墨西哥和新加坡等，主要进口国家和地区为欧盟、美国、中国、日本、韩国、墨西哥、马来西亚、中国台湾省和加拿大等，如图 5.21 所示。主要的办公与电信设备净出口国家和地区包括：中国、日本、韩国、中国台湾省、马来西亚、墨西哥、新加坡、泰国和菲律宾，其中中国净出口额为 1507 亿美元、日本 307 亿美元、韩国 402 亿美元、中国台湾省 302 亿美元、马来西亚 220 亿美元、墨西哥 84 亿美元、泰国 102 亿美元、菲律宾 55 亿美元。主要的净进口国家和地区包括：欧盟（从欧盟外净进口额 1304 亿美元）、美国（净进口额 1225 亿美元）、加拿大、阿联酋和俄罗斯。从动态角度来看，中国在该产品方面的进出口增长迅速，而美国和日本的出口在不断萎缩。

表 5.21 2008 年世界主要办公与电信设备进出口国家和地区

（单位：10 亿美元，%）

	值	占世界出口/进口的比重				年度% 变化			
	2008 年	1980 年	1990 年	2000 年	2008 年	2000—2008 年	2006 年	2007 年	2008 年
出口国或地区									
欧盟 27 国	405.8	—	—	29.2	26.0	5	15	-6	1
欧盟外其他欧洲国家	119.7	—	—	8.7	7.7	5	-3	4	1

续表

	值	占世界出口/进口的比重				年度%变化			
	2008年	1980年	1990年	2000年	2008年	2000—2008年	2006年	2007年	2008年
中国	382.2	0.1	1.0	4.5	24.5	31	27	21	10
美国	137.4	19.5	17.3	15.8	8.8	-1	8	-1	2
日本	103.3	21.1	22.5	11.2	6.6	-1	2	4	0
韩国	88.1	2.0	4.8	6.1	5.6	5	1	11	-5
中国台湾省	69.7	3.2	4.7	6.0	4.5	2	26	1	-3
马来西亚	67.7	1.4	2.7	5.4	4.3	3	13	1	-1
墨西哥	56.3	0.1	1.5	3.5	3.6	7	22	16	5
新加坡(国内出口)	51.1	2.5	4.9	4.3	3.3	3	22	0	-8
泰国	32.5	0.0	1.2	1.9	2.1	7	23	9	1
菲律宾	25.7	0.1	0.6	2.6	1.6	0	9	10	-10
进口国或地区									
欧盟27国	536.2	—	—	34.0	32.1	6	17	-3	3
欧盟对外	250.1	—	—	14.7	15.0	7	10	7	4
美国	259.9	15.9	21.1	21.3	15.5	2	9	3	-1
中国	231.5	0.6	1.3	4.4	13.8	23	23	14	2
日本	72.6	2.6	3.7	6.0	4.3	2	3	1	4
韩国	47.9	1.3	2.6	3.4	2.9	4	7	13	5
墨西哥	47.9	0.9	1.5	2.9	2.9	6	18	4	9
马来西亚	45.7	1.6	1.9	3.2	2.7	4	10	5	-5
中国台湾省	39.5	1.4	2.5	3.8	2.4	0	7	-2	-3
加拿大	33.1	4.1	3.5	3.0	2.0	1	9	5	3
阿拉伯联合酋长国	23.2	0.4	0.2	0.4	1.4	25	8	-1	51
泰国	22.3	0.2	1.1	1.4	1.3	6	9	5	2
俄罗斯	21.2	—	—	0.3	1.3	28	14	32	12
菲律宾	20.2	0.2	0.7	1.5	1.2	4	6	5	-18

资料来源:世界贸易组织:《2009年国际贸易统计数据》,http://www.wto.org/english/res_e/statis_e/its2009_e/section2_e/ii42.xls,2010年7月5日。

说明:①包括通过加工贸易区的重要发货;

②包括秘书处估计;

③中国报道的2008年办公与电信设备进口为475亿美元;

④进口按离岸价格计算。

从汽车的国际贸易来看，世界主要汽车出口国家和地区包括欧盟（对欧盟外出口额为1872亿美元）、日本（出口额为1710亿美元）、美国（1115亿美元）、加拿大（517亿美元）、韩国（488亿美元）、墨西哥（461亿美元）、中国（287亿美元）、土耳其（179亿美元）、泰国（162亿美元）、阿联酋（153亿美元）和巴西（147亿美元），主要进口国家和地区包括欧盟（从欧盟外进口额为782亿美元）、美国（1992亿美元）、加拿大（626亿美元）、俄罗斯（474亿美元）、墨西哥（306亿美元）、中国（291亿美元）、澳大利亚（217亿美元）如表5.22所示。主要的净出口国家和地区包括：欧盟（对欧盟外净出口1090亿美元）、日本（净出口1551亿美元）、韩国、墨西哥（155亿美元）、土耳其（27亿美元）、泰国、阿联酋（26亿美元）和巴西（15亿美元），主要的净进口国家和地区为：美国（净进口877亿美元）、俄罗斯、加拿大（109亿美元）、澳大利亚（173亿美元）、沙特阿拉伯、中国（4亿美元）等。

表5.22　2008年世界主要汽车进出口国家和地区

（单位：10亿美元，%）

	值	占世界出口/进口的比重				年度%变化			
	2008年	1980年	1990年	2000年	2008年	2000—2008年	2006年	2007年	2008年
出口国或地区									
欧盟27国	655.4	—	—	49.8	53.1	11	9	20	2
欧盟外其他欧洲国家	187.2	—	—	12.3	15.2	13	11	17	11
日本	171.0	19.8	20.8	15.3	13.9	9	13	14	8
美国	111.5	11.9	10.2	11.6	9.0	7	11	14	2
加拿大	51.7	6.9	8.9	10.5	4.2	−2	−1	−1	−22
韩国	48.8	0.1	0.7	2.6	4.0	16	14	15	−1
墨西哥①	46.1	0.3	1.4	5.3	3.7	5	20	6	2
中国①	28.7	0.0	0.1	0.3	2.3	44	45	60	24
土耳其	17.9	0.0	0.0	0.3	1.4	36	25	33	15
泰国	16.2	0.0	0.0	0.4	1.3	27	24	28	28
阿拉伯联合酋长国②	15.3	—	0.0	0.2	1.2	38	126	75	−13

续表

	值	占世界出口/进口的比重				年度%变化			
	2008年	1980年	1990年	2000年	2008年	2000—2008年	2006年	2007年	2008年
巴西	14.7	1.1	0.6	0.8	1.2	15	9	1	12
南非	7.7	0.1	0.1	0.3	0.6	21	14	8	44
阿根廷	6.7	0.1	0.1	0.4	0.5	15	37	31	21
印度	4.9	—	0.1	0.1	0.4	30	15	16	40
澳大利亚	4.4	0.2	0.2	0.4	0.4	9	-7	13	18
进口国或地区									
欧盟27国	546.3	—	—	41.3	43.8	11	10	20	-1
欧盟外其他欧洲国家	78.2	—	—	5.4	6.3	12	18	19	1
美国	199.2	20.3	24.7	28.7	16.0	2	7	0	-10
加拿大③	62.6	8.7	7.7	7.8	5.0	4	10	6	-9
俄罗斯②	47.4	—	—	0.4	3.8	45	64	65	44
墨西哥①,③	30.6	1.8	0.3	3.4	2.5	5	13	6	2
中国①	29.1	0.6	0.6	0.6	2.3	29	37	29	21
澳大利亚③	21.7	1.3	1.2	1.4	1.7	12	3	25	11
日本	15.9	0.5	2.3	1.7	1.3	6	5	11	3
沙特阿拉伯②	15.9	2.7	0.9	0.6	1.3	19	6	15	32
土耳其	15.2	—	0.4	1.0	1.2	13	8	14	3
巴西	13.2	0.3	0.2	0.7	1.1	16	27	39	58
阿拉伯联合酋长国②	12.6	0.4	0.3	0.4	1.0	23	20	11	45
瑞士	11.5	1.8	1.9	1.0	0.9	8	4	15	16
乌克兰	11.4	—	—	0.1	0.9	50	61	60	43
南非②,③	11.3	—	—	0.4	0.9	21	15	15	-8

资料来源：世界贸易组织：《2009年国际贸易统计数据》，http://www.wto.org/english/res_e/statis_e/its2009_e/section2_e/ii59.xls，2010年7月5日。

说明：①包括通过加工贸易区的重要发货；
②包括秘书处估计；
③进口按离岸价格计算。

从纺织品贸易来看，2008年世界主要纺织品出口国家和地区为：欧盟（向欧盟外出口241.7亿美元)、中国(出口652.6亿美元)、美国(125亿美元)、韩国(103.7亿美元)、印度(102.7亿美元)、土耳其(94亿美元)、中国台湾(92.2亿美元)、日本(73.4亿美元)、巴基斯坦(71.9亿美元)等,主要进口国家和地区为:欧盟(从欧盟外进口279.3亿美元)、美国(231.3亿美元)、中国(162.3亿美元)、日本(69.5亿美元)、越南(60.5亿美元),如表5.23所示。主要的净出口国家和地区包括:中国(净出口490.3亿美元)、韩国(62.6亿美元)、印度、土耳其(37.5亿美元)、中国台湾、巴基斯坦、日本(3.9亿美元)等,主要的净进口国家和地区为:欧盟(从欧盟外净进口37.6亿美元)、美国(净进口106.3亿美元)、越南、俄罗斯、墨西哥、加拿大等。

表5.23 2008年世界主要纺织品进出口国家和地区

(单位:10亿美元,%)

	值	占世界出口/进口的比重				年度%变化			
	2008年	1980年	1990年	2000年	2008年	2000—2008年	2006年	2007年	2008年
出口国或地区									
欧盟27国	80.21	—	—	36.1	32.1	4	5	11	-2
欧盟外其他欧洲国家	24.17	—	—	9.9	9.7	6	5	10	2
中国	65.26	4.6	6.9	10.3	26.1	19	19	15	17
美国	12.50	6.8	4.8	7.0	5.0	2	2	-2	1
韩国	10.37	4.0	5.8	8.1	4.1	-3	-3	3	0
印度	10.27	2.4	2.1	3.5	4.1	8	8	9	6
土耳其	9.40	0.6	1.4	2.3	3.8	12	7	18	5
中国台湾	9.22	3.2	5.9	7.6	3.7	-3	1	0	-5
日本	7.34	9.3	5.6	4.5	2.9	1	0	3	3
巴基斯坦	7.19	1.6	2.6	2.9	2.9	6	5	-1	-3
阿联酋[2]	5.75	0.1	0.0	2.0	2.3	8	100	26	0
印度尼西亚	3.67	0.1	1.2	2.2	1.5	1	8	6	-4
泰国	3.21	0.6	0.9	1.2	1.3	6	4	8	3
进口国或地区									
欧盟27国	83.96	—	—	34.3	31.9	5	7	12	-2

续表

	值	占世界出口/进口的比重				年度%变化			
	2008年	1980年	1990年	2000年	2008年	2000—2008年	2006年	2007年	2008年
欧盟外其他欧洲国家	27.93	—	—	9.7	10.6	7	11	14	2
美国	23.13	4.5	6.2	9.5	8.8	5	4	3	-4
中国①,③	16.23	1.9	4.9	7.7	6.2	3	6	2	-3
日本	6.95	3.0	3.8	2.9	2.6	4	6	2	10
越南②	6.05	—	—	0.8	2.3	20	16	29	18
土耳其	5.65	0.1	0.5	1.3	2.1	13	6	28	-6
俄罗斯②	5.51	—	—	0.8	2.1	20	26	22	25
墨西哥①,④	5.37	0.2	0.9	3.5	2.0	-1	-2	-5	-5
阿拉伯联合酋长国②	4.77	0.8	0.9	1.2	1.8	11	10	15	16
加拿大④	4.43	2.3	2.2	2.5	1.7	1	2	2	-2
韩国	4.11	0.7	1.8	2.0	1.6	3	10	6	-1
印度尼西亚	3.26	0.4	0.7	0.7	1.2	13	-3	8	315
巴西	2.95	0.1	0.2	0.6	1.1	14	38	37	35

资料来源:世界贸易组织:《2009年国际贸易统计数据》,http://www.wto.org/english/res_e/statis_e/its2009_e/section2_e/ii64.xls,2010年7月5日。

注:①包括通过加工贸易区的重要发货;

②包括秘书处估计;

③中国报道的2008年进口纺织品为32亿美元;

④进口按离岸价格计算。

从服装贸易来看,2008年世界主要服装出口国家和地区为:中国(出口额为1200亿美元)、欧盟(向欧盟外出口277亿美元)、土耳其(136亿美元)、孟加拉(109亿美元)、印度(109亿美元)、越南(90亿美元)、印度尼西亚(63亿美元)等,主要进口国家和地区为:欧盟(从欧盟外进口931亿美元)、美国(825亿美元)、日本(259亿美元)、俄罗斯(214亿美元)、加拿大(85亿美元)、瑞士(58亿美元)、阿联酋(55亿美元)等。主要的净出口国家和地区包括:中国(净出口超过1160亿美元)、土耳其(净出口超100亿美元)、孟加拉(约100亿美元)、印度(约100亿美元)、越南、印度尼西亚和泰国等,主要的净进口国家和地区为:欧盟(从欧盟外净进口 654 亿美元)、美国(净进口 781 亿美元)、日本(超 220 亿美元)、俄罗斯(约 200 亿美元)、加拿大、瑞士、阿联酋、澳大利亚等。

表 5.24　2008 年世界主要服装进出口国家和地区

(单位:10 亿美元,%)

	值	占世界出口/进口的比重				年度%变化			
	2008 年	1980 年	1990 年	2000 年	2008 年	2000—2008 年	2006 年	2007 年	2008 年
出口国或地区									
中国①	120.0	4.0	8.9	18.2	33.2	16	29	21	4
欧盟 27 国	112.4	—	—	28.4	31.1	9	7	15	7
欧盟外其他欧洲国家	27.7	—	—	6.6	7.7	10	10	18	12
土耳其	13.6	0.3	3.1	3.3	3.8	10	2	15	-2
孟加拉②	10.9	0.0	0.6	2.6	3.0	10	21	6	23
印度	10.9	1.7	2.3	3.0	3.0	8	11	3	11
越南②	9.0	—	—	0.9	2.5	22	19	33	21
印度尼西亚	6.3	0.2	1.5	2.4	1.7	4	16	2	7
墨西哥①	4.9	0.0	0.5	4.4	1.4	-7	-13	-19	-5
美国	4.4	3.1	2.4	4.4	1.2	-8	-2	-12	3
泰国	4.2	0.7	2.6	1.9	1.2	2	4	-4	4
进口国或地区									
欧盟 27 国	177.7	—	—	39.8	47.3	10	10	14	8
欧盟外其他欧洲国家	93.1	—	—	19.2	24.8	11	13	14	10
美国	82.5	16.4	24.0	32.1	22.0	3	4	2	-3
日本	25.9	3.6	7.8	9.4	6.9	3	6	1	8
俄罗斯②	21.4	—	—	1.3	5.7	30	2	79	48
加拿大③	8.5	1.7	2.1	1.8	2.3	11	17	12	8
瑞士	5.8	3.4	3.1	1.5	1.5	8	5	11	12
阿拉伯联合酋长国②	5.5	0.6	0.5	0.4	1.5	27	72	64	10
澳大利亚③	4.3	0.8	0.6	0.9	1.1	11	5	13	16

续表

	值	占世界出口/进口的比重				年度%变化			
	2008年	1980年	1990年	2000年	2008年	2000—2008年	2006年	2007年	2008年
韩国	4.2	0.0	0.1	0.6	1.1	16	29	15	-2

资料来源：世界贸易组织：《2009年国际贸易统计数据》，http://www.wto.org/english/res_e/statis_e/its2009_e/section2_e/ii69.xls，2010年7月5日。

注：①包括通过加工贸易区的重要发货；

②包括秘书处估计；

③进口按离岸价格计算。

最后，全球市场格局的调整还体现在区域市场一体化程度的不断加深。在全球范围内，地理相邻国家之间市场的整合和一体化是大趋势，北美自由贸易区、欧盟、亚太经合组织、东亚国家联盟（简称东盟）、非洲联盟等都是全球重要的区域性市场。而且，这种区域市场一体化仍在不断发展，例如，欧盟成员国不断增加，目前已达到27个成员国；中国与东盟的合作加深，中国—东盟自由贸易区已经正式启动；中国与智利、巴基斯坦、新西兰、新加坡之间已经签订了双边自由贸易协定，与韩国和日本的经济合作也在深化。这种区域市场的整合将对跨国公司的全球战略布局产生影响，传统国际贸易的国家界限正在消退。

（5）全球要素配置格局调整对跨国公司战略布局的影响。

全球要素配置格局、运输物流业的发展、市场结构的特征与调整对跨国公司的全球整体战略布局产生重要影响，这主要表现在以下几个方面。

一是劳动力要素的格局决定了跨国公司劳动密集型产业转移的方向。尽管全球范围内的劳动力（特别是高端人才）流动越来越频繁，但是低层次人才的流动性却受到国界的严格限制。国与国之间民族或自身利益的考量将使得劳动力的大规模流动在今后很长一段时间内都不太容易实现，因此，对发达国家的跨国公司来说，发展劳动密集型产业的最好办法是向劳动力供应充足、劳动力成本较低的国家转移。当然，这可能是一个动态的过程，因为随着东道国劳动密集型产业的不断移入，东道国劳动力需求将快速增加，而劳动力的供给（最终取决于人口出生率）在短时间内是无法增加的，这就会导致东道国劳动力由最初的供大于求转向供求平衡并最终转向供小于求，因此，东道国的劳动力成本就会增加，从而驱动跨国公司劳动密集型产业的新一轮转移。

二是发展中国家劳动力素质的逐步提高推动了跨国公司的梯度转移。最初，由于发展中国家的劳动力素质较低（当然成本更低），跨国公司在进行产业转移时首先选择将那些技术水平低、劳动力素质要求低和劳动强度大的纯劳动密集型产业进行转移。随着发展中国家经济、教育、科技、文化等方面的发展，劳动力素质逐步提高。与此同时，劳动力素质提高导致的劳动力成本增长却相对缓慢。这时，跨国公司将选择一些介于劳动密集型与资本密集型之间的产业进行转移，以充分利用发展中国家的劳动力优势。随着发展中国家劳动力素质的继续提高以及因劳动力规模巨大而导致的劳动力成本增长的滞后，跨国公司将进一步选择某些资本或技术密集型产业，或资本和技术密集型产业中非核心的模块或价值链环节向发展中国家转移，因此出现跨国公司从劳动密集型向资本密集型，再向技术密集型产业或价值链转移的梯度递进转移现象。

三是资源能源的稀缺加速了跨国公司基于资源导向的战略调整。在传统上，跨国公司全球战略布局基本上是以市场开发和寻求效率为主，即跨国公司跨国经营的核心目的是开拓国外市场和利用东道国低廉的劳动力资源。然而，自20世纪七八十年代石油短缺导致资源能源价格飞速上涨以来，发达国家的跨国公司开始将跨国扩张的目标由关注市场和劳动力发展到同时关注市场、劳动力和资源能源。跨国公司特别是资源和能源类的跨国公司加速在全球范围内寻找和垄断资源与能源，并成功说服国内的政党和政府开展所谓的资源和能源外交。

四是跨国公司在全球范围内加速了产业链的完整布局。与一些发展中国家"重生产、轻流通"的产业结构不同，发达国家已经在上游资源能源与产品设计、中游生产制造、下游运输物流与品牌营销和服务的整个产业链上进行了较为完整的结构布局。例如，日本三井财团拥有丰田、东芝、索尼、松下、三洋、NEC等世界超级企业，这些制造企业共生在三井财团下的资金链和供应链条中：三井财团拥有世界500强企业三井造船，链接装备与海运等；拥有世界500强企业新日铁，链接钢铁与能源供应；拥有世界500强企业石川岛播磨，链接重工造船；拥有世界500强企业商船三井，链接航运与物流等；拥有全球最大金融集团之一、世界500强企业三井住友银行，以资金链协助企业供应链进行全球渗透。这种完美的产业链整体布局,使得三井财团拥有无与伦比的成本优势。此外,随着技术的发展和快速扩散,生产制造越来越成为整个产业链中的"低端"环节,一些发达国家的跨国公司将产业布局的重点放在上游的资源供给与产品设计、下游的物流与品牌营销及服务方面。

五是跨国公司加大了对新兴经济体和发展中国家的投资和战略布局力度。与美国、日本、英国等传统发达国家遭遇各种各样的经济问题以致经济发展缓慢甚至停滞不同,以中国、巴西、印度和俄罗斯为代表的新兴经济体和发展中国家经济快速发展。这些国家因资源相对丰富、劳动力成本较低、经济发展快、市场潜力巨大、政治环境相对稳定而成为全球跨国公司瞩目的焦点。跨国公司明显加大了对这些国家的战略投资和布局的力度(这可以从这些国家吸引大量 FDI 中反映出来),对这些国家的产业和本土企业带来了巨大冲击。

(三)跨国公司全球化战略的新动向

在国际直接投资中,发达国家的跨国公司一直占据主要支配权,而发展中国家跨国公司的投资金额约为 20% 且只有十多年的历史,为此本书只分析发达国家跨国公司全球化战略的演进路径。当前发达国家之间的国际直接投资占全球直接投资流量的 2/3,另外还有约 1/3 的投资流向新兴经济体(包括发展中国家和转型经济体)①。

1. 跨国公司在发达国家的投资战略新动向

当前跨国公司在发达国家的投资正从寻求市场型向寻求战略资产型投资战略发展。由于发达国家之间的产业转移主要为产品内分工,少数产业为产业内分工,因此发达国家之间形成了互补性的产品市场,寻求市场成为跨国公司对外直接投资的主要动机。然而近几年来,跨国公司的全球投资战略出现向寻求战略资产方向转变,这从跨国公司的行业分布和投资方式变化可以看出。

① 2008 年及其后三年是一个例外,据联合国贸易和发展会议发布的《2009 年世界投资报告:跨国公司、农业生产和发展》,由于金融危机导致全球国际直接投资尤其是发达国家的国际直接投资大幅减少,流入发展中国家和转型经济体的投资占全球投资的比重为 43%。

一是跨国公司在发达国家的投资集中于技术密集型制造业和现代服务业。一方面，服务业在国际直接投资中的比重不断提高，1990 年服务业投资占国际直接投资的比重接近一半，2002 年已上升到 60%，2005 年就达到 2/3①，而制造业的比重从 1990 年的 42% 下降到 2005 年的 30%；另一方面，跨国公司加大对新兴产业的投资力度，而新兴产业的关键技术主要被发达国家政府或者相关跨国公司掌握，跨国公司通过在这些国家和地区投资以掌握关键技术。

二是跨国公司在发达国家的并购动机从获取规模经济向获取战略资产转变。跨国公司在发达国家的投资经历了从绿地投资向并购转变的过程，并购不仅可以减少跨国公司在东道国的竞争压力，实现规模经济效应，而且可以获得重要竞争伙伴的关键技术，形成对技术或产品市场的垄断。2002—2007 年是全球并购的重要发展时期，2007 年全球并购金额达到 16370 亿美元，占当年全球国际直接投资总量的 8.3%，较 2000 年的历史纪录增长 21%②。过去跨国公司在发达国家的并购是为了快速占领市场，现在更趋向于获得竞争对手的优质资产和关键技术。

2. 跨国公司在新兴经济体和发展中国家的投资战略新动向

相对于在发达国家的投资而言，跨国公司在新兴经济体和发展中国家的投资战略调整更为明显，其主要原因在于新兴经济体和发展中国家市场制度变迁或者市场规模的成长。跨国公司在新兴经济体发展中国家的投资战略从寻求效率型投资战略向多元化投资战略方向发展，目前跨国公司在这些国家和地区的投资战略主要向寻求资源型和寻求市场型战略方向发展。

一是跨国公司在新兴经济体和发展中国家的投资向寻求资源型投资战略方向发展。近年来，全球经济形势的发展促使农业和采掘业等初级部门的国际产业转移活动异常活跃。联合国贸易和发展会议发表的《2007 年世界投资报告：跨国公司、采掘业与发展》显示，2000—2005 年采掘业在国际直接投资

---

① 联合国贸易和发展会议：《2006 年世界投资报告：来自发展中经济体和转型经济体的外商直接投资——对发展的影响》，2006 年，第 6 页。

② 联合国贸易和发展会议：《2008 年世界投资报告：跨国公司与基础设施的挑战》，2008 年，第 4 页。

中的比重有所上升，其流向是发展中国家，例如，2005 年叙利亚、巴布亚新几内亚、尼日利亚等国家的采掘业吸引外商直接投资在其利用外商直接投资总量中的比重均超过 70%。此外，联合国贸易和发展会议发表的《2009 年世界投资报告：跨国公司、农业生产与发展》中指出，农业领域的国际直接投资从 1990 年的 8 亿美元增加到 2007 年的 32 亿美元，而整个农业价值链中的国际直接投资比例更高，2005—2007 年，每年仅食品和饮料的投资流量就超过 400 亿美元。

二是跨国公司在新兴经济体和发展中国家的投资向寻求市场型投资战略方向发展。以“金砖四国”为代表的新兴经济体和发展中国家的经济增长速度走在世界各国前列，其经济总量在全球中的比重不断提高，形成了新兴市场，拥有巨大的市场需求量，因此成为跨国公司关注的目标。例如，钢铁、化工、半导体、制药等制造业向中国和印度转移的趋势非常明显，这种产业转移被称为“产业东移”现象。

三是跨国公司在新兴经济体和发展中国家的寻求效率型投资从依赖低素质劳动者向依赖高素质劳动者方向发展。跨国公司在新兴经济体和发展中国家的投资主要是利用这些国家的低劳动力成本降低生产成本，进而在国际市场拥有低成本优势，因此其主要投资集中在劳动密集型产业。随着这些国家的经济发展，劳动力成本上升，劳动者素质也得以提高，跨国公司进一步向这些国家转移技术含量较高的生产性服务业。目前，生产性服务业正向中国、印度、东盟、南美等新兴经济体和发展中国家转移，例如，近年来信息技术外包服务业主要流入印度和爱尔兰。

六、全球产业结构调整与国际分工变化对我国的影响

（一）“十二五”期间全球产业结构、国际分工和国际产业转移的总体趋势

IMF和WB都认为，始于2007年年底的全球金融危机已在2009年跌到谷底，世界经济从2010年开始震荡复苏，虽然在2011年再次遭遇波折，但是预期向好。受金融危机影响，全球产业结构将面临新一轮调整，国际分工和国际产业转移也将发生一些新变化。

1. 全球经济发展的基本态势

（1）全球经济从2010年开始进入低速调整期。

一是全球经济复苏将呈现前低后高走势，预计需要5年乃至更长时间才能恢复到金融危机前的发展水平。二是新兴经济体和发展中国家经济增长速度远高于发达经济体，成为推动全球经济复苏的重要力量。三是全球将迎来经济增长模式的重大变革和经济格局的重新调整，新兴经济体和发展中国家经济在全球经济中的角色日益重要。

（2）服务贸易将引领全球贸易复苏。

一是全球贸易总量和商品价格从2011年开始震荡增长，全球贸易短期前景暗淡而中长期前景较为乐观。二是新兴经济体和发展中国家将成为全球贸易复苏的主要推动力量和重要的新兴市场。三是服务贸易将引领全球贸易的复苏。四是全球贸易保护主义逐渐升级。

（3）新兴经济体和发展中国家成为全球资本流入和流出的重要场所。

一是国际直接投资从2010年开始止跌回稳，其后继续上升，预计2014年

将恢复到金融危机前的水平。二是新兴经济体和发展中国家成为国际直接投资流入的重要场所,在国际直接投资流出中的比重也逐渐增加。三是服务业、农业和矿产资源将成为国际直接投资的重要领域。

(4)新兴经济体和发展中国家在国际金融体系中的作用日益重要。

一是全球银行经营状况历经 2008 年和 2011 年的两次剧烈震荡后略有好转,但是仍然面临巨大的资金压力。二是金融交易市场呈现复苏迹象,但市场前景仍不明朗。三是国际资本向经济发展前景良好、市场潜力巨大的新兴经济体和发展中国家流动趋势明显。四是国际金融体系面临改革,新兴经济体和发展中国家将在国际金融体系中扮演更加重要的角色。

(5)全球资源价格在剧烈震荡后逐渐回升。

一是全球资源价格在剧烈震荡后逐渐回升,但是上扬空间有限。二是新兴经济体和发展中国家的资源消费增长很快,增速超过发达国家。三是矿业领域的国际直接投资将保持增长态势,并购活动非常活跃,规模效应更加明显。四是低碳经济即将成为世界主流,引发新一轮的能源科技创新高潮。

(6)科技创新推动经济增长的作用更加突出。

一是全球科技投入持续增长,研究基础建设得以强化,科技创新日益成为推动经济发展的重要手段。二是研发国际化趋势明显,并逐渐向新兴经济体和发展中国家分散。三是科技领域的国际竞争日趋激烈,发达国家继续强化对技术的封锁以维持科技垄断地位。四是新能源、生物技术、纳米技术、航空航天、现代农业成为世界各国优先发展的科技领域。

2. 全球产业结构调整的总体趋势

(1)全球产业结构调整的总体趋势。

自 20 世纪 90 年代以来,全球处在第三次国际产业结构调整时期,当前全球产业结构调整的主要特征表现为:

一是目前三次产业在全球经济中的比重基本趋于稳定,其中服务业平均占全球 GDP 的近 7 成,并成为全球经济增长的主力军。

二是全球制造业重心继续向亚大地区的新兴经济体和发展中国家转移,而服务业逐渐成为发达国家的主导产业,对发达国家经济增长的贡献率递增。

三是全球产业结构内部的技术附加值显著提高,先进制造业推动第二产业内部结构升级加快，而服务业内部结构日趋技术密集化。

四是发达国家继续在全球产业结构调整中扮演主导角色。

(2)全球主要国家产业结构调整的比较。

全球主要国家的产业结构调整呈现如下基本特征。

一是美国、英国、法国、巴西的产业结构较为趋同，而日本和德国的产业结构较为趋同。美、英、法三国的产业结构特征表现为服务业高度发达，在各国GDP 中的占比高达77%以上，而第二产业相对处于劣势，占各国 GDP 的比重约为20%—24%，其中制造业占各国的比重约为12%—14%；而德国和日本的产业结构较接近，即服务业在该国 GDP 中的比重接近70%，但是第二产业相对发达，占各国 GDP 的比重约为30%，其中制造业占各国的比重约为22%—24%。对“金砖四国”而言，巴西三次产业结构与发达国家(尤其是美、英、法)最为接近，但是俄罗斯、印度和中国与五个发达国家及巴西的产业结构趋同程度非常低，而且这三个国家之间的产业结构也完全不同，俄罗斯的资源型工业较发达，印度的农业在国民经济中所占比重较高，而中国的第二产业(主要是制造业)比重非常高。

二是日本和德国的制造业部门更为发达，技术密集程度较高，而美国、英国、法国、巴西、印度等国家的制造业部门结构较为趋同。日本和德国的机械和运输设备占整个制造业的比重较高，基本上都超过40%，而美国、英国、法国、巴西、印度等国这一比例较低，基本上不超过30%，但是其他制造业所占比重较高(大都超过40%)。俄罗斯以能源工业等资源型加工业为主，而中国制造业则以劳动密集型制造业为主。

三是美国、日本、德国、英国、法国和巴西高度重视保险和金融等技术密集型产业的发展，而俄罗斯、印度和中国则是以运输、贸易、旅馆餐饮业等劳动密集型服务业为主。五个发达国家和巴西的保险和金融、通讯、计算机服务业在各国 GDP 中占有较高比重，并且呈现不断上升趋势，而俄罗斯、印度和中国的运输、贸易、旅馆餐饮业等劳动密集型服务业占 GDP 的比重非常高。

(3)后危机时代全球产业结构调整的新变化。

产业结构调整是一个长期发展的动态过程，但是金融危机对全球产业结构调整产生了重要影响，促使发达国家的产业结构调整从过度依赖基于虚拟经济的服务业向面向实体经济的制造业和服务业并重发展，加快发展以新能源产业为主的战略性新兴产业，而新兴经济体和发展中国家受金融危机的影响相对较小，其主要目标是利用全球产业结构调整和经济格局变化所带来的机遇发展现代服务业，加快向服务经济转型，努力形成全球的新兴市场。

金融危机对全球产业结构调整战略的影响包括：一方面，发达国家兴起“再工业化”运动，低碳经济将成为经济发展的新增长点。发达国家更加重视制造业对经济发展的拉动作用，强化制造业对后发国家的技术优势和分工优势，巩固高新技术产业中的领先地位，稳定高端产品的市场份额；大力发展“低碳经济”，培育新的经济增长点；正确处理制造业和服务业的协调发展，继续发展技术密集型的生产性服务业。另一方面，新兴经济体和发展中国家积极推进本国产业结构调整和升级，加快向服务经济转型。新兴经济体和发展中国家高度重视制造业内部的结构优化，积极发展高新技术产业；采用先进技术改造传统产业；进一步发展服务业，促进生产性服务业和消费性服务业的共同发展。

在后危机时代，全球产业结构调整的主要方向包括：

一是发达国家通过“再工业化”、占领制造业和服务业的技术制高点来调整产业结构。①在制造业领域，发达国家逐步回归实体产业，大力发展新能源、节能减排、环保等“绿色产业”、信息产业、生物技术与生物医药产业和纳米产业等战略性新兴产业；②在服务业领域，发达国家重点发展金融、保险、商务服务、信息服务业等现代服务业以及新能源、信息、生物医药、纳米等战略性新兴产业的生产服务环节。

二是新兴经济体和发展中国家希望应用高新技术改造传统制造业和努力发展生产性服务，实现向服务经济转型并缩短与发达国家之间的差距。①在制造业领域，新兴经济体和发展中国家大力调整工业内部结构，努力发展高新技术产业并采用先进技术改造传统产业；②在服务业领域，新兴经济体和发展中国家大力发展金融、保险和商务服务等现代服务业，推动社会服务业的发展，适度发展消费性服务业。

总体来看，发达国家仍将重点发展金融、保险、信息、专业技术服务等现代服务业，同时将推动新能源、信息产业、生物医药、纳米等战略性新兴产业的快速发展。新兴经济体和发展中国家继续承接发达国家制造业转移和服务业外包，加大高新技术产业发展和传统产业的改造，同时积极发展服务业，优化服务业内部结构。

3. 全球国际分工变化的总体趋势

发达国家、新兴经济体和发展中国家纷纷融入全球化的国际分工体系中，各自扮演相应的功能角色，国际分工格局今后将继续保持较长一段时期。当前全球国际分工的总体趋势如下。

一是发达国家在国际市场中的出口份额逐年下降，而新兴经济体和发展中国家则呈现稳步上升趋势。发达国家商品出口的国际市场份额逐渐减少，但是其服务出口在国际市场中仍然占有重要地位，而新兴经济体和发展中国家商品出口的国际市场份额逐步增加，因此发达国家与新兴经济体和发展中国家相比在产业内分工处于有利的竞争地位。

二是在制造业内部，发达国家在资本密集型和技术密集型行业中的竞争优势非常明显，而新兴经济体和发展中国家在劳动密集型行业以及部分资本密集型行业中具有较强的竞争优势。在纺织、服装等劳动密集型行业，发达国家的国际市场份额和显性比较竞争优势都在逐步减少，而新兴经济体和发展中国家的国际市场份额和显性比较竞争优势逐步增加；在钢铁、化工、机械与运输设备等资本密集型行业，虽然发达国家的国际市场份额不断减少但是拥有较强的显性比较竞争优势，新兴经济体和发展中国家的国际市场份额和显性比较竞争优势仅在电子数据处理和办公设备、通信设备制造业等领域超过发达国家；在集成电路和电子零部件制造等技术密集型行业，发达国家国际市场份额不断减少但是拥有很强的显性比较竞争优势。

三是在服务业内部，发达国家占据服务业分工的高附加值、技术密集度高的环节，而新兴经济体和发展中国家仍然处于分工的低端。发达国家在旅游服务、运输服务、其他专业服务等各服务行业内均占有主要份额，新兴经济体和发展中国家的国际市场份额逐步上升。

4. 全球产业转移的总体趋势

国际分工促使国际产业转移相应发生变化，其表现出来的趋势包括以下方面。

一是发达国家、新兴经济体和发展中国家共同成为国际产业转移的主体力量。新兴经济体和发展中国家在国际产业转移中往往身兼产业移入方与产业移出方的双重角色,成为当前国际产业转移中的一个重要特色。

二是国际产业转移结构高度化。①国际产业转移的重点领域由制造业向服务业转变,服务业投资成为国际产业转移中的焦点,研发全球化的趋势更加明显;②制造业正沿着由低附加值环节向高附加值环节的路径由低成本国家加速转移。值得注意的是,近两年来全球经济形势的发展促使农业和采掘业等初级部门的国际产业转移活动异常活跃,金属、石油和天然气的价格抬升导致采掘业在国际直接投资中的比例大幅提高,农业领域的国际直接投资也在不断增加。

三是产业“东移”或向原料产地转移是当前制造产业转移的主要趋势,而发达国家向发展中国家进行服务业转移即将形成国际产业转移的新浪潮。

四是区域内产业转移势头强劲。欧盟、北美、亚太经合组织(APEC)是国际产业区域内转移最为强劲的经济区域。

五是跨国公司成为国际产业转移的主力军。跨国公司不仅主宰了国际贸易,而且几乎达到左右整个世界经济发展的地步。

六是产品内分工的国际产业转移逐步增多。跨国公司要在全球范围内寻求资源的最佳配置,使国际生产转移由产业结构的梯度转移逐步转变为增值环节的梯度转移。

七是项目外包成为国际产业转移的重要方式。外包不仅是服务业产业转移的主要方式,在制造业国际转移过程也不断得以加强。基于外包活动在全球的迅速发展,当前以服务业作为主要领域、以外包作为转移方式的国际产业转移活动被称为第二次全球化,而20世纪90年代以前、以制造业为领域、以对外直接投资作为转移方式的产业转移则被称为第一次全球化。

八是产业链整体转移和关联产业协同转移的趋势明显,国际产业转移的地理集聚效应不断加强。

(二)我国主要产业在未来国际分工中的优劣势

1. 中国制造业重点行业在未来国际分工中的优劣势

(1)纺织和服装等劳动密集型产业在国际分工中仍然具有很强的竞争

优势。

如表3.6—表3.9所示,①在纺织品行业,2008年中国纺织品出口居世界第一,占有国际市场份额的26.08%,远高于其他国家所占的国际市场比重,其中德国排名第二,比重为6.31%,美国排名第三,比重为4.99%,印度排名第四,比重为4.10%;但是中国纺织品显性比较优势指数RCA为2.83,低于印度的3.72,而其他国家最高的RCA仅为0.78,由此说明中国纺织品具有较强的竞争实力。②在服装产业,2008年中国服装业出口居世界第一,占有国际市场份额的33.15%,远高于其他国家所占的国际市场比重,其中德国排名第二,比重为5.0%,法国排名第三,比重为3.18%,印度排名第四,比重为3.0%;中国纺织品显性比较优势指数RCA为3.73,高于印度的2.72,而其他国家最高的RCA仅为0.84,由此说明中国纺织品具有很强的竞争实力。

由于大多数发达国家已经退出纺织和服装等劳动密集型产业的国际市场,新兴经济体和发展中国家将不断承接发达国家转移的纺织和服装产业,因此中国纺织和服装行业在未来国际分工中的竞争优势将更加明显,但是面临着印度等新兴经济体和发展中国家的竞争压力。

(2)钢铁、化工行业等资本密集型行业的竞争优势较弱。

如表3.10—表3.13所示,①在钢铁行业,2008年中国钢铁出口位居世界第一,占有国际市场份额的12.09%,超过德国的比重7.69%和日本的比重7.51%,但是中国钢铁显性比较优势指数RCA为1.36,低于“金砖四国”中俄罗斯的1.92,巴西的1.89,印度的1.36以及发达国家中日本的1.54,略高于法国的1.11,说明中国钢铁的竞争优势相对较弱。尽管中国是全球第一大产钢国,钢铁出口位居世界第一,但是钢铁产业集中度较低,能耗偏高,产品多为附加值较低的钢铁产品(如中小型材、普通中板、焊管等大量出口),而部分高附加值关键钢材品种,如厚度小于1毫米的冷轧薄板、厚度小于3毫米的热轧薄板、不锈钢薄板、镀锌板、冷轧硅钢片等13类品种钢材,每年又需大量进口。②在化工行业,2008年中国化工出口位居世界第三,占有国际市场份额的7.93%,低于美国的比重9.11%和德国的比重8.58%,但是中国化工显性比较优势指数RCA为0.52,不仅远低于主要发达国家(法国为1.68,英国为1.66,德国为1.43,美国为1.31,日本为0.83),而且也低于“金砖四国”中其他国家(印度为1.08. 巴西为0.60. 俄罗斯为0.56),说明中国化工行业在国际市场中基本上没有竞争优势。中国化工行业企业规模整体偏小,工艺技术相对落后,导致化工产品的附加值较低。

由于发达国家开始重视实体经济,逐步回归制造业,而钢铁、化工作为制造业的基础行业对发达国家"再工业化"具有重要的承载作用,中国钢铁和化工今后将处在更加不利的竞争位置。

(3)电子数据处理和办公设备制造、通讯设备制造业等部分资本兼技术密集型产业具有很强的竞争优势。

如表3.18—表3.21所示,①在电子数据处理和办公设备制造行业,2008年中国出口位居世界第一,占有国际市场份额的32.25%,远高于美国的8.59%、德国的5.72%、日本的4.47%、法国的5.28%、英国的3.86%,而且中国电子数据处理和办公设备制造显性比较优势指数RCA为3.63,远高于主要发达国家(美国为1.07,日本为0.92,英国为0.75,德国为0.63)和"金砖四国"中其他国家,说明中国电子数据处理和办公设备制造行业在国际市场中的竞争优势非常明显。②在通讯设备制造业,2008年中国出口位居世界第一,占有国际市场份额的27.15%,远高于美国的6.64%、日本的5.73%、德国的比重4.18%,而且中国电子数据处理和办公设备制造显性比较优势指数RCA为3.05,远高于主要发达国家(日本为1.18,美国为0.83)和"金砖四国"中其他国家,说明中国通讯设备制造行业在国际市场中的竞争优势也非常明显。

无论从出口所占的国际市场份额还是从显性比较优势来看,中国电子数据处理和办公设备制造、通讯设备制造业在国际上具有很强的竞争优势,但是在制造业增加值中的比重相对较低。由于这些行业不是发达国家制造业发展的重心,因此在未来国际分工中,中国电子数据处理和办公设备制造、通讯设备制造业将继续保持相对于发达国家和"金砖四国"中其他国家的竞争优势,它们应该成为我国产业结构调整和升级的重点发展行业。

(4)汽车业等部分资本兼技术密集型产业缺乏竞争优势。

如表3.16—表3.17所示,2008年中国汽车出口位居世界第六,仅占有国际市场份额的2.32%,低于德国的18.58%、日本的13.86%、美国的9.04%、法国的5.28%、英国的3.86%,而且中国汽车显性比较优势指数RCA为0.26,不仅远低于主要发达国家(日本为2.85,德国为2.04,法国为1.40,英国为1.29,美国为1.13),而且也低于“金砖四国”中的巴西和印度(巴西为0.97. 印度为0.36),说明中国汽车行业在国际市场中的竞争优势非常弱。

在未来的国际分工中,中国汽车产业虽然竞争优势不明显,但是随着发达国家“再工业化”的重点放在战略性新兴行业,必然会将汽车产业向新兴经济体和发展中国家转移,因此对中国汽车业的发展将带来良好的历史机遇。

(5)集成电路和电子元器件制造等部分技术密集型行业具有中等竞争优势。

如表3.22—表3.23所示,2008年中国集成电路和电子元器件出口位居世界第三,占有国际市场份额的10.45%,低于美国的12.15%和日本的10.70%,高于德国的比重5.18%。但是中国集成电路和电子元器件显性比较优势指数RCA为0.26,低于日本的2.20和美国的1.52,但是远高于其他发达国家和“金砖四国”中其他国家,说明中国集成电路和电子元器件行业在国际市场中具有中等竞争优势。

集成电路和电子元器件作为技术含量较高的高新技术产业,在现代制造业中具有重要作用,随着发达国家“再工业化”的重点放在战略性新兴行业,可能会将一部分集成电路和电子元器件产业向新兴经济体和发展中国家转移,因此对中国集成电路和电子元器件产业带来一定的发展机遇。

2. 中国服务业重点行业在未来国际分工中的优劣势

(1)交通运输服务业具有中等竞争优势。

如表3.24所示,2008年中国交通运输服务出口位居世界第六,占有国际市场份额的4.31%,低于主要发达国家,包括美国的12.15%、德国的6.61%、日本的5.25%、法国的4.61%、英国的4.34%,但是高于“金砖四国”中其他国家(俄罗斯的1.68%、印度的1.24%、巴西的0.61%)。虽然中国交通运输服务出口份额低于主要发达国家,但是比“金砖四国”中其他国家的国际市场份额高得多,揭示出中国交通运输服务出口具有中等竞争优势。

在未来的国际分工中,发达国家的产业重点放在技术含量很高的战略性新兴产业和金融、保险、信息服务、专业技术服务等技术密集型服务业,必然会将部分的交通运输服务转移到新兴经济体和发展中国家,对中国交通运输服务的发展带来一定的机遇,同时“金砖四国”中其他国家在该行业中的国际市场份额较少，因此中国交通运输服务业的国际竞争力将进一步得到加强。

（2）旅游服务业具有中等竞争优势。

如表 3.25 所示，2008 年中国交通运输服务出口位居世界第三，占有国际市场份额的 4.29%，低于美国的 14.22%、法国的 5.79%，略高于德国的 4.21% 和英国的 3.83%，而且高于日本的 1.14% 和“金砖四国”中其他国家（俄罗斯的 1.26%、印度的 1.24%、巴西的 0.61%），揭示出中国旅游服务出口具有中等竞争优势，与法国、德国、英国等发达国家大致相当，而且比“金砖四国”中其他国家的国际市场份额高得多。

在未来的国际分工中，发达国家的产业重点放在技术含量很高的战略性新兴产业和现代服务业，必然会将部分的旅游服务业转移到新兴经济体和发展中国家，因此对中国旅游服务的发展带来一定的机遇，同时“金砖四国”中其他国家在该行业中的竞争力较弱，使得中国旅游服务业的国际竞争优势将进一步得到加强。

（3）其他商业服务业领域的竞争优势较弱。

如表 3.26 所示，2008 年中国其他商业服务出口位居世界第七，占有国际市场份额的 3.47%，远低于美国的 15.28%、英国的 10.74%、德国的 7.37%，略低于日本的 4.59%、法国的 3.32%、印度的 4.12%，高于俄罗斯的 1.23% 和巴西的 0.61%。中国其他商业服务出口份额不仅远低于美国、英国和德国的国际市场份额，而且还低于日本、法国以及“金砖四国”中的印度，揭示出中国其他商业服务出口的竞争优势较弱。

在未来的国际分工中，发达国家的产业重点放在技术含量很高的战略性新兴产业和金融、保险、信息服务、专业技术服务等技术密集型服务业，可能会将其中部分服务环节以项目外包的方式转移到新兴经济体和发展中国家，对中国商业服务业的发展带来一定的历史机遇，但是中国商业服务业面临印度等国家强有力的竞争，因此将对中国商业服务的发展产生不利的影响。

（三）全球产业结构调整与国际分工变化给我国带来的机遇和挑战

2008 年以来的金融危机重创了全球经济，使全球经济陷入暂时低迷状态，但是从全球经济危机周期来看，每一次经济危机之后伴随着新一轮的全球产业结构和国际分工变化，同时形成新的主导产业和新兴产业，这些金融危机促发的全球产业结构调整与国际分工变化也为我国带来新的历史发展机遇。

1. 全球产业结构调整与国际分工趋势对中国外贸的影响

(1)中国对外贸易的现状①。

面对国际金融危机的严重冲击，我国政府及时出台一系列符合国际惯例的政策措施，同时着力扩大国内需求，积极开展多种形式的贸易促进活动，鼓励增加进口。随着世界经济和国际市场逐步回稳，稳外需、扩进口的各项政策措施取得明显成效，进出口大幅下滑的态势得到扭转。根据 WTO 统计，从贸易额看，2011 年我国货物出口额占全球比重 10.4%，与上年持平，连续三年居全球之首。当前我国对外贸易现状如下。

一是贸易进出口不均衡的现象逐步改善。2001 年，我国贸易顺差总体呈现上升趋势，尤其在 2005 年以后，贸易顺差增长明显加快，2008 年，我国贸易顺差高达 2954.7 亿美元，比 2007 年增长 12.5%。但是这一趋势在 2009 年得到减缓，2009 年 10 月以后我国贸易顺差大幅度下降，2009 年我国贸易顺差 1961.1 亿美元，比 2008 年减少 1020 亿美元，下降 34.2%；2011 年我国贸易顺差为 1551 亿美元，下降 14.5%。外贸顺差规模连续三年下降，占我国 GDP 的比重从 2009 年的 3.9%、2010 年的 3.1%降至 2011 年的 2.1%。

二是货物贸易和一般贸易在贸易结构中具有领先优势。①一般贸易在贸易方式中居主导地位。自 20 世纪 90 年代以来，加工贸易在我国外贸比重一直超过 50%，直到 2008 年才降到 50%以下。2009 年，我国加工贸易在出口总额中所占比重为 48.8%，一般贸易出口占出口总额的比重为 44.1%。2011 年，一般贸易进出口增长 29.2%，占比 52.8%，提高 2.7 个百分点；加工贸易进出口增长 12.7%，占比 35.9%，下降 3 个百分点。2012 年第一季度，一般贸易进出口增长 8.1%，其中出口 7.9%，进口 8.2%；加工贸易进出口增长 4.4%，其中出口 6.3%，进口仅 1.2%。一般贸易增长速度明显快于加工贸易，在贸易方式中居于主导地位。②贸易产品结构以货物贸易为主。2009

① 数据和部分内容来自商务部在 2009—2012 年发布的《中国对外贸易形势报告》。

年,我国货物贸易占贸易总额的比重为 89.3%,具有绝对优势,而服务贸易仅占贸易总额的比重为 10.7%,远低于全球服务贸易占贸易总额的比重 18.4%①。但是在金融危机中,我国服务贸易在贸易总额的比重略有提高,2009 年服务贸易占贸易总额的比重上升至 13%,其中服务贸易的出口和进口分别位居世界第五和第四;③货物贸易中以工业制成品(尤其是机械及运输设备)为主。2007 年初级产品的出口占货物贸易出口的比重 5%,而工业制成品的比重高达 95%,同时初级产品的进口比重在 2007 年达到 25.42%,而工业制成品的进口比重为 74.58%。在工业制成品内部,机械及运输设备所占比重最高,2007 年,其出口占全部工业制成品出口的比重为 50%,而其进口占全部工业制成品的比重为 58%。

三是贸易主体中外资企业长期占优。长期以来,外资企业在中国对外贸易经营主体中的比重过高,2006 年曾经达到最高值 61.4%,其后呈现下降趋势。2009 年,外资企业、民营企业和国有企业的进出口额占我国进出口总额的比重分别为 55.9%、28.2% 和 15.9%。本土企业规模小、经营能力不强,技术创新能力有限,其国际竞争力较弱。

四是贸易市场结构的集中度很高。一方面,我国出口市场长期高度集中。2007 年,亚洲、欧洲和北美洲市场占我国外贸出口的比重分别为 46.6%、23.6% 和 20.7%。2009 年,前十大贸易伙伴的出口占我国出口总额的 80.7%,其中欧盟、美国和东盟分列我国出口贸易伙伴(不含香港特别行政区)的前三位。另一方面,在进口市场,2007 年,亚洲、欧洲、北美洲市场占我国外贸进口的比重分别为 64.9%、14.6%、8.4%。我国进口来源进一步向亚洲的集聚主要是因为东亚周边地区大量向我国转移,日本、韩国、台湾省等成为我国加工贸易进口的主要来源地。2009 年,前十大贸易伙伴的进口占我国进口总额的 74.0%,其中日本、欧盟、东盟分列我国进口贸易伙伴的前三位。

(2)全球产业结构调整与国际分工趋势给中国对外贸易带来的机遇。

一是经济格局的多元化为我国外贸市场多元化奠定了基础。长期以来,以美国、欧盟、日本为代表的少数发达国家和地区在世界经济中居支配和主导

---

① 李钢、白明、李俊、崔卫杰:《后危机时代中国外贸发展战略之抉择》,《国际贸易》2010 年第 1 期,第 4—11 页。

地位，而数量众多的新兴经济体发展中国家则居次要和附属地位。但近年来，新兴经济体和发展中国家在国际经济中的地位日趋增强，如“金砖四国”等新兴经济体和发展中国家的快速崛起，使原有的经济格局逐渐向多元化世界经济格局转变。尤其是此次金融危机暴露出发达国家经济内部出现了较为严重的问题，其经济将进入长久的调整期，而新兴经济体和发展中国家整体上受金融危机影响较小，经济发展势头强劲，必将推动世界经济的多元化格局，这将使我国对外贸易出口过于集中于美、欧、日等发达国家和地区的现象有所改变，新兴经济体和发展中国家在我国对外贸易中的地位必将逐渐提高，从而使我国的对外贸易市场最终趋于多元化。例如，2009 年东盟已经取代日本成为我国第三大出口市场①。

二是低碳经济为我国带来了支持可持续发展的资金和技术，并使我国从稀有金属的资源出口中受益。一方面，清洁生产机制（CDM）涉及发达国家与发展中国家之间以碳排放为标的产权的转移、买卖和义务的抵消。在 CDM 下，发达国家能以较低的成本实现减排目标，发展中国家则可以获得支持可持续发展的资金和技术。据估计，《京都议定书》发达国家缔约方 2012 年之前的总减排需求量为 50 亿吨二氧化碳当量，其中国外的减排需求约为 25 亿吨二氧化碳当量，全球开发的 CDM 项目预计到 2012 年可以提供约 22 亿吨二氧化碳当量。如果以平均每吨减排成本 10 美元计，从清洁生产机制中产生的资金总额约为 220 亿美元。我国是清洁发展机制的最大受益国，根据联合国气候变化公约秘书处统计，截至 2009 年 9 月 20 日，全球已注册的 CDM 项目 1822 个，其中我国获得项目 632 个，占比为 34.7%，预计我国每年通过这些项目的实施产生的可核证的排放量（CER）达 1.88 亿吨二氧化碳当量，占全球的 59%。为此，我国每年获得的资金支持在 10 亿美元以上，远远超过我国从各类多边和私人基金中获得的资金支持。CDM 不仅仅是资金渠道，更重要的是它是基于减排项目的技术转移模式，这也有利于优化我国利用外资的结构。另一方面，低碳经济开辟了我国与发达国家竞争的另一场所。虽然石油、天然气等资源争夺的紧迫性和激烈程度将由于新能源的开放和利用有所缓解，但发展新能源产品所需要的稀有金属的争夺将愈演愈烈。发达国家在全力以赴

① 商务部：《中国对外贸易形势报告（2010 年春季）》，2010 年 4 月 28 日。

发展低碳经济过程中，面临的一个不确定前景是如何确保在混合动力车、电动车、数字家电、充电电池、节能环保产品等领域需求很大的稀有金属得到稳定供应。美国地质调查确认了11种对美国非常重要但供应脆弱性很明显的矿产品，其中5种美国几乎完全依赖进口，所有这些矿产品是生产替代能源、电池、通讯产品必不可少的。我国是某些稀有金属储量相对丰富的国家，美国生产太阳能光电板所用的镓99%依赖进口，40%来自我国。美国所忧虑的5种矿产品，我国至少是3种产品的世界主要供应国，特别是稀土元素，我国几乎掌握着全球所有的供给，因此，我国可抓住低碳经济这一契机，发挥资源比较优势。

三是来自发达国家的制造业和服务业产业转移将使我国的对外贸易结构更趋优化。一方面，高新技术产业和重化工产业将成为发达国家向新兴经济体和发展中国家转移的重要领域，我国具有承接国际产业转移的多项优势，必然成为发达国家产业转移的首选地，这将为我国的贸易结构升级、扩大技术含量和高附加值的产品出口提供机遇。例如，我国的加工贸易中有很大一部分是电子信息产业，发达国家产业转移将为我国加工贸易的转型升级提供机遇。另一方面，美国、日本、德国等贸易大国已经完成了由制造业走向服务业的转型，现在都是以服务出口见长，因此服务业转移也将是今后较长时期内国际产业转移的重要内容，尤其是服务外包将成为国际服务业转移的主流形式。目前，我国已有20多个服务外包示范城市，具有较好的承接服务外包的产业基础和产业优势，服务外包可以成为我国提升服务业发展水平的突破口，从而带动总体服务业出口的增加。这些都将提升我国进出口产品的档次和水平，使进出口产品结构更趋优化。

四是区域经济合作深入发展将为我国增强对外贸易话语权提供有利条件。全球区域经济合作的加强对世界经济产生的影响已不容忽视，它促进了世界贸易的增长，提高了国际贸易商品结构水平，改变了国际直接投资的流向，加强了国际金融领域的合作，使当前的经济格局趋于多元化。根据WTO秘书处的统计，截至2009年5月，WTO成员国之间签署并已生效的区域贸易协定有158个，其中，欧洲77个，美洲22个，亚太地区32个，跨区域27个，未来还将进一步增加。加强区域经济合作将是我国实行自由贸易区战略的主要举措，目前，我国正在谈判中和评估中的还有与南非、挪威、印度、日本、韩国等国家和地区的自由贸易协定安排，如果这些自由贸易协定签署完成，将进一步增强我国的经济实力，尤其是对外贸易的话语权。在国际贸易中拥有更多的话语权是我国应对当前由发达国家主导的国际经济体系的一种诉求，区域经济合作加强和国际地位的提升为这一诉求提供了现实的物质条件。

(3)中国对外贸易面临的挑战。

一是全球经济低速增长使我国贸易伙伴进口需求减弱。虽然全球的经济逐步进入了复苏阶段，但按照历史标准衡量，金融和经济指标仍然处于较弱的水平。加之发达国家的失业率居高不下，影响了消费的回升和房地产市场的回暖，这可能给经济复苏造成困难。从中长期来看，全球的经济复苏基础脆弱，进程缓慢，将处于低速增长阶段，而经济的低速增长必将使贸易伙伴的进口需要明显减少。我国长期作为出口导向型经济体，2009 年更是作为世界第一出口大国，进出口走势完全取决于外部需求的影响。2009 年，在前三大贸易伙伴中，我国对欧盟出口 2362.8 亿美元，比上年下降 19.4%，对美国出口 2208.2 亿美元，下降 12.5%，对日本出口 979.1 亿美元，下降 15.7%。在服务贸易方面，2009 年我国服务贸易前五大贸易伙伴依次为中国香港、美国、欧盟、日本和东盟，这些国家和地区占据我国服务贸易总额的 68%，因金融危机造成这些国家和地区经济的低速增长必然给我国对外贸易复苏带来困境。

二是贸易保护主义使未来我国贸易的外部环境恶化。一方面，尽管世界经济呈现复苏现象，但以美国为主的发达市场的消费仍在萎缩、储蓄率仍在上涨，显示消费领域的"去杠杆化"仍然在继续，这意味着我国出口好转的势头是有限的。更为重要的是，全球经济的复苏将使得流动性更加活跃，过剩流动性将推高国际商品的价格，这不仅会使我国的贸易条件恶化，也将加大国内制造业的成本压力。IMF 数据表明，2009 年以来，发达国家的贸易条件在改善，而新兴经济体和发展中国家的贸易条件逐渐恶化。另一方面，2008 年以来，我国遭遇反倾销、反补贴和保障措施的案件逐渐增多，而且每个案件的涉案金额也明显增加。2008 年，全球发起反倾销调查 208 起，反补贴调查 14 起，我国分别遭遇 71 起和 10 起，占全球反倾销、反补贴调查的 35% 和 71%。同时遭遇保障措施案件 10 起、特保案件 2 起。2009 年前三季度，全球 19 个国家和地区对我国产品发起 88 起贸易救济调查，涉案金额约 102 亿美元，其中反倾销调查 59 起，反补贴调查 9 起，占全球反倾销、反补贴调查的 35% 和 71%。

同时，我国还遭遇保障措施13起，特保案件7起。2009年前三季度，我国对我国发起的贸易救济调查涉案金额58.4亿美元，同比大幅上升639%①。未来欧元区和新兴经济体国家针对我国贸易出口产品的保护措施也将可能增多，因此，我国贸易的外部环境依然严峻。

三是发达国家“再工业化”和回归实业将挤压我国产品的市场空间。金融危机促使发达国家对过去那种“去工业化”发展模式的反思，出现了“再工业化”和重归实体经济的发展趋势。“再工业化”不是回归传统工业部门，而是通过政府扶持，实现传统产业在新技术基础上的复兴，并加快发展绿色能源、生物医药、新材料、航空航天等新兴产业部门。我国既要增强在传统产业领域的国际竞争力，又要在新兴产业领域争取市场空间，因此存在明显的竞争压力②。

三是低碳经济限制了我国以煤炭为原料的产品出口。我国虽然没有参与京都议定书的量化减排，而是以一种主动采取节能减排的政策行动呼应全球的减排努力，但是随着国际碳价的最终形成，我国几乎无法避免不受影响。我国被动承担强制减排义务的可能性来自主要贸易伙伴的减排制度安排。2009年6月26日，美国众议院通过了《2009年清洁能源安全法案》，该法案要求2018年启动国际储备配额制度，要求进口商从没有承担国际减排义务的国家进口相关商品时，购买排放配额，这实际上是对进口产品加征边境调节税，变相要求其贸易伙伴承担强制减排的义务。欧盟在设计后京都时代的减排制度过程中，拟在没有达成全球减排协议的情形下，引进碳平均化体系。通过这些制度，欧美国家将碳价引进国际贸易，迫使其贸易伙伴支付进口边境调节关税。根据中国社科院的一项研究，以边境调节税10美元/吨碳当量计，我国八大能源密集部门的税负共计108.5亿美元（以2002年贸易为基准），占贸易额的1.28%。我国是世界煤炭储量最丰富的国家之一，煤炭是我国最便宜、最具竞争力的发电燃料，占我国发电燃料的75%，它是维持我国制成品在世界市场上价格竞争力的因素之一。但煤炭又是最不清洁的化石能源，煤炭的碳

① 陈双喜、潘海鹰：《后危机时代我国外贸发展面对的不稳定因素及对策选择》，《国际贸易》2010年第3期，第15—20页。

② 王一鸣：《调整和转型：后金融危机时期的中国经济发展》，《宏观经济研究》2009年第12期，第3—10页。

含量是天然气的两倍。2000—2006年,我国源自煤炭的二氧化碳排放量年均增长13.8%,比石油的二氧化碳排放量年均增速高一倍。目前,我国源自煤炭产生的二氧化碳占化石燃料产生的二氧化碳的82%①。从这个角度来看,我国减排的关键是煤炭的清洁化技术,一旦我国在国际气候变化体制下承诺量化减排义务,这种技术便是必不可少的。而煤炭的清洁化必然会提高煤炭作为世界上最廉价能源的使用成本,并有可能最终抬高我国出口产品的价格。

五是产能过剩影响我国出口产品产业结构的升级。全球范围内的消费疲软可能使制造业产能过剩在数年内都会一直保持较高的水平,影响制造业的投资,困扰产业结构的调整。2008年年底以来,随着一系列产业振兴规划的实施,我国不仅在钢铁、水泥、平板玻璃、电解铝、造船等传统产业领域出现了严重的产能过剩,而且在煤化工、多晶硅和风电设备等新兴产业领域也都出现了产能过剩的问题。我国制造业的对外依存度很高,而且我国的出口产品主要以制造业为主,在全球消费不能强劲复苏,进一步启动内需又面临一定的困难的情况下,如何能有效地淘汰落后产能,又能确实推动产业结构升级,将成为当前我国产业结构调整的难点。

六是人民币升值殃及我国的外向型企业。随着人民币相对于美元、欧元、日元以及其他国家货币的升值,将会严重影响我国对这些国家和地区的出口,从而打击我国沿海地区的外向型企业,打击我国最有活力的民营企业,打击我国的就业。此外,人民币大幅快速的升值还会使外向型企业尤其是劳动密集型企业承担过多调整成本。汇率变化的影响主要就在于贸易部门,人民币的升值不仅对减缓通胀压力的效果甚微,而且它会导致出口企业利润下降甚至倒闭。由于占到我国出口约56%多的外商直接投资企业大都要先进口原料和中间产品,出口制成品和半制成品,因此汇率上升对其影响不大。但是中资企业,尤其是中小型以劳动密集型出口产品为主的企业受到人民币升值的影响程度很大,人民币一旦升值过快,将导致严重的失业,甚至还有可能导致社会问题。

① 赵玉敏:《低碳经济的约束、挑战和机遇》,《国际贸易》2009年第11期,第31—36页。

2. 全球产业结构调整与国际分工趋势对我国利用外资的影响

(1)中国利用外资面临的机遇。

一是流入发达国家的投资减少为我国吸引外资提供了机遇。国际金融危机对发达国家的投资环境造成了较大的冲击,2009年,流入发达经济体的外商直接投资降幅高达40.6%。相反,金融危机让受到冲击较小的中国得到了前所未有的关注度,包括政治稳定、国内市场潜力巨大、基础设施和各项产业较为完备、劳动成本低廉等投资环境优势更加明显。UNCTAD发布的《2009年世界投资报告:跨国公司、农业生产和发展》对全球200多家大型跨国公司进行的最新调查结果显示,全球大公司大多把中国、印度、美国、俄罗斯和巴西看做是最有投资吸引力的国家①。美国商会2009年12月公布的报告显示,2010年中国仍是美国公司投资首选地,受访企业中有81%在华盈利,盈利水平高于或等于全球利润。

二是金融危机后我国经济的率先恢复为跨国公司在华投资的增加提供了利好条件。相对于欧、美、日等市场,我国经济已在全球经济中率先复苏。2008年中国经济仍保持了平稳较快增长,9%的增长速度在全世界一枝独秀,对世界经济增长的贡献率超过20%。从2009年起,众多发达国家已经开始摆脱金融危机困扰,对外投资能力逐步恢复。自2009年8月起,我国实际利用外商直接投资额开始回升,2009年12月外商直接投资连续5个月出现增长,实际利用外资121.4亿美元,较上年同期增长103.01%②。由此可见,在金融危机的冲击下,尽管部分外资企业因受危机冲击采取了财务紧缩或战略减持、套现甚至撤资等策略,但是随着我国经济的恢复,我国利用外资额将不断增加。

三是经济格局的多元化为我国利用外资来源多元化提供了机遇。对我国内地投资前十位的国家或地区(以实际投入外资金额计)依次为:中国香港、中国台湾省、日本、新加坡、美国、韩国、英国、德国、澳门和加拿大,前十位国家和地区实际投入外资金额占我国实际使用外资额的88.3%。当年,我国利用

---

① 联合国贸易和发展会议:《2009年世界投资报告:跨国公司、农业生产和发展》,2009年,第12页。

② 车轶轲:《国际金融危机下中国利用外资额变化的原因及对策》,《江西科技师范学院学报》2010年第2期,第80—83页。

外投资发生了一些变化:美国对华投资同比下降14.67%;亚洲十国/地区(中国香港、澳门、台湾省和日本、菲律宾、泰国、马来西亚、新加坡、印尼、韩国)对华投资同比增长1.69%;欧盟27国对华投资同比下降8.76%①。

随着新兴经济体和发展中国家的兴起,这些国家经济发展势头强劲,必将推动世界经济的多元化格局。而经济的多元化将为我国改变外资来源集中于几个特定国家或地区,推动利用外资来源的多元化提供契机。

四是金融危机对国内制造业的冲击为我国优化利用外资结构提供难得的历史机遇。一方面,这次国际金融危机对国内制造业,特别是劳动密集型、技术含量较低的纯加工型或初级生产企业冲击较大,形成了一种"倒逼机制",迫使企业转型升级。另一方面,在当前经济发展中,伴随着消费者需求的升级,现代制造业和生产性服务业之间的融合发展日益深入。这种融合更多地表现为服务业向制造业的渗透,特别是生产性服务业直接服务于制造业的生产流程。

发达国家在制造业升级改造过程中将产生大量服务外包需求,产品的研究和开发、国际营销、物流等环节向外转移步伐明显加快,这将给我国服务业的发展带来商机,从而为我国优化外商投资结构,提高外资利用的质量和水平,优化利用外资结构提供难得的历史机遇。

五是低碳经济为我国改造外商投资企业中的高污染企业提供了契机。近年来,一些跨国公司陆续将一些消耗能源高、污染环境大的生产企业或流水线转移到我国,对我国生态环境造成了严重破坏。而一些地方政府为了招商引资,也不惜降低环保要求,迁就、庇护那些高污染企业。有些地方政府甚至对外资企业的违法排污行为视而不见,不敢依法监管和处罚,害怕管严了会吓跑外商,在客观上纵容了某些外资企业的非法排污行为。在全球提倡低碳经济的大环境下,我国可利用这一契机,制定切实可行的政策,抓紧改造已有的能耗高、物耗高、污染大的企业和产业,尽快完善相关法律法规,加强对外资企业的监管。

(2)中国利用外资面临的挑战。

---

① 《2009年1—12月全国吸收外商直接投资情况》,http://www.mofcom.gov.cn/aarticle/tongjiziliao/v/201002/20100206785656.html,2010年1月15日。

一是其他发展中国家在全球经济格局中地位的明显提高使我国利用外资面临新压力。近年来，新兴经济体迅速崛起，经济表现尤为突出。2009 年，受金融危机的影响，新兴经济体和发展中国家吸引的外国直接投资减少 23.3%，约为 5920 亿美元。但流入发达国家的外国直接投资降幅高达 40.6%，投资金额降至 6060 亿美元。金融危机发生后，中国、印度、俄罗斯、巴西、墨西哥、南非等新兴经济体和发展中国家在全球经济格局中的地位和影响逐步上升。新兴经济体和发展中国家的整体崛起既有利于我国拓展利用外资空间，但同时也扩大了我国吸引外资的竞争范围，加大了我国的国际竞争压力。

二是我国投资成本的上升增大了外商投资企业在华撤资的可能性。面对生产材料供给市场价格上扬，企业生产成本大幅攀升。对原材料供给来源于国内市场的企业来说，我国国内市场略微存在通货膨胀，物价不断走高，原材料成本上升，利润下降；对原材料供给来源于国际市场的企业来说，在金融危机的影响下，能源短缺的趋势日益明显，原油价格飘忽不定，高昂的运输费用大大增加了生产成本。当成本攀升至生产无利可图之时，这些企业不得不选择原材料价格低廉的地区，将资本转移他国。更值得注意的是，随着我国社会和经济的发展，劳动力素质不断提高，使得国内劳动力资源不再低廉。我国劳动力成本的上升使劳动密集型企业开始将投资转向东南亚以及其他劳动力资源相对廉价的地区。

三是贸易保护主义的兴起使在华外商投资企业开始转移到别国以规避贸易壁垒。在国际金融危机、人民币升值的影响下，我国的进出口贸易特别是出口贸易受到更多贸易壁垒和贸易保护主义的影响。不少发达国家为了提高本国劳动力就业率、恢复经济，他们会通过反倾销、反补贴、技术性贸易壁垒等贸易保护措施，提高国外商品进入的门槛，保护本国经济。面对众多贸易壁垒，在华外商投资企业逐步将部分产能转移到国外，充分利用当地资源，直接投资建厂，这样做不仅可以扩大市场规模、提高销售价格，而且能够有效规避多种贸易壁垒。这种发展趋势必将给我国增加利用外资额带来难度和挑战。

四是以制造业为主的产业结构阻碍了我国利用外资结构升级和提高我国利用外资质量。目前，我国利用外资的产业结构不够合理，主要表现在第二产业，特别是制造业的利用外资比重过高。2007 年，制造业利用外资 409 亿美元,占当年我国利用外资总额的57.31%,第三产业的外商投资比重偏低,占当年我国利用外资总额的37.95%①,而第一产业的外商投资则更少。与之相反,国际产业结构调整呈现出三个显著特征:①传统初级产品比重下降,工业制成品比重持续上升。②高新技术产品出口高速增长。③现代服务贸易迅猛发展。鉴于我国的产业结构仍然以初级、低端产品制造业为主,优化外资结构必将遇到一些问题,如承接国际高端产业转移难度加大等。因此,加快产业结构升级已成为提高我国利用外资质量需要完成的重要任务。

五是全球环境的被破坏与低碳经济的提出增加了我国部分外资企业撤资的可能性。随着全球环境的恶化,低碳经济的兴起,各国开始注重保护环境与节约资源,倡导绿色GDP,对产品清洁技术的要求使得"高耗能、高污染、资源性"产业的成本压力不断上升,资源浪费与环境破坏不能再换得高额利润,而这些产业又是当前跨国公司在中国的主要投资领域。在政策导向与经济成本的双重压力下,这些外资企业将走上减资和撤资的道路。

3. 全球产业结构调整与国际分工趋势对我国对外投资的影响

(1)全球产业结构调整与国际分工对我国对外投资的积极影响。

一是发达国家对劳动密集型产业的跨国转移客观上提升了我国在劳动密集型产业上的比较优势,从而为该产业的对外投资和国际扩张奠定了基础。从20世纪六七十年代开始,发达国家将发展的重心放在技术密集型产业上,并将劳动力密集型产业向发展中国家转移。在此过程中,我国政府抓住机遇,依靠庞大而廉价的劳动力群体承接了大部分发达国家所转移的产业,劳动密集型产业在中国迅速发展起来。到20世纪90年代,中国成了"世界工厂"。发达国家对外转移劳动密集型产业推动了我国产业的发展。首先,在产业转移的过程中,发达国家逐步退出了劳动密集型产业,减少了与发展中国家在劳动密集型产业中的竞争,客观上为我国和其他发展中国家的劳动密集型产业提供了生存空间。其次,市场的扩展促进了我国劳动密集型企业的规模化,增强了产品在国际市场的价格竞争力。第三,我国在承接发达国家

---

① 《外资影响下的中国产业结构》,http://www.yeyagg.cn/2008/7—13/1438075621.html,2008年7月14日。

转移过来的劳动密集型产业过程中所积累的经验，对其他发展中国家具有重要的借鉴意义。上述这些因素都有助于我国劳动密集型产业的国际化。

二是发达国家跨国公司基于全球价值链的产业内分工驱动了国际服务业向我国转移，促进了我国服务业的发展，为服务业的国际扩张集聚了力量。经济全球化特别是作为高端服务业重要组成部分的服务外包业快速发展，为提升我国在国际分工中的地位，推动我国服务业的发展提供了机会。由于国际服务外包是国际分工向服务业的延伸与深化，与制造业加工贸易相比，承接服务外包是参与产业链上的更高层次的环节，它所创造的附加值更高。目前，随着我国基础设施建设日益完善、劳动力素质不断提高，跨国公司纷纷将服务业向我国转移，而服务业是我国利用外资的新兴行业。例如，2002 年以后，较多跨国公司都选择在我国设立研发中心，包括大众、IBM、微软、拜耳、杜邦、惠普、爱立信、通用电气、摩托罗拉等，目前跨国公司在华设立各类研发中心 1400 多家。跨国公司在我国服务业中的直接投资主要集中在电信、房地产、交通运输、金融保险、批发零售贸易等行业，并且多数行业招商引资的步伐普遍加快。我国服务业的快速发展为相关企业的对外投资和国际扩张积累了力量，我国银行业、电信业、交通运输业正是在这一背景下开始了国际化的征程。

三是发达国家跨国公司产品内国际分工所产生的技术与管理"溢出效应"有助于我国相应产业技术进步和管理效率的提高，为这些产业国际扩张奠定了基础。在产品内国际分工体系内，技术与管理的"溢出效应"主要通过三条途径实现[①]：①中间产品的引入所带来的市场竞争和技术示范。我国部分企业加入产品内国际分工体系，给国内其他企业带来了明显的市场竞争压力和技术示范效应。例如，在我国纺织服装企业参加国际分工的过程中，最早通常采取 OEM 方式，进入低端的劳动力密集型制造环节。由于这些公司生产的产品面向国际市场，因此，其品质要求非常高，这无疑会对当地其他企业产生示范效应和竞争压力，迫使这些企业将生产效率和产品质量提高到世界级水准。②产品内国际分工体系内的跨国公司对配套企业的订货要求与技术支持。我国企业一旦进入跨国公司主导的产品内国际分工体系，就必须在产品

① 张纪：《产品内国际分工：动因、机制与效应研究》，经济管理出版社 2009 年版，第 198—199 页。

质量和交货期上达到跨国公司的要求。由于跨国公司在技术、管理等方面与我国本土企业具有较大“梯度差”，跨国公司需要提供相应的技术支持，帮助我国企业达到相关产品质量要求，这样大大提高了国内配套企业的技术水平与产品质量，使其产品能够符合国际市场的要求。③产品内国际分工体系的内部人员流动扩散先进的技术与管理知识。技术与知识的扩散提升了我国企业的技术与管理能力，为这些企业的国际化奠定了基础。

四是国际产业转移和国际分工的发展推动了我国经济的发展，提升了我国的区域优势，促成了我国跨国公司的形成。根据邓宁的投资发展水平理论，随着一国经济的发展和人均收入水平的提高，该国作为产品和服务消费市场的地位不断增强，区位优势开始显现，一方面吸引越来越多的外国投资，另一方面推动了本国公司的发展和本国跨国公司的出现。在 20 世纪 80 年代，我国作为劳动力大国承接了发达国家转移过来的劳动密集型产业，吸引了跨国公司大量的投资，这些外商直接投资给我国带来了大量的资金和一定的技术和管理经验，促进了我国经济的高速发展。而经济的快速发展反过来吸引了更多的外商直接投资，形成了国内经济快速发展和吸引外商直接投资的良性循环。而国内经济的发展与市场需求的增长，为我国国内企业的发展创造了很大空间，提升了我国企业的国际竞争能力，推动了我国跨国公司的出现。

五是国际产业转移和国际分工的发展加速了我国经济的增长，推动了人民币汇率的调整和升值，降低了我国对外直接投资的相对成本。国际产业向我国和其他发展中国家转移，发达国家跨国公司对我国投资力度的加大，推动了我国经济的高速增长。这种经济的高速增长是在全球经济增长的不平衡下取得的，即我国的经济增长速度远远超过了世界上其他绝大多数国家，而且持续时间较长。经济的快速发展增强了人民币的币值，推动了人民币相对于其他国家货币汇率的调整和提升。与此同时，我国外贸出口大幅度增加，贸易盈余越积越多，这也增加了国际贸易对人民币的需求，推动人民币汇率的升值。而人民币相对其他国家货币的升值客观上意味着我国企业对外投资成本的下降（将人民币换算成其他国家货币时，相同数量的人民币可兑换到更多的他国货币），推动了我国对外投资的发展。

六是基于全球产业结构调整、产业转移与国际分工的中国经济、技术和产业发展，提高了我国的国际影响力，为我国对外投资提供了有利条件。改革开放30多年来，我国通过实施改革开放政策，出台措施吸引外资，承接国际产业转移，积极融入发达国家跨国公司的全球生产和价值链体系中，发展了我国的经济，提升了技术和管理水平，推动了我国劳动密集型产业以及部分资本和技术密集型产业的发展。我国GDP从1978年的3645亿元增长到2010年的40.1万亿元，年均增长9.9%，规模位居世界第2位；进出口贸易总额由第29位跃升到第2位，占世界贸易总额的比重由0.8%提高到9.7%；人均国民总收入由190美元提高到4270美元，由低收入国家进入世界中等偏下收入国家行列。我国国力日益强盛，国际影响力不断提升，一方面有助于树立我国的国际形象，另一方面为我国企业"走出去"提供了坚强后盾。

七是国际产业转移结构的调整和梯度推进促进了我国产业结构的升级，客观上要求我们淘汰落后型产业和实施进一步的国际转移。国际产业转移所遵循的一般路径是劳动力密集型产业—资源密集型产业—资本密集型产业—技术密集型产业的梯度推进，这种产业的调整客观上促进了东道国产业结构的升级。目前，我国承接国际产业转移的重点由劳动密集型加工业逐步转变为资本与技术密集型加工业。近年来，跨国公司在我国直接投资的行业主要集中在电子和通讯设备制造业、化学原料和化学品制造业、普通机械制造业等，尤其是电子和通讯设备制造业的增幅更为突出，这充分反映出我国承接国际产业转移的行业已发生明显变化。这种产业转移的变化要求我国将过去所承接的劳动密集型产业进一步向更不发达的国家实施转移，从而推动了我国对外直接投资的发展。

(2)金融危机和全球经济环境变化给我国对外投资带来的机遇。

一是国际金融危机后国际货币体系的调整和变革影响人民币的币值和地位，给我国对外投资带来新的机遇。首先，金融危机重创美国经济和金融体系，美元在国际贸易结算、金融市场交易和各国外汇储备中所占比重有可能因此降低，削弱了美元作为主要国际货币的地位。其次，金融危机后，国际社会特别是新兴经济体和发展中国家强烈要求改革以美元为核心的现行国际货币体系，联合国等国际组织赞同以特别提款权为基础建立超主权国际储备货币的主张。国际货币体系朝着弱化美元地位的方向发展。在日元、美元和欧元先后遭遇贬值危机后，人民币的币值日益坚挺，这为我国企业向货币币值疲软的国家投资提供了低成本扩张的机遇。

二是金融危机给我国企业“走出去”收购国外优质企业和知名品牌带来难得的历史性机遇①。国际金融危机和全球经济衰退导致发达国家跨国公司陷入困境，盈利下降甚至亏损破产和融资困难使得许多著名跨国公司不得不收缩对外投资，甚至被迫出售濒临破产的企业和品牌，这不仅在客观上为我国企业“走出去”扩大对外投资提供了发展空间，而且为我国企业通过并购方式获取优质资产、先进技术和设备以及知名品牌带来难得的历史性机遇。例如，早期发生的北汽收购“萨博”和吉利收购“沃尔沃”等汽车行业收购案，表明我国的民营和国有汽车企业充分利用金融危机带来的机遇，试图通过跨国并购方式整合资源、技术和品牌，以提升自身的国际竞争力。

三是国际金融危机为我国企业“走出去”开展能源资源领域的合作开发提供了难得的历史性机遇②。金融危机后，国际市场需求减弱，能源资源价格大幅回落，国际跨国公司被迫收缩投资，为我国企业“走出去”扩大海外能源资源合作开发，建立稳定可靠的海外能源资源供应基地提供了难得的历史性机遇。我国企业抓住时机，有组织、有计划地扩大海外能源资源互利合作开发，在石油勘探开发、天然气管道建设、铁矿石和铝土矿开发等领域，通过股权收购、共同开发、合作建设等方式建设了一大批重要项目，有效地增强了我国能源资源供应安全，为建立长期稳定可靠的海外能源资源供应基地和供应渠道奠定了坚实基础。

四是国际金融危机为我国银行金融机构“走出去”开展跨国经营带来新的机遇③。金融危机重创发达国家金融体系，大批金融机构资产损失巨大，经营陷入困境，业务量明显萎缩，这为我国的银行金融机构“走出去”开展跨国经营带来新的机遇。我国的银行、保险公司等金融机构正处于快速发展期，在金融危机过程中遭受的损失相对有限，特别是大型上市银行和保险公司的市

① 毕吉耀:《国际金融危机给我国扩大对外投资带来新机遇》,《中国金融》2010 年第 3 期，第 14--16 页。

② 毕吉耀:《国际金融危机给我国扩大对外投资带来新机遇》,《中国金融》2010 年第 3 期，第 14—16 页。

③ 毕吉耀:《国际金融危机给我国扩大对外投资带来新机遇》,《中国金融》2010 年第 3 期，第 14—16 页。

值和实力相对提高，在国际上具有相当的规模和竞争力，正可利用金融危机带来的机遇大力拓展海外业务，加快国际化进程，尽早成长为国际金融领域有影响力的跨国金融机构，既可提升我国在国际金融领域的话语权，也可为我国的制造业企业“走出去”提供更加便捷的金融保险服务。

五是国际金融危机的蔓延为我国企业抢夺人才资源，提升跨国经营能力提供了机遇。金融危机的发生和蔓延，使华尔街减少数万个就业机会，大量的金融、技术和管理人才面临重新就业，这为我国对外投资实施“人才采购”，提高企业技术和管理水平提供了难得的机会。特别是在金融危机以后，过去大量滞留在海外的中国留学生开始选择回国或为中国企业效力，这些人才既懂中国文化和了解中国商业环境，同时又了解国际市场规则，掌握东道国或国际通行语言，而且还具有深厚的专业背景和知识。这些人才加盟我国企业，一方面增强了我国企业的技术研发能力、管理水平和国际化意识，另一方面为我国企业的跨国经营起到了桥梁和纽带的作用。

六是金融危机导致我国产品出口大幅度减少，产能过剩问题提前爆发，驱使相关产业提前国际化。金融危机以后，全球范围内的消费疲软促使制造业产能过剩在近几年仍会维持在较高的水平。2008 年年底以来，随着一系列产业振兴规划的实施，我国不仅在钢铁、水泥、平板玻璃等传统产业领域出现了严重的产能过剩，而且在煤化工、多晶硅和风电设备等新兴产业领域也出现了产能过剩，于是向其他一些发展中国家转移就成为我国对外投资的主要途径。巴西、印度、泰国等国家就成为我国对外投资的重要场所。这些新兴经济体和发展中国家具有较低的关税和较少的贸易壁垒，并且有充足的劳动力资源，是我国转移国内产能过剩的很好选择①。

七是金融危机引发的经济衰退导致世界主要国家通过降低利率来刺激经济恢复，这为我国对外投资提供了便利②。以美国为例，金融危机爆发前的 2007 年年中，美国联邦基金利率高达 5.26%，随后为了减缓经济衰退，美联储在之后两年内连续多次降息，到 2008 年年底达到了 0.09% 的极低水平。2009 年年初，联邦基金利率稍有上升至 0.23%，同时美联储表示将利率维持

① 钟海涛：《东盟 FTA 战略的新进展及影响》，《国际贸易》2010 年第 1 期，第 48 页。

② 仲鑫、马光明：《金融危机对近期中国对外直接投资的影响》，《国际贸易》2009 年第 7 期，第 56—59 页。

在0—0.25%的“目标区间”内以促进经济恢复；而一向重视通货膨胀、严格控制货币政策的欧盟央行自2008年10月以来也进行了四次降息，到2009年1月中旬降至2.0%，累计降息2.25个百分点；就中国本身而言，仅仅在2008年一年中，我国央行将对金融机构一年期贷款利率由年初的4.68%降至3.33%，将再贴现率由4.32%降至1.80%。世界范围内的降息使得对外直接投资和融资的成本大幅降低，对我国企业对外直接投资起到一定程度的促进作用。

八是受金融危机影响较大的国家为刺激经济采取的扩张基建政策为我国扩大对外直接投资提供了机会①。如同21世纪初世界性经济衰退时的情况一样，为了刺激受金融危机影响而衰退的经济，各主要国家政府应用“相机抉择”原理采取了一系列经济政策（不仅包括降低利率、扩张信贷等货币政策，同时还包括减税、增加政府开支等扩张财政政策）来恢复经济，其中就包括启动大规模基础建设投资以拉动经济恢复。例如刚上任不久的美国总统奥巴马就推出经济振兴方案，承诺政府将进行大规模基础建设投资、更新联邦建筑物的老旧暖气系统、为教室购买新计算机等5项措施，创造至少250万个工作岗位，这是近50年来美国最大的基础设施建设项目。时任法国总理菲永也于2009年2月初宣布了法国经济振兴方案的具体实施计划，由政府投资265亿欧元用于上千个项目发展，重点投资交通、能源和住房建设等领域以刺激经济增长，应对金融危机。其他受金融危机影响的发达国家和发展中国家政府也相继出台了类似政策，产生了交通运输、仓储、建筑等行业的产品需求。而交通运输、仓储、建筑等基础设施类产业是我国目前对外直接投资的主要项目，对外直接投资企业可以抓住这些机会，扩大在基础设施建设方面的投资力度。当然，前提是我国企业必须在价格和质量两个方面在基建服务提供者中处于优势地位。

九是发达国家在某些领域放宽对我国企业投资限制使得我国对外并购的外部环境得以趋缓。金融危机发生以后，美国“通用汽车”股价为1929年以来最低，必和必拓、力拓两大矿业巨头股价分别下跌35%和79%，存在低价收

① 仲鑫、马光明：《金融危机对近期中国对外直接投资的影响》，《国际贸易》2009年第7期，第56—59页。

购优质资产的难得机遇。国外资产价格下跌,为我国企业投资资源能源、收购国际品牌、建立国际营销渠道和网络提供了现实可能。例如,我国纺织业产业链完整,生存能力强,"走出去"有可能在未来产业竞争中取得更大的优势①。

十是金融危机后国际贸易保护主义抬头,我国成为全球反倾销、反补贴调查的重点,客观上要求我国企业转变对外贸易方式,通过对外投资绕过贸易壁垒。我国对外贸易额约占全球总额的8%,却遭受了全球33%的反倾销调查。2008年,全球21个国家对我国发起贸易救济调查97起,涉案金额约62亿美元,比2007年高16亿美元,同比增长15%和35%。2008年,我国遭受美国337调查11起,WTO争端解决案件3起。2009年1—8月,我国已遭遇了来自17个国家的"两反两保"调查79起,涉案金额达100.35亿美元,同比分别增长16.2%和121.2%。总之,金融危机后,产品质量、食品安全、知识产权等成为有关国家"妖魔"中国产品、限制进口我国产品的重要理由;钢铁、纺织、机械、造船等行业贸易摩擦持续高发,贸易摩擦的数量多,涉案金额大,涉及领域广,危害重②。贸易保护主义的抬头要求我国企业更多地采取对外投资的方式开拓国际市场,规避贸易壁垒问题。

(3)新形势下我国对外投资发展面临的挑战。

一是国际分工的深化破坏了我国产业结构的独立性和完整性,给我国企业进行价值链的全球布局带来挑战。在经济全球化和国际分工日趋深化的条件下,世界各国都已经成为国际产业大循环中的一个环节、一个链条或一个部件。国内产业结构已经不再是一个独立的经济体系,而是变成国际分工或经济全球化的一个部分。世界各国特别是发展中国家可以发展和能够发展的,只能是其具有资源或要素比较优势和市场竞争优势的特定产业、特定产品,甚至特定产业链条中的一环。当一个国家的产业浓缩成一个特定的产品甚至一个特定产品的某个生产环节时,将严重限制这个国家产业或企业的对外扩张,不利于产业链的全球布局。因此,随着我国日趋融入由发达国家和跨国公司主导的经济全球化和国际分工体系,我国产业结构的独立性和完整性势必遭

① 陈霖、龚雄军、李勇:《当前全球金融危机和贸易保护主义的影响和应对》,《国际贸易》2009年第6期,第31—37页。

② 李智:《对全球贸易保护升温下我国贸易救济工作的思考》,《国际贸易》2009年第3期,第5页。

到某种程度的破坏，我国跨国公司要想在全球范围内整合资源，战略性地布局价值链已经变得非常困难，从而大大制约了我国跨国公司的发展和对外投资的发展。

二是随着国际分工的发展和深化，我国企业被动融入发达国家跨国公司主导的全球价值链，越来越丧失了“走出去”的动力与经验。在发达国家跨国公司全球产业链布局的过程中，我国企业被动地嵌入这些跨国公司的产业链。这种嵌入是我国企业在国内而不是在“走出去”的过程中形成的，被嵌入的企业并没有获得国际化的相关经验。而且，随着这种嵌入的深入，我国企业逐步失去了“自我”，完全演变成发达国家跨国公司的一部分。除了通过为跨国公司做配套或成为原始设备生产商（OEM）赚取微薄的利润之外，我国企业越来越失去国际化的动力和能力，也不具备国际化的经验。

三是因经济全球化带来的激烈国内市场竞争不利于我国跨国公司的形成和发展。因全球产业转移和国际分工深化导致的经济全球化，促成了各国市场的开放。市场的过度开放又导致国内市场国际化，新兴经济体和发展中国家的企业在本土市场就遭遇跨国公司的强有力竞争。而过度的竞争将扼杀新兴经济体和发展中国家的产业和企业，不利于这些国家企业的成长壮大。随着国际产业转移的加快及我国市场开放力度的加大，越来越多的跨国公司进入我国市场，占据越来越大的市场份额，并从我国获得了大量的超额利润。与此同时，我国企业原有的市场空间却因跨国公司的进入而被极大地压缩，其成长壮大的机会和空间随之越来越小，甚至在某些外资企业已形成垄断性优势的行业中几乎无生存空间，其结果是延缓和阻碍了我国跨国公司的出现。

四是跨国公司对我国人才资源的抢夺和对我国技术的“遏制”政策妨碍我国企业自主创新能力的增强，不利于我国企业形成对外投资的“比较优势”。发展中国家跨国公司“比较优势”的形成是在对发达国家先进技术进行引进并加以改造使之适合“小规模制造”和使用当地生产资源而形成的。在经济全球化和国际分工日趋深化的条件下，跨国公司越来越多地在我国投资生产甚至直接设立研发机构。但是，跨国公司在我国投资生产和设立研发机构的目的和根本出发点，不是要帮助我国提升技术水平，而是要利用我国廉价生产要素和优质资源，占领我国庞大且潜力无限的市场，同时又有效地限制我国本土企业发展，最大限度地谋求其企业利益。在这种策略方针指导下，跨国公司在华进行投资和产业转移过程中，牢牢掌握着核心技术和产业链的高端环节，而把次要的、辅助的和低端的产业或产业链转移至我国，使我国本土企业越来越广泛地纳入由其主导的国际分工体系中。在这种分工格局下，我国企业主要从事简单的、技术含量较低的简单生产和服务，获取十分微薄的利润。长此以往，我国本土企业既没有自主创新的强烈意愿，更没有进行自主创新的条件和实力①。自主创新能力的遏制和削弱，不利于形成我国企业对外投资的"比较优势"。

五是发达国家跨国公司加大了对我国龙头企业或优势企业的并购力度，遏制我国跨国公司的形成。随着我国国内市场的日益开放，发达国家跨国公司在我国若干行业开展了并购活动，直接将我国的龙头企业和优势企业并入跨国公司门下。例如，美国约翰迪尔收购国内唯一能生产大型联合收割机的佳木斯联合收割机厂，新加坡威斯特收购国内最大的电机生产商大连电机厂，英国伯顿电机集团收购国内起重冶金电机的龙头企业大连第二电机厂，德国博世收购国内最大的柴油燃油喷射系统厂商无锡威孚，国际著名财团凯雷并购徐工机械等，它们的并购目的都是为了取得我国企业的核心技术、品牌和营销渠道等优质资产，以达到垄断我国市场和遏制我国企业发展的最终目的。跨国公司对我国龙头企业和优势企业的并购，使得我国在短期内都难以形成与之相抗衡的商业力量，不利于我国跨国公司的形成。

六是基于国际分工发展形成的发达国家跨国公司在全球范围内产业布局的领先优势将对我国企业的全球产业布局形成障碍。目前，国际产业转移和国际分工的发展都是在发达国家跨国公司主导下出现的，是发达国家跨国公司在全球范围内优化资源配置以提高效率与降低成本的考虑。从20世纪50年代开始，发达国家跨国公司就开始了国际化，到现在已经过去了半个多世纪。在此期间，发达国家跨国公司的全球产业链布局已经基本完成。在这种情况下，新兴经济体和发展中国家的跨国公司要想在全球范围内整合资源，就必然面临着发达国家跨国公司早已确立的高进入门槛，同时还面临着发达国家跨国公司的激烈竞争。如果不能避开与发达国家跨国公司的正面交锋，新

① 周维富：《经济全球化发展新态势对我国产业结构优化升级产生的影响》，《国际贸易》2010年第2期，第23—30页。

兴经济体和发展中国家的跨国公司可能遭遇国际化的危机。我国的跨国公司主要是在20世纪90年代之后出现的，无论从跨国经营能力还是跨国经营经验方面，都与发达国家跨国公司有不小的差距。因此，我国跨国公司要想在全球范围内进行资源整合和产业链布局，将不得不面对发达国家跨国公司的竞争，这给我国企业的国际化形成挑战。

七是金融危机给我国企业的对外投资带来挑战。尽管伴随金融危机出现的国外资产大幅度贬值给我国企业的跨国购并带来了巨大机会，但同时也给我国企业对外投资带来了外需回落、财务紧张等多重困难。随着金融危机的蔓延，各种问题还在不断暴露，海外投资交易风险加大，包括金融危机导致企业违约率提高和资金链断裂等，都为企业带来意想不到的隐患。特别是在当前需求下降、价格低迷条件下，我国企业盈利能力难以达到预期目标。如果母公司注资能力不强，必将背负沉重负担，甚至存在被拖垮的可能①。此外，为了应对金融危机，各国一致采取宽松的货币政策，注入大量资金。例如，美联储在2009年3月宣布收购3000亿美元的长期美国国债；日本、德国和英国的央行也都购入债券，增加金融市场的供应；2009年，欧洲央行的基础货币同比增加22.9%。大规模信贷推高的通胀预期和资产价格的攀升，将不利于我国企业的对外投资。

4. 全球产业结构调整与国际分工趋势对我国服务贸易的影响

(1)全球服务贸易发展趋势。

一是金融危机背景下全球服务贸易呈现衰退局面。金融危机影响国际贸易的渠道主要有两种：一是危机直接导致贸易融资环境的恶化，贸易融资难度加大、规模收缩，贸易贷款的结算出现延滞；二是金融危机导致金融资产大幅度缩水，财富急剧减少，从而引起投资和消费的锐减，进而使包括服务在内的进口需求下降。服务业受金融危机的影响要比其他行业更直接，因为金融本身就是服务业，而且服务贸易从本质上来看也十分依赖于实体经济的运行状况。投资和消费需求的下降在影响货物贸易出口的同时，也会直接影响对服

① 王霞、陈文敬：《全球对外直接投资走势及我国的对策》，《国际贸易》2009年第5期，第51—54页。

务的需求。据WTO统计,2008年全球服务贸易的出口额为3.73万亿美元,比2007年的3.26万亿美元只增长了11%,而2007年比2006年增长了19%①。

二是经济全球化已经进入服务经济全球化时期。一方面,服务业逐渐成为发达国家经济增长的重要引擎。服务业在发达国家GDP中已经占据了75%以上的份额,少数接近80%,服务业占GDP的比重每年都以2%—5%的速度增长,而且很多就业机会都源自服务业。这说明发达国家的经济重心已向服务业偏移,服务业在其经济增长和就业增加中所占的比重越来越大②。可以说,服务经济已成为国家核心竞争优势,是决定各国国际竞争力的关键。另一方面,经济全球化已经进入服务经济全球化的发展时期。这反映在以下七个方面:一是全球对外投资主要转向服务业;二是国家服务业发展向自主扩张型转变;三是国际跨国并购重心转向服务业;四是全球服务外包规模和范围不断扩大;五是服务贸易统计口径不断调整;六是服务贸易自由化不断向前推进;七是服务经济全球化是服务经济社会的必然延伸。

三是服务与制造不断融合发展,促使制造企业服务化。在当前经济发展中,伴随着消费者需求的升级,现代制造业和生产性服务业之间的融合发展日益深入。这种融合更多地表现为服务业向制造业的渗透,特别是生产性服务业直接服务于制造业的生产流程。很多企业依托制造业拓展生产性服务业,通过企业再造和并购重组等方式,从销售产品发展成为提供服务和成套解决方案,部分制造企业实现了向服务提供商的转型,也就是通常所说的"制造企业服务化"。制造企业服务化主要包含三种典型模式:一是依托制造业拓展生产性服务业。典型的代表是美国通用电气公司、惠普公司、思科等企业;二是从销售产品发展成为提供服务和成套解决方案。IBM公司是此领域的典型代表。第三种是从制造企业转型为服务提供商。此方面的典型代表是美国的耐克公司。

四是国际服务贸易的重心正从传统的劳动、资源密集型转向现代的知识

① 徐明棋:《全球金融危机对服务贸易的影响分析》,《国际贸易》2009年第10期,第26—32页。

② 上海市经济和信息化委员会、上海科学技术情报研究所:《2009世界服务业重点行业发展动态》,上海科学技术文献出版社2009年版,第12页。

密集型服务贸易。这一趋势呈现出5个特点[①]:①知识密集型服务贸易持续快速增长。近10年中,代表劳动密集型和资源密集型的运输服务和旅游服务的贸易额增长缓慢,而代表知识密集型服务的其他商业服务业则呈持续快速增长趋势,其进口额和出口额分别由1999年的5709亿美元和6143亿美元增长到2008年的15818亿美元和19114亿美元①。如今,知识密集型服务贸易已占世界服务贸易总出口额的一半以上;②知识密集型服务贸易呈现区域性不平衡,发达经济体占主导地位。欧盟占据了最大份额,在2007年占世界的一半以上;美国持续成为世界知识密集型服务贸易的第二大出口国。近年来,亚洲新兴经济体和发展中国家的知识密集型服务贸易发展较快,其中中国和印度最为突出;③国家服务外包成为扩大知识密集型服务贸易出口的重要途径。国际服务外包成为新一轮国际产业转移的重要方式,而知识密集型服务业是产业转移的重要领域。其中,承接服务外包最多的地区是亚洲,约占全球外包业务的45%,印度、墨西哥、东欧分别是亚洲、北美和欧洲的外包中心;④商业存在成为扩大知识密集型服务贸易规模的重要形式。知识密集型服务业往往与基础设施投资联系在一起,基础设施投资占全球FDI的比重从1990年的2%增加到2006年的近10%,这带动了与此相关的知识密集型服务贸易的增长,服务业和基础设施领域的跨国公司投资越来越显著;⑤跨国并购业务逐渐转向知识密集型服务业。20世纪90年代后期,大部分跨国并购业务在服务业。服务业跨国并购业务占全球FDI的比重从20世纪80年代后期的40%上升到20世纪90年代末的超过60%②。

(2)中国服务贸易发展现状。

一是金融危机使我国服务贸易增幅明显下降。2008年,我国服务贸易(按国际收支口径统计,不含政府服务)进出口总额为3044.5亿美元,比2007年增长了21.3%,但是增幅回落了9.6个百分点,其中服务贸易出口的增幅下降了12.7个百分点,进口增幅下降了6.6个百分点。出口增速下降幅度远远超过进口增长率下降幅度,这就必然会使我国服务贸易逆差规模进一步扩

① 王铁山:《知识密集型服务贸易的内涵、效应和发展趋势》,《国际贸易》2009年第6期,第19—24页。

② 王铁山:《知识密集型服务贸易的内涵、效应和发展趋势》,《国际贸易》2009年第6期,第19—24页。

大,2008 年我国服务贸易逆差达到 115.6 亿美元,比 2007 年增长了 51.9%,是自 1997 年以来逆差最大的一年①。服务贸易中受金融危机影响较大的是一些传统的服务贸易,尤其是其出口受到很大的冲击,而与传统的服务贸易相比,以保险、计算机和信息服务为代表的高附加值的现代服务贸易行业受影响相对较小。我国的服务业外包业同样受到了金融危机的不利影响,受影响最大的多数是外向型、从事离岸外包的企业。

二是服务贸易参与国际化程度较低,但参与服务全球化潜力巨大。根据 1983—2007 年的数据计算得到,我国服务贸易全球化指数的平均值仅为 0.31,而服务业外商投资全球化指数均值达 1.06②。前一个数据说明,相对于服务业在我国经济中的比重,服务贸易在我国贸易总额中的比重偏低。后一个数据表明,服务业外商直接投资占我国利用外资总额的比重与服务业占我国 GDP 的比重大体相当。考虑到我国服务业占 GDP 的比重低于国际平均水平,虽然服务业外商投资全球化指数略大于 1,但是并不能得出我国外商投资全球化程度已经很高的结论。从上述指标不难看出,我国服务贸易参与国际化的程度非常低,大大低于服务外商投资全球化指数,但这也揭示出我国服务贸易参与服务全球化存在很大的潜力。此外,在经济全球化背景下产生的新一轮社会分工——服务外包在我国发展势态良好。截至 2009 年 6 月,我国服务外包企业共 6673 家,累计承接服务外包合同执行金额 142.4 亿美元(其中国际外包服务占 94.9%)。其中 2009 年上半年,全国新增服务外包企业 1406 家,新增就业人员 29.7 万人,承接服务外包合同执行金额 32.9 亿美元(其中国际服务外包占 77.8%),同比增长 42.4%③。

三是以制造业为主的出口结构升级缓慢制约了服务贸易竞争力的提升。服务贸易和货物贸易存在相互支撑的关系,前者为后者升级和转型创造条件,后者为前者的发展创造需求空间。20 世纪 80 年代以来,占我国货物贸易一

---

① 姚战旗:《服务全球化条件下中国服务业的竞争力:问题和对策》,《国际贸易》2009 年第 4 期,第 10—14 页。

② 姚战旗:《服务全球化条件下中国服务业的竞争力:问题与对策》,《国际贸易》2009 年第 4 期,第 10—14 页。

③ 《金融危机下,服务外包突围》,http://tradeinservice.mofcom.gov.cn/local/2009-08-17/76348.shtml,2009 年 8 月 17 日。

半以上的加工贸易主要是由外商投资企业主导,具有明显的"两头在外"的特点,即一头是研发、设计,另一头是销售、服务,这两头都是由跨国公司在国外完成,只有中间加工生产在国内进行。由于加工贸易与国内服务业关联度很低,因此,它对服务产业以及对服务贸易(包括出口和进口)的带动作用非常有限。

四是知识密集型服务贸易对我国知识密集型服务贸易发展产生了影响。这主要体现在以下三个方面[①]:①知识密集型服务贸易增长速度加快,但贸易逆差持续扩大。我国知识密集型服务贸易出口额从1999年的96.5亿美元增加到了2006年的364.6亿美元,增长277.9%;进口额由1999年的122.0亿美元增加到2006年的416.4亿美元,增长241.2%。但知识密集型服务贸易一直处于逆差状态,并且在不断扩大,由1999年的25.5亿美元扩大到2006年的51.8亿美元;②结构逐步改善,但仍不合理。我国知识密集型服务贸易出口在1999年主要集中在通讯服务、建筑服务和其他商业服务,2006年主要集中在建筑服务、计算机和信息服务、其他商业服务。计算机和信息服务、版税和特许费、个人文化娱乐服务等新兴服务的出口额特别明显,但所占份额较小;③整体竞争力低,行业发展不均衡。我国服务贸易存在的问题是:知识密集型服务人才缺乏;克服贸易障碍能力低;服务管理滞后;法律和行政管制不健全;创新保护和创新资金缺失等。

五是服务贸易结构不平衡,差额逐年扩大。除1984年以外,我国服务贸易在1982—1991年期间,均保持顺差。但是在1992年以后,我国服务贸易一直处于逆差状态,并且逆差逐年扩大,2004的逆差最大,当年服务贸易逆差额为803亿元人民币。近年来服务贸易逆差有所减少,但逆差绝对额仍较大,2007年服务贸易逆差额达到630亿元人民币[②]。从部门结构来看,传统服务业中旅游和其他商业服务贸易顺差的规模逐年扩大,这两项构成我国服务贸易顺差的主要来源。运输部门不仅是我国服务贸易逆差最大的部门,而且逆差的规模还在不断扩大。主要新兴服务部门贸易差额结构差异较大,专有权

① 王铁山:《知识密集型服务贸易的内涵、效应和发展趋势》,《国际贸易》2009年第6期,第19—24页。

② 姚战旗:《服务全球化条件下中国服务业的竞争力:问题和对策》,《国际贸易》2009年第4期,第10—14页。

利使用费和特许费、保险服务、咨询服务、电影音像每年逆差总和高达150多亿美元。其他新兴服务部门如计算机和信息服务、金融、广告宣传等贸易差额变化不明显，且规模相对很小。

(3)中国服务贸易发展面临的机遇。

我国有劳动力资源丰富、劳动力素质不断提高、历史文化悠久等传统优势。我国深化发展服务贸易要在把握世界经济整体趋势的前提下，将本国的传统优势与国际分工有机地联系在一起，形成中国特色的服务贸易。特别是在当前的金融危机背景下，抓住机遇深化发展服务贸易，可以减轻货物贸易出口部门的压力，为我国制造业产业结构调整创造时机的同时减轻金融危机对国内产业的冲击。

一是我国服务业发展仍存在较大空间。一方面，目前世界经济与贸易正向服务业与服务贸易倾斜发展，WB发布的《2012年世界发展指标》显示，目前全球经济总量中，服务业已占72%，其中，高收入国家服务业占GDP的比重为75%，例如美国服务业占GDP的比重为79%。中等收入国家服务业在GDP的比重为55%。而我国服务业产值占GDP的比重目前仅为43%，这一比值不仅远远落后于发达国家，而且长期以来低于发展中国家的平均水平①。另一方面，国家外汇管理局公布的中国国际收支平衡表显示，在关于服务贸易统计的13项中，有5项包括运输、保险服务、金融服务、专有权利使用费和特许费、别处未提及的政府服务一直处于贸易逆差状态；通讯服务、计算机和信息服务、建筑服务、广告宣传基本处于贸易顺差，但有若干年份处于逆差状态；咨询业从2007年开始才从贸易逆差转为贸易顺差状态；旅游业和其他商业服务从1997年以来一直处于顺差状态，并有逐步扩大的趋势②。我国服务贸易在贸易总额中所占比重低，表明整个服务业的发展水平低，开放程度低，服务业对经济增长的作用小。国内服务业发展水平的高低必然会影响我国服务贸易在国际上的竞争力，我国应意识到发展国内服务业对服务贸易所起到的重要作用。目前，加快服务贸易的发展已成为世界各国关注的焦点，世界各国纷纷制定加快服务贸易发展战略，欧美等发达国家和地区利用其服务贸易水平

① 世界银行:《2012年世界发展指标》,2012年,第220页。

② 戴玉军:《全球金融危机与中国服务贸易的开放》,《国际贸易》2009年第9期,第48—53页。

的领先优势，通过各种多边和双边谈判，要求其他国家开放服务贸易市场，以此来扩大服务贸易出口。因此，我国应当像当年把握制造业国际产业转移的机遇那样来把握当前服务贸易转移的机会，发展服务贸易。

二是后危机时代运输、金融、保险服务业面临恢复和发展契机。一方面，金融危机后航运业将率先恢复。根据 IMF 和 WB 的预测，今后几年世界经济将走出衰退，国际贸易业将在此基础上迅速恢复，服务贸易届时也将进入相对较快的发展阶段，而首先恢复的将是国际航运业。随着世界经济的复苏和国际航运业的恢复，作为全球第二大贸易国的中国，其航运出口服务业会迅速恢复。另一方面，对于我国的服务贸易，金融危机对处于产业国际转移重点的几个领域影响较小。除了运输业，我国的保险服务和金融服务也均处于起步和探索阶段，长期处于贸易逆差，1998—2008 年间，保险服务和金融服务的贸易逆差额逐年攀升，分别达到了 114 亿美元和 3 亿美元①。金融危机对以保险、计算机为代表的高附加值的现代服务贸易行业影响相对较小，其出口同比增长率是服务贸易整体出口同比增长率的 2 倍以上，且出口增幅回落较小。因此，我国应抓住这一机遇，积极建立这些行业的竞争力。

三是建筑、旅游、计算机和信息服务、广告和商业服务行业等我国具有传统优势的服务业正是当前产业国际转移的重点领域。我国拥有一些具有比较优势的服务业，如建筑、旅游、计算机和信息服务、广告和商业服务等，它们长期处于顺差状态，这些行业恰恰是产业国际转移的重点领域。1998—2008 年间，我国建筑服务贸易顺差从 2003 年开始快速攀升，2008 年达到了最大值 60 亿美元；旅游贸易顺差持续高于 30 亿美元，2006 年达到最大值 96 亿美元；虽然计算机服务贸易顺差额有较大波动，但其一直保持顺差状态，2008 年达到最大值 31 亿美元；广告服务业顺差额波动不大，2007 年达到贸易顺差的最大值 6 亿美元；商业服务在 2004 年达到最大值 98 亿美元②。这些产生顺差的服务行业均是劳动密集型产业，充分发挥了我国劳动力资源丰裕的比较优势。由此可以看出，我国大力发展有特色的服务业行业必须要与本土的要素禀赋

① 《中国国际收支平衡表》，http://www.safe.gov.cn/wps/portal/sy/tjsj-szphb，2012 年 7 月 4 日。

② 《中国国际收支平衡表》，http://www.safe.gov.cn/wps/portal/sy/tjsj-szphb，2012 年 7 月 4 日。

相结合，最大限度地发挥比较优势。特别是旅游业，对我国而言，随着国际旅游业在经济复苏后的迅速恢复，今后几年将是我国跨境旅游服务走出低谷的好机会。因此，我国应抓住这一契机，发展旅游服务。

四是部分处于国际产业转移重点领域的现代服务业呈现上升趋势。我国一些现代服务业，包括咨询业和通讯服务业，在近年来出现了明显的上升势头。一方面，咨询业已是国际市场上服务贸易转移的重点产业。2007 年，咨询业从2006 年的贸易逆差6 亿美元直线上升为贸易顺差7 亿美元，2008 年该行业贸易顺差额达到46 亿美元，其后连续攀升。随着全球化和区域合作的进一步深化，对咨询业的需求强度必然会大大增加，借助我国人口优势和整体教育水平的提高，我国可将咨询业的发展和扩大纳入整体规划中去。另一方面，作为具有高附加值的通讯服务业在 2007 年由贸易逆差转为贸易顺差，由 2006 年的逆差 1 亿美元转变为 2007 年的顺差 1 亿美元①。随着国际服务贸易的重心从传统的劳动密集型和资源密集型服务贸易转向知识密集型服务贸易的趋势日益明显，加强知识密集型产业的发展必然有利于增强服务贸易的国际竞争力，促进国民经济的持续发展。2010 年，随着全球经济的复苏，我国通讯服务业已展现出其上升的趋势，有利于我国在国际市场上发挥服务贸易的比较优势。

五是电影音像等文化业在金融危机期间展现出逆市上扬的趋势。世界上一些发达国家的文化产业早已成为国民经济中的支柱产业，文化产业总产值通常都占到其 GDP 总量的 10% 以上。例如，2008 年，美国的文化产业占到 GDP 的 20% 以上，日本文化产业出口总额是钢材出口总额的 3 倍多。同时，文化产业发展在发达国家也表现出了高增率的特点。例如，美国是世界上文化产业增速最快的国家，增速达到 14%，英国文化产业增速仅次于美国，达到 12%。特别是电影音像业，它在金融危机时期反而出现了较大发展。2008 年，美国电影票房收入比上年增长 17%。埃森哲咨询公司在对美国、英国、德国、日本、巴西和马来西亚等 13 个国家的 1.4 万名消费者进行调查后，于 2009 年 4 月 20 日公布了一项调查报告。报告显示，全球电视观众数量从 2008 年

① 《中国国际收支平衡表》，http://www.safe.gov.cn/wps/portal/sy/tjsj-szphb，2012 年 7 月 4 日。

开始出现增长,其中收看6个或更多频道的观众比例从2008年的35%增加到40%。调查还表明,尽管经济不景气,但消费者还是愿意付费看电视。有49%的受访者表示愿意为数字电视服务付费,40%表示愿意通过收看广告来换取免费观看电视节目的机会①。由此可以看出,在全球服务贸易快速发展的大环境下,即使是在2008年金融危机导致全球经济衰退的形势下,电影音像产业依然显示出强大的活力,文化产品和服务的高附加值属性使其成为拉动经济增长的一个新亮点。我国的一些省份或城市已充分意识到该行业面对的巨大消费市场和其在金融危机中展现出的逆市上扬的趋势。例如,湖南省2008年制作的大型魔幻娱乐教育动画故事片《山猫吉米字母世界历险记》等优秀动漫节目出口到美国,累计出口创汇超过1500万美元。我国的电影音像已由2005年的贸易逆差1亿美元转变为2007年的贸易顺差1亿美元。我国应尽快抓住机遇,大力发展电影音像产业,可借鉴印度的相关经验,通过政府推进和培育,扶植电影音像企业的发展,实现服务贸易的快速发展。

(4)中国服务贸易发展面临的挑战。

一是我国服务贸易与全球服务贸易发展趋势不协调。第一,我国服务贸易主要集中在传统服务部门,以劳动密集型服务为主。近年来,我国运输服务出口占比呈现逐步上升势头,旅游服务出口比重略微下降,而全球服务贸易增长最快的金融、保险、咨询、邮电等技术密集和知识密集型行业,在我国仍处于初级发展阶段。第二,我国服务贸易发展区域也极不平衡,服务贸易主要集中在东南沿海发达地区,中西部地区参与能力有限,仅限于劳务输出。东南沿海发达地区的产业链较长,行业成熟度高,可以提供旅行服务、广告和商业服务等一系列服务,与中西部地区形成了鲜明的对比。第三,我国服务行业的发展也存在着不平衡现象。从我国服务业对外投资的结构来看,租赁和商务服务业以及批发和零售业所占比重相对较高。目前,与著名跨国公司在我国设立大量企业形成鲜明对比的是,我国企业在境外的保险、分销、运输等服务领域几乎没有分支机构。我国服务业行业发展的不平衡导致了服务贸易发展的区域不平衡。

① 李嘉珊、郑湫璐:《从需求驱动看中国文化产业成为新经济增长点》,《国际贸易》2009年第5期,第27—33页。

二是法律体系和统计制度的不健全阻碍了我国服务贸易的发展。我国近年来加快了服务贸易的立法步伐,先后颁布了《海商法》、《商业银行法》、《保险法》、《广告法》、《民用航空法》、《注册会计师法》、《律师法》、《外资金融机构管理条例》等一批涉及服务贸易领域的法律法规,但是与发达国家相比,我国在服务贸易方面的立法工作仍存在很大差距:①立法未成体系,不少区域仍是空白;②即使已颁布的法律法规,也比较抽象,缺少可操作性;③对在华外国服务机构服务提供者的规定较少或没有规定;④有些规定主要表现为各职能部门的规章和内容规范文件,不仅立法层次低,而且影响到法律的统一性和透明度;⑤一些规定与国际规则存在一定差距,甚至出现冲突;⑥管理落后造成我国对服务业的统计不规范。由于历史原因,我国对外服务业的定义、统计范畴,以及划分标准与发达国家及国际惯例不一致,这些都是阻碍我国服务贸易发展的重要因素。

三是金融危机对我国出口导向型经济产生了不利影响。我国服务贸易的出口市场过于集中在少数几个国家。2006 年,商务部首发《中国服务贸易发展报告》显示,服务贸易进出口市场高度集中,中国香港、美国、日本位列前三位,服务贸易进出口前十名伙伴国家和地区占我国服务贸易进出口的 3/4。其中,服务贸易出口国(地区)排名前五位的是中国香港、美国、日本、中国台湾省和韩国,进口国(地区)排名前五位的是中国香港、美国、日本、韩国和中国澳门①。这种对外出口过于集中的格局不利于我国服务贸易的稳定发展,此次金融危机对我国服务贸易的影响已经充分说明了这一点。由于美国国内需求的迅速萎缩,导致我国的出口大幅下降,一度跌回到 2007 年年初的水平。2009 年,我国运输、旅游、保险服务、金融服务、专有权利使用费和特许费都出现了不同程度的贸易逆差。其中,运输业贸易逆差为 230 亿美元,旅游业贸易逆差为 40 亿美元,保险服务贸易逆差为 97 亿美元,金融服务贸易逆差为 3 亿美元,专有权利使用费和特许费贸易逆差为 106 亿美元②。

四是人力资本的质量要求成为我国发展服务贸易的重要挑战。随着服务

① 戴玉军:《全球金融危机与中国服务贸易的开放》,《国际贸易》2009 年第 9 期,第 48—53 页。

② 《中国国际收支平衡表》,http://www.safe.gov.cn/wps/portal/sy/tjsj-szphb,2012 年 7 月 4 日。

经济全球化趋势日益加快，人力资本与服务贸易的关系越来越密切：第一，服务生产和消费过程都需要人直接参与；第二，人的流动是服务跨境流动的重要载体；第三，知识密集型服务业的全球业务增长最快，而人力资本和知识、专利等无形资本是企业资产的主要构成部分，人力资本的快速积累能极大地增强服务贸易的比较优势。一般认为，物质资本对各个服务部门的出口都有显著的促进作用，而人力资本主要对旅游、通讯、专利与特许等服务部门的出口具有显著的作用。以我国和印度为例，我国在劳动力密集型的服务贸易部门具有比较优势，而在大部分人力资本密集型的服务部门则不具有比较优势；而印度则在一些人力资本密集型的服务贸易部门具有较强的比较优势。我国服务贸易的比较优势主要来源于丰裕的劳动力，而不是人力资本。随着人力资本在服务贸易发展中的作用越来越重要，加快人力资本要素的积累对促进我国服务贸易特别是现代服务部门的出口增长、提高国际竞争力具有重要意义。

五是我国服务业劳动生产率低下制约了服务业比较优势的提高。服务全球化迫使企业将劳动成本最小化，对劳动成本高的区域或者企业而言，如果不能通过提高劳动生产率来抵消其劳动力成本的增长，它们便会丧失吸引国际投资的竞争力。劳动生产率可以反映劳动者的生产效率，它是衡量产业竞争力强弱的一项重要指标，可以用产业的劳动者一年内生产出来的产品价值总额来反映产业竞争力的高低，其值越大，产业的竞争力越强，反之越弱。我国服务业的劳动生产率不但大大低于美国、法国、日本等发达国家，而且也低于马来西亚、埃及、巴西、泰国等发展中国家。例如，按照购买力平价计算，我国2006年服务业劳动生产率为1.69，美国为9.03，日本为6.79，法国为8.95，马来西亚为2.16，埃及为1.77，墨西哥为3.33，巴西为2.16，泰国为1.94，我国仅仅高于印度尼西亚和越南，与菲律宾接近。而与劳动生产率增长缓慢形成明显反差的是，我国服务业工资增长迅速，且大大高于劳动生产率的增长速度。在1999—2007年期间，按1990年不变价计算，我国服务业工资平均增长率为12.5%，同期劳动增长率平均仅仅增长了6.7%，前者是后者的2倍①。因此，劳动生产率低下已严重阻碍了全球化趋势下我国服务业参与国际分工。

① 姚战旗：《服务全球化条件下中国服务业的竞争力：问题与对策》，《国际贸易》2009年第4期，第10—14页。

六是在以生产性服务业国际转移为主的大环境下,以制造业为主的出口结构升级缓慢制约了我国服务贸易的发展。自20世纪90年代以来,国际产业国际转移重心由制造业逐渐转向服务业。20世纪80年代中期,生产性服务业只是在发达国家之间进行转移,发展中国家被排除在服务业国际转移活动之外。直到20世纪80年代后半期,发展中国家才开始涉足生产性服务业国际转移浪潮,但这并未改变发达国家处于主导地位的局面。这一现象产生的原因有两个:一方面,由于发达国家的生产性服务业发展水平一直居于世界领先水平,具备对外转移的基础;另一方面,生产性服务业对其承接的配套产业要求很高,一些资本技术密集的新兴行业很难真正地移入发展中国家。而从我国制造业现状来看,虽然我国的制造业已在国际市场上占有一定优势,但其出口结构升级仍然相对较缓慢。20世纪80年代以来,占我国货物贸易一半以上的加工贸易主要是由外商投资企业主导。出口结构升级缓慢的制造业必然不能为生产性服务业的转移提供比较优势,并制约了我国服务贸易参与国际分工。由此可见,为了提高我国服务贸易的比较优势,制造业出口结构亟待改善。

七、我国应对全球产业结构调整与国际分工变化的对策

(一)我国应对全球产业结构调整与国际分工变化的策略

1. 对外开放对我国产业结构调整与升级的促进作用

对外开放与一国经济增长存在密切联系。20世纪90年代以来,对外贸易在我国需求结构中的比重不断上升,对外依存度持续增加,对外开放成为我国经济增长的重要源泉。例如,商品贸易出口占GDP的比重由1990年的15.4%上升到2007年的35.7%,商品和服务净出口对GDP的拉动由1990年的1.9%上升到2007年的8.9%,提高8个百分点①,对外贸易依存度也由1990年的30%提高到2007年的66%。同样,利用外资也对我国的经济增长发挥了积极作用,我国税收收入的25%、出口的41%、GDP增长的40%是由外商投资企业贡献的,它们每年还为我国创造了2000多万个就业机会。这些都充分说明对外开放对我国经济长期、稳定增长具有重要作用。

随着我国对外开放程度的不断扩大,对外开放和国内产业结构调整和升级形成了相互促进、相互依托、共同发展的格局。我国商务工作中的对外贸易、利用外资以及对外直接投资等各项工作都直接推动我国产业结构调整和升级。

一是对外贸易推动我国产业结构调整和升级。对外贸易包括商品和服务的进口及出口,尤其是商品出口对我国产业结构的调节作用较大,主要表现为:①外贸出口解决了我国制造业发展所遇到的市场规模有限问题;②外贸出

① 傅自应:《中国对外贸易三十年》,中国财经政法出版社2008年版,第266页。

口加快了我国产业结构调整的速度;③出口结构升级对国内产业结构升级具有先导性作用;④外贸出口促进了国内产品质量等方面的提高。同样,商品进口也对我国产业结构升级具有推动作用:①资本品进口提升了我国国内的供给结构;②高新技术进口提升了我国的技术结构;③初级产品增加突破了我国能源资源对经济增长的约束,改善了我国的能源资源结构;④进口为国内产业结构升级提供了示范效应。

二是利用外资直接引进资金和技术推动我国产业结构调整和升级。改革开放以来特别是20世纪90年代以来,我国更广泛地融入全球生产体系和全球产业分工体系,吸收了大量国际直接投资和国际产业转移。过去的十余年间,我国实际利用外资从2000年的407.15亿美元增加至2010年的1057.35亿美元,增长了1.6倍。利用外资占全球直接投资的比重由2000年的2.9%提高到2010年的8.5%,提高了5.6个百分点。外资进入我国后,不仅弥补了我国的资金缺口,而且通过“技术溢出”效应弥补了我国各种内生能力的严重不足,补强了我国在整个生产要素链条上的薄弱环节,增强了我国在整个链条上的能力,拓展了新的产业发展空间,进而实现以“引进来”为起点参与全球范围内的要素优化配置,以低成本、低风险实现我国经济国际化的发展和产业结构的优化升级①。

三是对外直接投资利用全球资源推动我国产业结构调整和升级。近年来,随着我国融入经济全球化程度的加深和综合国力的增强,主动“走出去”利用全球要素和资源,整合全球要素和资源,已经成为我国对外开放的新领域和促进产业结构优化升级的新方式。我国非金融类对外直接投资从2004年的54.98亿美元增加到2010年的590亿美元,增长了9.7倍。不断上升的对外直接投资成为我国利用国外优质资源提升我国产业结构和补强我国产业结构中的短板的重要手段,我国不少企业就是通过对外投资的方式,迅速实现产业的升级。

2. 我国应对全球产业结构调整与国际分工变化的产业发展策略

当前全球经济进入一个新的历史时期,经济增长模式将会进行重大转变,

① 周维富:《经济全球化发展新态势对我国产业结构优化升级产生的影响》,《国际贸易》2010年第2期,第23—30页。

经济格局也会重新调整。我国需要抓住全球产业结构调整与国际分工给我们带来的重大历史机遇,采取有效的产业发展策略来促进我国产业结构调整与升级。

一是积极推动产业结构调整,转变经济增长方式。发达国家自 20 世纪 70 年代开始向服务经济转型,目前服务业在发达国家 GDP 中的比重普遍达到 75% 以上,美国和法国均以 79% 高居榜首,一些新兴经济体和发展中国家也已开始向服务经济转型,全球服务化水平进入一个新的发展阶段,因此发展技术密集度高的先进制造业和现代服务业是我国产业结构调整、转变经济增长的有效途径。

二是积极发展技术含量高、附加值高的现代制造业和服务业。随着国际市场竞争和资源环境约束加剧,制造服务化和服务知识化趋势增强,工业转型升级压力增大,世界主要国家更加重视通过科技创新和体制创新,加快发展生产性服务部门,提升产业的附加值和整体素质,提升制造业的技术、知识和人力资本含量,推动工业化向创新型、融合型、生态型的新型工业化模式转型,而承接技术含量高、附加值高的先进制造业和现代服务业将是我国产业结构调整的关键任务。一方面,越来越多的国家在向服务经济转型过程中要不断将其制造业转移出去,其中包含部分技术水平在国际上处于领先地位的制造业生产技术;另一方面,发达国家在经济全球化背景下也在不断将部分生产性服务业转移到国外,以降低成本或贴近消费市场,因此我国要优先承接和发展这些先进制造业和现代服务业。①承接基础工业中的先进设备和技术。我国在钢铁和石化等基础工业的产能居世界各国的前列,国内需求大,但是我国钢铁和石化产品大多为附加值较低的低端产品,主要原因是由于我国缺少生产高端产品的技术和设备,因此,在全球产业“东移”进程中,我国要积极承接这些基础工业的先进设备和技术,以提高行业产能,降低能耗和污染,促进我国又快又好的经济增长。②承接先进制造业和高新技术产业。当前以半导体设备、环保设备为代表的先进制造业和以电子信息、新医药为代表的高新技术产业是世界各国关注的重点,各国不仅投入大量资金开展相关研发工作,而且积极推行产业转移,这些先进制造业和高新技术产业的技术含量较高,产业规模大,不仅对我国的经济发展有促进作用,而且能够提升我国在国际分工中的地位。③承接金融、贸易、物流、研发等生产性服务业。随着全球“制造中心”向亚太地区甚至向中国转移,为制造提供服务也会随之转入这一区域,我国要抓住亚太地区这一新兴市场以及我国在这一市场中的重要地位,积极承接跨国公司的金融、贸易、物流、研发等生产性服务业。此外,我国的劳动力素质近10年来获得较大提高,有利于我国通过离岸外包的方式承接ITO和BPO等科技服务和专业服务业。

三是大力发展战略性新兴产业。金融危机不仅催生了新兴产业,而且为战略产业的发展壮大创造了机会。一方面,当前"低碳经济"是全球经济发展的着力点,以节能环保为主要目标的新兴产业将成为全球经济新的增长点,基于世界各国站在相对一致的起点上,我国应通过自主创新的方式努力发展新能源、节能、环保等新兴产业;另一方面,我国还要积极发展信息、生物、纳米等新兴产业。当前我国的IT产业技术与全球IT产业技术差距非常大,相反,生物技术是所有高新技术领域中我国与国外差距最小的领域,基因技术也具国际前列,因此发展生物技术可以促使我国在未来国际分工新格局下成为主导国家①。

四是加快社会服务业和消费性服务业发展。金融危机使我国依赖出口发展的道路受阻,而目前我国社会服务业和消费性服务业有巨大的发展潜力,因此,我国要从依赖出口向扩大内需转型,加快发展社会服务业和消费性服务业,实现我国产业结构从依赖制造业向倚重服务经济的方向发展。

3. 我国应对全球产业结构调整与国际分工变化的商务发展策略

我国商务工作历来与产业结构升级协调发展。20世纪80年代,我国抓住了国际上以纺织、服装等劳动密集型产业向发展中国家转移的历史机遇,贸易出口结构实现了向劳动密集型工业制成品为主的历史性转变。20世纪90年代,我国抓住国际产业结构调整和产业转移的又一次历史机遇,促进了机电产业和高新技术产业的出口扩大和产业发展。此次金融危机之后,全球产业结构的新一轮调整正在加速进行,发达国家和跨国公司对其产业和产品结构进行战略性调整和收缩,跨国公司向我国转移的产业将不再局限于劳动密集型的"边际产业"和资本密集型产品的生产,甚至可能将部分高技术产品生产

---

① 张苏:《论新国际分工》,经济科学出版社2008年版,第204页。

过程中的某些工序和部分技术密集型服务业(主要是生产性服务业)向我国转移。国际产业转移已进入技术密集型、资本密集型与劳动密集型产业转移并存的发展阶段,这为我国产业结构调整和提高在国际分工中的地位提供了难得的机遇。我国商务工作需要围绕产业结构调整和升级的目标,及时调整发展战略,加快转变外贸增长方式,提高利用外资质量,加快"走出去"战略的实施步伐,走出一条创新型的商务发展道路。

(1)加快转变外贸增长方式。

世界贸易组织(WTO)2010年3月26日表示,中国在2009年已经超越德国成为世界第一大商品出口国,占全世界出口额的9.6%,同时还是仅次于美国的世界第二大商品进口国,进口额占全球的8%①,毫无疑问,我国已经位居世界贸易大国行列。但是针对当前我国对外贸易发展存在的贸易主体长期由外商投资企业主导、贸易方式以加工贸易为主、贸易市场过于集中少数的发达国家市场、贸易进出口不平衡以及服务贸易比重偏低等深层次问题,我国对外贸易要根据全球产业结构调整和国际分工形势变化,及时转变外贸增长方式。

一是贸易平衡从出口导向朝着更加重视进口、减少贸易顺差的方向转变。我国产业结构长期固化于制造业,受到我国出口导向型经济增长方式的束缚,产业结构调整和升级需要我国更加重视进口对经济社会发展的作用,逐步减少贸易顺差,实现贸易的相对平衡。根据我国产业结构调整和升级的目标和任务,我国要增加来自美国、欧洲等发达国家和地区及部分新兴经济体的高新技术产品以及生产性服务业的进口,提升我国产业技术能力。

二是大力发展服务贸易。我国服务贸易不仅在国际服务贸易总额中的比重较少,而且在我国贸易结构中的比重较低,2008年的比重为10.7%,尽管2009年的比重上升到13%,但是离世界平均比重18.4%还有一段较长的距离。我国货物顺差不断扩大的同时,服务贸易却一直存在逆差,2009年我国服务贸易逆差为296亿美元,比2008年增长了156.1%。当代服务业的国际竞争是与物质生产部门的国际竞争联系在一起的,国际服务贸易的强国也都

① 《世贸组织预测2010年全球贸易量增长9.5%》,http://vienna.mofcom.gov.cn/aarticle/jmxw/201003/20100306843640.html,2010年3月30日。

是物质生产的强国,现代服务贸易的核心是以信息技术服务为主体的生产性服务①,因此,发展服务贸易是我国转变外贸增长方式、促进产业结构升级的重要手段。

三是促进加工贸易转型升级。我国在今后一段时期总体上仍然处于工业化中后期,工业增加值占国内生产总值的比重在"十二五"期间不会发生大幅滑落,但是工业内部结构将会发生新的变化:一方面,居民消费结构升级尚未完成,仍会拉动钢铁、建材、化工、汽车、机械、有色金属为代表的重化工业部门发展,但是重化工业产能趋于饱和,将进入产业素质提升为主的阶段;另一方面,制造服务化和服务知识化趋势增强,工业转型升级压力增大,需要提升产业的附加值和整体素质,提升制造业的技术、知识和人力资本含量②。我国转变贸易增长方式,需要推动加工贸易从装加工为主的低端生产环节向研发设计、核心零部件的制造以及生产性服务方向升级,从劳动密集型向技术密集型、从资源密集型向资源节约型方向发展,从而实现结构的优化。

四是提升一般贸易在贸易结构中的比重。虽然加工贸易在我国对外贸易中居主导地位,但是由于加工贸易在价值链中的利润非常低,产品的绝大部分利润被跨国公司从专利技术、市场营销等环节拿走,因此我国在扩大加工贸易转型升级的同时,要优化贸易方式,提升一般贸易的比重,促进外贸自主可持续发展,加强具有自主知识产权或者品牌的产品出口。

五是开拓新兴经济体及发展中国家的新兴市场。尽管我国的主要贸易伙伴仍然为美国、欧盟和日本,但是与新兴经济体和发展中国家的贸易联系逐步加强。2009 年,东盟成为我国第三大出口贸易伙伴和第三大进口贸易伙伴,韩国是我国第五大出口贸易伙伴和第四大进口贸易伙伴,而"金砖四国"中的印度和俄罗斯分列我国出口贸易伙伴的第 5 位和第 9 位,巴西和俄罗斯分列我国进口贸易伙伴的第 8 位和第 10 位。今后我国需要加强与新兴经济体和发展中国家的贸易来往,一方面是由于亚太国家、"金砖四国"等新兴经济体和发展中国家在全球 GDP 中的比重逐步增长,它们对全球 GDP 增长的贡献

① 韩玉军、陈华超:《世界服务业和服务贸易发展趋势——兼评中国服务业的开放与对策》,《国际贸易》2006 年第 10 期,第 39—45 页。

② 王一鸣:《调整和转型:后金融危机时期的中国经济发展》,《宏观经济研究》2009 年第 12 期,第 3—10 页。

率也在提高,将成为新兴的需求市场;另一方面是因为我国产业和产品的竞争优势在于劳动密集型和资本密集型行业,开拓新兴经济体及发展中国家市场,加强与这些国家的贸易联系可以为我国的工业制成品找到更广泛的出口市场。

六是增强民营企业在贸易主体中的地位。21 世纪以来,我国贸易主体结构发生了明显变化,虽然外商投资企业在贸易主体中仍然占据主导地位,但是国有企业在贸易中的比重逐步下降,由 2001 年的 43% 下降为 2009 年的 21.7%,而民营企业在贸易中的比重逐步上升,由 2001 年的 6% 提高至 2009 年的 23.1%。并且,民营企业的出口明显大于进口,2009 年的出口和进口分别为 3384.4 亿美元和 1718.8 亿美元,说明我国民营企业在开拓国际市场方面有巨大潜力。

(2)提高利用外资质量。

改革开放 30 多年来,我国利用外资取得了长足发展。1993 年以来我国连续 18 年成为发展中国家中最大的国际直接投资流入国家,2009—2011 年,我国在全球主要 FDI 吸收国中连续三年居第 2 位,仅次于美国。UNCTAD 在 2009—2011 年多次组织大型跨国公司对《世界投资前景调查》的答复显示,我国连续多年被列为最具外商直接投资吸引力国家的首位。随着我国在全球经济中拥有越来越重要的影响力,我国的利用外资规模将进一步扩大。例如,UNCTAD 发布的《2012 年世界投资报告:建立新一代投资政策框架》显示,2008—2011 年,我国实际利用外资金额分别为 1083 亿美元、950 亿美元、1147 亿美元、1240 亿美元,并且,2011 年我国服务业利用外资金额首次超过制造业。在利用外资规模不断扩大的过程中,我国要抓住全球产业转移的良好机遇,努力提高利用外资质量,从规模速度型增长向质量效益型增长转变。

一是进一步扩大对外开放,尤其是放宽服务领域的限制。一方面,我国对外依存度并不足以影响产业安全。根据 WB 的统计,我国 2008 年的对外依存度(进出口/GDP)为 59.2%,尽管高于世界主要国家的对外依存度,如美国的 24.4%、日本的 31.5%、巴西的 23.7%,但是与另外一些大国的对外依存度相距不远,如法国的 46.1%、英国的 41.2%,俄罗斯的 47.5%、印度的 38.7%,而且低于德国的 73.1%。另一方面,从开放度指数来看,我国的经济开放度指数综合远远低于世界平均水平,而且各个单项指数也都低于世界平均水平。

我国的货物贸易开放度指数是0.8,低于世界平均水平,在全世界排开放度最低国家中的第17位;如果剔除掉加工贸易的进出口,我国货物贸易开放度指数是0.66,在全世界排在开放度最低国家中的第7位;我国资本的开放度是0.28,在全世界排在最不开放国家中的第10位。综合起来,我国的开放度是0.54,在全世界排在最不开放的第5位①。因此,我国还需要扩大对外开放程度,尤其是放宽服务业领域的外资准入限制。

二是提高服务业领域的利用外资规模。我国引进外资主要在制造业领域,该领域的外资长期以来在我国利用外资总量中的比重约占2/3,虽然近几年来略有下降,但是2010年的比重仍然高达46.9%,制造业在我国利用外资结构中长期居主导地位束缚了我国产业结构调整和升级。当前国际产业转移中的重点是服务业产业转移,服务业领域的国际直接投资占全球直接投资总量的2/3,因此,我国需要扩大服务领域的利用外资规模,尤其是以物流、金融和保险、信息服务等生产性服务业的利用外资规模,这对我国产业结构调整和升级具有先导作用。

三是加快承接服务外包。21世纪以来,国际产业转移逐步向软件、信息服务、金融保险等服务领域渗透,以服务外包为依托的生产性服务业转移成为国际产业转移的重要趋势,由此带动了世界范围内生产性服务业的快速发展。进一步,发达国家在金融危机之后开展"再工业化"运动,这些国家高度发达的服务业将从母国分离出来,向其他国家尤其是新兴经济体和发展中国家转移,服务外包取代直接投资成为新一轮国际产业转移的重要方式,因此,我国需要及时调整利用外资方式,采取承接服务外包的方式,积极承接来自发达国家的服务业转移。

四是积极承接国际产业转移中的技术密集型生产环节。承接服务业转移是我国利用外资中的一项重要工作,但是由于我国利用外资长期由制造业主导的现状不会在短期内发生突然变化,而且我国在今后数年甚至近十年仍然处于工业化中后期,因此,我国还需要提高制造业领域的利用外资质量,尤其是引进高新技术产业和战略性新兴产业的国际直接投资,促进加工贸易的转

---

① 隆国强:《中国需要进一步提高开放度》,http://news.China.com.cn/rollnews/2010-04-13/content_1554600.htm,2010年4月13日。

型升级。

五是加快外资向我国中西部地区转移。我国利用外资主要在东部沿海地区,其中长江三角洲地区、珠江三角洲地区、环渤海湾地区的利用外资分别约占我国利用外资总量的40%、20%、20%,而中西部地区利用外资仅占20%,造成我国区域经济发展的极不均衡。尽管我国今后要加强承接制造业高端环节和生产性服务业的国际产业转移,但是我国中西部地区的经济基础、基础设施还不完善,这些地区资源丰富而且劳动力富余,因此,我国需要制定更合理的外资政策,加快外资流向中西部地区的农业、基础工业等,以此来推动内需的增长。

(3)加快"走出去"战略的实施步伐。

虽然经济全球化在金融危机之后还将经历一段时间的低迷期,但是随着发达国家的出口逐步恢复,跨国公司主导的全球贸易逐渐回升,国际直接投资活动趋于活跃,经济全球化的程度将进一步深化。我国审时度势,推行的"走出去"战略在短短几年内取得了快速发展,对其他国家的直接投资在2011年达到685.8亿美元,占全球对外直接投资额的比重为4.4%,在全世界排名第6位,在所有新兴经济体和发展中国家中排名第1位,成为国际直接投资的重要来源国①。"走出去"战略为我国整合和利用国际优质资源和先进技术提升产业结构提供了许多的机会,而且为我国产品提供了新的市场。金融危机以后,全球经济结构和经济格局的新一轮调整正在加速进行,我国要加快"走出去"战略的实施步伐,为我国产业结构调整和经济增长提供新的动力。

一是通过全球并购与合作等方式获得我国急需的资源和技术。我国利用外资的一个重要目标就是"以市场换技术",但是实践证明这一技术发展战略并没有达到我们的预期目标,而并购作为获取发达国家或跨国公司先进技术的一种手段可以弥补"以市场换技术"的不足。在金融危机中,矿产资源类企业和汽车制造企业资产价格大幅下跌,例如全球30家最大的采矿和冶金公司的市值从2万亿美元下跌至2009年的8080亿美元,并且还将继续下跌。我国需要抓住金融危机带来的机遇,"走出去"整合和利用全球优质资源和先进

① 肖前:《2011年中国对外直接投资统计公报发布》,《国际经济合作》2012年第9期,第69页。

技术，促进我国产业结构调整，尤其是资源类行业以及技术密集型产业。此外，我们还要利用发达国家资产贬值的机会，在新能源、信息等战略性新兴产业领域开展与发达国家的合作，通过合资、技术联盟方式获得对方先进的技术。

二是利用制造业优势加快对新兴经济体和发展中国家的直接投资。新兴经济体和发展中国家在全球经济中的地位日渐上升，不仅可以成为我国对外贸易的主要市场和重要贸易伙伴，而且可以成为我国对外直接投资的东道国。当前我国在国际分工中具有竞争优势的主要是劳动密集型产业和产品，这些产业及产品虽然在金融危机严重影响的发达国家屡屡受到贸易保护主义的壁垒，但是它们对新兴经济体和发展中国家而言仍然具有成本和技术优势，而且人民币存在即将升值的可能性，因此我国可以加快对新兴经济体和发展中国家的投资，这样不仅可以降低生产成本，而且可以抢先占领新兴市场，还可以及时将国内产能过剩的产业和产品转移出去，继续保持我国在这些产业中的竞争优势。

三是培养一批国际竞争力较强的跨国公司。随着经济全球化的深化，跨国公司在全球经济中的主导作用更加突出，虽然我国对外投资的时间较短，但是短短几年内已经培养出一批在国际上有影响力的大型跨国公司。按公司资产计算，2007 年我国内地有 11 家企业名列发展中经济体“100 强”企业，2009 年我国 54 家企业进入“财富 500 强”，其中中国石化、国家电网和中国石油分别位列第 7 位、第 8 位和第 10 位。虽然我国企业进入“财富 500 强”呈现不断增长趋势，其资产规模也较高，但是企业的盈利能力相对其他跨国公司而言较弱，因此，我国当务之急就是提高我国企业的国际竞争力，不仅要优化公司的产权结构和治理结构，而且还要走强强联合的道路，通过兼并重组方式，提高企业的生产规模和产品技术能力，这样才能占领更多的国际市场。

四是加快建设自主品牌建设，加强自主知识产权的保护。长期以来，无论是我国本土企业之间的竞争还是本土企业与跨国公司之间的竞争，我国企业大多缺乏品牌意识和知识产权保护意识，然而在国际市场竞争中，品牌和知识产权保护不仅是保护企业竞争制胜的重要武器，而且还是企业利润的重要来源，一些跨国公司就是通过控制专利技术、知识产权等环节来获取高额利润。我国企业在“走出去”的过程中，既要学会遵守国际法则，更要学会利用国际法则来保护和发展自己，因此，我国实施“走出去”战略的重要环节就是引导企业开展品牌战略和知识产权保护。

（二）推动我国对外贸易发展的举措

（1）把握经济多元化的时机，深入实施“出口市场多元化”战略。

尽管我国在20世纪90年代初所提出的“出口市场多元化”战略，在促进出口市场的分散度、逐步降低发达国家的市场份额、提高新兴经济体和发展中国家的市场份额方面发挥了重要作用，但是美国和欧盟在我国出口市场中所占比重仍然高达50%以上（包括香港转口等），中亚、西亚、南亚、非洲和拉美市场份额仍然很低，新兴经济体和发展中国家与我国的贸易摩擦日益上升。随着新兴经济体和发展中国家引领全球经济复苏，IMF在2010年6月15日发布的《金融与发展》报告指出，包括澳大利亚和新西兰在内的亚洲经济5年后占全球经济总量的比重将超过1/3，到2030年亚洲可能成为全球最大的经济区，世界经济增长的中心由西方向东方的转移将至少持续5年，这将导致世界经济格局发生重大变化，使我国对外贸易关系中出口过于集中于少数几个发达国家和地区的现象有所改变。

我国应抓住此大好时机，积极采取措施，解决“出口市场多元化”战略实施中所面对的各种障碍和问题。

一是通过“共享发展”计划以开拓亚非拉新兴市场，将我国的资金和产能资源提供给其他新兴经济体和发展中国家，结合当地矿产、港口、劳动力等资源，通过商业性合作将双方的闲置资源和优势资源组合在一起，使双方经济都得到发展。然后根据各方投入资源的比重，按市场经济的原则共同分享形成的财富，减少我国出口对少数几个发达国家的贸易依存度。

二是通过“FTA”战略以扩大东亚区内相互贸易体系。东盟与中国、日本、韩国、澳大利亚、新加坡和印度，将在2010—2025年间分别建成自由贸易区，东盟自由贸易区也将在2015年建成，再加上各国相互签署的FTA协定，这一切将推动东盟各国开放国内市场，实现经济贸易自由化。

三是通过“走出去战略”逐步建立境外的营销网络、综合物流平台、银行以及其他的金融服务体系。

四是在开拓最不发达国家出口市场的同时,要扩大与这些国家的经济技术合作和对外援助。

(2)依托多边贸易体制,抵御贸易保护主义。

全球保护主义升温使我国面临更严峻的外部环境,近年来针对我国的贸易保护主义案例大幅增加,使我国已经很严峻的出口形势更加严峻。面对目前全球兴起的贸易保护主义,我国应充分运用世界贸易组织争端机制予以应对。

一是充分利用 WTO 多边争端解决机制来抑制保护主义,在各种国际场合上坚持反对贸易保护主义的立场,阐明国际贸易保护主义上升的危害,支持以世界贸易组织为基础的多边贸易体制,推动多哈回合多边贸易谈判的顺利完成,赞成国际社会遏止贸易保护主义的行动。

二是指导我国各类企业增强应对贸易摩擦的主动性、预见性,充分利用世界贸易《补贴和反补贴协议》中的可诉和不可诉补贴条款,加强对我国经济转型、企业改造、新产品研发的支持。

(3)建立减排成本的合理分担机制,加快能源结构调整升级的步伐以应对碳配额法案。

我国对待美国提出的碳配额法案,应分三个层次来应对。第一个层次,充分肯定节能减排为全球带来的收益,在减排问题上持积极参与态度。美国提出了碳配额法案,欧洲也有征收碳关税的动向,虽然这对我国当前的经济有一定的压力,但是从长远来看也有较大好处。一方面,我国为生产高耗能高污染产品付出了巨大的资源和环境成本,使我国发展高能耗重化工业的收益大打折扣。而资源浪费、环境恶化所带来的一系列后续成本,包括疾病、医疗等,则更与全面提升人民生活质量的发展目标相背离,将从根本上损害我国经济社会发展的可持续性。另一方面,如果听任这些问题发展下去,我国产业结构调整升级的进程将减缓,参与经济全球化的质量和层次将得不到明显的提高,使我国的比较优势无法实现动态升级。第二个层次,积极推动建立减排成本的合理分担机制①。《联合国气候变化框架公约》和《京都议定书》中都规定了

① 杨长湧:《后危机时代我国发展绿色贸易面临的形势与战略支撑》,《中国经贸导刊》2010 年第 4 期,第 30—31 页。

发达国家和发展中国家在减排方面应承担“共同而有区别”的责任。然而，所谓的“有区别”的责任如何界定，如何形成一个共同接受的标准，在此标准下确定不同国家的不同减排量和减排速度，以及所应承担的不同减排成本等，这些都是迄今为止没有很好地解决的问题。正因为如此，各国在减排问题上常常自行其是。我国在这个方面应有所行动，积极推动建立减排成本的合理分担机制。由于减排成本主要取决于两个方面，即减排量和减排速度和单位减排成本。在减排量方面，应坚持以损害认定原则为主，全球变暖是工业革命以来人类长期大量排放温室气体的结果，因此，应将历史排放量统筹考虑；在减排速度和单位减排成本方面，应坚持支付能力原则为主，即支付能力越强的国家，分担的成本应越多。确定支付能力，可以以人均 GDP 为标准，或以人均可支配收入为标准。应确定不同发展程度的国家人均排放成本在人均 GDP 中所占的不同比重，实行累进制。对于人均 GDP 水平低、节能减排技术落后的国家，要推动建立发达国家的减排成本补偿机制。第三个层次，加快能源结构和产业结构调整升级的步伐。碳配额法案要到 2020 年后才实施，它对我国外贸的显著影响不会马上呈现。我国可以利用碳配额实施前的空档期，切实转变经济发展模式，加快产业结构调整。同时，要高度重视碳配额所释放出的信号，绝不能把它仅仅视为美国采取的新贸易保护措施的一项借口而已，它在很大程度上显示了美国调整能源消费结构、抢占新能源制高点的决心和信心。按照美国排出的碳配额时间表，美国在 2020 年前估计会实现能源消费结构的重大变革。届时，美国将利用对新能源技术的垄断，再次站到引领世界潮流的前列，对其他国家形成制约力量。因此，我国应高度重视，从碳配额释放出的信号出发，认真研究改善我国能源消费结构、开发新能源等举措，以免在新一轮的世界能源竞争中又受制于人。

（4）切实加快产业结构升级，适应全球贸易产业结构软化①的趋势。

随着工业经济向知识经济的转变，全球贸易产业结构有不断软化的趋势。当前我国贸易结构不合理、外部经济不平衡的问题在短期内不易解决，主要原因在于低水平的产业结构。为了切实加快产业结构升级，我国应该从以下几

① 产业结构软化是指在社会生产和再生产过程中，体力劳动和物质资源的消耗相对减少，脑力劳动和知识的消耗增长，与此相适应，劳动和资本密集型产业的主导地位日益被知识和技术密集型产业所取代。

个方面着手。

一是根据我国未来产业结构调整的方向，重点抓好高新技术产品、软件和医药出口基地建设，重点支持汽车及零配件、船舶、铁路设备、通讯产品、生物医药等产品出口，加快形成高新技术产品带动机电产品出口，机电产品出口带动外贸出口的格局。

二是抓好两个战略，即“品牌发展”战略和“走出去”战略，即积极支持具有自主知识产权和自主品牌的商品出口，同时积极鼓励有条件的企业进行对外直接投资和跨国经营。

三是在引进外资中要更加注重技术和知识含量。首先，鉴于目前跨国公司给我国带来不容忽视的环境污染问题，我国要严格控制引进可能对环境造成不良影响的外商投资项目，构建质量效益导向的外贸考核体系和调控体系，促使外贸出口从规模导向转向效益导向。其次，还要严格控制资源性高耗能、高污染产品的出口，防止调控效果出现反弹。再次，要加快资源、要素价格改革步伐，使出口价格能真实反映产品的生产成本，避免廉价资源的出口，缓解国际收支失衡。最后，要为进口企业提供融资支持和信息服务，鼓励扩大重大装备关键器件、先进技术和设备及国内稀缺的资源性商品的进口，争取发达国家放宽对我国高技术产品的出口管制政策。

四是协调发展三大产业，尤其是抓好第三产业的发展，扭转服务业发展滞后的局面。我国服务出口的导向应该是逐渐转向以知识密集型出口为主、劳动密集型服务出口为辅。一方面，要充分发挥我国劳动力的比较优势，发展劳动密集型服务的出口，比如旅游、工程承包、劳务输出，以增加服务贸易出口收入。另一方面，要利用高新技术，鼓励知识密集型和资本密集型产业的发展，重点发展金融、研发、设计、咨询、保险和计算机信息等现代服务业，提升这些行业的竞争力，尽快实现产业升级和出口结构的优化。为了促进服务贸易出口，我国可推行以下几个方面的政策：第一，为了促进服务贸易出口，应建立服务贸易出口促进专项资金；第二，为理顺服务业出口的各项政策，应进一步完善服务贸易出口的促进和协调机制；第三，确定对高端产业和产业链的上游业务提供前期市场考察、可行性研究、研发、出国团组、宣传费用等财政补贴，对提高企业综合素质和优化贸易环境的人才培训、信息服务等提供便利条件。

(5)进行外贸政策创新，提供稳定的外部发展环境。

改革开放30多年来，我国对外贸易环境不断改善，特别是加入WTO以后，形成了一整套的规则和制度。随着国内外贸易环境的不断变化，我国原来对外贸采取的调节手段，在金融危机面前显露出一些突出的问题，因此，进行外贸政策创新显得尤为必要。

一是外贸战略政策创新与产业政策要紧密结合。受全球经济的冲击，近年来我国外贸出口下降20%以上，外贸企业倒闭、业务停滞现象屡屡发生，客观上给我国企业的转型和发展提供了一个重要契机。外贸政策是一种产业政策，而产业政策就是要针对不同的行业采取保护激励或者促进竞争的政策，在行业中重点选择有示范作用的龙头企业，帮助其开拓市场，改进技术和管理，引导生产要素向重点优势企业聚集，打造具有国际竞争力的大型企业。

二是在政策方式上，以重点企业和重点项目为抓手，以税收优惠、融资补贴、信用保险、政府采购、支持进口等方式给予扶持，给予重点企业特殊政策，从而带动整体外贸政策的创新。在政策实施中，要充分发挥地方政府和行业协会的作用。

(6)对外贸体制机制进行创新和完善。

我国已经初步形成了既符合国情，又符合多边贸易体制规则和协议的外贸体制机制。后危机时代，我国必须继续深化改革，进一步创新和完善外贸体制机制，更好地贯彻落实外贸政策和为外贸企业创造良好的发展环境，以此巩固贸易大国地位，为推动贸易强国进程提供强有力的制度保障。

一是不断完善外贸法律体系。在保持国内外贸易法律体系与国际法、国际协议一致的前提下，应重点加强以下方面的工作：加快外贸促进法律体系建设；完善与贸易相关的知识产权法律师事务所体系；尽快出台对外投资合作立法；提早研究与贸易相关的环境与气候立法问题。

二是建立横向合作、纵向联运的外贸管理体制。创新完善外贸管理协调机制，围绕对外贸易秩序，建立各部门密切配合、中央和地方互动、政府和企业紧密联系的对外贸易协调管理体制。例如，进一步完善部际协调机制，推动和完善部省协调机制等。

三是加强贸易促进中介机构的建立与发展。尽管目前我国商品在美国、欧盟、日本这三大经济体所占的市场份额已经达到22%（而且这一比重还在增加），但是我国商品在全球市场所占的比重仅为9%，我国商品在新兴经济体和发展中国家所占的比重还很低。造成这一状况的原因是新兴经济体和发展中国家缺乏像三大经济体市场那样成熟的分销体系，无法充分发挥我国低成本生产的优势①。因此，我国要扩大外贸规模和转变外贸增长模式，需要完善诸如商会等贸易促进中介结构的组建与发展，加快制定《进出口商会条例》，在重点产品产区、城市、口岸设立商品分会和代表机构，在贸易量大、贸易纠纷较多的国家和地区设立商会代表处，开展对外交涉和协调。

(7)增强外贸企业自主创新能力。

我国外贸企业要把增强自主创新能力，提高产品质量，增加产品附加值作为应对金融危机的根本途径。

一是引进国外先进设备，加快技术创新步伐，加速产品升级换代，提高产品的技术含量和附加值，优化出口产品结构，用新设备、新技术不断提高新产品的非价格竞争力。

二是进一步加快出口品牌建设，生产具有自主知识产权和核心竞争力的产品，建立高效规范的现代化组织管理体系，引进国际资本和一流人才，尽快提高出口产品的档次，提升产品的品牌优势，走高端品牌之路，获得产品定价权，获取高额利润。

(8)从汇率调节、增加进口、扩大对外投资等方面适当缓解人民币升值压力。

随着人民币相对于美元、欧元、日元以及其他国家货币的升值，我国对这些国家和地区的出口会受到打击。为了缓解人民币升值的压力，我国需要做好以下几方面的工作。

一是从人民币汇率制度本身看，应增加汇率弹性，同时制定人民币汇率机制改革时间表和资本市场开放的战略目标。

二是增加进口，减少顺差，可以适度减轻人民币升值压力。增加进口不仅是服务于国家经济和战略的需要，而且也是有效化解贸易摩擦、营造和谐外贸发展环境的需要。我国不单要扩大从发达国家进口，还要扩大从发展中国家和最不发达国家的进口。进口产品除了先进技术设备、关键零部件和国内紧缺物资外，对于高关税产品，如奢侈品，我国可通过降低关税等手段增加进口，

① 隆国强:《牢牢把握危机中的战略机遇》,《中国发展观察》2010 年第 2 期,第 12—15 页。

这在某种程度上可减轻出国旅游团的采购负担，对于平衡我国贸易收支也具有一定作用。

三是扩大对外投资，促进国际收支平衡。将纺织、轻工、家电等我国传统优势产业有序向国外转移，使我国对外投资企业的当地销售和当地出口与本土出口结合起来，转移部分出口产能。同时，这一方案也可达到提高我国企业的国际分工地位，应对贸易壁垒，转移贸易摩擦等目的。

(9)推进人民币的区域化和国际化进程。

我国要稳健推进人民币的区域化和国际化进程，降低对外贸易风险和交易成本。首先，分阶段建立对全球或地区开放的汇市、股市、期市、债市及金融衍生工具市场体系，为实体经济提供相关的金融和风险管理服务工具。其次，加快推进人民币结算的试点和推广。包括扩大人民币结算的金额、地域和业务范围，尤其是通过我国香港、澳门地区人民币业务清算行进行人民币资金的跨境结算和清算，培育人民币离岸业务和离岸市场。再次，"十二五"时期保持人民币汇率的基本稳定，同时，加快推进要素价格市场化改革步伐，加快推进人民币汇率风险防范的市场体系建设，加快推进国际收支、外汇储备和对外贸易差额之间的统筹协调和战略性调整，提升出口竞争力，增强进口保障作用。

(三)推动我国利用外资发展的举措

(1)合理调整利用外资产业政策，推动我国产业结构升级。

目前，我国利用外资的产业结构不够合理，一、二、三产业的比重存在严重失衡，因此要合理调整我国利用外资产业政策。

一是积极引导跨国公司加大对现代农业的投资力度。注重引进现代农业生产技术和经营管理方式，引导外资重点投向技术含量高、附加值高的种植业和养殖业，促进我国农业从劳动密集型产业向资本密集型和技术密集型产业发展。

二是鼓励外资投向高新技术产业和先进制造业。要抓住全球科技迅速发展和新一轮国际产业转移的机遇，把利用外资与引进技术更好地结合起来，进一步通过利用外资的方式来促进我国产业结构优化，鼓励外资投向我国高新技术产业、装备制造等产业。

三是鼓励外资投向现代服务业和基础设施建设。推进垄断性行业和服务领域的对外开放，引导外资投向现代物流业、商务咨询业、科技服务业、文教卫生等领域。

(2)在利用外资中注重吸收技术密集型产业的外资流入。

我国在继续扩大对外开放过程中，既要继续保持利用外资的规模，更要注重提高利用外资的质量，还要注重利用外资对于转变经济增长方式、优化贸易结构和调整产业结构的作用。这就决定了我国在扩大开放过程中，要按照自身发展需要，优化利用外资的结构，提高利用外资水平，将利用外资与提升产业结构、技术水平结合起来，与带动经济发展、企业技术改造结合起来，以提高企业自主创新能力为出发点，注重引进技术的消化吸收和创新提高，通过积极利用外资，促使我国国民经济健康、持续、高效、协调发展。在具体产业方面，我国应注重加大吸引世界著名跨国公司投资的力度，吸引跨国公司在微电子产业、汽车制造业、家用电器业、通讯设备业、办公用品业、仪器仪表业、制药业、化工业等技术密集型和资金密集型行业进行投资。

(3)扩大服务业利用外资的规模。

目前，我国利用外资的产业分布不尽合理，主要表现在第二产业，特别是制造业利用外资的比重过高，而第三产业利用外资的比重偏低，第一产业利用外资的比重更小。在全球新一轮产业转移(即服务业全球转移)的过程中，经历30多年对外开放的我国沿海地区已经具备大规模承接服务业转移的能力。因此，我国应该抓住机遇，在生产性服务领域(即生产活动在流通领域的继续，以及为生产提供服务的活动)，如产品分类、包装、仓储、运输、金融、保险、计算机和信息服务、勘探、技术研发等领域，主动吸收外资，拓展产业规模和区域辐射功能；在非生产性服务领域(即纯粹的流通活动，以及为生活提供服务的活动)，如贸易、广告、传媒、会计、法律、咨询、旅游等领域，扩大市场准入，引进多元市场竞争主体，带动产业发展。在承接国际服务业转移的方式上，积极采用国际上迅速发展的服务外包方式，建立服务外包基地和服务外包中心，吸引跨国公司在我国开展服务外包业务，争取早日使我国成为国际服务外包大国。

(4)把稳定外资作为缓解出口深度下滑的突破口。

既然外商投资企业是我国出口的主体，外资与对外贸易存在高度相关性，新增外资减少、存量外资撤离是加剧我国出口下滑的主要原因，为了防止我国出口继续下滑，避免因出口深度下滑产生的负乘数效应波及国民经济增长和加剧失业，我国要把稳定外资作为缓解外贸出口下滑的根本着眼点，从稳定外资入手，防止出口深度下滑。因此，继续吸收外资、发展劳动密集型的加工贸易仍然是我国未来一段时间内必须高度重视的问题。在我国工业化过程远没有结束，相对落后的农村和传统农业与相对发达的城市和现代工业、服务业并存的典型二元经济结构加速演变的条件下，大量农村剩余劳动力需要转移出来进入非农产业部门，发展劳动密集型的加工贸易仍然具有现实的社会经济基础。在金融危机冲击下，我国已有2000多万农民工失业，每年约有600—700万农村劳动力需要转移出来进入非农产业。而我国利用外资发展劳动密集型产业，吸收大量农村转移出来的劳动力，构成了独特的工业化道路。因此，我国劳动密集型产业仍然存在着巨大的发展潜力和空间。

(5)促进外资继续向中西部内陆地区转移。

企业创新和转型不是短期内就能完成的事情，如果一些外商投资企业受金融危机影响不得不向外转移，也有两种转移方向，向国外转移或向内地转移。如果这些外商投资企业向国外转移，会对我国的就业、税收和经济增长造成不利影响，因此，最理想的结果当然是向我国中西部内陆地区转移。面对沿海地区外商投资企业进行产业转移的难得机遇，我国内陆地区需要加强与沿海地区的合作，利用外商投资企业长期在沿海经营形成的商业环境平台，把沿海作为外商投资内陆地区的信息中心、媒介中心和沟通纽带，作为内陆地区联系海外市场的枢纽。同时，内陆地区还应该发挥劳动力、土地等价格相对较低的成本优势，打造适宜投资的区域环境，努力创新经济管理体制，遵循国际经济惯例，提高政府服务效率，弥补交通运输成本高、商业配套环境差等缺陷，增强对外商投资企业的吸引力。由于物流运输成本、产业配套能力和企业配套能力、市场环境、体制状况等是沿海地区劳动密集型制造业产业转移关注的重要因素，而在我国内地不同区域中，中部地区、东北地区比西部地区具有综合优势。因此，我国要把中部地区、东北地区打造成吸引沿海地区外商投资企业的重点区域，形成承接沿海地区产业转移的集群效应，降低产业转移成本。

(6)以珠江三角洲为中心的沿海地区外商投资加工贸易企业需要转型和

升级。

面对成本上升等压力,我国沿海地区要想继续留住外商投资加工贸易企业,就必须使加工贸易企业能够抵偿因成本上升造成的损失,获得正常利润。一方面,需要沿海地区进一步改善投资环境,特别是推进经济和行政管理体制改革,减少企业与政府的摩擦,提高政府服务效率,降低企业交易成本;另一方面,则需要这些外商投资企业加快产品工艺创新、设计创新和技术创新,提高劳动密集型加工贸易产品的附加值,同时,政府也要建立企业创新配套支持体系,为企业创新提供金融支持、财政支持和产业扶植政策等。

(7)防止跨国公司投资中的垄断倾向。

为防止外资垄断给我国产业安全和经济安全带来不利影响,我国要尽快健全反垄断法律体系和制度体系。同时,要进一步细化关系到国计民生和国家安全的敏感性行业政策,完善外资准入制度,对涉及敏感行业和重点企业的外资并购活动加强审查和监管。建立科学的评估和预警系统,及时分析外商投资企业的市场占有率、品牌拥有率、技术控制率、外资控股率等指标,切实掌握跨国公司投资活动对我国产业安全和经济安全的影响程度。

(四)推动我国对外投资发展的举措

当今对外投资的竞争不仅仅是企业间的竞争,也是国家间的竞争,以及政府和企业联合力量间的竞争。“十二五”期间,我国政府要抓住有利时机,加强与其他国家和地区的政治对话,完善境外投资促进体系,鼓励和支持优势企业开展对外投资,促进企业在更大范围进行专业化、集约化和规模化的跨国经营,努力促进我国在国际经济合作与竞争中迈出新的步伐。

(1)及时调整我国对外投资指导思想。

一个合适的指导思想能够正确指导我国企业的对外投资实践,并降低对外投资的风险。具体来说,我国对外投资需要树立以下的指导思想。

一是对外投资协调发展思想。即金融类直接投资与非金融类直接投资并重,对外承包工程与对外直接投资并重,转移过剩产能与提高企业核心竞争力并重。

二是互利共赢思想。我国企业在“走出去”时,无论是到国外投资办厂,还是在国外承包工程项目和劳务输出，都要本着合作共赢的态度，真诚地与东道国分享发展利益；在海外开发资源时，要立足于及时开发和利用资源，带动东道国经济发展，而不能像发达国家那样，在拿到开采权后长期将资源封存，作为“战略性拥有”。简而言之，我国对外投资要立足于不断扩大与东道国的共同利益，寻求双方的长期共同发展①。

三是本地化战略思想。要将东道国企业利益与我国企业紧密联系在一起，利益共享，风险共担。承担一些对东道国经济发展有关键作用而该国又无法完成的项目，增加东道国就业机会，妥善处理与当地工会关系，向东道国政府和企业提供人才培训、技术支持等，在企业和社会公众之间创造相互促进、共同发展的和谐融洽状态。

(2)积极培育我国对外投资主体。

首先，我国国有企业因享受各种优惠政策逐步成长为全球大型企业集团，我国在鼓励其“走出去”的同时，将培育重点放在产业内的兼并重组上。通过产业的购并重组，解决产业中普遍存在的“散、乱、小”问题，形成若干行业龙头企业。

其次，对于更加庞大的民营企业，我国要加快培育大型民营跨国公司的步伐，按照扶强扶优的原则，鼓励具有较强国际竞争力的大型企业实行强强联合，优化资本结构，形成强有力的跨国企业集团，积极参与国际竞争。

最后，对于中小型民营企业，我国要鼓励其“走出去”，发挥自身优势，利用东道国的各种有利条件，在“走出去”的过程中不断发展壮大。针对我国中小型民营企业资金不足、对外直接投资风险较大等缺陷，可以通过集群式对外投资，走一条有特色的国际化经营道路。

(3)增强我国对外投资企业的能力。

在对外投资过程中，我国国有企业要进一步完善体制机制，健全内部治理结构，确保国有资产监管到位，防止国有资产流失损失；民营企业要建立现代企业制度，加强自身能力建设，规范经营行为，适应对外投资需要。此外，我国政府应该按照波特的国家竞争优势理论，在要素供给、市场需求、竞争环境和

① 毕吉耀：《国际金融危机给我国扩大对外投资带来新机遇》，《中国金融》2010年第3期，第14—16页。

相关产业支持等方面，着力培养我国企业和产业的国际竞争力。在要素供给方面，我国要对跨国投资的重点企业给予适当的政策倾斜。特别是在人才要素方面，我国要帮助有关企业积极引进发达国家的高级人才，特别是我国留学在外的人才，同时加大国内跨国经营人才的培训力度，力争培养一批具有国际视野、熟悉和掌握国际规则特别是国际金融规则的高级跨国经营管理人才。在需求方面，我国要对政府采购和相关企业的出口方面提供优惠政策。在竞争环境方面，我国要打破某些行业的国有垄断局面，适当引入竞争，加大企业的创新投入，提高企业的竞争能力。在相关产业支持方面，我国要鼓励企业完善产业链布局，通过产业园、设计园、物流园等园区的建设，推动相关产业的发展。

(4)加大对外合作，增进国家间相互关系，为我国对外投资创造良好的政治和外交环境。

东道国良好的政治环境、我国与东道国之间良好的外交和经贸关系，有助于降低我国对外投资的风险，维护企业合法权益。我国需要做好以下工作。

一是推动全球自由贸易投资体系建设。以建设性姿态参与多哈回合谈判，推动这一谈判在锁定已有成果、尊重多哈授权的基础上抓紧解决遗留问题。

二是加速区域经济一体化进程。推进我国边境地区经济合作区建设，加大与东盟、日本、韩国等周边地区的合作交流，加快与有关国际组织、国家和地区的谈判，签署互利合作的投资协定。

三是加强政治对话。建立健全有效应对国际贸易摩擦和争端的协调机制，进一步加强与东道国在政治、经济、文化等领域的沟通交流，强调对外投资是促进全球资源合理配置、实现互利共赢的有效手段，以此增进互信，减除相关国家政府和民众的焦虑感。

四是加强多双边经贸合作机制建设和对外交涉，维护我国对外投资企业合法权益。

五是积极参与化解金融危机的国际努力和新的国际秩序规则制定。加强与其他新兴经济体和发展中国家的协调与配合，共同维护发展中国家利益，为我国对外投资长期发展创造良好的国际环境。

(5)加快对外投资立法进程，为我国对外投资保驾护航。

我国对外直接投资立法工作相对滞后,《2003年度中国对外直接投资统计公报》(非金融部分)是第一次对社会公众发布我国对外直接投资统计数据的书面报告,但是我国至今没有制定《对外投资法》。由于立法滞后,我国尚未建立对外投资的政治风险担保制度,我国与有关国家商签投资保护协定以及避免双重征税协定的进程也大受影响,企业对外投资缺乏法律支持①。因此,我国需要加快对外投资的立法进程,从宏观管理、政策协调、投资指导、手续审批等方面对我国对外投资进行谋划和规范。同时,要与其他国家互签协议,在投资领域开放、投资争端解决、外资国民待遇等方面开展合作,保障我国对外投资企业的利益。

(6)建立和完善对外投资促进体系,促进对外投资的便利化。

一是进一步简化企业对外投资的审批手续,逐步实行对外投资登记制度,放宽对贷款、外汇、海外融资、人员出入境和进出口等方面的限制条件。

二是进一步放宽对民间对外投资的管制。研究制定对外投资条例,进一步简化管理程序,扩大备案登记范围,提高审批工作效率。

三是进一步强化政府服务和促进功能,在陆续发布《中国对外投资合作国别(地区)指南》的基础上,及时更新相关信息,为企业"走出去"提供有效指导和服务。其中,我国驻外机构要提供及时、全面、准确的对外投资参考信息;向国内有关部门和企业提供东道国法律法规、政局、民族文化、宗教习惯等信息,认真评估投资风险,指导企业的投资方向。外汇管理局需要进一步深化改革和完善对外投资外汇管理和促进体系;进一步放宽境内机构对其境外投资企业进行境外放款的条件,允许符合条件的境内企业使用自有外汇资金和人民币购汇,对境外投资企业进行放款,这样既可放宽资金的来源,也能降低对外投资企业的融资成本;进一步简化境外放款的审核程序和环节,促进投资便利化;进一步健全对外投资项下跨境资金流入出的统计检测和预警机制。商务部需要进一步建立健全规范、合理、有效的对外投资合作管理体制;继续积极会同有关部门在财税、金融保险和外汇、出入境等各方面完善一系列支持政策;不断提供多方位、有针对性的公共服务,引导更多有条件的企业"走出

① 王霞、陈文敬:《全球对外直接投资走势及我国的对策》,《国际贸易》2009年第5期,第51—54页。

去”;构筑境外安全网络和应急预案,完善境外纠纷和突发事件的处理办法①。财政部可以考虑设立鼓励对外直接投资的专项资金,对我国对外投资企业给予信贷贴息、投保补贴等方面的支持;我国各级地方政府要建立相应的支持机制,加强部门沟通和信息交换,组织政策宣讲咨询会,提供对外投资的便利条件。

(7)建立和完善国外投资预警体系和保障体系。

我国需要组织力量对东道国经济发展局势、经济发展水平、经济开放程度、政治稳定性、政策连续性、外国投资政策、文化传统、宗教势力等信息进行持续的全面调查和收集,在此基础上建立全球投资环境指数并对外发布,对我国企业的对外投资起到引导和预警的作用。同时,要结合我国对外投资的现状和发展态势,在对外投资的重点地区建立国外投资预警系统和国外投资风险规避制度,及时提醒我国企业注意对外投资的地域、产业和方式等,避免出现不必要的损失。特别要加强国外纠纷和突发事件的预警和处置工作,建立健全国外债权统计监测管理体系,完善跨境资本流动监测预警体系。在保障体系建设方面,要与东道国建立必要的投资安全保障机制,签订投资保护协议,保障我国企业在国外的利益。要加强商协会对企业对外投资的指导,建立与各国同行之间的合作伙伴关系及民间对话机制,充分发挥行业组织在政府与企业之间的桥梁作用,加强行业组织的服务与自律,规范企业行为,加强服务指导,引导企业互帮互助,保障企业境外资产和中方人员的安全。要建立和完善对外投资企业的保险与担保机制,对禁止汇兑、国有化或征用、战乱、营业中断和境外中方人员人身意外,要进行保险;在投资权益保护方面,通过各种合法有效手段全方位维护我国对外投资企业的经营权益和安全。

(8)积极探索创新对外直接投资的有效手段和方式。

作为外汇储备全球第一的国家,我国可以考虑将大量的外汇储备用于资源投资,凡是在国外开发资源的企业,注入外汇储备;或者将外汇储备注入各级国有企业,再由国有企业投资入股国外企业;以及利用外汇储备,通过贷款的方式支持部分企业等。同时,我国可以考虑允许政策性银行为对外直接投

① 朱贺:《我国对外直接投资项目的“危机式机遇”》,《特区经济》2010 年第 2 期,第 261—262 页。

资企业提供优惠贷款，以降低企业投资的风险①。此外，考虑到金融危机以后人民币的发展态势，我国可以考虑推进人民币的区域化发展，推广采用人民币作为对外投资、贸易结算的货币，这样既方便我国企业对外投资，又有利于控制因汇率波动导致的风险。

（五）促进我国服务贸易发展的举措

在经济全球化不断深化的形势下，根据全球服务贸易的发展趋势和我国服务贸易发展的要求，针对我国服务贸易发展中存在的实际问题，我国需要采取多种举措，促进服务贸易的发展。

（1）大力发展国内服务业，为服务贸易奠定坚实的基础。

尽管近年来我国在旅游、运输、经营租赁等劳动密集型服务业方面发展较快，但是在金融、保险、计算机和信息服务、技术咨询、专有权利和电影音像等资本密集型和技术密集型高附加值服务业方面起步较晚，发展慢，水平低。在金融、信息服务等现代服务部门，由于公司治理结构的缺陷、产品创新能力不足、在人才竞争中处于劣势以及企业整体效率不高，我国现代服务部门与发达国家之间的竞争力存在较大差距。因此，我国需要优化现代服务业领域的企业组织结构，培养一批多元投资主体的大公司大企业，优先鼓励发展具有高附加值的现代服务行业。

一是发展投资少、见效快、收益好、就业容量大、与经济发展和人民生活关系密切的行业。如商业、物流运输业、对外贸易业、金融业、保险业、旅游业、房地产业、仓储业、居民服务业、饮食业和文化卫生事业等。

二是发展与科技创新相关的现代服务业。如咨询业、信息服务业和各类技术服务业等。特别是信息服务业，它是现代服务业赖以生存和发展的物质技术基础，也是从根本上改造我国传统服务业的物质技术基础。

在发展国内服务业的基础上，我国可结合国际服务贸易发展趋势，根据我国服务业的具体情况，分层次逐步开放国内服务贸易市场。既要考虑国际惯

① 朱贺：《我国对外直接投资项目的“危机式机遇”》，《特区经济》2010 年第 2 期，第 261—262 页。

例,又要在考虑国情的基础上确定服务业的开放度和保留度,实行梯度开放策略,包括行业梯度、地域梯度、业务梯度、股权梯度、数量和规模梯度。我国要有目的地把握禁止开放、有限制开放和鼓励开放三种类别。对不同地域区别对待,对沿海地区,对银行、保险、咨询、邮电、通讯等知识密集型服务业优先发展,而中西部地区等则可待成熟了再进行推广。

(2)建立完善的支持服务业出口的政策体系。

服务贸易与货物贸易不同,其贸易发展和贸易市场都有严格的法律、法规约束,特别是培养和保护国内服务业都应有严格的法律依据。鉴于我国目前服务贸易立法工作还很落后,为保证服务贸易能沿着正常轨道发展,我国要加强对 CATT、CATS、WTO 有关条款的研究,并尽快建立既符合本国经济发展目标、又不违背国际法律准则的法律法规。

制定适度的服务贸易保护政策是当前我国的首要任务。首先,凡涉及国家主权、国家安全和国家机密的极少数部门或项目,不允许外资进入;其次,凡关系到国民经济命脉和人们生活安稳的重要部门或项目,允许开放,允许外资进入,但不允许外商投资企业独资或控股,要规定其股价的上限;最后,除以上两者之外的绝大多数一般部门和项目,要完全开放,实行自由化的政策。同时,我国在坚持国民待遇的原则下,采取严格规范的国内政策约束外商投资企业的行为。

在服务全球化的趋势下,我国需要制定有关促进服务贸易出口的政策。为了促进服务贸易出口,建立服务贸易出口促进专项资金;为理顺服务业出口的各项政策,进一步完善服务贸易出口的促进和协调机制;确定对高端产业和产业链的上游业务提供前期市场考察、可行性研究、研发、出国团组、宣传费用等财政补贴,对提高企业综合素质和优化贸易环境的人才培训、信息服务等提供便利条件。

(3)坚持制造业与服务业同步发展的原则,促进服务外包发展。

我国的制造业已深入地参与了全球分工,且具有较强的国际竞争优势,制造业贸易全球化指数平均值远远大于服务业,其指数为 2 左右①。同时,制造

① 姚战旗:《服务全球化条件下中国服务业的竞争力:问题与对策》,《国际贸易》2009 年第 4 期,第 10—14 页。

业外商投资全球化指数平均值为 1. 57，也高于服务业。因此，今后很长一段时期，我国要坚持制造业与服务业同步发展的原则，创造条件，优化环境，不断促进制造业和服务业的协同发展，尤其是引导制造业服务化，建立服务生产方式的主体地位。我国可学习借鉴已有的服务经济发展的科学成果和先进经验，鼓励企业通过企业再造和并购重组等方式，从销售产品发展成为提供服务和成套解决方案，实现向服务提供商的转型。而制造企业服务化可以采取国际上典型的三种模式：一是依托制造业拓展生产性服务业；二是从销售产品发展成为提供服务和成套解决方案；三是从制造企业转型为服务提供商。我国要鼓励企业将经营的重心从加工制造转向提供流程控制、产品研发、市场营销、客户管理、品牌维护、现代物流等生产性服务业。此外，制造业的发展为服务外包提供了广泛的市场需求，我国要充分借鉴国际经验，积极开展以下工作：一是高度重视在岸服务外包市场开发；二是深入研究全球金融服务外包市场特点，巩固日韩外包市场，拓展欧美外包市场；三是不断完善相关法律框架和监管机制，为外包市场创造良好环境；四是构建多层次的服务外包人才引进体系和教育培训体系，为金融服务外包发展奠定人才基础。

(4)推动技术密集型服务贸易发展，促进产业结构升级。

一是加强对知识密集型服务贸易的支持。除了发挥现有外贸促进机构和各服务行业主管部门及相关商会的作用外，我国要在重点地区、重点行业设立服务出口支持中心和联络办公室。

二是鼓励服务企业开展跨国经营。我国服务出口的导向是逐渐转向以知识密集型服务出口为主、一般劳动密集型服务出口为辅。一方面，巩固和发展有比较优势的旅游、工程承包、劳务输出等传统服务的出口，以增加服务贸易的出口收入。另一方面，分阶段、有重点地促进知识密集型服务的出口，包括设计、咨询、管理、金融、通讯服务等。

三是促进知识密集型服务业集群发展。一方面，对国内知识密集型服务业制定产业倾斜政策，在财政、税收、信贷以及科技支持上提供优惠条件。另一方面，加快改善产业基地的基础设施建设，包括发展配套功能齐全的国际化服务园区、面向知识密集型服务业的技术服务、质量检验等区域公共服务平台以及发展基础研究和共性技术等。

四是引导跨国公司对华投资的重心转向知识密集型服务业。一方面，发挥跨国公司在华“本土化投资”的导向作用,带动本地企业向知识密集型服务业发展。另一方面,发挥跨国公司的“技术溢出”效应,促进我国企业通过消化、吸收国外技术,提高自主创新能力。我国可以借鉴新加坡和爱尔兰在调整产业结构和发展服务贸易时的经验,新加坡和爱尔兰曾针对性地吸引外资进入本国服务业,通过税收优惠等方式支持跨国公司在本国设立营运总部,扶持知识密集型服务业。

五是制定知识密集型服务人才战略,多形式培训专门人才。目前我国的培训机构还不能满足知识密集型服务业人才发展的需求,我国要瞄准国际服务市场的需求,通过教育体制、专业和课程体制调整,进行有针对性的教育培训。培训工作既可以通过高等院校和高等职业院校,也可发动民营培训机构、服务企业建立培训机构以及产学联合、内引外联等多种渠道来完成。

(5)参照高新技术产业园的标准和优惠政策设立生产性服务产业园区。

从长期来看,生产性服务业尤其是金融和保险、信息服务能为我国提供新的经济增长点,带动经济发展和产业升级,增加就业,增强自主创新能力。发达国家生产性服务业的重要特征之一就是产业集聚,我国也要借鉴国外发展生产性服务业的经验,建立生产性服务园区作为有效的空间载体和重要的政策平台,政府对生产性服务园区进行规划指导和政策扶植,按照高新技术园区的标准实行优惠政策,通过制度分割吸引生产性服务企业和相关机构向特定区域集聚。

(6)健全服务贸易相关法律体系。

目前,我国服务贸易的立法工作还很落后,服务业中许多部门无专项法律法规,即使已颁布的一些有关法律法规,也比较抽象,缺乏可操作性,特别是对在华服务贸易机构服务提供者的规定较少或根本就没有规定。因此,我国要尽快完善服务贸易法律规章,建立不同层次、内容齐备的服务贸易法律体系。尤其是立法较薄弱的服务领域,如旅游、劳务输出、对外工程承包等服务业,要尽快建立健全既符合本国经济发展目标、又不违背国际法律准则的法律、法规。

(7)加快服务业标准化建设。

我国要实施服务业标准化战略,加快服务业标准化建设,建立与国际标准相适应的规范、有效、可操作的服务标准,提高服务质量和效率。目前,许多发展中国家从发达国家的经验做法中逐步认识到，在服务贸易标准制定中，优先制定标准将有利于本国的服务产品进入国际市场，因此，我国要充分利用物流运输、旅游服务业在国际市场中的有力竞争地位，优先制定服务标准，在此基础上，再逐步在信息服务和专业技术服务等领域制定相应标准。

(8)加快服务贸易人才培养工作。

目前，缺乏服务贸易方面的人才是我国企业国际化经营的一个突出矛盾。因此，我国要加快服务贸易人才的培养，要在各高校国际贸易和国际金融专业中加开国际服务贸易课程。同时，加强对现有人员的短期培训，让他们尽快了解和熟悉《服务贸易协定》的有关条款及我国服务业面临的挑战和机遇，短期内在一定程度上提高我国国际服务贸易的市场竞争力。

参 考 文 献

1. Feenstra, R. C. Integration of trade and disintegration of production in the global economy. *The Journal of Economic Perspectives*, 1998(12).

2. Hummels, D. Ishii, J, and Yi, K. The nature and growth of vertical specialization in world trade. *Journal of International Economics*, 2001(54).

3. United Nations Conference on Trade and Development. 2012 *World Investment Report: Towards A New Generation of Investment Policies*, 2012.

4. World Bank. 2010 *World Development Indicators*, 2010.

5. World Bank. 2011 *World Development Indicators*, 2011.

6. World Bank. 2012 *World Development Indicators*, 2012.

7. 毕吉耀、张一、张哲人:《"十二五"时期国际经济环境变化及我国的应对策略》,《宏观经济管理》2010 年第 2 期。

8. 毕吉耀、张一、张哲人:《"十二五"时期世界经济发展趋势及其给我国带来的机遇和挑战》,《宏观经济研究》2010 年第 2 期。

9. 毕吉耀、张一、张哲人:《"十二五"时期世界经济发展趋势》,《宏观经济管理》2009 年第 10 期。

10. 毕吉耀:《国际金融经济形势及其对我国经济的影响》,《宏观经济研究》2009 年第 8 期。

11. 毕吉耀:《国际金融危机给我国扩大对外投资带来新机遇》,《中国金融》2010 年第 3 期。

12. 车钠轲:《国际金融危机下中国利用外资额变化的原因及对策》,《江西科技师范学院学报》2010 年第 2 期。

13. 陈甲斌、王海军:《全球矿产资源形势背景下中国的全球发展战略》,《国土资源》2009 年第 7 期。

14. 陈凯:《英国生产服务业发展现状分析》,《世界经济研究》2006 年第 1 期。

15. 陈霖、龚雄军、李勇:《当前全球金融危机和贸易保护主义的影响和应对》,《国际贸易》2009 年第 6 期。

16. 陈双喜、潘海鹰:《后危机时代我国外贸发展面对的不稳定因素及对策选择》,《国际贸易》2010 年第 3 期。

17. 陈锡进、吕永刚:《“全球经济再平衡”与中国经济战略调整——基于国际分工体系重塑视角的分析》,《世界经济与政治论坛》2009 年第 6 期。

18. 陈志和、刘厚俊:《发展服务业在促就业和调结构中的关键作用——基于美国产品生产与服务两大部门的比较研究》,《南京社会科学》2010 年第 5 期。

19. 程伟、殷红:《俄罗斯产业结构演变研究》,《俄罗斯中亚东欧研究》2009 年第 1 期。

20. 戴玉军:《全球金融危机与中国服务贸易的开放》,《国际贸易》2009 年第 9 期。

21. 傅自应:《中国对外贸易三十年》,中国财经政法出版社 2008 年版。

22. 龚雄军:《对当前世界经济四个热点问题的基本判断》,《国际贸易》2009 年第 8 期。

23. 谷文艳:《美国金融危机下的产业政策调整》,《国际资料信息》2009 年第 11 期。

24. 关雪凌:《透视国际金融中的俄罗斯经济困境》,《俄罗斯中亚东欧研究》2010 年第 1 期。

25. 郭德玉、贾宝华:《金融危机对日本经济的影响》,《国际问题研究》2009 年第 4 期。

26. 国际货币基金组织:《世界经济展望》,2010 年 4 月 14 日。

27. 国家发展和改革委员会能源研究所课题组:《“十二五”时期能源发展问题研究》,《宏观经济研究》2010 年第 3 期。

28. 国家发展和改革委员会:《宏观经济——2009 年第 3 季度国际经济大事记(经济预测)》,2010 年 1 月 25 日。

29. 韩玉军、陈华超:《世界服务业和服务贸易发展趋势——兼评中国服务业的开放与对策》,《国际贸易》2006 年第 10 期。

30. 何亚东:《从"要素参与国际分工"到"企业参与国际竞争"——反思与重构中国的全球化模式》,《经济社会体制比较》2008 年第 5 期。

31. 胡鞍钢:《以创新的精神迎接绿色工业革命》,《金融时报》2010 年 1 月 11 日。

32. 胡晓鹏:《从分工到模块化:经济系统演进的思考》,《中国工业经济》2004 年第 9 期。

33. 胡昭玲:《产业内贸易与垂直专业化贸易比较及启示》,《国际经贸探索》2007 年第 6 期。

34. 金碚、刘戒骄:《美国"再工业化"的动向》,《中国经贸导刊》2009 年第 22 期。

35. 金芳:《中国国际分工地位的变化、内在矛盾及其走向》,《世界经济研究》2008 年第 5 期。

36. 李钢、白明、李俊、崔卫杰:《后危机时代中国外贸发展战略之抉择》,《国际贸易》2010 年第 1 期。

37. 李嘉珊、郑湫璐:《从需求驱动看中国文化产业成为新经济增长点》,《国际贸易》2009 年第 5 期。

38. 李敏捷:《全球金融危机下的俄罗斯经济及其前景》,《国际问题研究》2009 年第 3 期。

39. 李平:《世界农业发展现状和问题》,《农民日报》2005 年 6 月 7 日。

40. 李新:《2000 年以来俄罗斯经济结构的变化及其发展趋势》,《俄罗斯研究》2009 年第 2 期。

41. 李智:《对全球贸易保护升温下我国贸易救济工作的思考》,《国际贸易》2009 年第 3 期。

42. 联合国粮食及农业组织:《2009 年粮农组织统计年鉴》2009 年版。

43. 联合国贸易和发展会议:《2004 年世界投资报告:转向服务业》2004 年 9 月。

44. 联合国贸易和发展会议:《2005 年世界投资报告:跨国公司与研发活动的国际化》,2005 年。

45. 联合国贸易和发展会议:《2006 年世界投资报告:来自发展中经济体

和转型经济体的外商直接投资——对发展的影响》,2006 年。

46. 联合国贸易和发展会议:《2008 年世界投资报告:跨国公司与基础设施的挑战》,2008 年。

47. 联合国贸易和发展会议:《2009 年世界投资报告:跨国公司、农业生产和发展》,2009 年。

48. 联合国贸易和发展会议:《2010 年世界投资报告:低碳经济投资》,2010 年。

49. 联合国贸易和发展会议:《2011 年世界投资报告:国际生产体系中的非股权经营模式》,2011 年。

50. 梁艳芬:《当前世界经济贸易形势》,2010 年 5 月 25 日。

51. 刘树臣:《全球矿产资源供需形势及勘查动向》,《地质通报》2009 年第 3 期。

52. 隆国强:《牢牢把握危机中的战略机遇》,《中国发展观察》2010 年第 2 期。

53. 卢锋:《产品内分工》,《经济学(季刊)》2004 年第 1 期。

54. 卢中原:《世界产业结构变动趋势和我国的战略抉择》,人民出版社 2009 年版。

55. 陆燕:《当前世界贸易形势和贸易保护主义的发展与应对》,《国际贸易》2010 年第 4 期。

56. 莫尼塔:《国际石油信息周报》,2008 年 10 月 24 日。

57. 潘悦:《国际产业转移的新浪潮与东亚发展中国家(地区)面临的挑战》,《当代亚太》2006 年第 6 期。

58. 祈班:《国际能源发展呈四大趋势》,《中国化工报》2008 年 10 月 21 日。

59. 曲凤杰:《世界经济中长期走势及其对我国的影响》,《国际贸易》2009 年第 6 期。

60. 任佳:《印度产业结构调整机制与产业结构变动》,《南亚研究》2009 年第 3 期。

61. 商务部、国务院发展研究中心联合课题组:《跨国产业转移与产业结构升级——基于全球产业链价值链的分析》,中国商务出版社 2007 年版。

62. 商务部:《服务贸易:引领经济复苏的新动力——2009 商务形势系列述评之十一》,2009 年 12 月 31 日。

63. 商务部:《中国对外贸易形势报告(2009 年秋季)》,2009 年 10 月 30 日。

64. 商务部:《中国对外贸易形势报告(2010 年春季)》,2010 年 4 月 28 日。

65. 商务部:《中国对外贸易形势报告(2010 年秋季)》,2010 年 11 月 1 日。

66. 商务部:《中国对外贸易形势报告(2012 年春季)》,2012 年 4 月 27 日。

67. 上海市经济和信息化委员会、上海科学技术情报研究所:《2009 世界服务业重点行业发展动态》,上海科学技术文献出版社 2009 年版。

68. 上海市经济和信息化委员会、上海科学技术情报研究所:《2010 世界服务业重点行业发展动态》,上海科学技术文献出版社 2011 年版。

69. 上海市经济委员会、上海科学技术情报研究所:《2008 世界制造业重点行业发展动态》,上海科学技术文献出版社 2008 年版。

70. 上海市经济和信息化委员会、上海科学技术情报研究所:《2010 世界制造业重点行业发展动态》,上海科学技术文献出版社 2011 年版。

71. 申宏丽:《从产品内国际分工视角看我国当前的宏观经济运行困境》,《华北金融》2008 年第 11 期。

72. 申宏丽:《美国次贷危机与现代服务业主导的经济结构》,《财经科学》2009 年 3 月。

73. 沈桂龙:《跨国公司价值模块分工与利益实现机制》,《上海经济研究》2009 年第 5 期。

74. 史丹:《国际金融之后美国等发达国家新兴产业的发展态势及其启示》,《中国经贸导刊》2010 年第 3 期。

75. 世界银行:《2006 年世界发展指标》,中国财政经济出版社 2006 年版。

76. 世界银行:《2007 年世界发展指标》,中国财政经济出版社 2007 年版。

77. 世界银行:《2008 年世界发展指标》,中国财政经济出版社 2008 年版。

78. 世界银行:《2009 年世界发展指标》,中国财政经济出版社 2009 年版。

79. 苏月、刘楠:《生物医药产业发展态势与对策》,《中国生物工程杂志》2009 年第 11 期。

80. 孙中和、王红霞:《金融危机下国际资本流动新特点及其影响》,《对外经贸实务》2009 年第 3 期。

81. 万钢:《把握全球产业调整机遇,培育和发展战略性新兴产业》,《求是》2010 年第 1 期。

82. 王海峰:《2010 年世界经济走势、风险、影响和对策》,《国际贸易》2010 年第 1 期。

83. 王克强、左娜、刘红梅:《国际能源发展趋势分析》,《上海财经大学学报》2009 年第 11 期。

84. 王霞、陈文敬:《全球对外直接投资走势及我国的对策》,《国际贸易》2009 年第 5 期。

85. 王一鸣:《调整和转型:后金融危机时期的中国经济发展》,《宏观经济研究》2009 年第 12 期。

86. 王有志、汪长柳、黄斌:《世界信息服务业发展概况和趋势》,《中国高新技术企业》2010 年第 3 期。

87. 王子先:《世界贸易复苏前景与我国外贸发展的选择》,《国际贸易问题》2010 年第 2 期。

88. 魏淑娟:《生产要素跨国流动的利益分析》,《北京广播电视大学学报》1998 年第 3 期。

89. 文富德:《印度应对国际金融危机的对策及其经济前景分析》,《四川大学学报》(哲学社会科学版)2009 年第 4 期。

90. 吴弦:《金融风暴与欧盟的应对行动协调——内在原因与主要举措述析》,《欧洲研究》2009 年第 1 期。

91. 徐康宁、王剑:《要素禀赋、地理因素与新国际分工》,《中国社会科学》2006 年第 6 期。

92. 徐明棋:《全球金融危机对服务贸易的影响分析》,《国际贸易》2009年第10期。

93. 薛小峰、覃正:《"十二五"时期国际发展环境与影响研究》,《宏观经济管理》2010年第1期。

94. 闫鸿鹏:《论国际分工、产业转移与我国产业发展战略》,《北方经济》2009年第22期。

95. 杨益:《"后危机时代"我国经济和产业发展面临的机遇、挑战及战略选择》,《国际贸易》2009年第9期。

96. 姚战旗:《服务全球化条件下中国服务业的竞争力:问题与对策》,《国际贸易》2009年第4期。

97. 于培伟、于鹏:《贸易摩擦是我国利益与世界互动的重要表象》,《经济研究参考》2005年第82期。

98. 原小能:《国际产业转移规律和趋势分析》,《上海经济研究》2004年第2期。

99. 张帆:《我国对外直接投资主体的选择和培育》,《华商》2008年第3期。

100. 张纪:《产品内国际分工:动因、机制与效应研究》,经济管理出版社2009年版。

101. 张苏:《论新国际分工》,经济科学出版社2008年版。

102. 张小平:《上海生物医药产业发展分析》,《上海食品药品监管情报研究》2009年第96期。

103. 张亚雄、程伟力:《2009年世界经济分析及2010年展望》,《发展研究》2010年第2期。

104. 张燕生:《"十二五"时期我国经贸环境分析》,《国际贸易》2009年第8期。

105. 张一宾:《从世界粮食的需求及世界农业发展看农药的重要性》,《世界农药》2009年第2期。

106. 张毅:《跨国公司在华直接投资的战略演进》,华中科技大学出版社2008年版。

107. 张瑗、魏际刚:《全球物流业形势与中国物流业发展》,《中国流通经济》2009 年第 10 期。

108. 张自如:《国际产业转移与中国对外贸易结构》,中国财政经济出版社 2008 年版。

109. 赵春明:《论我国的能源国际化战略》,《甘肃社会科学》2006 年第 2 期。

110. 赵刚:《奥巴马政府支持新兴产业发展的做法和启示》,《财富世界》2009 年第 11 期。

111. 赵楠:《国际产业转移的技术路径、投资方式与我国外包基地建设》,《国际贸易问题》2007 年第 10 期。

112. 赵玉敏:《低碳经济的约束、挑战和机遇》,《国际贸易》2009 年第 11 期。

113. 甄炳禧:《当前世界经济新特点、新格局、新趋向》,《国际问题研究》2010 年第 1 期。

114. 中国社会科学院工业经济研究所课题组:《十二五时期工业结构调整和优化升级研究》,《中国工业经济》2010 年第 1 期。

115. 中华人民共和国科学技术部:《2009 国际科学技术发展报告》,科学出版社 2009 年版。

116. 中华人民共和国科学技术部:《2012 国际科学技术发展报告》,科学出版社 2012 年版。

117. 中华人民共和国工业和信息化部:《2009 年电子信息产业经济运行公报》,2010 年 2 月 3 日。

118. 中华人民共和国国家航天局:《各国空间科学发展比较》,2008 年 4 月 28 日。

119. 中华人民共和国科学技术部:《2009 国际科学技术发展报告》,科学出版社 2009 年版。

120. 中央人民银行上海总部:《2008 国际金融市场报告》,2009 年 3 月。

121. 钟海涛:《东盟 FTA 战略的新进展及影响》,《国际贸易》2010 年第 1 期。

122. 仲鑫、马光明:《金融危机对近期中国对外直接投资的影响》,《国际贸易》2009 年第 7 期。

123. 周劲:《产能过剩判断指标在部分行业测算中的应用》,《中国科技投资》2007 年第 7 期。

124. 周维富:《经济全球化发展新态势对我国产业结构优化升级产生的影响》,《国际贸易》2010 年第 2 期。

125. 宗毅君:《国际产品内分工与进出口贸易——基于我国工业行业面板数据的经验研究》,《国际贸易问题》2008 年第 2 期。

126. 朱贺:《我国对外直接投资项目的"危机式机遇"》,《特区经济》2010 年第 2 期。

127. 朱瑞博:《价值模块整合与产业融合》,《中国工业经济》2003 年第 8 期。

128. 朱相丽:《国际纳米技术市场及纳米制造技术的发展方向》,《新材料产业》2007 年第 11 期。

后　　记

本书是在我主持商务部“十二五”规划重点课题“‘十二五’期间全球产业结构调整与国际分工变化趋势研究”研究成果的基础上加以整理和完善。我国改革开放走过的30多年历程证明，我国及时把握全球产业结构调整与国际分工的变化规律并适时做出战略部署，从而取得了今天巨大的经济成就。面对金融危机爆发以后的世界经济发展和经济格局变化，我们仍然需要清晰掌握全球经济发展的规律和脉络，继续推进我国经济的再次腾飞。我作为一名对国际经济饶有兴趣的关注者和研究者，在本书中对全球产业结构和国际分工的基本规律进行了尝试性探索，并对近年来尤其是金融危机以来全球产业结构调整和国际分工的新变化进行了分析，旨在为促进我国经济发展进行较为浅显的思考。

在课题研究和本书的撰写过程中，得到众多领导、同事、朋友和学生们的帮助，在此谨表谢意。感谢商务部的刘景嵩司长、冼国义副司长、宋立洪副司长、陈桂林副院长、欧阳俊参赞对课题研究的指导和帮助，也感谢华中科技大学管理学院高勇强副教授、公共管理学院廖文剑博士参与课题的辛勤工作，一并感谢我的博士研究生闫培宁，硕士研究生王佳佳、钱岳芳、肖志娟、张可、李梅等，他们在研究过程中搜集了大量的数据和资料，并积极参与课题的讨论，为课题研究的顺利完成和本书的撰写做了大量的工作。当然，文责自负，书中的错误均由本人承担。同时，还要感谢人民出版社总编室陈鹏鸣主任的热心帮助，使本书得以顺利出版。

本书得到了商务部“十二五”规划重点课题和华中科技大学文科学术著作出版基金的资助，在此向有关管理部门的工作人员表示衷心的感谢。

本书收录了大量的国内外研究机构发布的数据，书中能够确切具名材料或观点出处的均尽可能在注释中予以标明，以便读者深入研究，在此，笔者对所有相关的作者及研究机构表示衷心的感谢。如果出现可能的疏漏，或者无意的引用失当，谨此先表歉意，本人愿意接受任何批评和商榷。

作　者

2012 年 7 月 20 日

责任编辑:虞　晖　陈鹏鸣
装帧设计:徐　晖

图书在版编目(CIP)数据

全球产业结构调整与国际分工变化/张毅 著.
-北京:人民出版社,2012.12
ISBN 978-7-01-011135-3

Ⅰ.①全…　Ⅱ.①张…　Ⅲ.①产业结构调整-研究-世界 ②国际分工-研究
Ⅳ.①F113.1 ②F114.1

中国版本图书馆 CIP 数据核字(2012)第195011号

全球产业结构调整与国际分工变化

QUANQIU CHANYE JIEGOU TIAOZHENG YU GUOJI FENGONG BIANHUA

张　毅　著

人民出版社 出版发行
(100706　北京市东城区隆福寺街99号)

环球印刷(北京)有限公司印刷　新华书店经销

2012年12月第1版　2012年12月北京第1次印刷
开本:700毫米×1000毫米 1/16　印张:26.25
字数:450千字

ISBN 978-7-01-011135-3　定价:56.00元

邮购地址 100706　北京市东城区隆福寺街99号
人民东方图书销售中心　电话 (010)65250042　65289539